LE SIXIESME LI-

ure d'Amadis de Gaule, qui trai-

CTE AMPLEMENT DES GRANDS FAITZ
d'armes, & auentures estranges, tant de Perion son filz, que de
Lisuart de Grece, filz d'Esplandian, Empereur de Constantinople. Hystoire tresrecommandée, mise en
Françoys par le Seigneur des Essars, Nicolas de Herberay, commissaire ordinaire de l'artillerie
du Roy.

Acuerdo Oluido.

Auecq' priuilege du Roy.

A PARIS.

Par Estienne Groulleau, Libraire demourant en la rue Neuue nostre Dame, à l'enseigne de Sainct Iean Baptiste, pres
saincte Geneuieue des Ardens.

1557.

Il est defendu par lettres patentes

du Roy noſtre Sire, à tous Imprimeurs, Libraires, & marchands, d'imprimer en ce Royaume, ou expoſer en vente, le Sixieſme liure, d'Amadis de Gaule, dedans ſix ans, à compter du iour qu'il ſera acheué d'imprimer ſur les peines contenues audict priuilege, ſur ce depeſché, ſigné. Par le Roy, L'Eueſque de Tulles preſent. De laubeſpine. Et ſeéllé ſur ſimple queue de cire iaulne. Si n'eſt par le congé & permiſſion du Seigneur des Eſſars. N. de Herberay, qui les a traduictz, & eu la charge de les faire imprimer par ledict Seigneur.

Epiſtre du tranſlateur.

IL ſemblé (mon Seigneur) que le croniqueur d’Amadis, parlant du temps d’alors, ayt voulu traiter celuy, qui a eſté cent ans a, & ſera cy apres, auecq’ l’ayde de Dieu. Car vous auez peu lire es autres volumes, les guerres eſmeuës entre les Chreſtiens: & depuis l’acord, alliance, & amytié perpetuelle, qui fut entre eux, employans leurs forces contre les ennemys de noſtre foy: ſur leſquelz ilz eurent finablement pluſieurs belles victoires, eſtendans leurs limites, quaſi par toutes les fins de l’Aſie, & Affrique. Or ſi venez à diſcourir, comme durant ce ſiecle, l’Europe a eſté peu en repos, principalement entre ceux, qui ont nom de Chreſtiens: vous trouuerez, qu’ilz ſe ſont ſi bien chatoillez par dures guerres, incurſions, pilleries, & aſſaultz de villes, que leur Empire eſt de beaucoup amoindry, & celuy du Turc de tãt plus augmenté. Toutesfois ilz ſe pourront acorder deformais, & par la bonté de Dieu (à l’imitation des Princes & grands Seigneurs, dont ceſte Cronique eſt illuſtrée) ieter leurs puiſſances vnies en Thrace, repouſſant ce grãd Seigneur, iuſques au delà du mont Thaurus, d’ou ſes anceſtres deſcendirent premierement: & là le rendre ſi ſoyble, qu’il n’ayt iamais moyen de plus moleſter l’Egliſe, & le peuple fidelle, tant affligé, & aſſailly de toutes partz. Voylà doncques ce, qui ſe peult recueillir (entre autres choſes) des liures d’Amadis: leſquelz i’ay prins peine de mettre en lumiere (comme vous auez peu voir, iuſques au Sixieſme) que ie n’euſſe tenu caché ſi long temps, n’euſt eſté le doute que i’ay eu de receuoir nouuelle honte, d’vne faute quaſi oubliée: car il y a maintenant vn Carles, vn Salel, vn Maçon, & vn Ian Martin, & tant d’autres bons eſpritz François, qui inuentent, ou traduiſent ſi diuinement en ce vulgaire, que les liures d’Amadis (autrefois eſtimez quelque choſe) ne leur doiuent à preſent ſeruir, que de fueille, ou de luſtre. Ce qu’à bien voulu donner à entendre celuy, qui a fait le Dizain imprimé au commencement de la traduction en François, de Roland Furieux, par ces propres motz: AVILISSANT TOVTES TRADVCTIONS. Neantmoins ſouz voſtre protection, & faueur, ie me ſuis encores auenturé pour ce coup: aymant mieux entrer au hazard de reprehenſion, que faillir à vous complaire, & faire choſe qui vous ſoit agreable. Vous preſentant ceſt œuure, que ie vous ſuplie treshumblement receuoir, auecq’ la volonté, que i’ay de vous ſeruir en meilleur endroit toute ma vie: lors qu’il vous plaira me commander.

A l'Homere d'Amadis.

QVoy que des cinq, voire de ce sixiesme,
France te loue, & son Roy t'en guerdonne,
Cela n'est rien, si n'auons ce septiesme:
Dont le suiect tant de grace se donne,
Que si le temps (lequel à lors qu'il tonne
Sur les espritz aigrist toute leur seue)
Te preste l'heur, qu'vn iour se paracheue
Cestuy translat: maulgré le Furieux,
Entre les hoirs de l'antique mere Eue,
Nostre Amadis iamais ne sera vieux.

G. M.

AVX LECTEVRS.
S.

ENtre Latins, Ciceron a le bruyt
D'estre vn second, voire vn autre Mercure
Tant il leur porte & d'honneur, & de fruict
Par son bien dire, ou prit plaisir & cure.
Et pour ce est il, qu'auiourd'huy maint procure
En Italie, Espaigne, & autre part
Aorner sa Langue, & le suyure en cest art
Doux, propre, riche, & beau par præference:
Dont les Latins, ne doiuent point le quart
A Ciceron, qu'à des Essars, la France.

I'attends le temps.

Enſuyt la Table du Sixieſme Liure d'AMADIS DE GAVLE.

Et premierement.

ã iiii   Comme

LA TABLE.

Fin de la table.

Le Sixiesme liure d'Amadis de

GAVLE, QVI TRAICTE AMPLEMENT DES

GRANDS FAICTS D'ARMES, ET ADVENTVRES ESTRANGES, TANT
de Perion son filz, que de Lisuart de Grece, filz d'Esplādian, Empereur
de Constantinople. Hystoire tresrecommandée, mise en François par
le Seigneur des Essars Nicolas de Herberay, commissaire ordinaire de
l'artillerie du Roy.

Comme Perion de Gaule second

filz d'Amadis, partit de Londres auecq' sept aultres ieunes princes,
esperans tirer en Yrlande, pour receuoir l'ordre de Cheua-
lerie par la main du vieil Roy Cildadan: &
de ce qu'il leur aduint.

Chapitre   premier.

A nouuelle de ces Princes, & Seigneurs, dames, & damoyselles enchantées en l'Isle Ferme, comme vous a-
uez entendu, fut incontinent sceuë du petit Perion de
Gaule filz d'Amadis, lequel auoit esté laissé par son
pere en la grand' Bretaigne, souz le gouuernement du
bon vieillard Arban Roy de Norgalles. Ce ieune
Prince, aagé lors de douze à treize ans, auoit desia vne certaine opinion
A   en son e-

en son esprit de ne receuoir cheualerie par aultre que de l'Empereur Esplandian son frere : mais se voyant frustré de son attente, temporisa iusques à la quatriesme année ensuyuant, que deux des filz du Roy de Sardaigne, dom Florestan, le vindrent voir à Londres. L'vn desquelz s'ap-
pelloit Florestan comme son pere, & l'autre Parmenir, en la compagnie
desquelz estoient aussi Vaillades filz du Roy d'Arauigne, dom Bruneo,
Languines, & Galuanes enfants d'Agraies Roy d'Escosse, Abies d'Yrlande, filz du Roy Cildadan, & Quedragant Seigneur de Sansuegue:
qui estoient partiz de leurs terres & contrées, esperants estre faitz cheualiers par la main mesme de celuy, duquel Perion obtiendroit cest honneur. Si les receut le ieune Prince auecq' tel visage, que le deuoir d'amytié & parentage le rendoit affectionné enuers eux, mesmes ayant entendu l'ocasion de leur long voyage. Pour auquel satisfaire, resolurent prendre leur chemin en Yrlande vers le Roy Cildadan, ne cognoissants pour
lors Prince mieux meritant supléer à l'esperance qu'ilz perdoient, pour
l'absence de l'Empereur Esplandian. Or faisoit estat Perion, d'aussi tost
qu'il auroit moyen de porter armes, suyure les auentures estranges, & i-
miter son pere en prouesse & cheualerie: parquoy desirant recouurer Yrguian filz de Gandalin pour escuyer, depescha vn Gentilhomme des siés
vers Gandales (qui lors se tenoit es chasteaux d'Arcalaus l'enchanteur,
qu'Amadis luy auoit donnez) le priant affectueusement le luy enuoyer,
ce qui pleut à Gandales. Luy doncq' arriué, & ayants ces ieunes Princes
fait pouruoir à tout ce qui leur estoit necessaire pour leur chemin, prenás
congé du Roy Arban, tirrerent droit au port de Fenuse, ou ilz s'embarquerent. Et comme ilz furent en plaine mer, descouurirent vne barque à
quatre rames, verdes comme Esmeraudes, que quatre Singes tiroient: &
auecq' eux vne bien belle Damoyselle, richement vestuë. Si suyuirent
tant ces barquerotz, qu'ilz les ioignirent & prindrent terre ensemble. Et
comme Perion, & ceux de sa troupe estoient prestz à mettre le pied à l'e-
strier, la Damoyselle estrangiere s'aprocha d'eux, portant en son col vne
espée, garnie tresexcellemment: & en son poing vn escu noir, au mylieu
duquel estoit painvte vne esphere d'or. Lors s'adressa à Perion, & mettant les genoulx en terre, commença luy dire: Gentil Damoysel, Dieu
ne permette que ie parte iamais de voz piedz, tant que m'ayez octroyé
le don que ie vous demanderay. Perion, à qui elle pleut assez, luy respondit promptement: Damoyselle, demandez le doncques, & il ne vous sera pas refusé. Certes, dit elle, ie n'en esperois pas moins. Et se leuant de
terre le tira à part, & tant deuiserent en se promenants, qu'ilz se trouuerent ioignant la barque ou estoient les Singes: en laquelle la Damoyselle
le pria d'entrer seul. Bien cogneut Perion, que par trop legierement promettre, il perdoit sa compagnie. Et combien qu'il s'en faschast autant, que
de chose qui luy eust peu auenir, mesmes se voyant frustré de son attente,

& retardé

& retardé du voyage d'Yrlande: neantmoins (cognoissant que son honneur seroit foullé s'il n'acomplissoit ce, dont il s'estoit volontairement obligé) passa oultre, & apella ses compaignons, ausquelz, il declaira ce, dont la Damoyselle l'auoit requis, & la cause pour laquelle il la suyuoit, dont il les pria affectueusement l'excuser. S'ilz en furét desplaisants, vous le pouuez penser: mais voyantz qu'il n'y pouuoient remedier, le commanderent à la garde de nostre Seigneur, l'asseurant qu'il n'auroient plustost receu cheualerie, qu'ilz se mettroient en queste pour le trouuer en quelque part qu'il fust. A' peine acheuerent ilz ceste parole, que les Singes commencerent à ramer, & singla le vent dans les voiles si impetueusement, qu'en moins de rien le vaisseau esloigna terre & en perdit on la veuë. Or les laissons doncques voguer comme il plaira à fortune, & retournons aux autres, deliberez de poursuyure leur entreprise: & pour cest ocasion vindrent en la court du vieillard Cildadan, lequel sçachant leur arriuée, les fit receuoir bien honnorablement, & auecq' peu de seiour en ses païs, leur donna l'acollée. Puys prindrent congé de luy, & rentrans en leur vaisseau firent voile en Constantinople: ou ilz trouuerent Lisuart filz d'Esplandian, estant lors estimé l'vn des plus beaux & adroitz Princes que l'on eust peu choisir en tout le monde. Le vieil Empereur (qui pour l'absence de son gendre auoit laissé la vie solitaire & reprins le gouuernement de la Thrace) sçachant qu'ilz estoient arriuez au port, descendit, & leur fit la bien venuë: & de là les conduit en son palays, ou par l'espace de douze iours ilz furent festoyez de luy, & par le ieune Lisuart: lequel, ayant entendu la perte de son oncle Perion, & l'entreprinse de ces nouueaux Cheualiers, qui estoit de l'aller chercher en quelque part qu'il fust, delibera leur tenir compaignie. Et de fait, le treziesme iour ensuyuant, ainsi que l'Empereur sortoit de table, vint se mettre à genoux deuant luy, le supliant treshumblement luy octroyer vn don. Le bon homme, ayant la larme à l'œil, le releua, & luy otroya tout ce qu'il voudroit. Monsieur dit il, i'ay sceu de ces Cheualiers, que mon oncle Perion de Gaule, a esté emmené par vne Damoyselle estrange, & ne sçait on en quelle part il vous plaira n'estre mal cótent si ie me metz en queste pour l'aller trouuer, car ie n'eu oncq' desir d'auoir cheualerie d'autre main que de la sienne: estant seur que de meilleur lieu ne pourrois paruenir à tel honneur, puys qu'il est filz du Roy Amadis, pere de mon pere, qui a surpassé tous les autres en grande prouësse & preud'hommie. Mon filz, respondit l'Empereur, ce partemét me sera grief: car vostre presence donnoit à mes ans vieux, quelque reconfort de l'absence & perte de voz parens. Neantmoins, puys que ie vous ay acordé ce, que me demanderiez, ie veux que vostre vouloir soit acomply. En ce temps Lisuart pouuoit auoir atainct l'an seizeisme de son aage: toutesfois il estoit si grand & bien formé, qu'on luy en eust donné plus de vingt. Luy doncq', ayant

A ii   la bride

la bride sur le col, pour faire ce que bon luy sembleroit, pourueut en toute diligence à freter & equiper trois gros nauires : en l'vn desquelz il
entra, acompagné de Florestan, Parmenir son frere, & Galuanes frere
de Languines. En l'autre, Vaillades & Quedragant : au tiers, Languines,
auecq' Abies. Puis, ayans eu congé de l'Empereur, commanderent leuer
les ancres, & hausler les voiles : & singlants en haulte mer, perdirent de
veuë en peu d'heure la grand' cité. Si retournôs à Perion, & aux fortunes
qui luy auindrent, & laissons les autres, iusques à ce qu'il viendra mieulx
à propos.

Comme la Damoyselle con-

duict Perion de Gaule en lieu, ou il receut l'ordre de
Cheualerie, & de ce qu'il luy auint.

Chapitre   II.

Vne sep-

Ne sepmaine & plus nauigua Perion, en la barque des Singes, auecq' la Damoyselle estrãgiere:& le septiesme iour ensuyuant vindrent surgir le long d'vne plage, au plus beau païs qu'il estoit possible. Là prindrẽt port, & aussi tost la Damoyselle, nommée Alquife, tira de ses coffres vn harnoys noir, semé de semblables espheres, que celles de l'escu qu'elle portoit. Puis dit à Perion:Gentil Damoysel, il conuient, auant que passer oultre, que vous vous armiez de ces armes: car voicy le lieu, ou il vous fault cõmencer l'acomplissement de la promesse, que vous m'auez octroyée. Et que me profitera, respondit Perion, cuyrasse ny escu, n'estant Cheualier?Vous le serez quand Dieu & le temps le permetront, dit elle: parquoy ne differez . Ce qu'il luy acorda, en sorte qu'il vestit le haulbert, & le reste du harnois, fors le heaume , que la Damoyselle print entre ses bras: & sortants de la barque, commencerent à monter contre mont l'Isle, tant qu'ilz se trouuerent en vne grande pleine ou Perion luy demanda en quel païs ilz estoient:mais elle ne luy respondit aultre chose, sinon, qu'il le sçauroit puis apres. Et ainsi deuisãts, descouurirent vne grande ville, le circuyt de laquelle se monstroit par aparence contenir plus de trois lieuës:& tant plus ilz en aprochoient,& plus trouuoit Perion la place superbe, fust en haulteurs de murs, forteresse de tours, ou gros bouleuerts. Et volontiers eust pressé sa guide luy en dire le nom:mais la responce qu'elle luy auoit faite la premiere fois, luy interdisoit de plus auant s'en enquerir: en sorte qu'il s'en teut iusques à ce qu'ilz entrerent dedans. Alors cogneut à veuë d'œil, que l'excellence de dehors n'estoit rien au respect de ce qu'il voyoit, tant de belles maisons, tãt de palays dorez, tant de peuple, tant de temples manifiques, tant de colisées & choses d'antiquité, qu'il ne sçauoit qu'en penser. Ce que cognoissant la damoyselle luy dit : Encores fault il pour vostre proffit & honneur, que de vostre bouche ne sorte parole à homme qui vous tienne propos, premier que ie le vous commande , autrement mal vous en pourroit venir . Damoyselle, respondit Perion, ie me tairay doncques, puis qu'il vous plaist. Et ainsi deuisans se trouuerent à l'entrée d'vn palays le principal de tous, comme il estoit aisé à cognoistre : deuant lequel se promenoient maintz Cheualiers & autres personnes, lesquelz, auisans Perion & la Damoyselle estrangiere monter contre mont les degrez , les suyuirent pour voir quelle auenture ce pouuoit estre . Et entrans en vne grande salle de parement, Perion aperceut souz vn poille de drap d'or vn vieillard honnorable, portant sur son chef coronne d'Empereur:& autour de luy plusieurs Roys, Ducz, Comtes , & Barons, qui tous luy faisoient honneur & reuerance, & vers lequel Alquife(tenant Perion par la main)s'adressa. Et mettants les genoux en terre, luy dit : Treshault, & excellent , & redouté Empereur, mon pere (vostre humble seruiteur)baise les mains de vostre

A iii   maiesté,

maiesté, &vous suplie que sans differer vous donniez cheualerie à ce damoysel: car elle sera en luy autant bien employée, qu'à autre qui viue.
L'Empereur cogneut incontinent la Damoyselle, comme celle qu'il auoit
veuë maintesfois auecq' leNigromancian Alquif son pere:parquoy la receut humainement. Et ietant l'œil surPerion, luy sembla si beau, & de tãt
belle taille, qu'il fut esmeu de proferer assez haut ces paroles:Vrayement
il est aisé à croire , que de tant excellent personnage ne sortiront qu'œu-
ures belles & cheualeureuses: par ainsi, Damoyselle, ie satisferay au vouloir de vostre pere, puis qu'il m'en prie. Et s'astressant à Perió, luy deman
da d'ou il estoit:mais il ne respondit vn sel mot, suyuant ce qu'il auoit pro
mis à Alquife, qui print la parole pour luy , disant à l'Empereur : Sire ie
vous suplie luy pardonner: car sans faulcer sa foy , il ne peult tenir maintenant propos à vous, ny à aultre de ceste court. Et bien, respondit il ce sera quelque aultre fois: ce pendant menez le vers les Dames, à fin qu'elles
le voyent, & demain, apres la veille, ie luy donneray l'acolée . Alquife se
leua, & fut conduite auecq'Perion en la chambre de l'Imperatrix:laquel-
le elle salua, ainsi qu'elle sçauoit bien faire, puys luy dit : Ma Dame mon
pere vous enuoye ce Damoysel, qu'il vous prie receuoir comme celuy qui
le vault, estant yssu de lignage tresrecommandé entre les meilleurs Cheualiers du monde.Lors s'auança Perion, & luy baisa les mains. Sur mon
Dieu , respondit l'Imperatrix, si cheualerie est autãt acomplie en luy,
qu'il y a de beauté,il sera(par raison)le plus parfait aux armes qui ait esté
depuis cent ans.Perion luy fit vne grande reuerence, sans toutesfois proferer vn seul mot: & à l'instant suruindrent Onolorie, & Gricilerie, filles
de l'Empereur , estimées telles qu'en toute l'Asie on n'eust peu trouuer
qui les esgallast en beauté,ou bonne grace. Dequoy Perion esmerueillé,
specialement pour Gricilerie,ne se peut tenir qu'il ne dist en soy mesmes:
Vray Dieu,mes dames,que Nature a prins grãd plaisir à vous faire belles!
Car ie ne pensay de ma vie voir en toutes celles qui viuent, ce que ie voy
maintenant en vous deux. Lors surprins d'vne affection non acoustumée
changea tellement couleur,que Alquife s'en aperceut.Parquoy adressant
sa parole à Gricilerie, qui estoit la plus ieune,luy dit:Ma dame,mon pere
vous mande par moy , qu'il vous a esleu ce Damoysel pour vous seruir
comme vostre Cheualier, & vous côseille de le receuoir,& accepter pour
tel:car il vous obeyra ainsi que vostre grandeur merite . Or touchoit elle
droictement au mal de ceste Princesse : car Amour l'auoit à l'instant liée
par la presence de Perion,de sorte qu'elle respódit à Alquife:Vostre pere
m'auoit long temps a fait ceste promesse.Ie le croiray,& suyuray son aduis, puis qu'il pleut à l'Empereur me le commander le iour mesmes qu'il
print congé de luy,& qu'il m'asseura de ce que ie voy,qui est le plus beau
damoysel du monde . Mais pour tout celà Perion ne dit oncques mot,
ains faisoit seruir son œil de truchement, qui portoit au cœur de ceste
princesse,

princeſſe, tous les grands mercis que la langue euſt peu mettre en auant,
exerçant ſon office : toutesfois il n'y auoit celle, qui ne s'eſtonnaſt de le
voir ainſi muet, & entre autres Onolorie, laquelle, ſurprinſe de quelque
ialouſie pour le bien de ſa ſœur, dit à Alquife: Ie vous prie, damoyſelle, a-
uertiſſez voſtre pere, que ma ſœur ſeroit trop dificile, ſi elle refuſoit le
preſent qu'il luy a enuoyé par vous: dont ie ne ſuis marrie, mais ie voudrois bien qu'il euſt auſſi bône ſouuenance de moy qu'il a eu d'elle, combien que le damoyſel ne ſe peult excuſer, de la rigueur qu'il nous tiêt, ne
daignant parler à nulles de nous. Ma dame, reſpondit Alquife, il luy eſt
deffendu quant à preſent, quelque autrefoys il amendera ceſte faulte : &
au regard de mô pere, il ſçait ce qui vous eſt neceſſaire, auſſi m'a il chargé
vous dire, qu'il a en garde vn tel que luy en ſçaurez gré toute voſtre vie,
& le vous amenera en brief. Il ſera le tresbien venu, reſpondit elle. Durant
ces gracieux propos, Amour gaignoit place petit à petit aux cœurs de Perion & Gricilerie, tellement qu'il s'en empara du tout les rendans ſi vniz
en perfection d'amytié, qu'oncques ne furent deux plus vrays amants,
ainſi que noſtre hiſtoyre vous fera cognoiſtre cy apres. Lors entra l'Empereur en la châbre, lequel apres auoir deuiſé longuement auecq' les dames de ce que luy mandoit Alquife, pere de la damoyſelle, touchant Perion, cognoiſſant le trauail qu'il auoit pris pour eſtre venu armé du riuage de la mer, & à pied iuſques à ſon palays: apella vn ſié maiſtre d'hoſtel,
auquel il commanda le mener refraiſchir, ce qu'il fit. Puis ſur le ſoir vindrent aucuns Cheualiers, qui le conduirent en la chapelle, ou il veilla (ſuy
uant la couſtume) iuſques au lendemain matin, que l'Empereur le vint
trouuer acópagné de l'Imperatrix, des deux Princeſſes Onolorie, & Gricilerie, & grand nombre de Cheualiers, dames, & damoyſelles. Et cóme
la meſſe fut celebrée, l'Empereur s'aprocha, & luy donna l'acollée: mais
il s'aperceut, que vrayement il eſtoit armé de toutes armes fors d'eſpée: &
à ceſte cauſe vouloit qu'on allaſt viſtement querir l'vne des ſiennes. Mais
Alquife, qui tenoit celle qu'elle auoit touſiours portée quant & l'eſcu,
luy dit: Sire, mon pere luy a dedié ceſte cy, qui luy ſera ceinte, s'il vous
plaiſt, par ma dame Gricilerie, & comme i'ay charge de vous en ſuplier
humblement. En bonne foy, reſpondit l'Empereur, il me plaiſt tresbien.
Or doncques ma dame, dit Alquife à l'Infante, faites ce qui eſt en vous. A
ceſte parole Gricilerie print l'eſpée, & la mit au coſté du damoyſel, luy
diſant: Ainſi que ie vous reçoy pour mon cheualier, Dieu vous face heureux & preudhóme. Ma dame, reſpódit Alquife, puis qu'il a receu tel honneur de vous, il eſt bien raiſonnable qu'il le recognoiſſe ſans diferer. Lors
tira vn gros diamant, & le bailla à Perion. Preſentez luy, dit elle, ceſte ba
gue pour teſmoignage de la ſeruitude que vous luy deurez d'oreſnauant,
& à ce qu'elle ayt auſſi ſouuenance de vous. Perion obeyt au commandement d'elle, & le receut Gricilerie de tresbon cueur, le metât en ſon doigt
A iiii　　　　puis ſor-

Puis sortans de la chapelle, fut le nouueau Cheualier conduit en la grãd'
salle du palays, ou les napes estoient mises pour le disner. Adoncq' s'assit
l'Empereur, & Perion vis à vis des deux Princesses. Certes on ne sçauroit
penser viande, dont il n'y eust seruice, & toutesfoys il ne mangea tant soit
peu, estant (comme il luy sembloit) assez repeu de la beauté, & bonne gra
ce de s'amye, laquelle prenoit toutes les peines du monde à l'entretenir,
esperant tirer aucune parole de luy. Ce qu'elle ne peut gaigner, de sorte,
qu'elle en entra en quelque mescontentement de desdaing, neantmoins,
Alquise apaisa tout si bien, que ce petit courroux ne tourna depuis qu'en
force d'amytié.

Comme Perion de Gaule, vainc-

quit Alpatrasie Duc d'Orcalie, qui maintenoit s'amye estre plus belle, que toutes les autres Dames, ou Damoyselles du monde.

Chapitre   III.

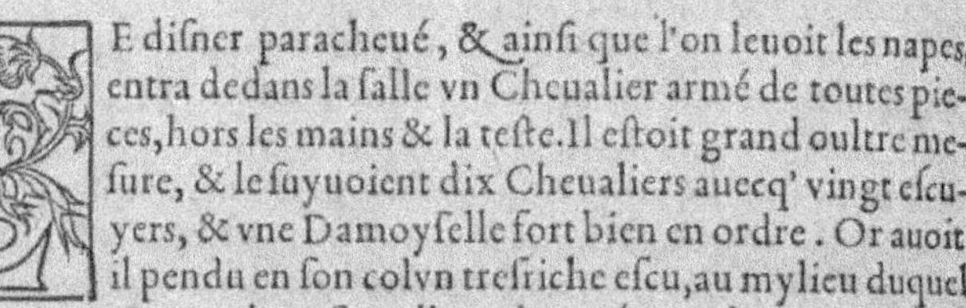

L E disner paracheué, & ainsi que l'on leuoit les napes,
entra dedans la salle vn Cheualier armé de toutes pieces, hors les mains & la teste. Il estoit grand oultre mesure, & le suyuoient dix Cheualiers auecq' vingt escuyers, & vne Damoyselle fort bien en ordre. Or auoit
il pendu en son col vn tresriche escu, au mylieu duquel
estoit pourtrait vne Dame de tresexcellente beauté. Luy doncques arriué
deuant l'Empereur, mit le genoil en terre : & s'aprocherent tous les assistans, pour entendre ce qu'il diroit. Lors parla en ceste sorte. Trespuissant
Empereur de Trebisonde, dominant grãd' partie des pallus Meotides, la
cause qui me fait maintenãt presenter deuãt vostre maiesté, est pourvous
donner à entendre, que moy, qui suis Duc d'Orcalie, nommé Alpatra-
sie, ayme vne Damoyselle, apellée Dialestrie, fille d'vn Cheualier grand
Seigneur mon voysin. Et combiẽ que ie luy aye fait sçauoir, en plusieurs
sortes, le bien que ie luy veux, si m'a elle asseuré n'auoir amytié en moy,
premier que i'aye en toutes courts de Roys, & Princes d'Asie, mainte-
nu que sa beaulté excede toute l'excellence que les autres Dames, ou Damoyselles ont en elles : & si aucun y contredit, fault qu'il touche à l'ymage pourtraite en cest escu, qui est la figure d'elle, & que ie le combate &
meine à telle raison, qu'il se rende prisonnier de madame, vers laquelle ie
suis tenu l'enuoyer. Et si fortune m'octroye le pouuoir de demourer vain
queur de tous ceux qui entreprendront la meslée contre moy, pour ceste
cause

cause,lors auray ie l'amour d'elle & non pluftoft. Et à fin qu'elle ayt plus
d'affeurance de ce qu'il en auiendra:elle a chargé cefte Damoyfelle, nómée Eftreleine, me fuyure,pour luy en faire loyal raport . Or ay ie defia
trauerfé maintes terres loingtaines,& combatu plus de cinquante cheualiers,que tous luy ay enuoyez: & efpere (fire) que ie ne feray moins heureux en cefte voftre court,que i'ay efté aux autres. Et pourtant s'il y a aucun qui vueille contredire la beaute de ma dame, vienne prefentement
toucher l'efcu,& s'apareille de combatre.Puis fe teut le Cheualier, regardant la contenance de ceux qui l'efcoutoient : mais nul fut fi hardy d'ouurir la bouche,pour refpódre vn feul mot,cóbien que la plufpart euffent
deuant les yeux celles qu'ilz tenoient à Dames & amyes . Toutesfois la
grandeur de ce Cheualier auátureux,leur faifoit perdre cueur,parole, &
deuoir: dequoy Perion tout esbahy,ieta l'œil fur l'Infante Gricilerie , &
voyant qu'elle le regardoit , comme fi elle l'euft apellé à fecours , efmeu
d'vn defir extreme à luy faire feruice, oublia du tout la promeffe qu'il a-
uoit iurée à Alquife de ne parler fans fon cógé. Et aprochant le duc d'Orcalie,tira fi fort l'efcu,qu'il le luy arracha du col , le ietant contre terre de
telle roideur,qu'il le brifa en pieces,difant fi hault que chacun l'entendit:
Par mon chef, damp Cheualier, c'eft trop blafphemé contre fi noble cópagnie. Et ia à Dieu ne plaife, qu'en ma prefence telle iniure leur foit faite, tant que i'auray moyen de les en defendre . Cefte parole proferée fi
brauement par Perion, pleut beaucoup à tous ceux qui l'ouyrent: & plus
encores à celle pour l'amour de laquelle elle auoit efté entreprinfe. Toutesfois Alpatrafie refpondit affez modeftemét:En bonne foy, Cheualier,
vous eftes fi peu courtoys que vous en deuez eftre blafmé grandement:
mais le moyé que i'auray en brief de faire apaifer voftre cholere en plain
champ de bataille , me gardera pour cefte heure de vous en dire ce que
i'en penfe. Perion fe teut, car Alquife le reprint aigrement d'auoir parlé
oultre fa defenfe. Neantmoins, dit elle, puys que vous vous eftes de tant
oublié, paracheuez , & auecq' l'ayde de Dieu , vous en fortirez à voftre
honneur. Pourtant, fire,dift elle à l'Empereur,voftre plaifir fera luy faire
deliurer quelque monture,car ie l'ay amené ceans à pied,comme fçauez.
Vrayment, refpondit il,celà eft trefraifonnable, atendu mefmemét qu'il
veult deffendre l'honneur de tant de Dames qui font icy prefentes . Lors
commáda à vn efcuyer qu'on luy amenaft l'vn des meilleurs deftriers de
fes efcuyries:ce pendant le Duc defcendit, & fe tint preft pour combatre
& quafi aufsi toft Perion fut conduit au camp par les Ducz d'Ortilenfe&
de la Fonte. L'Empereur, acompagné des dames,fe mit aux feneftres:&
comme les deux combatants furent preftz à faire leur deuoir, les trompettes fe mirent à fonner , parquoy s'efmeurent l'vn contre l'autre de fi
grand' roideur,que le Duc brifa fa lance fur le nouueau cheualier,qui fail
lit d'atainte:mais au paffer fe choquerét le Duc & luy de corps & de tefte,

de telle

de telle force, que cheuaulx & hommes tomberent estenduz de leur lõg, & pensoit on qu'ilz fussent morts. Ce que voyant Gricilerie, deuint tant triste que rien plus: & ainsi que les larmes luy sortoient des yeux, elle aperceut Perion se releuer tout honteux de ce malheur. Si embrassa legierement son escu, & tirant l'espée, marcha vers son ennemy, qui semblablemét estoit desia sur piedz. Lors commença vn combat fort cruel entre eulx, durant lequel ilz se maintindrent tant bien l'vn & l'autre, que par l'espace d'vne heure ou plus, on n'eust sceu bonnement iuger, auquel la victoire estoit promise. Mais à vn instant on vid tourner la chance sur le Duc: car il commença à s'apesantir, & au contraire le nouueau Cheualier à se móstrer plus legier, & adroit qu'au parauant. Certes, qui eut lors pris garde à la contenance de Gricilerie: le visaige qu'elle portoit donnoit assez tesmoignage de l'extreme plaisir qu'elle auoit en son ame, voyant son amy prest d'auoir le dessus: lequel haulsant la teste, la choysit entre les autres. Au moyen dequoy ses forces luy redoublerét, tellement qu'il ataignit le Duc au dessus de l'armet, & luy entama le test si auant, qu'il tomba estourdy. Lors se lança dessus, & à force luy rompit le laz: & le desarma prest à le rendre mort, quand Estreleine entra au camp, & se ietant à genoux requit à Perion, que pour Dieu il eust mercy de luy. Toutesfois il faignoit ne l'entendre: & à ceste cause, elle trop desolée s'adressa à Alquife, la supliant à ioinctes mains qu'elle parlast pour elle. Ce qu'elle ne luy refusa, ains dit à Perion: Cheualier, contentez vous de ceste victoire, & pour l'amour de moy sauuez le Duc. A ceste parole Perion se retira arriere, & essuyant son espée à l'herbe verde, la remit an fourreau. Or allez, dit Alquife à Estreleine, & faites penser vostre Cheualier: car à ce que ie puis voir il en a grand besoin. Humblement la remercia la damoyselle estrangiere, & à l'heure fut remené le cheual à Perion, sur lequel il monta mais au sortir du camp Alquife luy dist tout bas: Sire Cheualier, il conuient que sans plus tarder nous retournions en nostre barque, de laquelle (si me tenez promesse) ne sortirez oncques outre mon gré: & si vous prie que d'icy en auant vous vous faites nommer, le Cheualier de l'Esphere: car celuy qui vous a enuoyé par moy les armes que vous portez, a toute son esperance en vous. Et pour ceste cause vous deffendy ie à l'entrée de ceste court parler à nul, doutant que fussiez arresté, & mon entreprinse retardée: ainsi doncques ne seiournons plus par deça, & prenons le chemin de la mer. Ce disant chassa son pallefroy, & Perion la suyuit à tresgrand regret, se voyant si tost frustré de la presence de sa nouuelle amye: de laquelle il n'eut moyen auoir autre cógé, sinon que passant vis à vis de la fenestre ou elle estoit auecq'sa sœur, la regarda d'vn œil tant piteux, qu'elle peut cognoistre aisément la tristesse qui l'acompagnoit. Et de là en auant, luy & Alquife cheminerent iusques en la barque, dans laquelle ilz entrerent & commencerent les Singes à ramer. L'Empereur & ceux de sa

troupe

troupe esbahys de leur partement si soudain, ne sceurent qu'en iuger de prime face: neantmoins, considerants que tout ce estoit conduit par l'auis du saige pere d'Alquife, s'en passerent à tant. Et en ces entrefaites fut emporté le Duc hors le camp, lequel sans vouloir faire plus long seiour en païs, ou il auoit receu tant mauuais traitement, reprint, auecq' sa troupe, le chemin qu'il estoit venu, si triste, que le mourir luy eust esté agreable. Mais, certes, Gricilerie ne souffroit moins en son endroit, pour l'absence soudaine de son Perion : toutesfoys nous ne luy donnerons pour ceste heure aucun remede, fors esperance de le reuoir auecq' le temps: & changerons propos, à fin de vous dire quelle auenture auint à ceux qui estoient sortiz du port de Constantinople, pour entrer en la queste de leur compaignon.

Comme Lisuart, Florestan, &

les autres, nauigants par mer en la queste de Perion, le vaisseau dans lequel estoit Vaillades, & Quedragant, fut ieté par tourmente en l'Isle du Geant Argamont: contre lequel ilz eurent combat, & le vaincquirent.

Chapitre   IIII.

Vousauez

Ous auez peu entendre n'agueres, comme Lisuart, Florestan, Parmenir & Galuanes s'embarquerét en vn nauire. Vaillades & Quedragant en vn aultre, Languines
& Abies d'Yrlande, aufsi separez. Eulx doncques ayans
prins congé du vieil Empereur de Conftantinople, faisant hauffer les voiles & leuer les ancres, finglerent en
plaine mer. Si n'eurent longuement nauigué, qu'il furuint telle tempefte,
que les Pilotes, Nochers, Comites & mariniers mefmes, penfoient eftre
periz: car il ne leur demeura voile, trinquet, arbre, ne thymon, qui ne fuft
brifé, & mis en pieces. Au moyen dequoy fe trouuerent tant efcartez
par l'efpace de trois fepmaines, que habandonnes d'efperance, fuyuoient la fortune comme il plaifoit au vent & aux vagues les guider. Et
en ce malaife, le nauire ou eftoient Vaillades & Quedragant, arriua fur
la poincte du iour, tout au plus pres d'vne belle Ifle: laquelle foubdain
fut recogneuë des mariniers eftre l'Ifle de la Fueille blanche, & en eftoit
feigneur l'vn des plus cruelz Geants du monde, nommé Argamont le
fort. C'eft Argamont auoit vne fille, apellée Dardadie, qui bien fut cogneuë d'Ardan Canile: celuy qu'Amadis de Gaule deffit en la ville de
Fenufe, comme le fecond liure vous a amplement declaré. Et pour vous
reciter quelle cognoiffance il eut d'elle, entendez: Qu'vn iour entre autres, ainfi qu'il alloit cherchant les auentures eftranges, faifant efpreuue
de fa perfonne en tout païs, il arriua en ceft Ifle, ou il eut combat contre
le Geant Gandandel, pere d'Argamont. Mais à l'inftant ilz fe trouuerent aliez, & fe firent fi grands amys, que le Geant tendit fon efpée à Ardan luy

dan, luy donnant l'honneur de la victoire, ce que l'autre refusa. Et de fait,
contestants à qui ceste gloire demoureroit, arriuerent au chasteau de la
Fueille blanche, ou Argamont (pere de la damoyselle dont ie vous par-
lois n'agueres) luy fit tresbon recueil: mesmes quand il entendit l'aliance
& parentage qu'ilz auoient ensemble. Or auint que le troisiesme iour ensuyuant, Gandandel alla de vie à trespas, tant auoit esté naüré d'Ardan
Canile, qui en fut deplaisant au possible, mesmes pour l'amytié qu'il portoit à la fille d'Argamont: de laquelle il s'en amoura en sorte, qu'oubliant
l'honneur & afinité de parentage, luy descouurit entierement ses affections, & acorderent si bien leurs vielles ensemble, qu'ilz eurent l'vn de
l'autre ce, qu'aucuns ont apellé le don de mercy: tellemét que neuf moys
apres, ceste damoyselle fit vn filz, qui eut nom Ardadil Canile, ainsi a-
pellé, pour l'amour de son pere. Et sçachez, dirent les mariniers à Vaillades, que cest Argamont & son petit filz, sont auiourd'huy estimez les
plus vaillants & cruelz Cheualiers de la terre: aussi n'arriue il nul en ceste
Isle, qu'il ne soit mort, ou pris par eux. Par Dieu, respondit Quedragant,
celà ne nous gardera pas de les aller trouuer. Et commanda que l'on tirast la nef à bort, ce qui fut fait, non sans grand' crainte & espouuétement
de tous ceux du nauire. Si s'armerent les deux Cheualiers, & tirants leurs
cheuaulx hors le vaisseau, prindrent leur adresse à trauers les arbres : &
cheminerent tant qu'ilz se trouuerent à l'entrée d'vne grand plaine, d'ou
aisément ilz pouuoient choysir le chasteau de la Fueille blanche. Mais à
peine curét ilz ieté l'œil dessus, qu'ilz ouyrent sonner haultement vn cor
par la guette ordonnée du Geant, à la plus esleuée des tours : à fin de luy
aporter nouuelle quand quelque nauire estrange prendroit port en ses
marches. Et depuis ne tarda gueres Argamont à sortir de son fort: & armé d'vne lames de fin acier, monté sur vn grand destrier, vint au deuant
des Cheualiers : ausquelz de pleine arriuée il dit d'vne grande brauade:
Pauures chetifz, comme osez-vous aparoistre deuant moy? Rendez vous
mes prisonniers, & vous contentez de la folle entreprinse que vous auez
faite, d'entrer ainsi armez en mes païs. Trop fut marry Quedragant,
s'ouyr tant iniurier, parquoy luy respondit: Par mon chef, grand vilain,
tu es bien loing de conte : car nous atendons vn honneur aduenir en te
rompant la teste, & te deffaire comme tu merites, & encores que fortune
nous dist mal, & que mourussions sur le champ, si nous seroit ce plus de
gloire finir noz iours l'espée au poing, que de receuoir par crainte la com
position que tu nous presentes: ainsi oublie ces menasses, & employe desormais le temps (si tu peux) plus en actes cheualeureux, qu'en paroles
folles comme tu fais. Durant ce propos, le Geant contemploit la corpu-
lence de Quedragant, qui luy sembloit beau Cheualier, & bié pris à merueilles. Et à ceste cause, appaisa vn peu sa cholere, & luy dist: Vrayement,
ie croy, que tu sois preudhomme: toutesfois tu peux bien cognoistre que

B   ta force,

ta force, au prix de la mienne, est moins que rien : & qu'ainsi soit, venez
vous deux ensemble, & vous cognoistrez par effait, quel honneur vous
auiendra à vous esprouuer contre moy, ainsi que vous vous vantez. Et a-
cheuant ceste parole, haulsa vne grosse masse qu'il tenoit, pensant ataindre Quedragant. Lors Vaillades, qui estoit assez loing derriere, cognoissant son vouloir, coucha son boys : & donnant des esperons à son cheual,
chargea Argamont si brusquement, qu'il l'esbranla prest de tóber. Mais
au passer receut tel coup de masse du Geant, que vousist ou non il fut renuersé par terre Quedragant irrité oultre mesure, le pensant venger, courut droit à Argamont, & rompit sur luy, sans luy faire autre mal. Dont le
Géát glorieux, s'escria du bout de la carriere à haulte voix : Et bien, damp
Cheualier, ton compaignon n'eust il pas beaucoup plus gaigné à se rendre mon prisonnier, que d'atendre l'honneur qui luy est aucnu comme
tu voys ? Si mon compaignon, respondit il, a esté mal traité par toy, tu
sentiras presentement comme ie le sçay venger, & moy aussi. Ce disant,
aprocha Argamont, & d'arriuée luy donna sur l'aureille. Et comme l'autre cuydoit vser de reuanche, haulça la masse de si grand' force contre
Quedragant, que s'il l'eust ataint, il estoit mort sans faillir. Si gaulchit au
coup & passa oultre, rencontrant l'aureille du destrier d'Argamont, &
l'estourdit, & en tombant cheut sur le genoil du Geant : dont il receut tant
grieue douleur, que de là en auant, force luy fut combatre à clochepied,
ou bien assis sur l'autre iambe. Lors se releua Vaillades, qui donna grand
plaisir à Quedragant : car il le pensoit expiré, mais le voyant sain, espera
de là en auant auoir bien la raison de leur ennemy, & à ceste cause eulx
deuxluy coururét sus. Or luy estoit eschapée la masse hors des poings, par
quoy mit la main envne grande cimeterre qu'il portoit, & móstrant contenance d'homme peu effrayé, fit grand deuoir de se deffendre : toutefois
Vaillades le print à descouuert, & d'vn coup d'espée luy enfonça l'armet
iusques au test. Dequoy le Geant se trouua estonné, plus qu'au parauant :
car le sang commença à luy couurir les yeux. Et comme il aduient souuent qu'vn malheur acompagne l'autre, ainsi qu'il pensoit se venger & a-
taindre celuy, qui l'auoit oultragé, haulça sa cimeterre : laquelle tomba
de fortune sur le carre d'vn rocher (duquel Vaillades auoit fait escu en se
desmarchant) & de grand' force se brisa, ne luy demeurant au poing que
la poignée seule. Lors se tindrent les deux Cheualiers asseurez de la victoire, parquoy l'enuironnerent de toutes parts, le pressant de si pres,
qu'ilz le mirent hors d'aleine, & le saisirent au colet luy arrachant le
heaulme hors la teste. Or es-tu mort, dist Vaillades, si tu ne tiens pour
oultré & vaincu, & prometz oultre faire noz volontez. Mort, respondit
il, suis bien, si vous plaist, non pas vaincu : car celuy seul est vaincu qui par
faulte de cueur, laisse à faire son deuoir : & tu sçais si ie me suis espargné,
tant que la fortune m'en a donné moyen. Mais quant à l'acomplissement

de voz

de voz volontez, en celà obeïray de bon cueur, pourueu que mon honneur n'en soit interessé : autrement, i'ayme trop mieux perdre la teste.
Certainement, dirent les autres, tu parles ainsi que tu dois. Nous te sau-
uerons la vie, & ne te prierons de chose qui ne t'honore, & augmente ta
reputation. Si ainsi est, respondit le Geant, ie vous obeïray doncques. Ce
qu'il fault que tu fasses, dirent les Cheualiers, est, qu'oubliant ta foy ydo-
latre, tu croyes d'oresnauant en Iesus Christ, vray Dieu & homme, qui
pour toy, & pour nous tous a receu mort & passion, & est ressuscité troys
iours apres. Et à ceste creance feras obeyr ton filz Ardadil, puys ensemble
vous retirerez vers l'Empereur de Constantinople, & de par nous luy re-
citerez fidelement la sorte de nostre combat, & de là en auant luy serez
seruiteur & amy perpetuel, & le nostre aussi. Seigneurs, respondit il, ie le
vous prometz & iure : car long temps a que i'auoys bien ceste opinion.
A' ceste asseurance, Vaillades, & Quedragant le prindrent par les bras: &
comme ilz lë conduysoient en sa forteresse, rencontrerent Almatrafe sa
femme, laquelle l'ayant veu tomber, venoit au deuant pour impetrer des
Cheualiers mercy : mais cognoissant qu'ilz s'estoient faits amys, luy demanda s'il estoit nauré à mort. Non, respondit il, graces à Iesus Christ, en
qui ie croy, & croiray desormais, & tous ceux qui me voudront bien. O'
Iupiter! s'escria la Geante, & qu'est ce cy ? voulez vous perdre, vous & les
vostres si laschement? Ma femme, dit le Geant, vousmesmes serez la premiere qui m'obeïra, puys tous ceux de ceste Isle feront comme vous : &
croyront au Dieu que i'adore nouuellement. Et à qu'elle ocasion? respon
dit Almatrafe. Pour autant, dit il, que le combat que i'ay eu contre ces
deux Cheualiers, m'a donné experience, que leur Dieu est le vray Dieu,
& les nostres faux, & mensongiers: ainsi vous suffise à tant, sans plus vous
en enquerir. Et sur l'heure entrerent au chasteau, & de là conduit en sa
chambre, fut mis entre deux draps, ou Almatrafe (qui sçauoit l'art de chi
rurgie) print garde à ses playes, & y pourueut si diligemment, qu'elle
l'asseura de briesue santé: parquoy pria affectueusement les deux Cheualiers ne l'habandonner pour quelque temps, durant lequel, dit il, ie vous
feray honorer ceans comme vous meritez. Ce qui vint bien à poinct à
Vaillades, & son compaignon, pour eux refraischir du trauail qu'ilz a-
uoient soustenu tant de longs iours, par la tourmente: au moyen dequoy
manderent querir leurs mariniers, lesquelz, entédants les bonnes nouuelles de la victoire obtenuë sur Argamont, louerent de bon cueur nostre
Seigneur: esbahys toutessoys de la prouësse de Quedragant & Vaillades
qui, durant qu'on r'adouboit & fretoit leur vaisseau, s'aduiserent de demander à leur hoste, ou estoit son petit filz Ardadil Canile. Seigneurs,
respondit il, le grand Souldan de Liquie m'enuoya n'agueres vn gentilhomme en toute diligence, auecq' lettres bien expresses, par lesquelles il
me pryoit le luy donner, pour le faire son lieutenāt general en vne grosse
B ii   armée,

armée, qu'il dreſſe nouuellement auecq' les Souldans de Perſe, d'Allape, de Babilone, & pluſieurs autres: eſperants ruyner l'Empereur & l'empi-re de Conſtantinople, pour autant qu'ilz ont ſceu pour certain, qu'Ama-dis de Gaule (l'vn des meilleurs Cheualiers du monde) eſt enchanté, en-ſemble Eſplandian ſon filz, & grand nombre des principaux Cheualiers de la Chreſtienté, par leſquelz la Thrace fut ſecouruë en la derniere en-treprinſe qu'on y dreſſa. Et maintenant, que ceſt Amadis & les ſiens ſont ſi bien enfermez, comme l'on croit, il eſt certain qu'ayſément l'empire pourra eſtre ſubiugué, & l'Empereur emmené captif, qui eſt la cauſe, pour laquelle tous les Roys Payens dreſſent ſi gros equipage, eſperants eux ioindre de bref au port de Tenedos en Frigie. Ou ie penſe mon filz Ca-nile eſtre deſia arriué, auecq' ceux d'Aſie la mineur, & quelques autres plus voyſins: car du ſurplus il eſt quaſi impoſsible, veu les loingtains païs dont doiuent ſortir, qu'ilz ſe puiſſent aſſembler comme ilz entreprenêt, pluſtoſt que ſur la fin du moys d'Aouſt. Or n'eſtoit il que le commence-ment de Mars, parquoy Quedragant & Vaillades, entendants ces nou-uelles, delibererent (s'ilz ne trouuoient leur compagnon dans le moys de Iuillet) prendre le chemin de Conſtantinople, & aller ſecourir l'Empe-reur. Mais, pour trop ne nous eſlongner de celuy, pour lequel ilz eſtoient entrez en queſte: nous les laiſſerons auecq' le Geant, qu'ilz firent baptiſer & toute ſa famille, & vous dirons ce qui auint à Alquiſe, & au Cheualier qu'elle conduyſoit.

Comme la barque, ou nauigeoient

Perion de Gaule, ſurnommé le Cheualier de l'Eſphere, &
Alquiſe, vint ſurgir au pied d'vne tresbelle Iſle : &
des auentures qui luy auindrent.

Chapitre   V.

Vous auez

Ous auez ouy defia la forte que le Cheualier de l'E-
fphere, & fa Damoyfelle r'entrerent en la barque, ou e-
ftoient les Singes, en laquelle ilz nauiguerét huit iours
fans auenture trouuer : mais le neufiefme enfuyuant le
vaiffeau vint aborder au pied d'vne haute roche, côtre
laquelle y auoit vne petite fente qui conduyfoit à môt.
Si la monftra Alquife à Perion, & luy dit: Sire Cheualier, ie vous prie par
la foy que vous deuez à Dieu, & à la chofe que vous aymez le mieux en
ce monde, que vous fuyuiez ce chemin, lequel vous conduira au hault de
ce rocher : ou vous trouuerez vn païs plat, & la fontaine au mylieu. Là
m'atendre, fans que vous en partiez pour chofe qu'il vous aduienne,
premier qu'ayez autres nouuelles de moy : & vous fouuienne de la pro-
B iii　　meffe

meſſe que vous m'auez faite. Damoyſelle, reſpondit il, vous vous pouuez aſſeurer, que pour mourir ie ne faulſeray voſtre cômandemét. Lors print terre, & tirant ſon deſtrier par les reſnes monta deſſus, & commença à cheminer contre mont la roche, tant qu'il trouua la plaine, ainſi que Alquiſe luy auoit dit. Or eſtoit il ſoleil couché, & preſque nuict, parquoy de libera ne paſſer oultre, ains atendre le lendemain: & par tant deſcendit de cheual, & mangea quelque peu de ce qu'il auoit porté quant & luy, puys s'endormit iuſques à l'aube du iour, qu'il remonta ſur ſon deſtrier. Et cô- me il eut cheminé iuſques enuirô myiour, il auiſa la fontaine au lieu plus plaiſant que l'on ſçauroit eſtimer, & ſortoit l'eau par douze canaulx, à tra uers vn pillier, ſur lequel eſtoit eſleuée l'effigie d'vn Cheualier armé de toutes pieces, fors de heaume & ganteletz, & tenoit en la main gauche v- ne coronne d'Empereur, & en la dextre vn rouleau de cuyure doré. Au- quel eſtoient grauées lettres latines, qui diſoient: Au temps que ceſte co- ronne ſera au plus grand danger de ſon eſtat, & que les horribles criz, & grands hurlemens ſeront adouciz, florira la fleur de cheualerie, abaiſſant l'orgueil de beaucoup, auecq' la nouuelle eſpée conquiſe. Perion leut & releut pluſieursfois ceſte prophetie, & en la liſant prenoit vn ſingulier plai ſir à l'antiquité de ceſte ymage: car il luy ſouuint auoir autresfois ouy di- re au Roy Amadis ſon pere, qu'en Conſtantinople, ſur la porte du puits, y en auoit vne toute telle, laquelle on tenoit certainement, auoir eſté tail- lée par Apolidon meſmes. Ainſi contemplant le Cheualier de l'Eſphere les eſtrangetez qu'il voyoit, auiſa deux des Singes de ſa barque, qui luy dreſſoient vne fueillée: dedãs laquelle ilz aporterent telle abondance de viandes, qu'elle eſtoit ſufiſante pour le nourrir quinze iours entiers. Mais à l'inſtant entendit vn haniſſement de cheuaulx, parquoy ieta ſa veuë de toutes parts, pour regarder que c'eſtoit. Lors aperceut venir vn Geant à cheual, tenant en ſon poing vn fort eſpieu, & le ſuyuoient au pas, & aſſez loing, dix hommes bien armez, conduyſans vn chariot trayné par qua- tre cheuaulx: ſur lequel eſtoit lyé & garroté vn vieillard, portant barbe chenuë, & ſi longue, qu'elle luy paſſoit la ceinture, & aupres de luy deux Cheualiers couuerts encores de toutes leurs armes, atachez de manotes & gros fers aux piedz. Or ne peut le Geant deſcouurir Perion, qu'à la lon- gueur d'vne carriere: mais auſſi toſt qu'il l'auiſa, esbranlant ſon eſpieu, commença à luy eſcrier. Chetiue creature, quel diable t'a conduyt en ce lieu pour finir ſi malheureuſement ta vie? De ceſte menaſſe ne s'eſtonna aucunement le Cheualier de l'Eſphere, ains chargea haſtiuement ſon glaiue, & luy reſpondit: Par mon chef, grand villain, tu as bien oca- ſion de me menaſſer, veu le mal que tu dois receuoir de moy: car Ieſus Chriſt qui eſt ma guide, ennuyé de la tyrannie en laquelle tu as veſcu tant de iours, me promet effort pour venger ceux, que tu as moleſtez toute ta vie, laquelle ie deſtruyray preſentement, pour enuoyer ton ame

au dyable

au dyable, dont tu parloys n'agueres. De ceste parole s'ennuya le Geant,
en sorte, qu'il brocha son cheual des esperons pour courir sus au Cheualier de l'Esphere:mais il preuint, luy donnant tel coup de lance à l'espaule droite, que de douleur fut contraint lascher l'espieu, toutesfois il empoigna hastiuement vne massue de fer,qui pendoit à l'arçon de la selle:&
ainsi que l'vn & l'autre tournoient bride au bout de la carriere pour eux
ioindre, le cheual du Geant mit le pied dans vne orniere, & tomba si
lourdement souz son maistre, qu'il luy rompit le col. Ce que voyant le
Cheualier de l'Esphere, mit soudain pied à terre, & luy tailla la teste,
puys remonta à cheual: car il entendit ceux, qui conduysoient les prisonniers, crier à haulte voix. Trahistre, trahistre, vous mourrez sans remede,& rien ne vous vaudra le fuyr. Lors coururent sus à Perion,lequel,
de bó heur pour luy, fut secouru inesperément par trois Cheualiers,por
tants chacun d'eux vn escu d'or,au mylieu duquel estoitvne grand' croix
rouge comme sang. Ceux dont ie vous parle, voyants la partie mal faite, de dix contre vn, delibererent secourir le plus foible : & à ceste cause
baissants la veuë de leurs armetz, ainsi que ceux du Geant chargeoient le
Cheualier de l'Esphere,entrerent pesle mesle, & d'arriuée en ruerent par
terre les trois,qui oncq' puis n'en parlerét.LeCheualier de l'Esphere esba
hy d'ayde si prompte, voulut bien donner à cognoistre qu'il pretendoit
part au gasteau,tellement qu'eux quatre se misrét en tant de deuoir, que
finablement les dix y perdirent la vie, demourants les trois croisez esbahys qui pouuoit estre celuy qu'ilz auoiét secouru : car ilz ne virent oncq'
Cheualier mieulx combatre,ne plus hardiment. Vne fois leur venoit en
fantasie,que c'estoit Amadis, ou Esplandian son filz : puys tout soudain,
sçachants qu'ilz estoient enchantez, perdoient ceste opinion, & presu-
moient plustost, ou que ce fust Norandel,ou le vaillant Frandalo : mais
ilz les auoientveuz souuét en telz affaires,&neantmoins ilz n'aprochoiét
en rien de l'autre,vers lequel ilz s'adresserent,le priát par courtoysie qu'il
leur dist son nom.Seigneurs,respondit il,la croix quevous portez,qui est
marque de Chrestien,& le bon ayde que i'ay receu de vous,me feront o-
beyr à vostre priere.Mon nom(tát qu'il plaira à vne Damyselle,qui m'a
icy enuoyé) est le Cheualier de l'Esphere, combien que ceux qui me cognoissent, m'apellent Perion de Gaule, filz d'Amadis Roy de la grand'
Bretaigne.Plustost n'eust il acheué la parole,que les trois croisez vindrét
l'embrasser, louants Dieu de si bonne rencontre. Comment? dit Perion,
me cognoissez vous doncques?Cognoistre? respondit l'vn d'eux, oy certes,& à bon droit, veu que ie suis vostre parent Talanque,filz de Galaor,
frere du Roy vostre pere: & cestuy est Manely, Cheualier tresestimé entre les plus renommez du monde. Vrayement, dit Perion, ceste auenture est bien la plus belle pour moy, que i'eusse sceu souhaiter : mais ie
vous prie me dire, qui est ce troisiesme. Monsieur, respondit Talanque
B iiij   c'est celle

c'eſt celle qui me garde de marier, La Royne Calaſie, de laquelle on vous
a peu parler quelque fois. Oy ſur ma foy, dit il, encor' que ie n'euſſe penſé
de ma vie, qu'en cueur de femme y euſt eu tant de prouëſſe. Lors Talaque
apella la Royne, & luy dit: Ma dame vous auez maintenant en voz mains
le frere du Prince Chreſtien, que vous hayez le plus, comme ie vous ay
maintesfois ouy aſſeurer, Et ce diſoit il par ieu: car elle publioit ſouuét, &
en tous endroitz, qu'elle eſtoit plus tenus à l'Empereur Eſplandian, qu'à
tous les hommes du monde: tant pour l'honneur & bonne chere qu'il luy
auoit faite en Conſtantinople, que pour luy auoir donné mary tant ſaige,
vertueux & plain de prouëſſe. Parquoy ſçachant qui eſtoit Perion, ietta
ſon eſcu: & mettant le genoil en terre, luy voulut baiſer les mains. Mais il
la relua, & luy dit: Cóment? ma dame, eſt ce la façon de Californie, d'ainſi recueillir ceux qu'on hait pour l'amour de leurs parents? Monſieur, reſpondit elle, femmes ſont obligées à faire les commandements de leurs
marys: autrement tenez vous ſeur, que ſans mort, ou cruelle priſon, ne
pourriez eſchaper de moy. De la grace qu'eut la Royne à faire ces me-
naſſes, chacun ſe print à rire. Et ainſi deuiſans les priſonniers liez au chariot (cóme vous auez entendu) trouuerent façon de couper leurs cordes,
& venir vers le Cheualier de l'Eſphere, lequel s'adreſſant au vieillard, qui
cheminoit deuát tous, luy dit: Helàs! vieil homme entre les vieux, quelle
fortune a eſté la voſtre, pour vous auoir ſur la fin de voz ans rédu en telle
miſere? Sire reſpondit il, ie loueray toute ma vie noſtre Seigneur & le be-
niray pour vous, qui m'auez deliuré de mort. Et auant que vous dire plus
oultre, ie vous ſuplie en l'honneur de Dieu, m'octroyer vn don qui peu
vous couſtera, & que ne me refuſerez, ce croy ie: veu la bonté qui eſt en
vous, qui ne peut eſtre, ſans compaſſion de la miſere des pauures affligez,
cóme ie ſuis. Pere, diſt le Cheualier de l'Eſphere, vous aurez de moy tout
ce que vous voudrez. Ce dont ie vous requiers, reſpondit le bon homme,
eſt que me laiſsiez en liberté, & ne vous enquerez d'auantaige de mon
eſtre, pour ceſte heure: tant y a, que ie recognoiſtray vne foys, qui viendra
la grace que m'auez faite. Certes dit Perion, puys que vous vous voulez
ainſi couurir de moy, i'en ſuis treſcontent. Adoncq' demanda aux deux
autres, qui les auoit ainſi encheſnez: mais ilz eſtoient tant atenuez de mal,
qu'ilz ne peurent ſi toſt cognoiſtre celuy qui parloit à eux, encores que
pour le trouuer ilz fuſſent entrez en queſte auecq' Liſuart. Or auoient ilz
touſiours eſté couuerts de leurs heaumes, parquoy n'eſt de merueilles ſi
Perion meſmes ne les recogneut, iuſques à ce qu'ilz reprindrent leurs e-
ſprits: & cóme s'ilz euſſent penſé auoir ſongé, leuants les mains au ciel, &
eſtendants les bras, s'eſcrierent: Ah a Dieu! & qu'eſt ce cy? eſt il poſſible
qu'il ſoit vray ce, que nous voyons de noz propres yeux? Ce diſant oſte-
rent leurs heaumes, & s'enclinerent pour baiſer les piedz de Perion: lequel les cognoiſſant eſtre Languines, & Abies d'Yrlande, deux de ſes có-

paignons,

paignons, fut tant ayse, qu'en les embraffants, dift aux Cheualiers croifez:
Mesamys, si vous fçauiez qui font ces gentilzhommes, vous auriez, peult
eftre part à mon grand plaifir. Adoncq' leur recita côme ilz eftoient partiz enfemble de la grand' Bretaigne, & quelle auenture les auoit feparez.
De ces nouuelles s'efmerueillerent grandement Talanque, Manely, & la
Royne Calafie, tous lefquelz le Cheualier de l'Efphere mena en la fueillée. Toutesfois, premier qu'ilz y arriuaffent, le vieillard fe defroba d'eux,
& montât fur l'vn des cheuaulx qui auoient perdu leurs maiftres, s'enfuit
au grand gallot à trauers la foreft: dont le Cheualier de l'Efphere fe print
fort à rire, difant aux autres: Ie croy que ce bon homme penfe eftre encore chaffé du Geant. Voyez ie vous prie, si la paour luy chauffe bien les efperons, ce que ie luy pardônerois de meilleur cueur, si ie fçauois fon non.
Mais vous qui auez efté auecq' luy, dit il à Languines & Abies, me pourriez bien releuer de cefte peine. En bonne foy, refpondirent ilz, nous le
cognoiffons auffi peu que vous: car entendez, dift Languines, que mon
compagnon & moy fortants du port de Conftantinople, ou nous eftions
embarquez, pour entrer en voftre quefte, auffi toft qu'eufmes fait voyle,
fe leua telle tempefte, qu'au bout de trois fepmaines nous nous trouuaf-
mes en la Paleftine, affez pres de Iaffa, ou nous defcendifmes pour donner ordre à radouber noftre vaiffeau, & charger eauës douces qui nous
defaillirent. Ce pendant fifmes tirer noz cheuaulx, & armez de toutes
pieces, allafmes vifiter la contrée, tellement que vinfmes de fortune, en vn
lieu vmbrageux: à trauers lequel couroit doulcement vne tresbelle fontaine, de laquelle beufmes, & lauafmes noz mains & vifages. Et de mal-
heure, ainfi que nous nous refrefchiffions, fufmes chargez par quinze che
ualiers, lefquelz fortants d'vn efpais taillis, nous furprindrent pluftoft
qu'il ne nous eftoit befoing: neantmoins nous nous deffendifmes longuement contr'eux. Mais à la fin, cognoiffants à veuë d'œil noftre mort,
fufmes contraintz lafcher les armes, & obeyr à leurs vouloirs: combien
que ce ne fut fans leur grand' perte, car des quinze les cinq y demourerét
pour gaige, & euffent encores les dix eu prou affaire, quand le Geant, qui
gift mort en ce pré, arriua, conduyfant dans la charette celuy, qui s'en eft
fuy. Lors fut noftre refiftence du tout effacée, & demourafmes ces prifon
niers, nous faifants enchaifner, ainfi que vous nous auez trouuez à la bône heure. Par mon chef, refpondit Perion, ie n'ouy oncq' parler de telle
merueille: le plus fort eft, que l'yffuë en eft tresbonne, Dieu mercy. Or
n'auoient ilz mangé de tout le iour: parquoy trouuants les viandes dont
les Singes auoient fait prouifion, commencerent à repaiftre, non fans re-
greter Lifuart, & leurs autres compaignons, que la tourmente conduyfoit
ainfi que vous entendrez prefentement.

Comme le

Comme le vaisseau, auquel e-

*stoient Lisuart, Florestan, Parmenir, & Galuanes, fut ieté pres
la grande cité de Trebisonde : & des propos qu'ilz
eurent auecq' l'Empereur, & les Dames.*

Chapitre   VI.

Ant courut fortune depuys l'embarquement de ceux
qui alloient en la queste de Perion, que leurs vaisseaux
furent escartez en plusieurs endroitz, & se perdirent
de veuë les vns les autres. Le nauire, auquel estoient
Parmenir, Galuanes, Lisuart, & Florestan, eschapé
de maintz naufrages, vint (comme il pleut à Dieu) sur-
gir au port de Trebisonne, ou ilz trouuerent vn nauire Venetien, chargé
de marchandise, & n'atendoit que vent propre pour tirer en Italie. Là
s'enquirent les Cheualiers de la coustume du païs, & des nouuelles que
l'on y disoit. Seigneurs, respondirent les marchants, depuys quelques
iours nous y auons veu la plus estrange auenture que l'on sçauroit penser.
Et quelle? dist Lisuart, ie vous prie par courtoysie nous en faire part.
Entendez, respondit l'vn d'eux, qu'estant l'Empereur en son palays, a-
compagné de l'Imperatrix, & de ses deux filles, entra vne Damoyselle
bien vestuë, portant au col vn escu & vne espée tresrichement garnie : &
conduysoit ceste femme par la main, vn des plus beaux Damoyselz que
ie vy oncques, tout armé d'vn harnoys noir, fors la teste qu'il auoit nuë
Puys racompta par le menu tout ce, qui estoit aduenu à Perion de Gaule, & à Alquise : & par là cogneurent aysément Lisuart, & ses compaignons, que le marchant parloit de celuy, pour lequel ilz estoient en peine, esmerueillez, toutesfoys, quelle auenture l'auoit là transporté. Et
à ceste cause trouuerent bon mettre pied à terre, & eux retirer vers l'Empereur, duquel ilz en pourroient auoir encores plus certaines nouuelles.
Si s'esquiperent les Cheualiers au mieulx qu'ilz peurent, specialement
Lisuart, qui estoit lors l'vne des plus belles creatures que l'on eust sceu
souhaiter : & montants à cheual, entrerent en la ville, & vindrent au
palays, ou ilz descendirent, & passants oultre, entrerent en vne grande salle ou estoit l'Empereur, acompaigné de maintz Cheualiers, &
preud'hommes. A' leur arriuée chacun leur porta grand honneur, &
les laissans aprocher de sa maiesté, Lisuart, qui marchoit deuant tous,
parla ainsi à luy : Sire, la haulte renommée & grande bonté de vous,
cogneuë par tout le monde, ont esmeu mes compaignons, & moy, venir
en vostre

en voſtre court: non ſeulement pour vous faire la reuerance, comme la grandeur de voſtre maieſté le merite, ains eſperants auoir nouuelles d'vn ieune gentilhomme, lequel (ainſi qu'il nous a eſté dit) vous auez armé Cheualier, puys n'agueres, à la requeſte d'vne Damoyſelle qui le vous a amené. Et pour autant, ſire, que ie n'euz oncques intention de receuoir cheualerie d'autre main que de la ſienne, & que l'aage me ſemond deſia à plus de deuoir que ie n'ay encores fait : ie vous ſuplie treshumblement, nous dire ce que vous en ſçauez, à fin que l'ayants trouué, i'aye de luy ce que i'eſpere, & deſire ſur toutes choſes . L'Empereur(Prince gracieux & affable)reſpondit à Liſuart : Qu'il fuſt le tresbien venu, luy & ceux de ſa troupe. Et quant au nouueau Cheualier, dit il, que vous cherchez, aſſeurez vous, mes amys, que ie n'en ſçay à preſent aucunes nouuelles: dont ce me poyſe, car ie l'ayme & eſtime autant qu'autre que ie ſçache, pour le grand commencement de cheualerie que i'ay veu en luy, & du ſurplus de ſon eſtat croyez qu'il m'eſt incogneu: car il partit de ceſte court d'vne ſi eſtrãge façon, que quand i'y penſe, ie penſe certainement auoir ſongé. Sire, reſpõdit Liſuart, ie vous teſmoigneray bien qu'il eſt filz du preux cheualier Amadis de Gaule, Roy de la grand' Bretaigne, & de la belle Oriane. Ah a! dit l'Empereur, vous me contez merueilles, que celuy à qui i'ay dõné cheualerie, ſoit filz du plus renõmé Prince de la terre! Sur ma ſoy ie n'eu oncq'plus d'affection de recouurer homme que i'ay luy : parquoy ſi ie le puis tenir vne autre fois ceans, il me payera le peu de courtoyſie qu'il m'a faite à ſe celer ainſi. Et regardant Liſuart fort ententiuement: Ie croy, dit il, que vous ſoyez ſon parent: car vous luy reſſemblez beaucoup. Sire, reſpondit Liſuart, iuſques à ce qu'il ayt pleu à Dieu me faire tel, que i'oſe nommer ceux dont ie ſuis deſcendu , ie n'ay pas intention qu'on me cognoiſſe d'auantage. Parquoy l'Empereur ne l'enquit plus oultre: ains apella le Duc de la Fonte, & luy commanda le mener, & les autres Cheualiers eſtrangers vers l'Imperatrix : & dire à ſa fille Gricilerie, qu'elle leur fiſt tout l'honneur qu'elle pourroit, ſpecialement à Liſuart : car ilz venoient en queſte de ſon Cheualier. Le Duc obeyſſant à ce commandement, prit Liſuart par la main, lequel arriué deuant l'Imperatrix, luy baiſa les mains & elle l'embraſſa, luy diſant: Qu'il fuſt le tresbien venu, & pareillement ſes compaignons. Et auiſant Liſuart les deux infantes Onolorie, & Gricilerie, leur fit vne bien grande reuerence, & leur dit le Duc de la Fonte ce que l'Empereur leur mandoit. En bonne ſoy, reſpondit Gricilerie, il a raiſon de vouloir que ie porte bon viſage à ce damoyſel: car oultre qu'il ſoit l'vn des plus beaux que ie vis oncques , ie croy qu'il ſoit yſſu de hault lignage : pour le moins ie n'ay ſouuenance n'auoir cogneu perſonnaige mieux reſſemblant à mon Cheualier que luy, qui ſera cauſe de me faire obeïr de meilleur cueur à ce commandement. Et par tant, beau damoyſel, dit elle à Liſuart, ie vous prie me faire tant de bien de nous dire fidelemẽt

qui eſt

qui est celuy que vous cherchez, & qui ne voulut parler à nous pour priere que nous luy fissions. Durant ces paroles, amour, qui ne pardóne à nul,
enferra les cueurs de Lisuart, & Onolorie d'vn mesme trait, à quoy l'œil
messager du cueur, voulut promptement donner remede, contentant les
espritz l'vn de l'autre, par vn regard qui leur promettoit guerison & có-
tentement. Ce que Lisuart mit peine de dissimuler, respódant à Gricilerie
Ma dame, le Cheualier que vous desirez cognoistre est filz du Roy Ama
dis de Gaule, & se nomme Perion: de vous dire d'auantage, ce seroit téps
perdu, car la prouësse de son pere (laquelle tant de fois a enuiróné le mon
de) tient assez recommandé son filz, auec le commencement qu'il a desia
aux armes. Beau sire, dit Onolorie, n'y a il autre ocasion qui vous a emmené en ceste court, que pour le trouuer? Nó, ma dame, iusques à present,
respondit il: mais ie voy bien que desormais il y en aura assez d'autres si
ie cognois qu'ilz vous puissent tourner en seruice. Tresaffectueusement
le remercia Onolorie, & pour mieux desguiser ce, qu'elle en pensoit, luy
dist: Certes vous fustes tresbien auisé de venir par deça, au moins si vous
en desirez auoir próptement nouuelles: car la damoyselle qui l'amena est
ceans bien familiere, & ne fera long seiour, premier qu'elle ne retourne
vers nous, adoncq' vous pourrez sçauoir d'elle qu'il est deuenu. Et celuy
disoit Onolorie pour trouuer moyen de plus longuemét arrester Lisuart
aupres d'elle. Or estoit lors tout ioignant d'elle Grilliane fille du Duc
d'Ortilense, qui auoit songneusement regardé la contenáce des deux nou
ueaux amants: parquoy se douta ausi tost de ce qu'il leur estoit auenu, &
pensant bien leur faire plaisir, dist à Onolorie: Ma dame, trouueriez vous
mauuais (à fin d'euiter quelque enuie, que vous pourriez auoir à ma dame
vostre sœur, sur son nouueau Cheualier) de retenir ce gentilhomme pour
vostre, qui est sur le poinct de suyure les armes, comme i'ay entendu? &
croyez que ie ne dis pas ce propos sans cause: car il est raisonnable que tát
beau damoysel soit seruiteur de si belle Princesse que vous estes. De ceste
parole rougit quelque peu l'Infante, qui ne luy causa que plus grád beauté, & enhardit quant & quant Lisuart de respondre à Griliane: Ma dame,
ie vous mercie treshumblement du bien que me voulez, toutesfoys cognoissant le peu de moy, & n'auoir encores fait chose digne de si grand'
Princesse, ia à Dieu ne plaise que i'entreprenne de me dire sien: mais si de
grace, il luy plaisoit m'accepter tel, ie m'estimerois le plus parfaitement
heureux de tout le monde. Oy vrayment, dit Onolorie, & d'huy en auát
ie le veux, & vous en prie. Lisuart mit le genoil en terre, & luy baisa les
mains pour commencement de seruitude. Et en ces entrefaites entra l'Em
pereur, lequel apres auoir longuement deuisé auecq' les dames, apella vn
sien maistre d'hostel, & luy commanda mener loger ces gentilzhommes
estrangers, en l'vne des meilleures chábres de son palays. Puis estant heure de souper, les enuoya querir, & les festoya de tout ce qu'il fut possible, tant

ble, tant qu'il conuint aller dormir. Mais le repos dura bié peu à Lisuart:
car toute nuict ne cessa de souspirer, pésant à celle qui l'auoit apellé à son
seruice, duquel il s'estimoit indigne, quelque asseurance que luy en eust
donné l'Infante. Au moyen dequoy, apres auoir longuement resué, & ra-
uacé, ne se peut tenir qu'il ne dist en soy mesmes : Ah a malheureux Lisuart! que sera ce de toy ? que pretends-tu ? esperes-tu ataindre au lieu ou
tous les merites de ton pere, voire de ton ayeul Amadis, ne seroient suffisans de paruenir? Et toy, qui n'es encores qu'vn simple damoysel, non pas
seulement cheualier, tu penses faire plus qu'ilz n'ont iamais osé pretédre!
Non non, c'est abus: aprends à commander à toy mesmes, & trouue façó,
s'il est possible, de te retirer premier, qu'entrer plus auant en ce laberinthe
Puis tout soudain changeoit d'opinion, & ne trouuant fondement d'vn
costé ny d'autre. demouroit en vne estrange peine: non point plus gráde
que l'Infante Onolorie auoit de son costé: car toute nuict ne cessa de sou-
pirer, ayant tousiours deuant les yeux la grand' beauté de son nouueau
amy, pour lequel elle brusloit d'vn feu nó acoustumé, luy causant vn mal
qu'elle ne pouuoit dire. Ainsi furent traitez ces deux amants, iusques au
lendemain, que Lisuart, pour retourner sur ses brisées, se mit au meilleur
equipage qu'il peut, & semblablement Parmenir, Galuanes, & Florestan.
Tous lesquelz auertiz, que les dames estoient à la messe, les furét trouuer:
& comme ilz entrerent en la chapelle, aperceurent Onolorie tant bien en
ordre, qu'il sembloit proprement qu'il y eust en elle quelque diuinité.
Elle auoit sur ses blonds & dorez cheueux vn cercle de grosses Perles, qui
luy seruoit de fermeillet, & au dessus vn voyle de tafetas iaune paillé, qui
luy donnoit tant bonne grace que merueilles. Tout au plus pres d'elle e-
stoit à genoux Gricilerie, qui la secondoit en tant de sortes, que toute affe
ction postposée, il eust esté impossible iuger à laquelle des deux Nature
auoit voulu plus porter de faueur: & vn peu à costé on voyoit Griliane &
Bridelnie, & maintes autres dames & damoyselles. Mais qui eust demá-
dé lors à Florestan, & Galuanes qui leur en sembloit, il est indubitable,
que Florestan eust tenu le party de Griliane, pource qu'il l'aymoit: & Gal
uanes de Bridelnie, plustost que des deux Infantes, encores qu'à parler
veritablement, il y eust trop à dire. Or deuinez, ie vous prie, de quelle
deuotion ces cheualiers oyoient la messe. Certes toutes leurs prieres &
vœufz s'adressoiét à celles, qui auoient (selon leur auis) puissance de leur
vie, ou leur mort, & eussent volontiers esleu leur paradis en si petit lieu,
pourueu que les déesses qu'ilz adoroient en esprit, se fussent rendues pro
pices à leurs affections. Et comme ilz estoient en ces termes, ayant le Pre-
stre paracheué son office, se leua l'Empereur : parquoy Lisuart & ses
compagnons vindrent luy donner le bon iour, & de là furent conduitz
en la salle, ou les tables estoient couuertes pour le disner.

C   Comme vne

Comme vne damoyselle estran-

gere arriua vers l'Empereur de Trebisonde, demandant vn
don à l'Infante Onolorie, qu'elle luy octroya
trop legierement, pour s'en repen-
tir tout à loysir.

Chapitre   VII.

ESTant ceste cópagnie de seigneurs & dames, faisants la
meilleure chere dont ilz se pouuoient auiser, ainsi que
lesviolons cómencerentsonner le bal au sortir de table
se presenta vne damoyselle grande outre mesure, mais
tant belle au demourát, que c'estoit chose admirable.
Elle estoitvestuë d'vn samy blanc, decoupé & ataché à
boutons d'or, & gros chatons de pierres orientales : sur son chef portoit
vne guirlande semée de fleurs, souz laquelle se monstroient vns cheueux
si blondz & deliez, que tant de beautez ensemble estoiét suffisantes pour
faire desirer le plus parfait homme du monde. A' costé d'elle marchoiét
deux vieillardz, ayans la barbe iusques à la ceinture, tressée & tissue bien
proprement auecq' cordons d'or & de soye, & derriere eux trois Cheualiers, armez de toutes pieces. Ceste damoyselle bien aprise, estant deuant
l'Empereur, mit les genoux à terre pour luy baiser les mains : mais la
voyant en si bon equipage, la releua gracieusement, & luy demanda
qu'elle vouloit. Sire, dist elle, ie vous suplie qu'il vous plaise de m'escouter, & m'estre aydant à ce que ie vous veux humblement requerir. Oy
vrayement respondit l'Empereur. Sire, dit elle, la renommée de vostre
grande bonté, m'a enhardie sortir de mes païs, & venir en ceste vostre
court, pour trouuer remede à vn affaire, qui m'est trop d'importance:tou
tesfois puys que remede n'est failly à qui le soit venu chercher vers vous
(ainsi que l'on m'a asseurée)i'espere n'estre la premiere, qui sortira de deuant vostre maiesté mal cótente. Non asseurémét, respondit l'Empereur,
& pouuez librement demáder ce qu'il vous plaira,& i'y satisferay à mon
possible. Treshumblement le remercia la Damoyselle. Sire, dit elle, puys
que me faites tant de grace, permettez doncques que ie demande vn don
à ma dame Onolorie vostre fille, & la priez auecq' moy, qu'elle me l'o-
troye. Damoyselle, respondit l'Emperur, ie veux que ma fille ne soit
moins liberalle en vostre endroit, que ie suis: & croy que telle la trouuerez. A' ceste parole s'adressa la damoyselle à Onolorie,& d'vne contenan
ce bien humble, luy dit:Tresvertueuse & excellente princesse, ie vous suplye ne

plie ne trouuer mauuais si ie m'adresse à vous, comme à la plus gracieuse
& belle qui soit auiourd'huy entre les viuants, pour auoir vn don qui petit vous coustera: toutesfoys il me touche de si pres, que ma vie en depēd.
L'Infante ayant desia entendu le vouloir de l'Empereur, luy respondit:
Damoyselle m'amye, vous aurez de moy tout ce qui est en ma puissance.
Sur mon Dieu, dit elle, ie l'ay tousiours ainsi pensé: maintenāt donc il ne
reste plus, sinon que vous priez ce beau Damoysel assis aupres de vous,
que luy seul, & sans plus tarder, me suyue en quelle part que ie le voudray conduyre, estant certaine qu'il obeyra à tout ce, que vous luy commanderez. Onolorie cognoissant la faute qu'elle auoit faite, en promet-
tant si de legier, demoura pensiue, & en grande perplexité d'habandonner si tost la chose, qu'elle aymoit le plus en ce monde: pour à quoy
obuier, respondit à la damoyselle: En bonne foy, il est encore si nouueau
venu vers l'Empereur, & ay si peu fait pour luy, qu'il auroit raison de me
refuser, mais vousmesmes priez l'en, & peult estre vous l'acordera il:
quant à moy, ie n'ay aucune puissance sur luy pour luy commāder. Mais
Lisuart la voulant asseurer du contraire, se leua soudain, & mettant le genoil à terre, luy dit: Ma dame, puis que vous auez octroyé vn don à ceste
damoyselle, il vous plaira m'en accorder vn autre. Beau Damoysel, respondit elle. Ie le veux tresbien. Ie vous suplye donques, ma dame, dit
il, satisfaire à ce dont elle vous a requis, & me permetez que ie la suyue
par vostre commādement. Bien cogneut Onolorie qu'elle estoit assiegée
de tous costez, parquoy ne pouuant plus reculer, luy respondit. Allez
doncq, & Dieu vous vueille conduire. Bien humblement la remercia Lisuart, disant à la Damoyselle, qu'il estoit prest de mōter à cheual quand
elle voudroit. Ce sera donc presentement, respondit elle. Et de ce pas prenants l'vn & l'autre congé de la court, deslogerent: mais à peine furent
ilz hors les murs de la cité, qu'vn escuyer se presenta à l'Empereur, & luy
dit: Sire, le Duc Dardarie a esté defait par le Roy de la Breigne, & par
luy est maintenant assiegé en la ville d'Autusque: prest de tomber en ruy
ne, luy & ses gents, s'il ne vous plaist luy enuoyer secours. Ces nouuelles
troublerent grandement la court, & fut soudain commandé au Duc
d'Ortilense, prendre auecques luy dix mil hómes de cheual, & vingt mil
soldatz pour aller en toute diligence leuer ce siege: à quoy ilz pouruecurent tressagement. Et en ces entrefaites, Parmenir, Florestan, & Galuanes
compaignons de Lisuart, attendants son retour, delibererent estre de ceste entreprinse: & suplierét l'Empereur leur dire l'ocasion, pour laquelle
la guerre auoit esté commencée entre luy & son ennemy. Mes amys, respondit il, il s'est rebellé contre moy, & m'a vsurpé & prins par trahison,
les villes de Breigne, & Teredie, prest à faire encores pis qui le luy permet
troit. Sire, dit Florestan, pour vous faire seruice, mes compaignós & moy
yrons en ce voyage, & nous employrons en tout ce que vostre Lieutenant

nous commandera. Dequoy l'Empereur leur sceut tresbon gré : toutesfoys auant que partir, vindrent trouuer les dames, & s'adreſſant Floreſtan à Onolorie, qui parloit à Griliane, luy dit : Ma Dame, en atendant le retour du beau Damoyſel, i'yray, s'il vous plaiſt, en ceſte guerre comme voſtre Cheualier : ſouz condition, toutesfoys, que luy retourné vers vous, vous me rendrez à ma dame Griliane, à qui ie ſuis, & ce
pendant ie luy laiſſeray mon cueur en hoſtaige, pour en diſpoſer comme il luy plaira. De ceſte parole ſe prindrent les dames à ſouzrire, & pour
ce que l'Imperatrix s'approcha d'elles, Onolorie ne luy reſpondit autre
choſe, ſinon : qu'il pleuſt à Dieu les r'amener tous de brief & en bonne
ſanté. Tandis Galuanes entretenoit Bridelnie, & luy diſoit d'vne affection merueilleuſe : Ma dame, commandez moy doncques, que comme
voſtre ie m'employe en ceſte entreprinſe, à fin que par la ſouuenance d'e-
ſtre à vous ie puiſſe plus ayſément venir au deſſus de voz ennemys. En
bonne foy, reſpondit elle, ceſte requeſte ne vous ſera pas refuſée : ie
le vëux & vous en prie. Et tirant vne bague de ſon doigt, la luy donna,
pour confirmation de leur alliance. Certes, le plaiſir qu'ilz auoient de
deuiſer enſemble, euſt plus longuement duré : mais il entra vn Nain, le
plus difforme que l'on ſçauroit penſer : lequel ſans faire cas de l'Empereur, ny d'aultre, luy preſenta vne lettre ſéellée de ſoixante ſept ſeaux,
qui fut leuë deuant toute l'aſsiſtance. Et contenoit ce qui s'enſuyt :

MElie, dame ſur toutes magiciennes, ennemy de la foy des Chreſtiens, & curieuſe d'augméter de iour en iour la loy de noz dieux.
Sçachez, Empereur de Trebiſonde, que Conſtantinople ſera en brief aſ-
ſiegée par ſoixante ſept princes de loy payéne, ou ie me trouueray en perſonne, pour auoir plaiſir de la voir bruſler, & le meſchant qui la poſſede :
meſmes celuy, duquel toute Chreſtienté deuoit eſperer faueur, comme
de ſon refuge & principal ayde. Mais il y en yra autrement : car celle
à qui ta fille l'a liuré, l'ayant mis en mon pouuoir, l'a baillé en ſi ſeure
garde, que ny Amadis ſon ayeul, & moins Eſplandian ſon pere, encores
qu'ilz fuſſent deſenchantez, n'auront moyen le ſecourir. Et toutesfois celà eſt peu, au reſpect de ce que i'entens faire : car petit à petit i'auray le reſte de vous autres, pour en diſpoſer ſelon mon vouloir, contraignant le
ſurplus du vulgaire à ſe conuertir en noſtre foy, ſoit par amour, ou par
force : & de ce ne fais aucune doute, car tout ce auiendra ſans difficulté.

Trop fut ennuyé l'Empereur & toute la court, de ſi piteuſes nouuelles,
cognoiſſant ce cartel eſtre certainemét eſcrit par la ſorciere Melie, & ſéel-
lé de ſon ſéel entre autres : auquel eſtoit engraué vne femme, tenant vne
eſpée nuë au poing, & vne croix à ſes piedz. Et ce qui augméta la triſteſſe
à pluſieurs, fut la perte de Liſuart, lequel ſouz vmbre d'equité, s'en alloit
gayement à ſa mort, ou le conduyſoit la damoyſelle eſtrangiere. Dont
l'Infante

l'Infante Onolorie se trouua tant passionnée, qu'elle retirée en sa chambre se ietta sur vn lict, & commença à demener le plus grand dueil du
monde, disant auecq' sanglotz & souspirs continuelz : O' Seigneur de
tout le monde ! comme vous a il pleu permettre, que moy seule aye esté
cause de tout le mal qui doit venir en la Chrestienté ? Helàs Mort cruelle, atente & amye des affligez ! pourquoy consentez vous que ie viue
vne seule heure, sentant en moy le mal qui doit redonder à tant de personnes? Et acheuant ceste parole, suruint Griliane, laquelle sçachant partie de ses affections, eut doute qu'elle tombast de mal en pis : car elle s'es-
uanouyssoit à tous propos. Parquoy la print entre ses bras, & pour la reconforter, luy dit : Ma dame, ie n'eusse iamais estimé qu'il y eust eu en
vous si peu de constance, & m'esbahis pourquoy vous aioustez tant de
foy à l'escriture d'vne fausse deuineresse, qui hait & est ennemye de toutes vertuz. Pensez vous que nostre Seigneur (qui est la mesme bonté) vou
sist consentir la ruyne d'vn si beau Damoysel comme est le vostre ? &
moins la destruction de sa sainte foy . Ce sont abuz, ne le croyez iamais,
& ne soyez, ie vous suplie, malheureuse deuant le temps. Helàs, respondit Onolorie, la crainte que i'ay, rend mon cueur ainsi douteux ! Et
Dieu vueille, que ce que vous m'asseurez soit plus veritable, que ce que
i'en pense : car i'ay encores paour de pis ! Ma dame, dit Griliane, ainsi
que vous estes grande princesse, vous deuez estre plus parfaite que les autres simples femmelettes, qui sont communément moins familieres de la
constance & magnanimité de couraige, que celles qui ont tiltre des filles
de Roy, ou de grands princes : pourtant reconfortez-vous : car si les lettres de Melie sont telles que ie les estime, vous pourriez estre fort blas-
mée, faisant ce que vous faites, & venir de vousmesmes, puys apres, à
vn repentir. Tant d'autres remonstrances luy sceut faire Griliane, qu'elle
porta de là en auant sa tristesse plus modestement qu'elle n'auoit commencé. Et tádis l'Empereur deliberoit de l'armée, qu'il mettroit sus, pour
aller au secours de Constantinople : ce qui fut retardé iusques au retour
du Duc d'Ortilése, lequel deslogea ce mesmes iour, & chemina tant auec
son camp, qu'il vint camper à vne iournée pres de la ville d'Autusque.
Dequoy auerty le Roy de la Breigne, leua son siege, & acompagné de
quinze mil hommes de cheual, & vingt mil à pied, marcha droit pour
le combatre . Dardarie qui estoit assiegé, en eut aufsitost nouuelles : & à
ceste cause, laissant bonne garnison en la ville, marcha sur la queuë de
son ennemy, tant pour luy rompre les viures, que pour se trouuer en la
bataille, s'il la presentoit au Duc d'Ortilense.

C iii   Comme le

Comme le Duc d'Ortilense don-

na la bataille au roy de la Breigne : & de ce
qu'il en auint.

Chapitre VIII.

 E Duc d'Ortiléſe, auecq'ſon armée, marcha ſi auant en
païs contre le Roy de la Breigne, qu'ilz eurent nouuel
les l'vn de l'autre, par leurs eſpies, de ce qu'ilz delibe-
roient entreprendre: qui eſtoit ſe rencontrer, & donner la bataille. Et pour ceſte raiſon, le Roy de la Breigne auoit leué ſon ſiege, & venoit haſtiuement contre
ſon ennemy : lequel, ne voulant eſtre ſurprins, ordonna de ſon oſt ainſi que vous entendrez . A Floreſtan, & Galuanes, donna l'auant-gar-
de, auecques quatre mil hommes de cheual, & huiĉt mil hommes de
pied : & retint pour luy la bataille, accompaigné du Compte d'Alla-
ſtre, gentil Cheualier, auecques trois mil de cheual, & ſix mil ſouldatz eſleuz : laiſſant pour l'arriere-garde, trois mil gentſd'armes, & autres ſix mil auenturiers gentilz compaignons, pour la conduiĉte deſquelz y ordonna Parmenir, & Alarin d'Ortileane ſon filz, auquel
l'Empereur de Trebiſonde, auoit donné l'ordre de cheualerie le iour
precedent, qu'il print congé de luy . Et en tel equipage marcherent au
petit pas vers le Roy de la Breigne, lequel auoit ſemblablement ſepa-
ré ſon armée en trois eſquadrons . Le premier, conduyſoit Groter ſon
filz: le

filz:le second, luy mesmes: & le tiers, le Comte d'Alinge. Si vindrét loger à deux lieuës d'vn petit village, ou le Duc d'Ortilense s'estoit arresté : & faisans toute nuict bon guet, ne s'esmeurent d'vne part ny d'autre, iusques au lendemain matin qu'ilz deslogerent. Et manda le Roy au Duc par vn trompette, qu'auant midy passé il luy feroit cognoistre, qu'il auoit trop temerairement entrepris de le venir chercher. Le trompette arriua au câp de l'ennemy, ainsi que leur chef estoit au mylieu d'eux, les enhortant en general & particulier de ce, qu'ilz auoient à faire : & pour mieux les esmouuoir au combat, leur mettoit deuant les yeux la trahyson du Roy, lequel ayant faulsé sa foy, s'estoit esleué contre son Prince, & Seigneur lige. Mais aussi tost qu'il auisa le trompette, & ayant sceu la cause de sa venuë, le renuoya auecq' telle responce: Trompette, dy à ton maistre, que vrayement s'il estoit autant bien accompagné de loyauté, comme il est d'orgueil & presumption, ie l'estimerois l'vn des plus gentilz Cheualiers du monde: mais pource qu'il luy seroit impossible, de s'excuser de trahyson enuers son Prince naturel, i'ay telle seureté de ses menaces, qu'auec l'ayde de Dieu, deuant l'heure qu'il me mande ie l'auray en ma mercy. Or estoit present Florestan, quand le Duc fit telle responce, & comme le trompette tournoit bride pour reprendre son chemin, il le r'apella, & luy dit: Trompette, dy à ton maistre, que si le Duc eust sceu ma volonté, il ne luy eust fait aucune responce: car personnage taxé de trahyson, ainsi qu'il est, ne merite parole de tant preud'homme. Et s'il s'enquiert qui ie suis, dy luy que l'on m'apelle Florestan, Cheualier estrange, & bien deliberé de luy rompre auiourd'huy la teste, côme ennemy mortel des meschâts, qui luy ressemblent. Le trompette respondit, qu'il feroit son commâdement, & remarqua Florestan à vne cotte d'armes qu'il portoit, d'vn turquin fort azuré, semée de fleurs d'or. Adoncq' se hasta d'aller, & trouua le Roy, au quel il r'aporta fidelement tout ce que vous auez entendu: dont il fut tant irrité: que sans plus differer enuoya dire à son filz, qu'il s'auançast de mar cher auecq' l'auantgarde. Et s'aprocherent les deux camps en peu d'heure, si prestz l'vn de l'autre, qu'ilz estoient aux lances briser, quand Groter enuoya vn herault demander Florestan : lequel se presenta pour sçauoir qu'il vouloit. Seigneur, dit le herault, le chef de ceste auantgarde, Groter filz du Roy de la Breigne, desireroit sçauoir volontiers par espreuue, s'il y a en vous autant de bonté que de paroles iniurieuses: & pour ceste cause vous prie auant la meslée, que vous deux seulz combatiez corps à corps. Mon amy, respondit Florestan, qu'il fasse doncq' retarder ses gens, comme ie feray ceux de ceste troupe : & vienne puis apres: si bon luy semble, pour trouuer (peult estre) ce qu'il ne cherche pas. Si ne tarda le herault à porter ces nouuelles à Groter: au moyen dequoy Florestan d'vn costé, & luy de l'autre sortirent de leurs escadres : & couchants leurs boys, Groter naüra le cheual de Florestan en l'espaule : mais Florestan l'ataint si viue

C iiii

ment, qu'il

ment,qu'il luy perça l'escu & haubert , luy mettant le fer entre les costes,
dont de douleur tomba sur l'herbe.Et côme il eut parfait sa carriere,cuy-
dant voltiger son cheual pour paracheuer son entreprinse , la beste trop
naürée luy mourut entre les iambes,tellement qu'il se trouua à pied,par-
quoy mit la soudain la main à l'espée, & s'aprochant de Groter,qui semblablement estoit releué,commença entr'eux vn perilleux combat . Car
ilz estoient gentilz cheualiers,& de tel cueur,que Groter luy dit,par maniere de gaberie,si hault que plusieurs l'entendirent: Par Dieu,cheualier
aux fleurettes,si le malheur tombe sur moy , aussi bien par l'espée que de
la lâce,ie suis bien homme pour n'auoir auiourd'huy du meilleur.Et tant
pleut ce mot à Florestan,que par bien lóg temps depuis il se fist nommer
du nom,que son ennemy luy donna lors. Toutesfois, il ne luy respondit
aucune chose, ains tenant son escu ferme,se mettoit en deuoir de le vaincre: mais à beau ieu, beau retour , tellement que chacun s'esbahissoit côme ilz pouoient tant souffrir,& l'vn & l'autre. Si eut Groter honte de la
resistence que luy faisoit son ennemy par si long temps,parquoy haulça
l'espée,&de toute sa force,pésant l'ataindre à descouuert,luy rua tel coup
que si Florestan n'eust paré l'escu,sa vie estoit en tresgrand peril:dequoy
se voulant venger, haulça le bras, & comme Groter retiroit son espée du
lieu ou elle estoit entrée, Florestan le naüra si rudement en la teste , qu'il
tomba mort,luy coulant le sang tout le long duvisage.Ce que voyant les
Breignois,marcherent la teste baissée contre leurs ennemys,& se ioignirent les deux batailles: apres toutesfoys que Florestan fut remonté . Lors
commença le fort du conflict:car plus de mille personnes moururent d'v
ne part & d'autre. A' ceste premiere charge, Galuanes & l'vn des cousins
du Roy rompirent l'vn sur l'autre:mais Galuanes luy mit la lance au trauers du corps. Le Roy qui menoit la bataille, voyant son auantgarde es-
branlée & preste à tourner le dos , auança sa bataille : & autant en fit le
Duc d'Ortilense, mesmes les arrieresgardes des deux costez . Là eussiez
veu maintz bós Cheualiers ruez par terre,&tant de gents de pied naürez
& morts que c'estoit chose trop pitoyable.Galuanes, Florestan,& Parme
nir alloient par les rangs,&ne rencontroient ennemy qui ne passast au fil
de l'espée. Le Duc d'Ortilense,& son filz n'estoiét ce pendant paresseux,
ains faisoient grandement leur deuoir: & d'autre part le Roy de la Breigne,& le Comte d'Alinge,chef de son arrieregarde monstroient bien ou
ilz passoient,qu'ilz n'auoient les bras engourdiz.Le Conte d'Alastre ren
contra le filz du Comte d'Alinge, & d'vn coup de lance luy fit partir l'a-
me du corps.Ce que voyant le pere,& dix cheualiers des siens,chargerét
le Côte.lequel enuironné de toutes parts fut desarçonné & porte par ter-
re.Mais Florestan s'y trouua auecq' bonne troupe, & le remonterét à force,non sans grand meurdre:car il n'y eut endroit,ou le sang des deux armées fut tant respandu que là.Le Compte d'Alinge donna tel coup d'espée à Flo-

ſpée à Floreſtan, qui luy fit eſtinceler les yeux: dequoy il ſevengea toſt a-
pres, le ietant par terre eſtourdy d'vn coup de maſſe. Si vindrent ceux du
Roy de la Breigne haſtiuement le ſecourir, & ceux du Duc d'Ortilenſe
pour le prendre priſonnier. Lors ſe réſorça le conflit, en ſorte que les cheuaulx eſtoient au ſang iuſques aux paturons. Et comme ces deux armées
eſtoient ainſi pretendans à victoire. Le Duc Dardarie, qui auec ſa troupe
auoit ſuyuy toute nuict les Breignois, voyant temps oportun pour s'employer, vint par les flancz, & leur donna telle alarme, que de là en auant
ilz commencerent à perdre cueur. Or s'eſtoit le Roy de la Breigne atacḣé
au Duc d'Ortilenſe, penſant venger l'iniure qu'il luy auoit faite, l'apellant trahiſtre : mais le malheur tomba ſur luy, & y demoura mort. Car
ainſi qu'il trauerſoit les rangs frapant à dextre & à ſeneſtre, faiſant deuoir
de gentil prince, rencontra par fortune le Duc, lequel il apella au combat:
ce que l'autre ne refuſa, encores qu'il fuſt deſia vieil & tout chenu. Et à dire vray, la partie euſt eſté mal faite, ſans l'arriuée de Floreſtan, qui ſe miſt
en effet de ſecourir le pere de la dame, pour laquelle amour luy auoit tol
lu ſa liberté. Au moyen dequoy ſe mit entre deux, & d'vn coup d'eſpée
naüra le Roy tellement qu'il luy fiſt ſeparer l'ame du corps: dont tel effroy ſuruint à ſes gents, que tant à ceſte ocaſió, que pour l'arriuée du Duc
Dardarie, ſe prindrent à fuyr, remettant le reſte de leur vie à l'eſperance
de quelques boys prochains, ou ilz ſe ſauuerent. Mais entre deux y en demoura tant, que leurs ennemys meſmes furent contents pardonner à leur
vie, eſtants làs de combatre & tuer. Par ainſi demeura le camp au Duc
d'Ortilenſe, qui receut le Duc Dardarie auecq' grande ioye, & ſur l'heure deſpeſcherent enſemble vn gentilhomme vers l'Empereur, par lequel
ilz luy firent entendre la bonne fortune qu'il auoit pleu à Dieu leur enuoyer. Or eſt il temps de retourner ſur les briſées ou nous auons laiſſé Li
ſuart, & l'Infante Onolorie, & ſa ſœur Gricilerie : toutes deux en grand'
peine, pour l'abſence & perte de ceux, qu'elles auoient eſleuz à amys, ainſi qu'il vous a eſté recité cy deuant.

Comme Liſuart fut conduict

vers Melie la magicienne, & du mauuais traite-
ment qu'elle luy fit.

Chapitre　　　　　　　　IX.

Vous auez

Ous auez cy deuant entendu le dueil & tristesse , que
faisoit l'Infante Onolorie, tant pour la lettre que la magicienne Melie enuoya par le Nain à l'Empereur , que
pour l'absence de Lisuart, auquel elle s'estoit du tout af
fectionnée : maintenant il me semble raisonnable, que
vous sçachiez qui estoit celle, qui l'emmena, & l'oca-
sion pour laquelle elle fit ceste tromperie. Entendez que l'entreprise des
soixante sept Roys Payens, sur la ville & empire de Constantinople fut
diuulguée en tant de lieux , que le Roy de l'Isle Geante delibera estre du
nombre: non pour mal qu'il voulsist à l'Empereur, mais à fin qu'vne seule
fille qu'il auoit, peu aprendre de Melie partie du sçauoir, dont elle estoit
renommée, & de fait, voulut la luy mener & presenter. Ceste damoyselle
dont ie vous parle, estoit si excellente en beauté, qu'il n'y auoit femme en
toutes les Isles prochaines dignes de s'esgaler à elle, & se nõmoit Gradasi
lée. Si deslogea de ses païs le Roy de l'Isle Geante cõduisant sa fille, a cõ-
pagnée de deux mil Cheualiers, auec lesquelz il chemina tãt qu'il arriua
vers le roy Armato, & Melie: desquelz il fut tresbien receu, specialement
de la Magiciéne, laquelle voyant la parfaite beauté de Gradafilée, propo
sa soudain mettre à execution ce, qu'elle auoit proieté de longue main au
parauãt, qui estoit la prinse de Laisuart. Et pour venir au point, ce fut Gra
dafilée, qui l'enleua de la court de l'Empereur de Trebisonde, comme il
vous a esté declaré. Et à dire vray, Melie n'eust peu trouuer messager plus
propre à faire ceste trahison: car elle estoit telle que ie vous ay recité, & au
tant bien parláte, que damoyselle de son temps: au moyen dequoy il luy
estoit aysé se faire acroire & obeïr . Sçachez donques, que l'ocasion qui
mouuoit Melie à vouloir mal de mort à ce ieune prince estoit, qu'elle sça
uoit certainemét par sa caballe & art dyabolique, qu'il deuoit estre ruyne
des payés, & seur rampart de toute la Thrace: pour à quoy obuier, enuoya
Gradafilée en Trebisonde, à fin de l'amener, mais elle luy teut sa deliberation, qui estoit le faire mourir puis apres : ce que Dieu ne permit , ains
rendit ceste damoyselle si affectionnée enuers luy, & tant esprinse de son
amour, que iour & nuict ne faisoit que péser comme elle le pourroit rendre sien, & l'auoir à mary. Et en ceste fantasie cheminerent tant ensemble
qu'ilz arriuerent au camp du Roy Armato, sans que Lisuart sceust iusques
adoncq' en quelle part il estoit conduit . Si fut le Roy trop ioyeux de sa
venue, car il auoit entendu de Melie, le danger ou les payens deuoient
tomber, s'il viuoit. Et comme Gradafilée le luy presentoit, Melie impa-
tiente & cruelle, arriua: laquelle le fit soudainement prendre par quatre
bourreaux, & luy mettant au col vn gros carquan de fer, luy disoit: Meschant pendart, vous aurez desormais l'ordre que vous meritez, puys vous
logeray en lieu, ou ie respondray de vous quãd il me plaira. Lisuart bien
estonné de telles caresses, regarda d'vn œil piteux Gradafilée, & ne se peut
tenir qu'il

tenir, qu'il ne luy dist: Certes Damoyselle, ie n'eusse iamais pensé que trahison eust trouué place auec la grand' beauté qui est en vous : mais puys
que desloyauté est si familiaire de ce, qui luy deuroit estre plus estrange,
ie ne me fieray iamais à creature que ie ne cognoisse d'auantage. Si ne luy
peut respondre Gradafilée vn seul mot: car elle estoit tant marrie du tort
qu'on luy faisoit, qu'elle eust voulu estre morte: aussi l'aimoit elle de tout
son cueur. Au moyen dequoy, voyant qu'elle ne le pouoit secourir, sinon
par requeste, pleurant tendrement se ieta aux piedz d'Armato, & luy dit:
Sire, ie vous supplie treshumblement, que celuy qui s'est fié en moy, ne
reçoiue aucune fascherie : car vous me ferez tort , & pourray estre iuste-
ment acusée de trahison , ce qui n'auint oncques à autre de mon lignage.
Mais le Roy tourna la teste d'autre costé , & sans luy respondre, commanda enfermer Lisuart, & qu'on le mist en vn cul de fosse. Sire, dit elle,
iamais ie ne partiray de voz piedz, si vous consentez à tel outrage, aumoins faites moy ceste grace, que sa prison soit en quelque lieu honneste
& sans estre enchesné comme vn larron , autrement asseurez vous que ie
me plaindray de vous toute ma vie, & en tous les lieux ou ie me trouueray. Et comme elle estoit en ces alteres, le pere d'elle arriua, lequel esbahy
de voir sa fille tant esplorée , & l'iniure qu'on faisoit à celuy qui l'auoit
suyuie, ne se peut contenter qu'il ne dit assez brusquemét ce qu'il en pensoit: aumoyen dequoy, Armato craignant le fascher, luy acorda la reque
ste de sa fille. Combien, dit il, que ce soit contre raison : car si vous & elle
sçauiez de quelle importance nous est la vie de ce paillard, vous & elle
donneriez iugement de mort contre luy . Ainsi fut deschesné Lisuart, &
mis en vne forte tour, de laquelle Melie auoit la clef : & oultre ordonna
trente Cheualiers pour sa garde , dont les quinze veilloient deuant mynuit, & les autres iusques au iour. Dieu luy donne doncques patience, &
y pouruoye, autrement sa mort est prochaine, ainsi que nous vous recite-
rons aux chapitres suyuants . Mais premier entendez, que le gentilhomme enuoyé de la part du Duc d'Ortilense, vers l'Empereur, arriua à Trebi
sonde: & luy discourut amplement la bataille, qui auoit esté entre son armée & celle du Roy de la Breigne, la mort de luy & de son filz, & finable
ment la deffaite des ennemys . Dont l'Empereur loua grandement nostre Seigneur, & de grand' aise qu'il en eut, fit le tout racompter par plu-
sieursfois au messager, mesmes deuant les dames: & croyez qu'il n'oublia
pas le grand deuoir & prouësses de Florestan, Galuanes, & Parmenir. Si
lors Griliane & Bridelnie estoient contentes, n'en doutez : car elles a-
uoient ces Cheualiers en recommandation comme leur ame propre. Et à
ceste cause, estans retirées en la chambre d'Onolorie, s'esmeut entre elles
vne contention par plaisir, qui estoit la mieux aymée: & ce faisoient elles
pour resiouir l'Infante , qui depuys la perte de Lisuart n'auoit cessé de se
douloir. Si dura tant leur debat, que finablement Bridelnie, gaye & deliberée plus

berée plus que nulles d'elles , print vn aureiller , & de gayeté de cueur le
ieta à la teste de Griliane, luy difant : Mon Cheualier m'ayme mieux, &
ie le prouueray à coup de maffe. Griliane en faifit vn autre, & commença
ce combat affez roide, pour aprefter à rire aux plus melancoliques: car il
n'y eut aureiller qui ne fust eftondré, non fans grande rifée. Puys eftants
quafi hors d'haleine, Gricilerie fe mit entre deux, & print fin ce tournoy:
parquoy nous les laifferons repofer , & retournerons à Perion de Gaule,
duquel nous nous fommes eflongnez affez longuement.

Comme Perion de Gaule , fur-

nommé le Cheualier de l'Eſphere , rencontra l'Infante Tiriaxe : & de maintes belles auentures qui luy auindrent.

Chapitre   X.

Ous auons laiffé cy deuát, s'il vous en fouuient, Perion
auecq' Languines , Abies d'Yrlande, & les trois cheualiers croifez, fe refraifchiffants en la fueillée, qu'auoient
faite les Singes , pillotes & conducteurs de la barque
d'Alquife. Maintenant doncques (pourfuyuant noftre
hiftoire) ainfi que ces cheualiers parloient de leurs fortunes paffées, Perion demáda à Talanques, s'il fçauoit nulles nouuelles de
Garinter

Garinter & de fon frere, qui auoiét efté faitz Cheualiers par la main d'Efplandian, ainfi qu'auez peu entendre au cinqiefme liure, & depuis eftoiét
paffez en l'Ifle de Californie. Monfieur refpondit il, nous les auós laiffez
menans dure & forte guerre, contre vn Roy affez, & trop mon voyfin, &
defia ont conquis fur luy mainte bonne place. Et quelle auenture doncq'
vous amena en ces marches? dit Perion. Non autre, refpondit Talanque,
fors la renommée de cefte fontaine, ou l'on dit auenir ordinairement cho
fes merueilleufes: & combien que noftre intention, eftoit de retourner incontinent à Californie, fi ne partirons nous fi toft d'auecq' vous, puis que
Dieu & fortune nous a affemblez. Ce maift dieux, dit il, vous me ferez
plaifir, car ie ne puis m'eflongner de ce lieu, premier que celle qui m'y a
amené me vienne querir, & ainfi luy ay-ie promis: mais elle de retour ou
ie la fuiyray, ou ie feray tant qu'elle me dónera congé d'aller auecq' vous.
Et comme il acheuoit cefte parole, aperceurent vn Cerf durement naüré:
pourfuiuy par vn Damoyfel, ayant la trompe au col fort bien garnie, &
entre fes iambes vn cheual Turc, courát à merueilles. Si le fuiuoyt de pres
vn autre Damoyfel, habillé de femblable parure, mais non pas droictement fi braue. Ces deux picquoient tant roidement apres le Cerf, qu'ilz
n'aperceurent les Cheualiers, iufques à ce que la befte fuft morte : auffi e-
ftoient ilz en leur fueillée, de laquelle toutesfois ilz fortirent, & monterent à cheual quand ilz virent le premier Damoyfel mettre pied à terre,
& tirer fon coufteau pour auoit la ramure de la befte. Et ainfi qu'il s'y a-
mufoit, l'autre defcouurit Perion & ceux de fa troupe, portans fignes de
Chreftiens fur leurs harnois : parquoy picqua droit à eulx, & le premier
auquel il s'adreffa fut à la royne Callafie, à laquelle il s'efcria d'affez loin:
Ah a!bon Cheualier, pour Dieu ayez pitié de moy, & me fauuez : car ie
fuis de la mefme loy que vous tenez! Damoyfel, refpondit la Royne, il
n'y a celuy en cefte compagnie, qui ne vous faffe voluntiers plaifir.
L'autre, qui entendit cefte parole, haulça la tefte, & aduifant telle troupe, laiffa fa proye : & cuydant mettre pied à l'eftrier pour fuyr, fut rete-
nu de fon compaignon, qui luy dift : A' cefte heure ferez vous mon prifonnier, autant que i'ay efté le voftre. Et comme l'vn mettoit fon effort
à efchaper, l'autre à l'arrefter, fortirent de l'efpeffeur du bois fix Cheualiers armez de toutes pieces, que huiôt gentilzhommes, fans harnois, fuyuoient conduyfant vne Damoyfelle belle en perfection : laquelle eftoit
acompagnée de deux femmes, montées & parées comme filles de grans
Seigneurs, qu'elles eftoient. Les fix Cheualiers, voyans de prime face
Perion, & ceux de fa troupe, cogneurent à leurs cottes d'armes, qu'ilz e-
ftoient Chreftiens : parquoy baifferent la veuë de leurs armetz, & à haulte
voix leur crierent, qu'ilz eftoient mortz. Ie ne fçay qu'il en aduiendra,
refpondit celuy de l'Efphere, mais ie ne voy encores nul de nous malade, Dieu mercy. Et pource que les autres coucherent contre eux, ilz

D   fe mirent

se mirent en deuoir de leur resister, & receurent les Payens telz coups de lances, que tous furent renuersez morts par terre de premiere atainte: par quoy les huict desarmez prindrent la fuyte, tant que leurs cheuaulx peurent courir. Ainsi demeurerent les dames sans escorte, à la principalle desquelles s'adressa premier le Cheualier de l'Esphere, & luy dit gracieusement. En bonne foy, ma Damoyselle, ie ne fis oncq', que ie sçache conqueste qui tant me pleust. D'vne chose vous asseuray ie bien, que pour toute prison, que vous aurez auecq' moy, ce sera que ie m'employeray à vous faire seruice, ainsi que ie suis coustumier faire à toutes les belles qui vous ressemblent. A'ceste parole Tiriaxe, ainsi nommée ceste dame, se mit à pleurer tresfort, & en souspirant, respondit à Perion : Helas! ie cognois bien, qui me plaise ou non vostre prisonniere suis ie, dont ce me poise: toutesfoys i'espere tant à vostre honnesteté, que ie n'auray deshonneur auecques vous. Non sur mon ame, dit il, ains mettrois ma vie en peril de mort, pour garder qu'on ne vous fist vilanie: parquoy ie vous prie me suyure & voz femmes aussi . Lors luy print les resnes de son pallefroy, & la conduit à la fueillée: mais ainsi qu'elle passoit, ou auoit esté le premier combat, aperceut le Geant & les autres estenduz sur l'herbe, dont elle fut si dolente, qu'elle ieta vn si hault cry, disant : Helas, Or estime ie maintenant ma vie moins qu'auparauant, quand ie voy de mes yeux Brutillon le fort, & ses Cheualiers, morts & deffaitz! Et pour Dieu, dit elle au Cheualier de l'Esphere, racomptez moy comme tel malheur leur a esté si prochain. Ma Damoyselle respondit Perion, ce sont hazardz & fortunes, qui auiennent souuent à ceux qui les cherchent . Et puys luy recita la sorte que la meslée auoit esté commencée, & la fin qui s'en estoit ensuyuie. Et comme il estoit en ces termes, les Cheualiers croysez amenerent les deux damoyselz, qui poursuyuoient le Cerf: lors Perion, laissant Tiriaxe auecq' Calasie, tira à part l'aisné des deux, & luy demanda qu'il estoit, & la damoyselle aussi. Sire, respondit il, elle & celuy qui a esté prins quant & moy, sont enfans du Roy de Ierusalem: lequel pour leur donner plaisir, les enuoyoit à la fontaine, souz la conduyte de Brutillon le Geant, voir les merueilles qui aduiennent de iour en iour . Et croyez , dit il, que vostre trop long seiour pardeça, vous pourroit tourner à gros danger: car le Roy leur pere, n'est qu'à demye iournée d'icy, lequel ne peut faillir à auoir bien tost nouuelles , par ceux qui fuyent, de l'infortune auenuë à ses enfans, dont il se vouldra incontinent venger, comme il a bien le moyen, pour estre acompaigné de gros nombre de gentsd'armes , mesmes de troys fortz Geants freres de celuy que vous auez occis: lesquelz il fait venir du païs de Libie deserte , pour l'acompaigner au siege de Constantinople, ou tous les Princes d'Asie, grande, & petite , voire de plus oultre que le mont Caucase, & Armenie la maieur , ont iuré destruire & raser. Par ainsi , si vous estes bien conseillé , vous auiserez à vous retirer, auant

qu'il vous

qu'il vous auienne pis . Et vous , dit le Cheualier de l'Efphere, eftes vous
leur parent? Non, refpondit le Damoyfel, ie fuis filz du Roy de Naples,
& fut prins n'a pas long temps, par Brutillon, qui efcumoit la mer, ainfi
que i'allois à la chaffe, acompaigné de fix de mes Cheualiers. Trop defplaifant fut Perion, ayant entendu l'entreprinfe des Payens fur la Thrace:
toutesfois il n'en fit femblant, ains defcendit en la ramée auecq' les autres.
Ou peu apres vint Alquife, laquelle d'arriuée fe ieta aux piedz de Perion
pour les luy baifer, mais il la releua doucement, & luy dift: Sur mon Dieu,
Damoyfelle, voftre retour m'a merueilleufement ennuyé, vous foyez la
tresbien venuë. Bon Cheualier, refpondit elle, mon pere fe recommande
humblement à voftre bonne grace, comme celuy qui eft le plus obligé à
vous, qu'à autre qui viue. Voftre pere? dit Perion, ie ne le vy oncques que
ie fçache. Ah a, refpondit elle, c'eft le vieillard qui eftoit lyé en la charette, la mort duquel eftoit prochaine, fans le bon fecours qu'il a receu de
vous: mais vous l'auez deliuré du plus cruel tourment, qu'endura oncq'
homme de fon aage. Et entendez, fire Cheualier, qu'il auoit preueu par
fon fçauoir toute fon infortune, à laquelle il ne pouuoit mettre remede,
que par l'effort de l'vn des filz d'Amadis de Gaule: au moyen dequoy, il
me commáda vous aller chercher, & faire tant que ie vous amenaffe en ce
lieu, au iour & heure que vous l'auez trouué. Voylà pourquoy ie vous a-
uois defendu ne parler en la court de l'Empereur de Trebifonde, craignát
que par vous cognoiftre, mon entreprinfe fuft retardée: ce qui en eft auenu, dont ie louë Dieu & vous . Ie m'esbahys, dit Perion, qu'il ne s'eft fait
cognoiftre à nous. Ah a, fire, refpondit elle, vous le verrez quelque iour
plus à loyfir: tant y a, qu'il m'a commandé vous dire, qu'il s'en va en l'Ifle
des Singes, qui eft fienne, mais qu'en quelque part qu'il foit, vous auez en
luy vn feruiteur affectionné à recognoiftre la peine qu'auez prinfe pour
luy, & le bien qui luy vient par vous. Et quant à la promeffe que vous m'a
uiez faite, elle eft fi bien aquitée, que pouuez deformais aller ou bon vous
femblera. Damoyfelle, refpondit Perion, fi ie l'euffe cogneu, ie vous prometz que pour l'amour de vous, ie luy euffe fait l'honneur qu'il meritoit:
toutesfois ce fera quelque autre iour, quand il luy plaira. Et puis que me
donnez congé, demain fi Dieu plaift, ie me mettray en voye pour aller
trouuer la compagnie, ou i'eftois lors que vous me viftes premierement.

Comme le Cheualier de l'Esphe-

re & ses compaignons, rencontrerent le Souldan de Liquie, &
du combat qui fut entr'eux.

Chapitre   XI.

TAnt deuiserent Perion & Alquife, qu'apres auoir mangé de telz biens qu'ilz trouuerent, ilz s'endormirent:
& semblablement tous les autres, iusques au lendemain
matin, qu'ilz s'equiperent pour monter à cheual. Lors
demanda le Cheualier de l'Esphere à Languines, & A-
bies d'Yrlande, quel chemin ilz prendroient. Seigneur,
respondit Abies, il me semble pour le mieux, que Languines & moy deuons tirer en Constantinople, pour secourir l'Empereur. Vrayement, dist
Perion, ie suis bien de cest auis. Et vous, dit il aux croisez, serez vous de
la partie? Non, respondirent ilz, pour ceste heure, nous prendrons la route
de Californie, & là assemblerós gens de toutes pars, auecq' lesquelz vous
viendrons puys apres trouuer, si Dieu plaist, & la nouuelle continuë du
siege. Ie vous asseure, dist Perion, que i'y seray: & vous prie n'y faillir
doncques. Lors monterent à cheual, prenans le chemin de la marine:
mais ilz n'eureut longuement cheminé, qu'ilz entendirent vn bruyt &
hanissement

haniſſement de cheuaulx , & peu apres virent ſortir du boys dix Cheualiers bien montez & armez , deuant leſquelz marchoit vn plus grand
que nul des aultres , tenant en ſon poing vne lance groſſe & royde, en
laquelle pendoit vne banderolle la plus belle qu'il eſtoit poſsible . Ses
armes eſtoient toutes noires,fors que les lames tenoient à gros cloux d'or
couuerts de Dyamants , & maintes belles pierres precieuſes : & à veoir
ſa contenance , il ſe monſtroit bien grand Seigneur , & chef de tous les
autres . Si print deſir au Cheualier de l'Eſphere, de ſçauoir ſon nom. Or
l'auoit veu maintesfoys la Royne Calaſie, parquoy le recogneut ayſément , & aſſeura Perion que c'eſtoit Radiare grand Souldan de Liquie:
auecq' lequel,dit elle,i'entray en camp de bataille,par vn deſsiement que
nous ennoyaſmes preſenter deuât Conſtantinople à deux voz prochains
parents, Amadis & Eſplandian . Par Dieu, reſpondit Perion, celà me
donne trop plus d'enuie de m'eſprouuer a luy . Et à l'inſtant laça ſon heaume, & print ſon glaiue marchant au petit pas droit vers l'autre, lequel
l'auiſant venir luy eſcria d'aſſez loing : Cheualier armé auſsi noir que ie
ſuis , auant que toy & moy entrions au combat , ie te prie me dire qui tu
es , & de quel païs . Vrayement, reſpondit le Cheualier de l'Eſphere , tu
ne ſeras pas refuſé pour ſi peu de choſe: mon païs eſt la grand' Bretaigne,
& ſers auiourd'huy la plus belle dame du monde , encores que ie ne ſçache ſon nom , auſsi n'ay ie pas merité enuers elle tant de faueur pour le
commencement . Par mon chef, diſt Radiare ,celà te part de bon cueur,
& ſuis treſayſe d'auoir rencontré ſi à propos Cheualier d'vn païs , duquel communément il ne ſort que gents de bien & eſprouuez, & pour
telz moy & les miens les auons nous maintesfoys cogneuz : & à fin qu'il
ne te ſemble que mes paroles ſoient faintes, ſi tu veux me ſuyure, & eſtre
mien , ie te conſtitueray capitaine general de l'armée que i'ay miſe ſus,
pour paſſer en Conſtantinople : mais ſi tu deſdaignes tel party , au lieu
de tel bien , tu mourras preſentement par mes mains . Voylà qui va mal,
reſpondit Perion, tant y a que tu as,peult eſtre, plus d'ocaſion de me menaſſer que tu ne penſes, atendu que tu n'as au monde ennemy plus grand
que moy . Eſt il poſsible ? diſt le Souldan, or te gardes doncques ſi tu
peux : neantmoins la courtoyſie que tu auras de moy ſera telle , que nul
des miens ne t'aſſauldra que ſeul à ſeul . Lors apella le plus prochain de
luy, auquel il commanda mener Perion à oultrance : mais il comptoit
ſans ſon hoſte : car de la premiere rencontre , le Payen fut deſarçonné, &
demeura ſur le champ eſtendu de ſon long, ne remuant pied ny main.
Parquoy Radiare en fiſt venir vn autre , qui eut tout tel traitement que
ſon compaighon , & les cinq qui les ſuyuirent apres : dont le Souldan
eſbahy , ayant emmené (comme il penſoit) la fleur de cheualerie de ſes
païs , commanda au huytieſme, à qui il ſe fioit grandement , venger ſes
compaignons : & de fait, luy & le Cheualier de l'Eſphere rompirent

D iii   l'vn ſur

l'vn fur l'autre, tellement que les lances vollerent en eſclatz , & au paſſer
ſe rencontrerent d'eſcu , de corps , & de teſtes ſi rudement , que le Payen
tomba eſtourdy en la place . Ce que voyant la Royne Calafie , ne ſe peut
tenir de rire, & enuoya Alquife porter ſon gleiue à Perion , le priant de
ſa part, puys que le ſien auoit eſté ſi bien employé, qu'il eſſayaſt d'en
faire encores autant auecques ceſt autre. Perion la remercia humblement
par la Damoyſelle. Et pource que le neuſieſme Payen eſtoit ſur le poinct
de courir, il n'eut plus long propos auecques elle, fors qu'il la renuoya
dire à la Royne, qu'il ſe tiendroit pour l'vn des meilleurs coureurs de
lances du monde, s'il en ſçauoit autant qu'elle en auoit oublié . Et ſur ce
poinct le Payen & luy ſe chargerent, & vollerent leurs glaiues par pieces, demeurant Perion à cheual, & l'autre abatu ſi lourdement, qu'il
penſoit auoir le col rompu : parquoy le dixieſme entra en ieu, qui choyſit Perion de telle adreſſe, qu'il luy fiſt doubler les reins . Mais il ſe vengea toſt apres : car il luy paſſa la lance à trauers le corps plus d'vne braſſe
de long, & tomba mort à terre, luy demeurant le tronçon dedans les trippes. Ce maiſtdieux , dit la Royne Calafie à Talanque , ie ne vy oncques
plus belle iouſte : ie vous prie, beau ſire, enuoyez luy encores voſtre lance, à fin qu'il paracheue ſi glorieuſe entreprinſe. Ce que Talanque luy a-
corda, parquoy appella Alquife, & luy diſt: Damoyſelle , retournez au
Cheualier de l'Eſphere, & luy dites qu'il a fait beaucoup d'honneur au
boys que vous luy auez porté, de luy donner eſtuy ſi à propos que leven-
tre du Payen, & que pour l'amour de s'amye il en faſſe encores autant de
ceſt autre. Si ne tarda gueres Alquife à porter ce meſſage, qui augmenta
la force du Cheualier de l'Eſphere en ſorte, qu'il aſſeura la meſſagere d'en
faire ſon pouuoir, tant qu'il auroit le Souldan ſon priſonnier, ou il mourroit en la peine: mais Radiare penſoit bien autrement, & faiſoit eſtat venger la mort de Grimante, dernierement abatu, iurant par ſon grand Dieu
que Perion porteroit penitence de ce peché . Pour à quoy paruenir , s'a-
procha, & luy diſt: Cheualier, i'ay ocaſion de te hayr plus qu'homme
que ie cognoiſſe , & neantmoins pour la grand' prouëſſe qui eſt en toy,
ie ſuis contraint t'eſtimer & porter tel honneur , que ſi tu veux ſuyure le
party que ie t'ay preſenté n'agueres, le maltalent que ie te porte s'oublie-
ra à mon endroit, & te feray encores de plus grands biens . Vrayement,
reſpondit le Cheualier de l'Eſphere , ie te conſeilleray beaucoup mieux,
ſi tu me veux croire . Comment? dit Radiare . Laiſſe ta folle creance, reſpondit le Cheualier, & recognois Ieſus Chriſt à ſeul Dieu, non pas les y-
doles & diables , qui t'abuſent: au lieu de nuyre à l'Empereur de Conſtantinople, comme tu as entreprins, ſois luy aydant de ton' pouuoir, lors
ſerons nous amys & non pluſtoſt . Si Radiare fut lors enflammé d'ire, il
n'en fault douter, auſſi le donna il bien entendre au Cheualier de l'E-
ſphere, en luy diſant : Comment donnes-tu conſeil à qui ne le te demande ? pen-

de? penſes-tu me dompter, faiſant le caffard? Non, non, deuant que
m'eſchapes, i'eſpere bien te chaſtier en ſorte, que tu ne parleras iamais ſi
temerairement à homme qui me reſſemble. Et toutesfoys auant que nous
entrions en la meſlée, eſcoute le conuenant que i'ay acouſtumé preſenter à ceux, contre leſquelz ie me combatz, puys s'il te ſemble raiſonnable, tu l'entretiendras, ſinon ie le remetz à ta diſcretion. Dy ce que tu
voudras, reſpondit Perion, & ie t'eſcouteray voluntiers. Le vaincu, dit
Radiare, ſera eſclaue du vaincueur, tellement qu'il luy obeyra en toutes
choſes: regarde doneques maintenant ſi tu y veux conſentir. Par Dieu,
reſpondit Perion, tu parles en Prince de grand cueur, & loue ceſte couſtume, ſi fort que ie l'entretiendray en ton regard, ſans l'enfraindre. Or
te garde doncques de moy, diſt le Souldan. Lors s'eſlongnerent l'vn de
l'autre, & donnans carriere à leurs cheuaulx, ſe rencontrerent ſi impetueuſement, que Radiare & ſon deſtrier furent renuerſez, & eut le cheual de Perion l'eſpaule briſée, dont il demoura tout court, & tomba ſouz
ſon maiſtre: mais premier les lances vollerent en eſclatz. Et combien que
la cheute de l'vn & de l'autre fuſt eſtrange, ſi ſe releuerent ilz auſſi legierement, comme s'ilz n'euſſent enduré coup ny buffe, & marchants de
grand fierté, mirent les mains aux eſpées: commençans entr'eux vn combat tant furieux, & auecques ſi peſans coups, que nul le vid qu'il ne s'en
trouuaſt eſtonné. Car tant plus alloient auant, & tant plus redoubloient
leurs forces, comme il ſembloit: dont l'herbe deuint tainte de leur ſang,
& le pré couuert de pieces de leurs haubertz deſmaillez, ſi que chacun
n'en eſperoit que la mort d'eulx deux. Et en tel eſtat ſe maintindrent,
ſans prendre aleine, iuſques enuiron l'heure de nonne, que le Souldan ſe
tira vn peu à coſté, & diſt à Perion: Cheualier, il me ſemble que noſtre
bataille doit ſuyure, non pas la cruauté des beſtes brutes, enuiées l'vne ſur
l'autre: mais la commune façon de faire qu'obſeruét communément ceux
qui ſuyuent les armes: pourtant ie te prie, prenons aleine, puys nous recommencerons quand il te plaira. I'en ſuis côtent, reſpondit Perion, non
pas que ie cherche le repos: mais tu t'es monſtré ſi courtoys enuers moy,
deffendant à tes Cheualiers ne m'aſſaillir enſemble, qu'il ne ſera iour de
ma vie que ie ne t'en ſçache gré. Ainſi demeurerent coy, s'apuyans ſur le
pommeau de leurs eſpées: toutesfoys ce iour leur dura peu: car en moins
de rien ilz ſe chargerent mieux qu'au parauant, & le Souldan preſſa Perion de ſi pres, que le ſang luy couloit de toutes parts: dont il ſe végea ſur
l'heure, luy donnant tel coup d'eſpée, qu'elle entra plus d'vne paulme
dans l'eſcu, qu'il para au deuant. Et comme il mit tout ſon effort à la retirer, le côtraignit mettre le genoil à terre, ce nonoſtant il ſe releua ſoudain:
& en ſe releuant donna ſi grand coup au Cheualier de l'Eſphere, que ſans
la grand'bonté de ſon heaume, il luy euſt fendu la teſte en deux. Lors Perion, cognoiſſant le danger ou il eſtoit, print ſon eſpée à deux mains, & de

D iiii   toute

toute ſa force rua ſur Radiare,tellement que les deux yeux luy commencerent à eſtinceler:demeurant ſi eſtourdy,qu'il ſe print à chanceler,& Perion à le ſaiſir au collet,en le ruant par terre ſi lourdement,qu'il eut moyé
luy arracher le heaume , & le ietant arriere. Radiare preſque eſuanouy,
ſentât l'air, ſe mit à reſpirer. Comment? dit le Cheualier de l'Eſphere, le
courage te fault il pour ſi peu de choſe ? ou eſt maintenant ceſte gloire &
magnanimité de courage,dont tu es renómé en tant de lieux? A ceſte pa
role,le Souldan haulça la veuë:& cóbien qu'il ſe vit en danger de mort,&
l'eſpée haulſé,preſte à luy tomber ſur la teſte,ſi reſpondit il:La magnani
mité,dont tu parles,eſt au cueur du Souldan de Liquie,d'ou elle ne par-
tira,ny amoindrira pour peril qu'il luy puiſſe auenir.Oy,mais dit le Che
ualier de l'Eſphere , ne ſçais tu le conuenant iuré entre toy & moy? Ie le
ſçay,reſpondit il:& ſi fault que tu penſes,que ſi i'ay le courage ferme, ma
parole eſt autant ou plus ſtable & certaine:tellement que i'aymerois trop
mieux donner fin à dix vies,ſi ie les auois,que la moindre choſe promiſe
par moy,defailliſt en vn ſeul poinct. Par ainſi vſe de moy comme de ton
ſerf:car ie ſuis preſt d'endurer tout ce que tu voudras . Vrayment dit Perion, tu te monſtres bien tel que l'on te renomme : Auſſi vſeray ie enuers
toy de l'honneſteté que tu merites.Or doncq' lieue toy, & remonte à che
ual,puis nous deuiſerons du ſurplus. Ce qu'ilz firent, & auſſi toſt s'aprocherent les Cheualiers croiſez. Lors s'auança la Royne Calafie,& la teſte
nuë vint embraſſer le Souldã,luy diſant: Seigneur Radiare,puys que vous
& moy auons ſi bien eſprouué l'effort des Chreſtiens , comme vous ſçauez, ie vous prie croire que n'aurez iamais auantage ſur eux , eſtants ſou-
ſtenuz d'vn Dieu,qui eſt le ſeul maiſtre & Seigneur de toutes choſes:par
ainſi ce ſeroit follie à vous de cuyder venir au deſſus de ce Cheualier, qui
eſt frere de l'Empereur Eſplandian , & filz du treſrenommé Amadis de
Gaule , par lequel vous & moy fuſmes vaincuz au dernier ſiege de Conſtantinople,ſi bien vous en ſouuient. Ma dame,reſpondit il,ſi i'ay fait folie, ie l'ay chairement comparée: & combien qu'elle me ſoit ennuieuſe,ſi
m'a elle aporté , auecq' ceſt ennuy grand plaiſir à vous voir en bonne ſan
té , me ſouuenant encores des fortunes que nous auons paſſées enſemble,
meſmes au dernier voyage de la Thrace . Et pource que leur ſang ſe perdoit par les playes qu'ilz auoient ſur le corps,auant paſſer oultre les firent
bander: & de là,craignans l'arriuée du Roy de Ieruſalé , & le ſecours des
enfans qu'ilz auoient prins, ſuyuirent le chemin de la marine, ou ilz trou
uerent encores les vaiſſeaux,eſquelz ilz auoient prins port,meſmes celuy
d'Abies d'Yrlande, & Languines, dans lequel le Cheualier de l'Eſphere
s'embarqua.Et pource qu'Alquifevouloit retourner vers ſon pere,qui l'a-
tendoit à l'Iſle des Singes , comme il vous a eſté dit : ſuplia humblement
Perion luy donner congé.Ma grand' amye,dit il,ie prie à dieu qu'il vous
vueille conduyre: mais ſi tant vouliez faire pour moy , de m'otroyer vn
don, qui

don , qui peu vous coustera , il ne seroit iour de ma vie que n'eussiez en
moy vn Cheualier prest à vous obeyr. Comment? respondit elle, doutez
vous que ie vous refuse de chose qu'il vous plaise me commander? non
certes , & fust l'auancement de la plus grand' part de ma vie. Adoncq' Pe
rion la tira à part, & estants eux deux seulz , luy dist en souspirant: Ah a
Alquife, ie pensois bien prendre autre chemin, & retourner vers ma Dame Gricilerie, pour la seruir comme celle à qui mon cueur s'est tellement
affectionné , que pensant à elle ie meurs, & n'y pensant point , ie ne puis
viure! Dieu vueille doncq' que ce commencement prenne telle fin que
i'espere, & me face tant d'heur, qu'elle me vueille nommer sien, pour tesmoignage dequoy, i'ay pensé luy enuoyer par vous l'Infante Tiriaxe, a-
uecq' son frere, & le Souldan de Liquie, que ie vous prie luy mener, & pre
senter de par moy : car tout ainsi que ie suis à elle, il est bien raisonnable
que les choses miennes, & que i'ay conquises la seruent, & soyent siennes.
Vous luy direz que mó retour en Trebisonde sera le plus bref qu'il me sera possible: & que ce pendant ie n'espere pas donner coup de lance, ne fai
re acte digne de Cheualier, que ce ne soit à sa gloire, & pour l'amour d'elle. Monsieur, respondit Alquife, ie feray entieremét ce, que me commandez , & vous seruiray enuers elle de tel truchement , que vous vous en a-
perceürez. Ie vous en suplie, dist Perion. Lors s'aprocherent du Souldan,
qui entretenoit ce pendant Tiriaxe, se plaignant à elle, que pour le desir
qu'il auoit eu de voir le Roy son pere , il estoit tombé es mains de ses ennemys. Mais le Cheualier de l'Esphere leur interrópit leurs propos, leur
faisant entendre sa volonté: suyuant laquelle, dit il au Souldan, vous vous
en irez auecq' voz Cheualiers, & vous ma dame, auecq' vostre frere & voz
femmes, ou ceste damoyselle vous códuira, & là serez tresbien venus pour
l'amour de moy. Quand Tiriaxe entendit ceste parole, ses larmes redou-
blerent, & respondit piteusemét: Sire cheualier, ie suis en vostre pouuoir,
& tant ennuyée de viure, que ie voudrois desia estre morte. Ma Dame, dit
Perion, i'espere que vous aurez plus de reconfort que ne pensez: & au regard de vous, Seigneur Radiare, suyuant le cópromis que nous auons ensemble , ie veux que (vous arriué la part ou ie vous enuoye) vous depes-
chiez aussi tost deux de voz hommes, pour aller auertir voz suietz, que
nul d'eux ne s'esmeuue contre l'Empereur de Constantinople, ains plus
tost qu'ilz luy soient fauorisans en tout ce qu'ilz pourront. Pardonnez
moy, respondit il, ma parole est obligée à autre, premier qu'à vous. Vous
pouez bien commander en mon endroit ce qu'il vous plaira: mais de ma
foy, elle n'a rien de commun auecq' ma personne. I'ay promis, & iuré secourir le Roy Armato, en tout & par tout : & comme ie vous ay dit, plus
tost finira ma vie que ma foy : ainsi ie vous suplie ne me forcer d'auantage. Vrayement, dit Perion, aussi ne feray ie, & serois trop desplaisant qu'à
mon ocasion la parole d'vn si grand seigneur, & tant preud'homme, fust

faulsée

faulsée . Or suyuez la Damoyselle , & attendant que ie vous renuoye, ie
vous commanderay à Dieu. Lors prindrent le Souldan, Tiriaxe, & les
autres congé de luy , & en entrant en la barque d'Alquife , le Cheualier
de l'Esphere, luy dit: Ie vous prie Damoyselle, saluer humblement de ma
part la Princesse Onolorie, & toutes les autres Dames de la court . Ce disant s'aprocha d'elle, & secretement luy bailla vne lettre, pour presenter à
Gricilerie. Lors singla levent dans les voyles, & commencerent les Singes
à ramer prenans la routte qui leur estoit meilleure pour leur adresse.

Comme le Cheualier de l'Esphe-

re, Abies d'Yrlande , & Languines , arriuerent en Constantinople:
& du bon recueil que leur fit l'Empereur.

Chapitre   XII.

Lquif ainsi despeschée , conduysant à Trebisonde le
Souldan de Liquie , Tiriaxe , & son frere, accompai-
gnez de leurs gens : le Cheualier de l'Esphere s'embarqua auecq' Abies d'Yrlande, Languines, & le filz
du Roy de Naples, commandans à Dieu ceux qui vou
loient retourner en l'Isle Californie . Si furent poussez
d'vn vent de siroc, si à propos, que sans fortune arriuerent à Constantinople le huictiesme iour ensuyuant . Dequoy l'Empereur auerty , en eut
tant d'aise que merueilles : car il pensoit bien que Lisuart son petit filz
fust en la compaignie : parquoy les vint receuoir. Et ainsi que Perion,
Abies , & Languines luy faisoient la reuerence , Frandalo s'auança pour
embrasser Perion, & en l'embrassant, luy dist : Sire Cheualier, ie suis
tant vostre, que vous me pouuez commander comme à celuy, qui desire
vous obeyr pour l'honneur du Roy Amadis, & Esplandian vostre frere,
desquelz ie suis amy, & seruiteur bien affectionné. Or ne l'auoit oncques
veu le Cheualier de l'Esphere . Parquoy l'Empereur luy dist : Mon filz,
vous pouuez bien auoir ouy parler quelques foys du Compte Frandalo:
c'est luy qui vous presente son seruice , & si est tout tel enuers voz amys,
qu'il vous a tesmoigné . En bonne foy, monsieur, respondit Perion , il
ne me presente chose, qu'il n'ayt de moy quand il luy plaira , & non sans
cause : car sa grand' bonté , & prouësse le tiennent tant recommandé par
tout le monde, que celuy se peult tenir heureux qui à son acointance.
Sur mon ame, dist Frandalo, vous embrassant ie me puis bien vanter,
que i'ay entre mes bras la vraye effigie, & pourtraiture de la fleur de toute cheualerie. Et ce disoit il d'autant que Perion ressembloit entierement
à Esplandian

à Esplandian son frere, le souuenir duquel serra tant le cueur de l'Empereur, que les grosses larmes luy tomberent des yeux : & à l'instant le
Cheualier de l'Esphere luy presenta le Prince Adariel, luy disant : Sire,
voicy l'heritier du Roy de Naples, qui, si à Dieu plaist, vous fera quelque iour seruice. L'enfant mit le genoil en terre pour luy baiser les mains:
mais l'Empereur le releua, luy faisant tresbon recueil: puis môta au palais
& côduisant le Cheualier de l'Esphere par la main, le mena vers l'Impera
trix, à laquelle l'Empereur dit en entrant: Ma dame, voicy vostre gendre
de retour, il ne reste plus que vostre fille, laquelle nous aurons auecques le
temps. Le Cheualier de l'Esphere luy fit vne grande reuerence, & se leua
l'Imperatrix pour le baiser, & en le baisant respondit à l'Empereur: Sur
mon dieu, môsieur, vous m'auez bien amené la chose du monde que plus
ie desirois voir: & si ie ne sçauois certainemét que mon filz est enchanté,
tout le monde ensemble ne me le feroit pas acroire, que ce Cheualier ne
fust Esplandian. Puys vint embrasser Adariel, Languines, & Abies d'Yrlande: & pource qu'il estoit heure de disner, l'Empereur commanda que
l'on couurist en la grand' salle, car il vouloit manger en publicq', pour l'a-
mour des Cheualiers suruenus nôuuellement. Or estoit Frâdalo arriué ce
iour mesmes, & auoit esté mandé à l'ocasion du gros apareil que faisoient
les payés pour retourner en Trace, dôt toute la court estoit fort ennuyéc:
mais ce qui la troubla encores plus, ainsi qu'on leuoit la desserte, vn estour
billon de vent donna à trauers les fenestres, & quant & quant si hault son
de tonnerre, entremeslé d'vne puanteur sulphurée, que tous les assistans
pensoient estre abismez : & non sans cause, car les tenebres furent en cest
endroit plus d'vn quart d'heure si espesses, que le plus clair voyant n'eust
peu choisir le plus lourd de la compaignie. Et comme telle obscurité fust
euadée, s'aparut en l'air, & au mylieu de la salle vne espée flambante, tainte de sang : à la pointe de laquelle pendoit vn cartel de parchemin, séel-
lé d'vn grand séel d'or, que l'Empereur fist incontinent arracher pour
voir quel estoit le contenu. Et y trouua l'on ces motz escritz:

Melie Infante, la plus cruelle ennemye de toute Chrestienté, à toy Empereur de Constantinople, ruyne, & entiere malediction. Sçaches, que tu
sentiras en brief le malheur, qui t'est preparé en mon ocasion, tel qu'onques n'en fut parlé d'vn semblable : car tu verras de tes propres yeux la
mort des tiens, la destruction de tes païs, vn martire estrange en la personne que tu aymes le plus en ce monde, & finablement, la fin de ta vie en
misere. En tesmoignage dequoy, ceste espée demourera en l'air sur ta
grand' cité, iusques à ce qu'vne prophetie d'Apolidon, qui reste à acomplir, sortisse effect: lors se disparoistra, & ne sera veuë de là en auant.

Ce cartel acheué de lire chacun demoura esbahy, & s'esleua l'espée contremont, demourant en l'air fixe, comme vne vraye Comette. Mais à peine fut ceste rumeur apaisée qu'on en ouyt vn autre par la ville, & procedoit à

cedoit à cause de deux Geans, qui estoient entrez iusques au palais: côdui
sans vne Geante, si richement vestuë, que les Diamans & Perles de ses robes ne se pourroient estimer. Et auoit sur son chef vn cercle d'or, tant bien
taille, & d'vn tel artifice, qu'on dit l'ouurier y auoir demouré l'espace de
dix ans entiers, continuant à l'ouurage. Or estoient ces Geants armez de
toutes pieces, fors d'armet, & ganteletz: & les acompaignoient vingt autres Cheualiers en tel equipage. Ce que venu à la cognoissance de l'Empereur douta de trahyson, parquoy luy & les siens coururent hastiuement
aux armes: & ce pendant les aucuns d'eux misrent leurs manteaux au
tour leurs bras, & tenans leurs espées au poing, se delibererét garder l'entrée du palais. Ou peu apres arriuerent les Geans, ainsi equipez comme ie
vous ay dit: le plus ancien desquelz, donnant signe de paix, pria qu'on les
conduist vers la maiesté Imperiale, ce qui fut fait. Et là arriuez, misrent
les genoux en terre, & commença le vieil Geant son parler en telle sorte:
Trespuissant Empereur, ceux qui me cognoissent m'apellent communément Argamont le fort. Ceste dame que ie conduy est ma femme, nommée Almatrafe, & cest autre est mon petit filz, filz de ma fille, apellé Ardadil Canile. Et tous ensemble auons adoré (sinon puis n'agueres) les Ido-
les faulses & mensongeres: mais maintenant nous croyós en Iesus Christ,
par le moyen de deux Cheualiers, l'vn apellé Quedragant, & l'autre Vaillades: auecq' lesquelz i'ay eu combat, & m'ont vaincu es frótieres de l'Isle
de la Fueille blanche, qui m'apartient: & tant me furent courtois, qu'ayát
le pire du combat, me sauuerent la vie, souz condition que i'obeyrois à
leur bon plaisir. Lors racompta comme le tout s'estoit passé entr'eux, à
quoy l'Empereur & les assistans prindrent vn singulier plaisir: & leur fut
fait vn grand honneur & tresbon recueil, specialement par le Cheualier
de l'Esphere & ses côpaignons, louants de merueilleuse affection le bon
commencement de cheualerie, qui estoit à Quedragant, & Vaillades:
desquelz desirants sçauoir encores plus auant de leurs affaires, requirent
aux deux Geants leur dire, ou ilz les auoient laissez. Seigneurs, respondit
Argamont, aussi tost qu'ilz me virent hors de danger, & mes playes quasi
refermées, me prierent les venir atendre en ce lieu. & sur l'heure s'embarquerent, pour aller en la queste d'vn Cheualier, duquel ilz regrettoient
l'absence, m'asseurans toutesfois, si dedans quatre moys ilz n'en auoient
nouuelles, que leur seiour seroit en ceste ville, attendans le siege des Princes Payens: dont sire, dit à l'Empereur, vous pouuez auoir esté aduerty,
& voicy mon filz qui vous en pourra parler asseurément, comme celuy
qui a esté present au gros amas & assemblée qu'ilz font. I'en ay trop sceu la
moytié, respondit l'Empereur, ie prie à Dieu qu'il m'en soit en ayde. Et
prononçant ceste parole, les larmes luy vindrent aux yeux, car il doutoit
trop les menaces de Melie: mesmes en ce que le cartel contenoit la mort
honteuse de la personne qu'il aymoit le mieux en ce monde. Or sçauoitil
l'enchan-

l'enchantement, tant de son gendre, que de sa fille, & par ainsi craignoit
sur tout rien que ceste iniure tombast sur Lisuart, lequel il pensoit bien
ailleurs qu'es mains de l'enchanteresse: mais il estoit deceu, ainsi que vous
auez entendu cy deuant. Si furent receuz les Geants, & leur suyte tresma-
gnifiquement, & leur fit l'Empereur de tresbeaux dons, mesmes ayant
entendu d'Argamõt, qu'ilz ne partiroien de là tant que l'affaire dureroit,
ains le seruiroient fidelement, suyuãt ce qu'ilz auoient iuré, & promis à
Vaillades, & Quedragant. Et comme ilz estoient encores sur ces termes,
vindrent nouuelles par vne espie, que sans doute les payens estoient desia
en bien gros nombre assemblez en l'Isle de Tenedos, & faisoient estat de
desloger sur la fin du moys prochain : au moyen dequoy l'Empereur
assembla son conseil, ou il fut conclud que l'on despescheroit courriers,
les vns en Sardaigne, & Ceeille) & en passant firent sçauoir au Roy de
Naples, pere d'Adariel la bonne fortune de son filz) & les autres vers
l'Empereur de Rome, Roys d'Espaigne, de Gaule, mesmes en la grand'
Bretaigne. Puys de là à Quedragant, & Roys Cildadan, & de Boheme,
les auertir de la grand' entreprinse du Roy Armato : & les suplieroient
affectueusement, en l'honneur de Dieu, enuoyer le plus grand equipaige
de grands vaisseaux qu'il leur seroit possible, pour le secours de la Thrace, qui autrement s'en alloit perdre à veuë d'œil. Et pource que ce voyage
prendroit trop long trait, fut auisé, que ce pendant Frandalo se retireroit
au port de la montaigne defenduë, & auecq' le Roy Norandel, qui s'y
tenoit ordinairement, arresteroient (s'il leur estoit possible) toutes nauires marchandes, ou autres: à fin d'empescher les viures des ennemys, s'ilz
marchoient oultre, sans forcer les places. Et que l'Empereur se tiendra en
sa ville, atendant nouuelles des autres Princes Chrestiens, vers lesquelz
on enuoyoit courriers, qui s'embarquerent le iour mesmes: & auecq' lettres trespytoyables, tant de l'Empereur, que du Cheualier de l'Esphere,
Languines, Abies d'Yrlande, & autres diligenterent si bien, que leur legation r'aporta le fruict que vous entendrez cy apres. Mais premier ie
vous veux racompter aucunes auentures, qui suruindrent à Garinter, &
Perion, filz de Galaor: desquelz nous n'auons aucunement parlé, depuys
qu'ilz furent deslogez de Constantinople.

Comme Garinter, & Perion se

combatirent contre le Roy de Sibernie, & ses neueux,
qu'ilz vainquirent en plain camp.

Chapitre　　　　　XIII.

AV cinqiefme liure de cefte prefente hyftoire, vous auez entendu comme Garinter, & Perion, filz de Galaor, receurent l'ordre de cheualerie par les mains d'Efplandian: lefquelz peu apres s'embarquerent, & pafferent en l'Ifle Californie, ou ilz firent longuement guerre contre aucuns, qui marchoient es limites de cefte contrée: fpecialement fur le Roy de Sibernie, qu'ilz chafferent iufques en la principale ville de fon royaume, ou ilz le tenoient affiegé, lors que Talanque, Maneli, & la royne Callafie arriuerent en Californie, retournans duvoyage ou ilz auoient trouué Perion deGaule, ainfi qu'il vous a efté dit. Si ne voulut la Royne paffer oultre, ny aller en ce fiege: mais Talanque & Maneli, fans feiourner, les vindrent trouuer, faifans grand effort de paracheuer leur entreprinfe. Le plaifir qu'eurét ces quatre Cheualiers fe voir ainfi enfemble, ne fe pourroit raconter, mefmes eftans Talanque & Maneli arriuez tout à temps, pour voir le combat qui eftoit acordé entre Perion, Garinter, & deux de leurs gents, contre le Roy de Sibernie, & trois de fes neueux: fouz telle condition, dit Garinter, fi la victoire luy demeure, que fon païs luy demourera femblablemét libre, ainfi qu'au parauât la guerre: & fi nous fommes vaincueurs, il nous le laiffera paifible, & fans iamais y quereller aucune chofe. Or fçauons nous certainement, qu'il eft bon Cheualier, & fes trois neueux eftimez entre les plus adroitz de cefte contrée: mais s'il vous plaifoit eftre de la partie, i'efpererois bien, auecq' l'ayde de Dieu, que la fortune nous feroit entierement profpere. En bône foy, refpondirent les autres, nous en ferons vrayemét, & nous tarde defia que le iour ne foit venu. Ce fera demain, dit Talanque, ainfi donq' repofez vous meshuy,

vous meshuy, à ce que vous soyez plus frais durāt l'afaire. Et de fait pour
l'heure ne voulurent rien entreprendre, ains atendans le temps de comba
tre, se misrent à deuiser ensemble des escarmouches & assaultz qui auoiét
esté en ce siege, iusques au lendemain matin, qu'vn trompette amena les
hostages du Roy de Sibernie. Au moyen dequoy: apres les serments & ce
remonies en telz cas obseruées d'vne part & d'autre, ceux qui estoient ordonnez pour combatre, entrerét au camp, & s'adressa le roy à Perion, que
il rencontra en sorte, que sans l'ayde qu'il trouua au col de son cheual, il
estoit par terre. Mais il auint pis au Roy, car Perion le desarçonna, & ieta
bas, estendu de son long. Autant en fit Garinter à l'vn des neueux du roy:
& Talanque, à celuy qu'il chargea, combien que luy mesmes fut côtraint
mettre pied à terre: car son cheual se sentit tant naüré au chanfrain, qu'il
demoura court: & quant à Maneli, il volla des arçons, & semblablement
celuy qu'il rencontra. Tontesfois nul d'eux se monstra estonné, ains se releuerent de grande legiereté, & mettans la main aux espées, cômença entr'eux vne dure & cruelle bataille. Bien est vray, que le Roy de Sibernie,
& l'vn de ses neueux, contraignirent Perion, & Garinter, mettre pied à
terre, autrement ilz eussent coupé les iarretz à leurs cheuaulx: & tât dura
leur mystere, que par l'espace de quatre heures, l'on ne sçauoit bonnemét
qui auroit du meilleur, ou le pire. Car le roy de Sibernie auoit dôné deux
telz coups à Perion, qu'estincelans ses yeux, ploya par deux fois le genoil
sur l'herbe: dont il fut tant animé, que prenant son espée à deux mains, a-
taignit le Roy entre le col & les espaules, ou il le naüra si durement, qu'on
ques puis il ne se releua, & mourut. Talanque d'autre part ne dormoit pas
ains combatoit roy de celuy, auquel il s'estoit adressé: & tant le fauorisa
fortune, que luy trouuât la iointe du gantelet àpropos, luy separa la main
d'auec le bras. Lors de douleur ieta vn hault cry, & pensant auoir recours
en vne legiere fuyte pour sauuer sa vie, tourna le doz, qui luy proffita peu:
car il fut abatu de son ennemy, & mis à mort hôteusement. Ce que voyāt
Garinter, s'efforça de telle vertu, que d'vn plain coup d'estoc, rué à plain
bras, trauersa maille & haulbert de celuy, qui luy auoit longuement resi-
sté: & passant l'espée trois doigz outre le corps, rendit l'ame. Et le sembla
ble auint au quart, contre qui Maneli auoit eu bien à faire: car il luy tailla la teste cheualeureusement. Voylà comme il auint au Roy de Sibernie,
& ses neueux, lesquelz demourants estenduz sur le camp, se retirerent Ga
rinter, & ses compaignons en leurs tentes: laissant les pleurs & plaintes
à ceux qui se sentoient endommagez, tant pour la perte de leurs amys,
que de leur ville, laquelle fut renduë & mise au pouuoir de Perion, suyuant les pactions & côuenances iurées, & le lendemain, par l'auis de tous,
Garinter en demoura Roy coronné, à la charge toutesfoys, qu'il y pourroit laisser Polinas pour gouuerneur, & suyure les aduentures estranges
quand bon leur sembleroit.   Parquoy aussi tost qu'il eut receu les hom-
E ii   mages &

mages, & fermens de fidelité des fuietz, laiffant bonnes garnifons ou il e-
ftoit befoin, & Polynas pour Vifroy, retourna auecq' fes compaignons en
l'Ifle Californie, ou la royne leur fit tresbon recueil. Mais ilz y feiourne-
rent peu de iours, car aufsi toft qu'ilz eurent gens & vaiffeaux pour aller
au fecours de Conftantinople, s'embarquerent. Or les conduye noftre Sei
gneur, & retournós au Duc d'Ortilenfe, lequel glorieux de fi belle victoi
re, qu'il auoit euë fur le roy de la Breigne, print le chemin de Trebifonde.

Comme le Duc d'Ortilẽfe, ayant

defconfit lé Roy de la Breigne, retourna à Trebifonde : & de l'arriuée d'Alquife à la court de l'Empereur.

Chapitre   XIIII.

E S chapitres precedents vous auez entendu, qu'apres
la pourfuyte & tuerie des gens du Roy de la Breigne
(qui fuyoient à vau de routte) le Duc d'Ortilenfe & fa
troupe, retourna au camp: & pour la nuict qui furuint,
ne peurét cognoiftre les mortz iufques au lendemain
qu'ilz les furent reuifiter, & trouuerent Groter, filz du
Roy de la Breigne, naüré de dix coups mortelz, & tant de foullé des cheuaulx qu'il n'auoit quafi forme deuifage: vn peu plus loing & à main dex
tre, eftoit aufsi le Roy fon pere, eftandu de fon long. Lors combien qu'on
les euft tenus à trabiftres, fi furent ilz feparez des autres, & pour l'hóneur
& dignité royalle, enfeueliz fort honorablement. Le butin, doncques re-
cueilly & le païs reduit en l'obeiffance de l'Empereur de Trebifonde, le
Duc d'Ortilenfe print fon chemin vers fon maiftre, duquel il fut tresbien
receu: non luy feulement, ains Floreftan, Parmenir, & Galuanes, pour l'a-
mour defquelz l'Empereur tint court ouuerte fix iours entiers. Au moyé
dequoy les trois Cheualiers eurent grand moyen d'entretenir les Dames:
lefquelz leur faifoient bié cognoiftre par effect le plaifir extreme que leur
auoit aporté leur brief retour. Vne feule de toutes fe monftroit morne:
& penfiue. Helas! c'eftoit Onolorie, laquelle mourroit cent foys en vne
heure, pour la captiuité de fon amy! Ce que, toutesfoys, elle diffimuloit à
fon pouuoir, mais Amour la preffoit de fi pres, que l'œil ne luy feichoit
non plus, que fait le tuyau, ou canal, par lequel la fontaine viue prend fon
cours. Et ce qui plus encor', r'engregea fon martyre, Alquife (de laquelle
noftre hyftoire à tant de fois parlé) qui arriua auecq' les prifonniers que
Perion enuoyoit à Onolorie, & fe prefentant à l'Empereur, cóme il eftoit
à l'yffuë du difner, luy fit les treshumbles recómendations du Damoyfel
incogneu, qu'il auoit armé Cheualier. Ah a, dit l'Empereur, damoyfellle

m'amye, ie

m'amye, ie vous prie par courtoyſie nous dire ou vous l'auez laiſſé, & s'il
delibere point améder le tort qu'il m'a fait, ſe celant de moy! Sire, reſpon
dit elle, s'il vous a fait quelque tort, ce n'a pas eſté de ſon bon gré, & en celà eſt grandement excuſable : mais s'il vous plaiſt ſçauoir d'auantage de
ſon eſtat, permettez moy d'acomplir ce, qu'il m'a commandé dire à ma
dameGricilerie, voſtre fille. Ouy vrayement, reſpondit l'Empereur. Lors
s'adreſſant Alquife à la princeſſe, luy dit: Ma dame, voſtre Cheualier (qui
ſurpaſſe tous autres en prouëſſe & grand' bonté d'armes) vous ſalue,
comme celle qu'il deſire ſeruir toute ſa vie, en teſmoignage dequoy il
vous enuoye par moy ce, qu'il a conquis depuys le iour qu'il ſe partit de
vous, à ſon treſgrand regret. Adoncq' luy preſenta Alquife, le Souldan de
Liquie, & les deux enfants du Roy de Ieruſalem. C'eſt, dit elle, ce gentilhomme, prince treſredouté entre les Roys payens, & à bon droit: car luy
en liberté, peut cómander es païs de Liquie, ny plus ny moins que l'Empe
reur voſtre pere fait es ſiés. Et ces autres, ſont enfans du Roy de Paleſtine,
frere & ſœur, leſquelz il vous prie receuoir, & en diſpoſer cóme de voſtre
choſe. Bien m'a il chargé vous aſſeurer, que les traictant gracieuſement
& ſelon qu'il eſtime de voſtre bonté, il en aura vn ſingulier plaiſir, pour
le lieu dont ilz ſont yſſus, & la conqueſte qu'il a fait d'eux à ſon commen
cement. Lors recita comme elle l'auoit conduit des le premier iour qu'elle le trouua en Yrlande, la deliurance d'Alquife, pere d'elle, le ſecours
qu'il auoit donné à Languines, & Abies d'Yrlande, & ſommairement
tout ce qui luy eſtoit auenu iuſques à l'heure, que luy & ſes compaignós
s'eſtoient embarquez pour paſſer en Conſtantinople, ſecourir l'Empereur, qui atendoit le ſiege des Payens. En bonne foy Damoyſelle, reſpondit Gricilerie, l'honneur qu'il me fait eſt ſi grand, que i'ay bien ocaſion
de luy vouloir bien: mais il a tort d'entreprendre ſi long voyage, premier
que venir vers moy, s'il eſt tant mien comme il ſe vante. D'vne choſe
m'aſſeuray-ie, que ie ne luy pardonneray iamais, iuſques à ce qu'il vienne
en perſonne demander le pardon, & encores, peult eſtre, luy ſera il refuſé.
Ma Dame, dit Alquife, vous le verrez de bref, ainſi qu'il m'a promis : car
ce qu'il deſire plus en ce monde, c'eſt voſtre preſence & bonne grace. Puis
s'adreſſant à l'Imperatrix, & à la Princeſſe Onolorie, fiſt entierement le
le meſſage de Perion. Si lors Floreſtan & ſes compaignons ſe trouuerent
ayſes, d'entendre ſi bonnes nouuelles de celuy qu'ilz cherchoient, il eſt
ayſé à croyre : mais ce n'eſtoit rien au pris de Gricilerie, laquelle tout ce
iour ne ceſſa d'entretenir Alquife, tellement qu'elle eut moyen de luy
bailler la lettre que le Cheualier de l'Eſphere luy auoit enuoyé. Dont la
ſuſtance eſtoit telle:

                              E iii   Ie ne ſçay

E ne ſçay, ma Dame, comme ie pourrois ſatisfaire au grand bien que vous m'otroyaſtes le iour, que vous m'acceptaſtes pour vo-ſtre: veu que le meilleur Cheualier du monde ſe deüroit eſtimer non ſutiſant à ſeruir ſi grãd'Dame & Princeſſe. Et moy lors pauure muet, & ſans auoir encores fait acte de cheualerie, eſtant venu à tel honneur, eſt ce merueille ſi mon cueur à deſiré entreprendre choſe, dont (auecq' rai-ſon) il ait eſperance de demeurer en ſi hault lieu? eſlongnant de luy toute crainte & peril de mort, par la ſouuenance continuëlle, qu'il a de voſtre bonne grace? laquelle a tellement captiué ma liberté, que mes yeux ſont demeurez encheſnez aux liens de voſtre heureuſe preſence, du iour meſ-mes qu'ilz virent la reſplẽdeur de voſtre diuine face. Mais ceſte priſon eſt muée en telle liberté, qu'elle me fait viure, pour l'enuie que i'ay de vous obeyr & ſeruir à iamais: aſſeuré qu'autrement, mon ame aſſigée pour vo-ſtre abſence, ne demoureroit vne ſeule heure en ce corps paſſionné, pour trop vous deſirer. Ainſi, ma dame, ie vous ſuplie cõmandez ce, qu'il vous plaiſt que ie faſſé, & en ayant pytié de voſtre pauure eſclaue, luy mander par ceſte Damoyſelle fidele, voſtre vouloir: la croyant au ſurplus de ce qu'elle vous dira.

De la part de celuy, qui baiſe les mains
de voſtre grandeur en toute humilité.

Gricilerie doncq' ayant leu ceſte lettre, ſe trouua tant ſurprinſe, qu'elle mua couleur trois ou quatre fois, non pour deſplaiſir qu'elle en euſt: mais (au contraire) d'vne force d'amour, qui luy embraſa tellemẽt le courage, qu'Alquife la vid preſque tomber du hault de ſoy: parquoy l'embraſſa, luy demandant quelle foybleſſe luy eſtoit prinſe. Ah a! ma grand' amye, reſpondit elle, quand verray-ie celuy qui endure tant pour moy, & que vous m'auez choyſi entre les meilleurs Cheualiers du monde? Ma Dame, diſt Alquife, mon pere, qui le vous auoit promis, trouuera moyen de le vous renuoyer auſſi, quand il en ſera temps: ce pendant temporiſez au mieux qu'il vous ſera poſſible, & ſans vous paſſionner que bien à poinct, faites luy ſouuent ſçauoir de voz nouuelle. Et ainſi qu'elle entroit en ma-tiere pour la rendre encores plus affectionnée, vne damoyſelle leur vint dire, que l'Imperatrix les demãdoit: parquoy changeants propos, retour-nerent en la ſalle, ou toute ceſte grand compagnie eſtoit encores aſſem-blée. Et à l'heure meſmes l'Empereur eut auertiſſement certain par vn brigantin Venitien, que l'armée des Payens coſtoyoit la coſte de la Na-tholie, auecq' plus de mille vaiſſeaux, tirants au deſtroit du Propontide: au moyen dequoy, ſuyuant ſa deliberation, commanda aſſembler gents de toutes parts: car il vouloit en perſonne ſecourir la Chreſtienté.

Commę

Comme l'Empereur de Trebi-

sonde s'embarqua, pour aller contre le Roy Armato, & la
descente des Payens en Constantinople.

Chapitre   XV.

'Arméc de l'Empereur preste à s'embarquer estans ses
galleres, nauires, fustes, barques, & brigantins en bon e-
quipaige de guerre, bien fretez & callefretez: establir
pour son lieutenát general Dardarie duc d'Antile, auquel il commáda premier qu'entrer en mer, faire mó-
stre generale de ses gents. Et se trouuerent de compte
entier, soixáte mil hommes à cheual, & cinquante mil souldatz, bien deliberez: dót l'Empereur fut si aise, qu'à l'heure il coronna Roy de la Breigne Dardarie, qui estoit son beau frere, au grand contentement de toute
l'assemblée. Et le lendemain, suyuant l'aduis des patrons & comites, chacun entra en son vaisseau: car le vent estoit propre à desloger: & l'Empereur mesmes, ayant laissé auecq' l'Imperatrix le Duc de la Fonte, pour
gouuerner en ses païs, la commanda en la garde de nostre Seigneur, &
fist leuer les ancres. Lors qui eust veu au partir du port cest equipaige,
certes on eust peu cognoistre aisément la grádeur de ce Prince: car la mer
estoit quasi couuerte de vaisseaux, tant embelliz de bannieres, fanons &
banderolles, de tant de trompes & clairons, de tant de phifres & tabou-
E iiij   rins, que

rins, que c'estoit chose incroyable. Si ne voulut Alquife faire plus long seiour en Trebisonde, voyant le partement de l'Empereur, ains aussi tost
qu'il eut laissé le port, vint trouuer l'Imperatrix : de laquelle elle print
congé, & semblablement de Gricilerie, l'asseurant qu'aussi tost qu'elle auroit fait vn voyage vers son pere, elle yroit trouuer le Cheualier de l'Esphere. Au moyen dequoy la princesse luy bailla vne lettre pour luy presenter de sa part, la priãt auecq' grand' instance, le persuader à le faire venir vers elle, le plustost qu'il seroit possible, ce qu'elle luy promit: & r'en-
trent en son vaisseau, fist voyle. Laissons la doncques voguer, & retournons aux courriers, qui vont auertir les Princes Chrestiens du siege de
Constantinople: lesquelz eurent si bon vent, qu'ilz donnerent ordre à ce
qu'ilz auoient entrepris. Et furent les Empereur de Rome, Roy de Naples, & autres prestz à desloger, dedans le temps que l'on leur auoit fait
sçauoir, que l'armé d'Armato pourroit descendre en la Thrace : & à ceste
cause, entrants en leurs vaisseaux, selon la religion & climat dont ilz par-
toient, trauerserent tant de mers, que finablement ilz se trouuerent (non
sans grand trauail) en la Montaigne defenduë: ou les atédoient le Comte
Frandalo & Norandel, auecq' leur equipaige. En ce temps mesmes, le
Roy Armato, acõpaigné d'Almirix frere du Souldan de Liquie, du roy
de Ierusalem, & des Souldans de Perse, d'Alappe, de Babilone, des
Caliphes d'Egypte, Taborlanes, & maintz grandz Seigneurs du Leuant,
partirent de Tenedos, auecq' telle quantité de nauires, brigantins, galea-
ces, galeres, & fustes, qu'il sembloit proprement que la mer en fust couuerte. Mais si ne sceurent ilz prendre l'Empereur si au despourueu, qu'ilz
ne le trouuassent acompaigné de plus de tréte mil hommes de cheual, &
cinquante mil hommes portants armes. Toutesfoys, voyant aprocher si
pres de sa grand' ville tel nombre d'ennemys, & n'ayant nouuelles aucunes des partz, dont il esperoit secours, se trouua aucunement ennuyé, ce
qu'il dissimula: & pour mieux asseurer ses gens fut d'auis, que l'on empes-
chast, tant qu'il seroit possible, l'armée d'Armato de prendre terre, leur
donnant alarmes continuelles, pour les ennuyer & trauailler. A' quoy furent ordonnez le Cheualier de l'Esphere, Languynes, Abies d'Yrlande,
Argamont, & son filz, auecq' dix mil cheuaulx, & vingt mil souldatz
esleuz. Lesquelz, ayant eu auertissement du lieu ou Armato vouloit descendre, sortirent en bon equipage : & le iour mesmes descouurirent l'a-
uantgarde des Payens, que conduisoit le Roy de Ierusalem, acompaigné
de troys Geants, freres de celuy que le Cheualier de l'Esphere mit à mort
à la fontaine, ou il deliura Alquif pere de la Damoyselle. Si se tindrent les
Chrestiens couuertz & embuschez, pour voir la contenance des autres:
mais ilz n'y firent long seiour, qu'ilz aperceurent les vaisseaux Payens
gaigner terre petit à petit, & finablement ieter planches, & descendre
cocquetz, esquifz, & autres basteletz pour ieter leurs gents en païs. Ie
croy bien

croy bien que ceux qui furent les plus diligens, ne furent pas les mieux traitez : car Perion, & fa troupe leur coururent fus, & en deffirent grand nombre, premier que d'eftre fecouruz & iufques à ce que leur bataille & arriere garde fe ioignirent enfemble, & d'vn flot gaignerent la greue, tellement que Perion & fa troupe furent contraintz reculler, & fe tenir ferrez, attendu que les trois Geants auecq' groffe compagnie de Paleftins, fe meflerét parmy eux d'vne telle hardieffe, que qui les euft veuz, l'on n'euft peu iuger aultrement, finon qu'ilz auoient enuie de faire leur deuoir. Toutesfois ilz trouuerent chauffeur à leur pied, à caufe que Perion & Argamont, auecq' leur efcadron, tindrent tefte : & eut en ceft endroit vn tel conflict, que plufieurs d'vne part & d'autre y laifferent la vie. Et pource que les Payés gaignoient terre, & fe renforçoient à merueilles. Argamont s'aprocha du Cheualier de l'Efphere, luy remonftrant l'eminent peril ou ilz tomboient s'il n'y pouruoyoit : au moyen dequoy luy (comme fage & auifé capitaine) commença de là en auant, à fe retirer, fouftenant toufiours l'efcarmouche forte & rude. Ce que cognoiffant le Caliphe d'Egypte, s'auança, & entrant plus auant en la preffe qu'il ne deuoit fut rencontré de Perion, qui luy donna tel coup à defcouuert, qu'il luy fepera la tefte en deux. Dont l'vn des Geants du Roy de Ierufalem, qui le fuyuoit, fut tant marry, qu'il leua fon efpée à deux mains, penfant rendre la pareille à Perion : mais Argamont auifa venir le coup, & para fon efcu au deuant, dedans lequel elle entra demy pied & plus. Certes cefte force fut eftimée merueilleufe entre les autres, car l'efcu d'Argamont eftoit de fin acier, & neantmoins il fut entr'ouuert quafi à moytié : & comme le Geant effayoit à retirer fon efpée, Argamót luy donna d'vn leuier qu'il portoit fi grand coup, qu'il baiffa la tefte contre l'arçon, & en fe releuant, Perion luy fepara l'efpaule d'auecq' les coftes, dót il mourut. Quand Golfon fon frere, l'auifa en telle extremité, oncques Verrat aculé des chiens ne fut plus ennuyé, & bien le fit fentir à Argamont, par ce qu'il le vint choyfir entre tous : & d'arriuée luy dóna tát de coups de maffe, que fans le fecours qu'il receut de fon filz Ardádil Canile, il euft perdu la vie : mais ceftuy là print Golfon à fon auantage, & luy paffa le glaiue à trauers le corps. Que voulez vous que ie vous die ? Dieu monftra bien ce iour, qu'il vouloit ayder aux Chreftiens : & ne fe pouuoit on affez esbahyr, comme il en efchapa vn feul, eftants enuelopez de la puiffance des payens. Toutesfoys ilz trouuerent moyen d'eux fauuer, & auecq' leur honneur reculler iufques à la faueur des murailles. Là triumpherent Abies d'Yrlande, & Languines : car encores qu'ilz fe fentiffent naürez, fi firent ilz autant d'armes, que Cheualier en pourroit faire, & leur peult-on bien donner (fans faire tord aux aultres) bonne part de la gloire de tant belle retraite. Les payens doncq', ayants pourfuyuy le Cheualier de l'Efphere, & les fiens iufques aux tranchées de la ville, fe trouuerent fi couuertz de traitz par

ceux de

ceux de dedans, que force leur fut reculler, sans oser passer oultre : & par
ce moyen des Chrestiens peurent r'entrer à leur ayse, non sans grand'perte, car il y mourut douze ou quinze mil hómes des leurs, & plus de vingt
mil des aultres. Or furent incontinent les portes remparées, & assit on
gros guet par tous endroitz : & ce iour mesmes, les ennemys camperent
sur le bord de la marine, laissants pour chefz de leur armée de mer, les
Roys de Bugie, & Galoffe, auecq' equipage necessaire. Et la nuict ensuyuant commencerent d'aprocher laville & à fortifier leur camp, au mylieu
duquel Melie commanda dresser ses tentes & pauillans, & tout ioignant
d'elle ceux du Roy de l'Isle Geante, & de Gradafilée sa fille, qui auoit e-
sté querir Lisuart en Trebisonde, comme vous auez entendu. Durant ces
choses, l'Empereur de Constantinople & les assiegez trauailloient sans
cesse, attendants d'heure à aultre la baterie de la place, & l'assault quant
& quant : mais ce ne fut si tost qu'ilz pensoient, car Melie (sans le conseil
de laquelle rien n'estoit entrepris) voulut qu'on laissast reposer ceux qui
se trouuoient lassez du trauail de la mer : & tandis commanda faire vne
infinité de doubles eschelles, pour monter aux murailles quand elle verroit que bon seroit. Et combien que ce fust l'vne des ocasions, & pour laquelle elle differa le temps de forcer la ville, si y en auoit il vne plus grande. La vilaine vouloit faire brusler deuant tous Lisuart : car elle sçauoit par
son art diabolique, que tant qu'il viuroit, l'Empereur de Constantinople
seroit inuicible : ce qu'elle donna à entendre aux chefz de l'armée. Mais
elle proposa, & Dieu y pourueut tout aultrement, ainsi que vous entendrez.

Comme par le moyen de l'In-

fante Gradafilée, Lisuart eut la vie sauue, & r'en-
tra en Constantinople.

Chapitre   X V I.

O R s'estoit trouué l'Infante Gradafilée au conseil, qu'on
auoit tenu en la presence de Melie, & des capitaines,
pour auiser la maniere de forcer la place, ou la sorciere
resolut la mort de Lisuart : lequel, selon son aduis, deuoit estre bruslé & mis en cédres, au lieu plus eminent,
pour estre veu de tous les assiegez, à quoy s'acorderent
aysémét les princes Payens. Mais si Gradafilée eust esté creuë, on eust bien
changé d'opinion : car amour l'auoit si bien sceu vaincre, pour la rédre a-
mye, voire serue de Lisuart, qu'elle eust plustost cósenty à la passion d'elle mesmes,

le mefmes, qu'il euft souffert mal, ny la moindre fafcherie du monde, l'en
pouuant garentir. Et à cefte caufe arrefta en foy mefmes : Que tout ainfi
qu'elle eftoit motif principal de l'auoir fait partir de Trebifonde, que
femblablement elle luy feroit moyen, non feulement à le fauuer, mais à
le remettre dans Conftantinople, entre fes plus grands amys & parens.
Pour à quoy paruenir, proiecta de loing fon but, & finablemét entreprint
tromper fon pere mefmes, qui s'eftoit chargé nouuellement de la garde
du Damoyfel. Batant doncques chaudement le fer, dont elle vouloit s'ay
der, le iour precedant, que Lifuart deuoit eftre mené au fuplice, vint trou
uer le Roy de l'Ifle Geante : & d'vne contenance affeurée, couuerte de pitié filiale, luy declaira qu'elle auoit à luy dire chofe, qui luy importoit,
non feulement de la vie, mais de l'honneur. Le bon vieillard adiouftant
foy à la parole de fa fille, plus qu'il ne deuoit, remit le tout à fon coucher:
& commanda le foir mefmes aux gardes de Lifuart, qu'ilz ne luy dónaf-
fent empefchemét d'aller, ou de venir. Or eftoient ilz trente Cheualiers,
veillants iour & nuict pour la garde du Damoyfel, qui auoient fouuent
retardé ce, que Gradafilée executa à la fin, comme vous entendrez. Elle
doncques fçachant le commandement de fon pere, & la liberté qu'elle a-
uoit d'aller vers luy à quelque heure de nuict que bon luy fembleroit, có
clud en foymefines, differer iufques au changement du guet : & lors prendre l'vne de fes femmes, à qui elle fe fioit du tout, à fin qu'elles arriuées au
pauillon du Roy, ou couchoit Lifuart, elle luy fift veftir pareilz habitz
que ceux de fa Damoyfelle : & par ce moyen pourroit l'enimener à fon re
tour à trauers les gardes, fans qu'il fuft cogneu de nul d'eux. Et ainfi le
conclud, & ainfi l'executa elle : tellement qu'aufsi toft qu'elle entendit le
premier fon du tabourin, elle & fa damoyfelle, qu'elle auoit embouchée
& fournie des habitz neceffaires, fortirent de leur tente. Et paffants entre
les gardes de Lifuart, entrerent ou le Roy l'atendoit, auecq' lequel elle de-
uifa fi longuement de bayes, & chofes cótrouuées de bon efprit, que fina
blement il s'endormit : & ceux de fa chambre mefmes, qu'il auoit fait reti
rer hors fon pauillon, pour mieux donner liberté à fa fille de luy dire, ce
qu'elle voudroit. Lors Gradafilée l'entendant ronfler, fe retira pas à pas
en vne gàrderobe, ou eftoit couché Lifuart, qu'elle trouua veillant & fort
penfif : au moyen dequoy s'aprochant, luy dit tout baffement : Beau damoyfel, ie vous prie faites bonne chere, & vous refiouyffez. Luy esbahy
au poffible de la voir à heure fi indeuë, & parler à luy comme femme
douteufe, ne fceut de prime face qu'en prefumer, toutesfoys il luy refpon
dit à la fin : Certes, ma dame, vous me priez d'vne chofe qui m'eft trop
mal ayfée, veu mefmement, que vous feule (& non autre) eftes caufe du
mal que i'ay, & que i'auray comme ie penfe : tant y a, que fur mon dieu, ie
n'ay tant de defplaifir pour ma prifon malheureufe, comme de voir mes
amys ainfi afsiegez, fans auoir moyen de les fecourir. En bóne foy, dit elle, vous

le, vous me pardonnerez. Bien est vray que ie vous tiray de Trebisonde,
mais (en ma conscience) ie ne pensay de ma vie qu'il vous en auint le mal
que vous auez souffert: & pour vous monstrer qu'il soit vray, si vous me
voulez promettre vn don, tel que ie vous demāderay quand bon me semblera, ie mettray peine de vous deliurer du tout. Ma dame, respondit Lisuart, il n'y a chose que ie ne fasse pour vous, & pour auoir liberté. Or vous
leuez doncq' vistement, dist Gradafilée, & vestez les acoustrements que
ceste femme vous baillera, puys me suyuez: mais n'oubliez les vostres,
pour vous en habiller quand il sera heure. A' ce commandement obeyt
Lisuart, & tandis la damoyselle Gradafilée, prenoit garde si aucun suruié
droit. Grand' part de la nuict estoit ia passée, auant que Lisuart & celle
qui l'estoit venu querir peussent fournir à leur entreprise: mais vn peu deuant le iour, lors que sont communément endormiz ceux, qui ont beaucoup veillé, ilz sortirent secretement du pauillon: & passans entre le guet,
aucuns de plus legier somme que les autres, demanderent qui passoit là à
telle heure. Moy, respondit Gradafilée. La garde qui la cogneut luy donna le bon iour, & sans faire autre inquisition se r'aseit entre ses compaignons, tant que Gradafilée & Lisuart, vindrent iusques aux tranchées, ou
elle fut de rechef arrestée, de ceux qui estoient là ordonnez: lesquelz ne
luy donnerent grand empeschement, ains luy firent vne grand' reuerance, luy demandant si elle vouloit compagnie. Non, respondit elle, ie ne
veux autre que ces deux Damoyselles. Ie m'en voys reuisiter la place,
pour voir l'endroit plus foyble & conuenable à faire demain bresche.
Allez doncques, ma dame, dirent ceux du guet, & faites basse noyse, que
ne soyez descouuerte par ceux de la cité. De telle sorte conduit elle son
entreprinse, & mena son amy iusques pres les fossez de la ville, qu'il recogneut aussi tost. Lors aise plus que l'on ne pourroit penser, commençoit
à louer nostre Seigneur en son cueur, quand Gradafilée luy dit: Il est téps
de vous sauuer, reprenez voz vestements: & vous souuienne du danger au
quel ie me suis mise pour vous, & quel bien vous receuez par moy. Ah a
ma dame, respondit il, il fault bien que ie confesse toute ma vie, qu'apres
Dieu, ie n'ay la vie que de vous! & partāt, en quelque lieu ou ie soye, vous
vous pouuez tenir seure, que vous aurez en moy vn esclaue prompt à vous
obeyr, & seruir. Ce disant ieta bas les longues robes, & se vestit hastiuement des siennes. Lors ne se peut tenir Gradafilée, qu'elle ne l'embrassast,
& baisast la larme à l'œil: & craignant estre descouuerte, sans plus oser
demourer là, le commanda en la garde de ses dieux. Et retournant arrié-
re, Lisuart passa oultre, tant qu'il vint à la porte du puits, ou la Centinelle le descouurit peu apres, & cria assez hault. Qui passe cy à ceste heure? retire toy, ou ie t'enuoyeray des miches de nostre conuent. Amy,
respondit Lisuart, ie te prie fay moy ouurir la porte: car ie suis tel, que
l'Empereur aura plaisir de ma venuë. Bien cogneut la Centinelle, que cel-
luy qui

luy qui respondoit, estoit du païs de Thrace: parquoy parla plus gracieusement qu'elle n'auoit fait au premier, disant: Il est impossible te faire entrer, qu'il ne soit iour, car le Cheualier de l'Esphere a vers luy la clef de ce
postiz, d'autant qu'il est chef du quartier, ou ie suis ordonné. Et sçay certainement, qu'il ne la bailleroit à homme viuant, que luy mesmes n'y vint
en personne : & de l'aller esueiller (luy qui a fait la ronde toute nuict) il
n'y auroit ordre. Ie te prie, guet mon amy, dit Lisuart, dy moy qui est ce
Cheualier de l'Esphere. La Centinelle ennuyée de tant de paroles, luy respondit: Est ce doncq' à vous que i'en doy rendre compte ? vous estes fas-
cheux & importun, atendez l'heure, si bon vous semble, sinon promenez
vous plus loing de ce fossé, autrement (par dieu) tost vous en prendra mal,
& viendrez tard au repétir. Le guet, qui auoit entendu ceste escoute parler tant longuement, voulut sçauoir qui le mouuoit: & vint vn sergent de
bande luy demander pourquoy, & à qui il causoit ainsi. Capitaine respon
dit il, vn homme est là bas, qui voudroit bien estre ceans, comme il dit, &
m'en rompt la teste: pour Dieu parlez à luy, sinõ (& vous le trouuez bon)
ie le hasteray à coups de traict, plustost qu'il ne voudroit . A' ceste parole
s'auança l'autre, lequel apellant Lisuart, luy dit. Amy: ayez patience iusques au iour, qui est prochain, car plustost vous ne pouuez entrer ceans.
Capitaine, respondit il, si l'Empereur sçauoit ma venue, il seroit, peult e-
stre, plus ayse que ne pensez. Ie vous suplie par courtoysie, luy aller dire,
que ie luy aporte nouuelles qui le contenteront grandement . Quand le
sergent de bande eut vn peu pris garde à la parole deLisuart, il commença à le recognoistre, cõme celuy qui auoit esté de ieune aage nourry chez
l'Empereur: parquoy ne se peut tenir, qu'il ne dist tout hault: Ou vostre
parolle me deçoit, ou ie vous cognois pour Lisuart nostre Prince . Amy,
respondit Lisuart, parlez pas, ie vous suplie, sans plus me nommer (qui suis
celuy mesmes que vous dites) que vous alliez doncq' diligemment vers
l'Empereur, & que la porte me soit ouuerte . Ah a Seigneur, dit la garde,
vous soyez le tresbien venu! atendez vn peu, s'il vous plaist , ie ne feray
qu'aller & venir . Et acheuant ceste parole, courut au Cheualier de l'Esphere qu'il trouua dormant , mais il l'esueilla, & luy dist : Seigneur, Lisuart vostre neueu est presentement arriué au pied de la muraille, & prie
qu'on luy ouure la porte . Comment? respondit le Cheualier de l'Esphere, mon neueu? ie croy que tu resue . Seigneur, dist le Sergent, ie l'ay cogneu à la parole : c'est il sans autre . Quand Perion le veid ainsi asseuré, il
le creut: & ietant sur les espaulles son haulbert print les clefz du postiz,
qui estoient souz son cheuet , & s'en alla hastiuement à l'endroit de la
muraille, ou l'atendoit Lisuart, auquel il eut quelque propos. Puys sçachant pour certain que c'estoit il, luy mesmes ouurit l'huys, & le receut à
l'entrée. Lors s'embrasserent l'vn l'autre par grand' amour, car Perion se
fist cognoistre, disant à Lisuart, qu'il estoit son oncle , & filz d'Amadis.

F   Ah a mon-

Ah a monſieur! reſpondit il, pour Dieu pardonnez moy: certes ie ne ſuis plus aiſe de ma liberté , que de vous auoir ainſi trouué . Monſieur mon neueu, dit Perion, ie ſuis d'auis que nous nous en allions en mon logis, a-tendans que l'Empereur s'eſueille, qui receüra grand' ioye de voſtre bon retour. Allons, reſpondit Liſuart. Et ainſi ſe retirerent , puys eſtans eulx deux ſeulz. Liſuart luy diſcourut comme il eſtoit party de Conſtantino-ple, en eſperance de le trouuer, pour receuoir l'ordre de cheualerie par ſa main. Mais, dit il, Melie(de laquelle vous auez peu ouyr parler quelque-fois)m'enuoya querir par vne Damoyſelle, qui m'a depuys ſauué la vie: & m'emmena priſonnier, lors que ie penſois eſtre en plus de liberté . A-doncq' luy recita tout le mauuais traitement qu'il auoit receu,& finable-ment la ſorte qu'il eſtoit eſchapé. Par mon Dieu, reſpondit Perion, voy-là vne ſorciere bien mauldite & maligne! voyez vous la vilaine ? c'eſtoit ce qu'elle nous auoit penſé predire de voſtre mort, le iour qu'elle enuoya la Comette qui eſt encores au deſſus de ceſte cité: car aſſeurémét elle pen-ſoit vous faire mourir. Il y en yra autrement, ſi ie puis, reſpondit Liſuart, mais y a il aucun des voſtres qui ſe nomme le Cheualier de l'Eſphere? Ce-ſte nuiĉt, que ie ſuis arriué pres les murailles, la Centinelle m'a dit que le Cheualier de l'Eſphere auoit la clef de la porte: pour Dieu dites moy qui eſt celuy , à qui on a telle fiance . Perion ſe ſouzrioit , & luy recita pour-quoy tel nom luy auoit eſté donné, & ſemblablemét ſes fortunes paſſées, ſouz la conduiĉte de la Damoyſelle Alquife. Tandis Armato & Melie, dormoient à leur aiſe : mais à leur reſueil, trouuans Liſuart abſent, cuy-derent mourir de grand ennuy & faſcherie.

Comme Melie ſceut la perte de

Liſuart , & du deſplaiſir qu'elle & Armato eurent , pource
qu'il s'eſtoit ſauué en Conſtantinople : & de
ce qu'il en aduint.

Chapitre   XVII.

 Radaſilée doncques, ayant mis Liſuart en ſauueté(ain ſi que noſtre hiſtoire vous a amplement deduiĉt) elle retourna ſoudain en la tente de ſon pere, qu'elle trou-ua eſueillé. Lors luy conta, ce qu'elle auoit fait, luy tai-ſant, toutesfois l'ocaſion principale, pour laquelle el-le l'auoit deliuré : & il aſſeuroit ſeulement, que pour mourir elle n'euſt conſentu qu'il euſt receu tant de mal, que Melie luy pourchaſſoit: & dont ellemeſme euſt eſté blaſmée toute ſavie, veu qu'elle l'auoit

l'auoit tiré de Trebifonde, fouz vmbre de bonne foy . Le Roy bien esbahy, & plus mal content, fuft preft à fortir du lict pour l'outrager de fon e-
fpée, & non fans caufe: car pour la follie d'elle, l'entreprinfe des Seigneurs
de leuät fur Conftantinople eftoit rompue: & oultre, il s'eftoit chargé de
Lifuart, qu'il auoit promis liurer, toutesfoys qu'on le demanderoit . Lors
Gradafilée, le voyant fi animé contre elle, ne fceut trouuer plus beau remede pour l'apaifer, que fe ieter à fes piedz, & luy demander pardon: encores, dit elle, fire que ie ne penfe auoir fait offenfe , fi ne reputez mal faire, que fauuer la vie à celuy, qui n'auoit merité la mort : laquelle ie fuis
prefte de fouffrir en fon lieu, s'il vous eft agreable . Ah a! mauaife garce,
refpondit le Roy, tu me deftruitz auiourd'huy: car auffi toft qu'Armato
en fera auerty, il aura grand' raifon de me tollir ma terre & la vie enfemble! Monfieur, dit elle, Armato fçaura bien qu'il n'y a de voftre coulpe, &
que moy feule (comme ie luy confefferay librement) ay mis fin à cefte entreprinfe, & partant faffe de moy ainfi qu'il auifera: la mort , au pis aller,
me deliurera de tout tourment qu'il me fçauroit preparer . Et tant fceut
bien mitiguer l'ire du Roy fon pere par douces paroles entremeflées d'a-
bondances de larmes, que finablement il s'en teut : & ietant vn manteau
fur fes efpaules, vint au pauillon , ou dormoit Armato , lequel il efueilla
pour luy raconter la folie de fa fille. Et comme il luy donnoit le bõ iour,
Armato luy demanda , qui l'auoit fait leuer fi matin, & quelles bonnes
nouuelles il luy aportoit. Ah a mõfieur, refpondit il, mais pluftoft quelle
infortune! fault-il que ie la vous declare? Comment? dit Armato fe leuant
en furfault. Si luy conta le Roy de l'Ifle Geante, la perte de Lifuart, & toute l'entreprinfe de Gradafilée. O' Dieux: s'efcria Armato, vous ay-ie tant
offenfez pour m'enuoyer fi grieue punition? Puys d'vne cholere extreme
commanda au Roy de l'Ifle Geante fuir hors fa prefence: car, dit-il, mefchant tu m'as honny, & fait telle trahyfon, que nul de nous ne fortira iamais ces limites, fans endurer mort, ou captiuité perpetuelle. Tant cria &
fe tourmenta Armato , que Melie, couchée en vn pauillon tout ioignant,
en ouyt le bruit: parquoy fe leua en chemife, & fans fe pouruoir d'autres
veftemens, vint trouuer le Roy fi defolé , que merueilles: mais elle plus,
quand elle entendit la caufe. Lors euffiez peu cognoiftre de quelle incon-
ftance vfent communément les femmes (ie dy les folles) quand il leur a-
uient quelque ennuy, qui leur touche vn peu de pres . Cefte dont ie vous
parle, ayant fceu la fuite de celuy qu'elle vouloit faire mourir, ne fceut tenir lors meilleure contenance, finon s'arracher les cheueux , rompre fa
chemife, voire fa chair propre. Qui vid oncq' le Chat lié par la queuë, &
pandu en l'air, fe mordre & rendre cruel contre foy-mefmes? ainfi faifoit
Melie criant comme fi elle euft eu les piedz au feu. Dont auint, qu'aucuns
entendans ce bruit, s'efueillerent en furfault , & penfans eftre furprins de
leurs ennemys, crierent : Alarme , tellement qu'à moins de rien tout le
F ii   camp fut

camp fut esmeu, auecq' vne si grand' rumeur, qu'on n'eust pas ouy Dieu
tonner. Si vindrent aussi tost les Souldãs de Perse, & d'Alappe, vers le roy
Armato, pour entendre dont procedoit cest effroy: & quand ilz en sceurent la cause (comme sages & bien auisez) dissimulerent ce qu'ilz en pensoient, & par belles paroles trouuerent moyen d'apaiser Armato, & Melie: leur mettant deuant les yeux, qu'ilz pourroient estre cause d'effroyer
leur armée & faire perdre cueur aux plus asseurez. Car, disoient ces Seigneurs, puis que c'est le vouloir de noz dieux, que voulezvous y faire? vou
lez vous contendre côtre Iupiter, à qui il a ainsi pleu? estimez qu'il ne fait
rien, que pour bien, & que (peut estre) l'auons nous offencé. Retirons nous
doncques vers luy & le rapaisons par prieres, sans l'irriter d'auantage.
Vous en prescherez ce qu'il vous plaira, respondit Armato, mais le paillard qui l'auoit en garde, en mourra, & la putain qui l'a conduit. Monsieur, dit le Souldã de Perse, vous auez affaire d'hommes, il est venu sans
priere, ou mandement, de païs loingtain, & s'est employé comme chacun a veu, quand l'affaire a esté: peut estre l'ayant ouy parler, se trouuera
il plus innocent que ne pensez, par ainsi auant que le mettre en iugement,
il fault qu'il se iustifie, autrement il y auroit danger d'vne mutinerie entre noz souldatz: car comme vous sçauez, ne luy, ny nous, sommes voz
iusticiables. Ainsi doncques permettez qu'il soit ouy, puys s'il a failly, il
pourra estre puny par l'auis des Princes du camp, & peut estre de ses gens
propres. Tant d'autres remonstrances mirent en auant ces Seigneurs d'A-
lappe, & de Perse, que le Roy Armato & Melie se rapaiserent quelque
peu: & ce pédant leur camp se tenoit tousiours en bataille, dont auint que
ceux qui faisoient la ronde par la ville, en eurent auertissement au bruit
des trompettes & tabours, par lesquelz l'air retentissoit de toutes partz.
Or estoit il seulement le poinct du iour, parquoy doutans qu'on les vint
surprendre, & que les ennemys voulsissent escheler la place, en auertirent
incontinent l'Empereur, le Cheualier de l'Esphere, & les principaux capitaines: lesquelz coururent hastiuement au quartier dont ilz auoient la
charge, & auecques leurs gens demourerent en armes iusques à Soleil
leuant, qu'ilz auiserent les Payens se retirer. L'Empereur ne sçauoit encores rien du retour de son filz, mais peu apres Perion le luy amena, &
d'vne bonne grace luy dist en le luy presentant: Sire, i'ay prins la nuict
passée cest espie, que vous plaist il en estre fait? Si le bon Prince fut lors
aise & esbahy, il est bien à croire: aussi luy tomboient les grosses larmes
des yeux en l'embrassant. Lisuart, se mist à genoux, & luy baisa les mains,
mais le bon Empereur estoit si content, qu'il ne pouuoit quasi respirer.
En ces entrefaites suruindrent Languines, & Abies d'Yrlande, lesquelz esmerueillez de tant bonne auenture, à bras tenduz contre celuy qu'ilz tenoient pour perdu, luy demanderent, quel bon Ange l'auoit là apporté. Foy de mon corps, dit l'Empereur, i'estois si rauy de le voir, qu'il
ne me sou-

ne me fouuenoit pas de m'en enquerir . Or mon filz, dites nous doncques
comme vous eftes entré ceans , & d'ou vous venez.   Lors commença Lifuart: à reciter fes fortunes paflées, depuys que Gradafilée l'emmena de
Trebifonde, les menafles de Melie, & le danger ou il auoit efté, & finablement la forte de fa deliurance : tant dit à l'Empereur, que graces à noftre Seigneurvous me voyez fain, preft à vous faire feruice,&fi vous affeu
re que l'alarme que vous auez ouye au camp , n'eft venuë d'autre chofe,
que pour la perte qu'ilz ont faite de moy. Hé Dieu, mon enfant, refpondit
l'Empereur , que l'Imperatrix fera aife, quand elle entendra ces bonnes
nouuelles! ie vous prie allons la trouuer, pour luy ofter partie de la melancolie qu'elle a eu ces iours paflez. Lors print Lifuart par la main, &en-
trans en fa chambre , la trouuerent prefte à fortir pour aller à la mefle:
mais elle s'arrefta quand elle vid l'Empereur, lequel luy prefenta Lifuart,
luy difent: Ma dame, cognoiffez vous ce gentilhomme ? Elle plus efmer-
ueillée, que fi cornes luy fuffent venuës, demeura fans pouuoir refpondre
vne feule parole:ce que voyant l'Empereur, fe print à rire . Si eft ce voftre
filz, dit il, qui peult bien conter cefte auenture entre l'vne des plus dan-
gereufes qu'il aura de fa vie, ainfi que ie penfe : & fi y a bien vn cas,oncq'
habit de femme ne feruit tant (comme ie croy) à Dame, ou Damoyfelle, comme il luy a fait, car foubz telle couuerture il a paffé à trauers le
camp de noz ennemys,& en ont eu l'alarme que vous entendue. Benoift
foit le nom de Dieu! refpondit l'Imperatrix. Et baifant Lifuart par mille
fois ne le voulut habandonner, ne permettre qu'il partift de fa prefence,
tant qu'il fuft heure d'aller difner : durant lequel il raconta tout ce qu'il
uoit veu en l'armée des Payens, mefmes partie de leur deliberation . Et
tombans de propos en propos,eftans les tables haucées,adreffa fa parole
à Perion, luy difant: Monfieur mon oncle, ie party de cefte ville ainfi que
chacun fçait, pour commencer voftre quefte : car le bruit eftoit que vous
eftiez perdu. D'vne chofe vous puis-ie affeurer, que l'ocafion principale
qui me mouuoit en cefte entreprinfe , eftoit à fin que ie fuffe fait Cheualier de voftre main , aufsi toft que Dieu m'auroit donné la grace de vous
auoir trouué:d'autant qu'il m'a toufiours femblé quevous eftant frere de
mon pere , & filz du bon Cheualier Amadis , ayant receu les armes par
vous, il ne peult eftre que la bonté de vous trois ne redonde en moy, tant
que i'en vaudray mieux toute ma vie. Par ainfi ievous fuplie humblemét,
que demain i'obtienne ceft honneur , & hors la porte du puits, à fin que
noz ennemys en ayent pluftoft cognoiffance : par ce que i'ay fceu , eftant
entr'eux, que c'eft la chofe du monde qu'ilz craignent le plus,& dont ilz
receüront autant d'ennuy. Monfieur mon neueu,refpondit Perion, là ou
eft la prefence de l'Empereur, ie fuis affez excufé de voftre requefte.
l'Empereur me pardonnera,s'il luy plaift,dit Lifuart,& le fuplie humblement m'ayder à vous requerir de ne me refufer. Ie vous en prie, dit l'Em-

F iii   pereur.

pereur. Puys qu'il plaiſt à tous deux reſpondit Perion, demain de matin
ie feray ce qui ſera en moy: & partant, mon neueu, tenez vous preſt, &
faites la veille comme il eſt de couſtume. Bien humblement le remercia
Liſuart: puys venuë la nuict entra en la chapelle, & acōpaigné de maintz
preud'hommes, demoura en oraiſon iuſques à Soleil leuant.

Comme Liſuart receut l'ordre

de cheualerie, & des grands merueilles & auentures
qui auindrent ce iour meſmes.

Chapitre   XVIII.

Iſuart ayant fait la veille, ainſi qu'il eſt requis auant receuoir l'ordre de cheualerie, l'Empereur le vint trouuer
en la chapelle, ou il eſtoit, acompaigné du Cheualier
de l'Eſphere, des deux Geants, & maintz autres grands
personnages. Et voyant qu'il eſtoit heure de donner fin
à ceſte entrepriſe, qui deuoit eſtre paracheuée à la por-
te du Puits, hors la cité : commanda que les ſouldatz ſe miſſent en armes,
& ſe tinſſent preſtz ſur la muraille, pour euiter que durant la ceremonie, leurs ennemy n'vſaſſent de quelque ſuprinſe. Et à ceſte cauſe cha-
cũ ſe retira au quartier qu'il auoit en garde, & retint l'Empereur vingt
mil hommes ſeulement, pour la ſeureté de ſa perſonne : puys fiſt ouurir
la porte,

la porte, & dresser tout ioignant, vn hault theatre, sur lequel il monta auecques Lisuart, le Cheualier de l'Esphere, & Argamont: & demeurerent les Dames sur la muraille, de laquelle elles pouuoient aisément voir, tout ce qui se faisoit dehors. Quand les Payens, qui estoient au guet, aperceurent si grand peuple sortir en campaigne, estimans qu'ilz voulissent faire quelque solennité, ou sacrifice: s'amuserent plus à les regarder, qu'à les assaillir. Adoncques se mist Lisuart à genoux deuant Perion, qui luy donna l'acolée, puys luy chaussa l'esperon droit: mais quand vint à luy ceindre l'espée, on trouua qu'elle auoit esté oubliée: toutesfoys celà ne les retarda aucunement: car l'Empereur s'auisa que de meilleure, ne pourroit il commencer à faire armes, qu'auecq' celle du feu Roy Lisuart, qu'il auoit depuys sa mort fait mettre, en memoire de luy, au poing d'vne vieille statuë d'Apolidon, estant sur le portail. Et à ceste cause pria Argamont (plus grand que nul des autres) qu'il la print: mais ainsi qu'il cuydoit haucer le bras, tomba du ciel si grand esclair, meslé d'vn tel tonnerre, que la statuë fut brisée en pieces, & sortit de dedans vn Lyon, plus grand & furieux, qu'on eut oncques veu, portant à trauers le corps vne espée, qui auoit le pommeau d'vne Escharboucle, estincelant comme feu. Et ce qui mist les assistans en plus de frayeur, la beste commença à rugir, & faire telz piteux cris, que chacun se trouua estonné: mesmes qu'à l'instant tomba du ciel aux piedz de l'Empereur, vn petit coffret d'Esmeraude, dedans lequel estoit vne lettre, contenant ces mots: Le grand, saige, & bon Cheualier Apolidon, a forgé de ses mains propres l'espée, que ceste beste presente au bon Cheualier, qui (au temps qu'elle aparoistra) sera armé par la main du filz du braue Lyon: & pourtant autre ne s'auanture pour la tollir à la beste, autrement mal luy en prendra. Lors cogneut-on euidemment par la lecture du cartel, que ceste espée estoit vouée à Lisuart, & non à autre: au moyen dequoy l'Empereur luy dit: Mon filz, acheuez ceste auanture qui vous est promise. A ce commandement obeyt le nouueau Cheualier, & s'aprochant du Lyon, vn souuenir de la belle Onolorie se presenta deuant ses yeux, tellement qu'il disoit en soy mesmes: Dame la plus belle du monde, donnez force à vostre Cheualier, pour dôner fin à ceste entreprise: car sans vostre faueur il trauailleroit en vain. Et à l'instant luy creut le courage en sorte, qu'oubliant tout danger se lança contre le Lyon, & auançant le bras pour tirer à l'espée, suruint vn autre esclair, & si grand tonnerre qu'il sembloit proprement le ciel se fendre en deux: & vid-on l'espée flâbante, que Melie faisoit tenir sur la ville, tôber à terre, & du lieu ou elle s'abisma, sortir vne vmbre, ou esprit si hideux & espouuentable, que le plus hardy de la troupe fut mal asseuré. Car ce fantosme courut sus à Lisuart, lequel se trouua lors, si pres du Lyon, qu'il se saisit de la riche espée: & en l'arrachant, le ciel, la terre, & la mer, s'esmeurent tellement qu'il ny eut crëature

F iiii

viuante à

viuante à dix lieuës à la ronde, qui ne perdiſt les ſentimés plus d'vn quart
d'heure . Choſe aſſez croyable, veu que ce bruit fut entendu de toutes les
parts d'Aſie, d'Europe, & Affrique:& deuint l'air ſi obſcur, qu'on ne vid
Liſuart, l'eſprit, ny le Lyon, iuſques à ce que le Soleil gaigna le deſſus. Lors
ſe lança la beſte en mer, & demeura le nouueau Cheualier eſtendu de ſon
long, tenant au poing la riche eſpee: & tout au plus pres de luy (au lieu
du fantoſme) le corps de Melie, puát comme charongne. Adoncq' s'aprocha Perion, lequel penſoit aſſeurément que Liſuart fuſt expiré: toutesfois
il ne le trouua qu'eſuanouy, parquoy l'Empereur commanda qu'on l'em-
portaſt au palais, & qu'on luy oſtaſt l'eſpée qu'il tenoit, iuſques à ce qu'il
euſt recouuert ſanté, ce qui fut impoſſible . Et comme ilz eſtoient en ces
termes, vn Cheualier aporta le fourreau , & la ceinture , ſur laquelle y a-
uoit certains caracteres: la ſuſtáce deſquelz nul peult entendre pour l'heu
re, mais certain temps apres elle fut manifeſtée , ainſi qu'il vous ſera declairé . Et dit ce Cheualier, qu'il les auoit trouuez entre les ruynes de la
ſtatuë d'Apolidon, qui eſtoit nouuellement tombée du portail, comme
vous auez entendu . Liſuart doncques mys en ſon lict, l'Empereur aſſem-
bla ſes Cheualiers pour deliberer qu'on feroit du corps de Melie : aucuns
deſquelz furent d'auis, qu'on le deuoit enuoyer à Armato. Toutesfois ceſte opinion n'eut point de lieu: ains atendu la conſpiration, qu'elle viuante auoit precogitée ſur la mort de Liſuart , fut conclud qu'il ſeroit bruſlé
en publicq' & les cendres iettées au vent , ce que venu à la cognoiſſance
d'Armato, il en receüroit vn ennuy nompareil.

Comme les Payens delibererent

*aſſaillir la ville, & de l'effort merueilleux qu'ilz
y firent pour la forcer.*

Chapitre XIX.

Les Payens

LEs Payens esbahys & non sans cause de tant de merueil
les qu'ilz auoient ouyes & veuës à moins de rien, ne sça
uoient bonnement qu'en penser: & commencerent encores à eux plus deffier de leur bonne fortune, quand
ilz entendirent la mort de Melie l'enchanteresse. Mais
pour vous dire en quelle sorte elle auint, nostre hystoi-
res'en deportera pour le present: suffise vous qu'ilz la trouuerent expirée
sans auoir playe ny coup qui luy deust auancer ses iours. Et ainsi qu'ilz e-
stoient autour du corps esbahys, en vn instant le veirent enleuer, & ne
sçait-on par qui: tant y a qu'il fut porté au lieu mesmes, ou l'Empereur de
Constantinople le fist brusler, dequoy Armato eut aussi tost auertissemét
par vn espie Grec, qui alloit & venoit souuent en la ville. Ces nouuelles
l'irriterent tant, qu'il iura son grand Apollo, ne partit iamais de ce siege,
premier qu'il eust mis à sac la cité, le feu dedans, & toutes les ames qu'il y
trouueroit au fil de l'espée. Finablement pour l'apaiser, les Princes &
grandz Seigneurs du camp luy promirent, que le lendemain au poinct du
iour ilz assaudroient la place, & feroient en sorte qu'ilz l'emporteroient,
ou y mourroient tous. Pour à quoy paruenir firent entendre de main à
main aux capitaines & souldatz, que chacun se tint prest à l'aube du iour:
les vns à porter escheles, les autres fagotz, tronches, & toute sorte de boys
pour emplir les fossez: & que leurs pionniers, durant l'assault d'escheles,
s'aprochassent des murailles, à fin de les sapper & abatre par le pied. Si
eut charge du premier effort le Roy de Ierusalem, acompagné de trois
Taborlanes, & cent mille de leurs gens, secouru par les Souldás de Perse,
& d'Alappe,

& d'Alappe, s'il estoit repoulsé. Et pour le troisiesme effort, se presente-
roit le roy Armato en personne, auecq' si grand nombre de Turcz, que la
terre en seroit couuerte. Et pour le costé de la mer, fut mandé semblablement aux roys de Bugie & Gilosle, qu'aussi tost qu'ilz entédroient le son
de leurs trompettes, ilz assaillissent le port, & trauaillassent, s'il estoit possible, de forcer la ville en cest endroit. L'Empereur de Constentinople,
qui n'espargnoit rien pour auoir gens qui luy raportassent fidelement ce,
qui se faisoit au camp des ennemys, sceut aussi tost ceste deliberation: laquelle il fit entendre à ses Capitaines, à fin que chacun s'equipast pour fai
re son deuoir. Or n'estoit Lisuart reuenu à soy iusques adõc, mais à l'heure que les nouuelles de l'assault furent sceuës en Constantinople, il com-
mêça à parler, & le vint on dire à l'Empereur: lequel le vint trouuer, pour
sçauoir de luy comme il se portoit. Tresbien monsieur, respondit il, combien que pour vn temps i'aye esté si endormy du grand son de tonnerre,
que i'auois perdu toute conoissance. Ie ne le sçay pas, dit l'Empereur, tou
tesfois à ce que ie puis penser, ie croy que vous cuydiez tousiours combatre: car vous n'auez oncq' voulu lascher l'espée, que vous auez conquise. Et
encores la tenoit il. Sur ma foy, respondit Lisuart, ie ne pensois ny à paix,
ny à guerre, ny ne me souuenoit de moy-mesmes. Voylà grand cas, dit
l'Empereur, & vrayement on peut bien nommer ceste iournée, le iour de
merueilles, veu les choses amirables qui y sont suruenues: pour le moins il
n'est en la memoire d'homme viuant, qu'oncques espée ayt esté si estran-
gement conquise, comme celle que vous tenez, & dont voicy le fourreau
& la ceinture, qu'vn de ceans a trouuez oultre les brisures de la statuë de
Apolidon. Vne chose maintenant me desplaist: c'est, que vous n'estes en
meilleure santé pour l'esprouuer demain contre noz ennemys, qui se deliberent nous venir voir. Comment? monsieur, respondit Lisuart, m'estimez-vous si malade? ie vous prometz que, graces à Dieu, ie me sens aussi
sain, que ie fus oncques, & prest à vous faire seruice, ainsi que vous cognoistrez. Et à dire vray, il n'auoit eu autre mal, sinon estonnement:
mais celà se passa, & se leua. Lors luy dit l'Empereur: Mon filz, vostre
oncle le Cheualier de l'Esphere, vous & Argamont, auecques leur troupe, aurez la garde de la porte du Dragon, qui est l'endroit plus foyble de
ceste place: le Roy de Vngrie, le comte Saluder, celle de l'Aigle, acompagnez du Prince de Brandalie, d'Abies d'Yrlande, Languines, & Ardadil Canile: car ce costé là vault aussi peu que l'autre, & par ces deux endroitz doiuent les ennemys faire leur plus grãd effort. Et à fin qu'lz trou-
uent qui leur monstre teste, vous aurez chacun de vous dix mil hommes
de résort, pour (si voyez que bon soit) faire quelques saillies, tandis qu'ilz
s'amuseront à escheler la muraille: & moy auecq' bon nombre de cauall-
erie, demoureray coy au grand marché, pour secourir ceux qui en auront besoing: & enuoyeray ce pendant les femmes & autres gens de
peu de

peu de defence porter huylles eaues bouillâtes, pierres, carreaux, bufches
foulphre, & femblables matieres, pour endommager l'ennemy par l'endroit qu'il vouldra forcer. Sire, dit Argamont, il eft befoing aufsi, qu'vne
partie fe treuue pres de nous, auecq' leurs picqs & pelles, à fin de remparer
l'endroit ou ilz pourront faire brefche: car à ce que i'ay peu fçauoir, ilz de
liberent faper la muraille, & auecq' boucz, & fortes machines, renuerfer
tout. Mais s'ilz me donnent loifir, ceux qui s'auanceront d'entrer les premiers, ne retourneront (peult eftre pas tout en leur camp: & fçauez-vous
comment? Aufsi toft que ie cognoiftray le cofté qu'ilz effayeront d'aba
tre, ie feray faire vne grande trenchée à l'opofite : laquelle emplie de fagotz, foulphre, falpeftre, & poix raifine, y donneray feu, ainfi qu'ilz s'ef-
forcerôt entrer en la foulle, & Dieu fçait fi vous ouyftes oncq' paler de tel
le fricaffée. Ainfi eftoiét deuifans les vns & les aultres, du grand deuoir ou
ilz fe mettroient le lendemain, & pour la nuiét ordônerent gros guet par
tous les quantons, principalement au lieu ou ilz entendirent les ennemys
faire leur aproche , & dreffe, manteletz pour mettre leurs gents de traiét
a couuert, & dreffer les machines propres à rompre murailles, ainfi qu'ilz
auoient deliberé. Et de fait , enuiron l'aube du iour, ceux qui deuoient
affaillir la place auecq' doubles efchelles, fortirent des trenchées, & portans chacun fon fardeau, cômencerent à faire vne criée fi gráde, qu'on les
entédit de plus de trois lieuës à la ronde. Et quant & quát, coururent droit
à la muraille, laquelle ilz efchellerét en tant de lieux, que ceux de dedans
fe trouuerent quafi furpris: car à mefme inftant les machines furent esbrâ-
lées, & fe mifrent pionniers à faper de forte , qu'à moins de rien la brefche fe trouua fuffifante pour entrer. Mais premier que venir au ioindre,
il en tomba tant , que les foffez en furent quafi comblez : neantmoins ces
payens obftinez, ne s'eftonnerent en rien, ains baiffans les teftes , bien
couuertz de leurs efcus, paruindrent finablemét au combat main à main.
Si donnerent l'affault en deux diuers lieux, & le premier & le plus rude
au quanton de Lifuart, ou Argamont auoit fait l'efmorce telle, que vous
auez entendu: & en demeura plus de fix mil, dont les autres effrayez reculerent aufsi legierement qu'ilz eftoient venus. Ce que cognoiffant Lifuart, & voyant qu'il y auoit defordre entr'eux , meflé d'vne certaine
paour, fortit par vne faulfe porte, auecq' quelques vns des plus gêtilz com
pagnons des fiens: lefquelz donnants fur la queuë des ennemys, en firent
tel carnage, que les plus hardis perdirent de là en auant entierement le
cueur, donnant tel effroy au camp , que ceux qui affailloient le cofté du
Prince Brandalie , s'en fuyrent à vau de route . Mais Armato furuint a-
uecq' fon efcadron, qui leur fift tourner vifage, vouffiffent ilz , ou non : &
tandis ceux qui eftoient fortis, fe retirerent fans perte de dix hommes. Ar
mato doncq' animé au pofsible, delibera fe venger : & auecq' cent mille
Turcz qui l'acompagnoient, dôna fi cruel affault à la brefche de Perion
qu'il la

qu'il la cuyda emporter, quand l'Empereur furuint, auecq' tel renfort que
le combat dura, fans prendre alaine, pres de trois grandes heures . La fe
monftta Lifuart tel qu'il eftoit, ne chargeant Turc, ou Payen qu'il ne mift
à mort. Là triumpha le Cheualier de l'Efphere, Argamôt, & Ardadil Ca
nile, auquel fe vint adreffer le Roy de Ierufalem: & comme il luy penfoit
fendre la tefte, Argamont fe mit au deuant , & luy donna tel coup , qu'il
l'eftourdit. Toutesfois il fut fecouru par l'vn de fes Geants, lequel penfant
ofter la vie à Lifuart, print fon efpée à deux mains pour l'en fraper : mais
Lifuart para l'efcu , & eut le bras fi endormy, qu'il cuydoit l'auoir perdu.
Dequoy il fe vengea toft apres , car il ataignit celuy qui l'auoit ainfi oultragé: & d'vn reuers luy coupa la moityé du col, le ruant mort à fes piedz
Dont le Roy de Ierufalem eut tel defplaifir, que (oubliant tout danger
pour grand qu'il fuft) entra en la preffe: & aduifant Perion (l'homme du
monde à qui il vouloit plus de mal) le chargea par derriere fi vifuement,
qu'il receut trois grâds coups d'efpée, premier qu'il euft moyen de tourner vifage. Et en le chargeant, crioit à haulte voix: Paillard, mal par vous
ont efté mes enfans emprifonnez, car vous en mourrez prefentement . Si
cogneut lors Perion, à qui il auoit affaire: parquoy luy courut fus, & d'arriuée l'ataignit fur l'aureille tant lourdement, que les yeux luy eftincele-
rent, & chancela preft de tomber. Ainfi fe traitoient les Payens & Chreftiens, grand nombre defquelz gifoient mortz eftenduz, tant dehors, que
dedans les murailles: car d'heure à autre l'affault fe renforçoit, mais à bien
affailly, bien deffendu, tellement que par trois foys le roy Armato fut repouffé, & par trois foys fit recharge nouuelle. Toutesfoys il cogneut bien
que c'eftoit folie à luy de plus tenter fortune par ceft endroit , au moyen
dequoy fift retirer fes gens petit à petit. Et pour toufiours amufer ceux de
la brefche, commâda aux archiers & arbaleftriers, tirer fans ceffe. Tandis
les Souldans d'Allape & de Perfe (apres auoir rallié ceux qui eftoient
fuys pour la charge que leur auoit fait Perion & fa troupe) effayoient par
tous moyens à efcheler la place, & forcer le cofté de leur brefche: ou tant
s'y porterent vaillamment , qu'ilz conquirent la muraille, & contraignirent Abies d'Yrlande, & les autres, reculler plus de la longueur d'vne pic-
que. Ce que venu à la cognoiffance de l'Empereur, y courut en perfonne,
& acompaigné de deux mil gentilz compagnons, rembarra les ennemys
d'vne force fi eftrange, que plufieurs tournerent le doz & tomberent du
hault des foffez . Neantmoins le nombre d'iceux eftoit fi grand , & tant
furuindrent de Perfes & aultres, cuydans la ville eftre gaignée, & butiner
que le combat main à main continüa plus de trois heures, & en demeura
tant d'occis, & de naürez , que le fang decouroit en plufieurs lieux comme d'vne fontaine . Ce pendant les Roys de Giofle, & de Bugie, force-
rent le port, tellement que trois mil Arabes defcédirent iufques fur la gre
ue: & dura le combat fort long temps . Si en vindrent nouuelles à l'Empereur

pereur, mais il auoit tant à faire ailleurs, que mal ayſément il pouuoit affoyblir les endroitz de la terre, pour ſecourir celuy de mer, ou les ennemys cryoient: Ville gaignée. Toutesfoys ceſte ioye leur dura peu: car ilz
trouuerent certain nóbre d'archers, qui à trauers les pertuis qu'ilz auoient faitz es murailles d'aucunes maiſons, tiroient ſi continuellement, que
vouſiſſent, ou non, furent arreſtez ſur cul. Ce pendant Ardadil Canile
ſuruint, auec trois mil hommes que l'Empereur y enuoya de renfort, cóbien que tout celà euſt peu profité: mais le Seigneur Dieu regarda la ville en pitié, & ſuruint la nuict, auec vn temps ſi noir & pluuieux, que ny
les Payens, ny Chreſtiens ne ſe pouuoient choyſir l'vn l'autre. Au moyen
dequoy les aſſaillans furent contraintz eux retirer, & ſonner la retraite,
treſdeplaiſans d'auoir failly à leur intention: toutesfoys ilz eſperoient
bien y recouurer le lendemain, mais ceux de dedans y pourueurent, de
ſorte, qu'au lieu d'aller repoſer, ne ceſſerent toute nuict de r'emparer: &
l'Empereur meſmes alloit de quanton en quanton, donner courage à ſes
gens, leur prometans de grandz biens, & recompenſes condignes du la-
beur & trauail extreme qu'ilz prenoient. Au moyen dequoy chacun ſe
porta tant vertueuſement à la charge qu'il auoit, qu'auant le iour venu,
les breſches & lieux plus foybles, ſe trouuerent en bonne reſiſtance. Puis
apella l'Empereur, les plus expers capitaines qu'il euſt: & apres auoir tenu conſeil, & mis les choſes en deliberation, fut reſolu, que Liſuart, le
Cheualier de l'Eſphere, Argamont, & Ardadil Canile, auec ſix mil hom
mes de renfort, defendroient la breſche qui auoit cuydé eſtre forcée le
iour precedant: & que le Roy de Vngrie, Abies d'Yrlande, Languines,
& dix mil hommes de pied auroient charge du port: car par ceſt endroit
la ville eſtoit foyble & ayſée pour les ennemys. Au reſte, que l'Empereur
ſe tiendroit en la grand' place, comme il auoit fait au parauant, auec dix
mil hommes qu'il ſepareroit ainſi que la neceſſité ſuruiédroit, & partant
ſe diſpoſerent tous, ſuyuant ceſte deliberation. Or les laiſſons là iuſques
au lendemain, que nous voirrons comme les choſes ſe maintindrent.

Du ſecours qui arriua aux enne-

mys, & de la grand' flotte de Chreſtiens, qui vindrent leuer
le ſiege de Conſtantinople.

Chapitre		X X.
				G		Les Payens

Es Payens retirez, comme vous auez entédu, se trouuerent tristes à merueilles, pour la grand' perte qu'ilz a-
uoient receuë le iour : non moindre de cinquante mil
hommes mortz, ou blessez. Mais deux choses les recon
fortoient à l'instant, l'vne estoit esperance cetaine de
prendre la ville, la piller, sacager, & mettre à l'espée
tout ce qu'ilz trouueroient dedans, vengeans la mort de leurs amys: l'autre, que Pintiquinestre Royne des Amazones, leur vint à secours, acópa-
gnée de six mil femmes, autant bien combatantes qu'il estoit possible: &
Grifilant Roy de l'Isle Sauuagine, auec cinq mil Sauuaiges, portans arc
& trousse, dont ilz se sçauoient ayder singulierement. Ces deux, Roy, &
Royne, voysins l'vn de l'autre, ayans entédu la grosse puissance qu'auoient mis sus les Princes de Leuant, pour enuahir l'Empereur de Constantinople, estoient venuz en leur ayde : specialement pour trouuer entre les
Chrestiens (qui estoient renómez preux & vaillás aux armes) aucun Che
ualier, contre qui ilz se peussent esprouuer. Grand fut le recueil & bonne
chere, que leur monstrerent les Roys Armato, & autres de son ost: & tout
ce soir ne cesserent de deuiser ensemble des assaux qu'ilz auoient donnez
le iour, à la ville, laquelle (comme ilz disoient) ilz eussent emportée sans
faute, n'eust esté la nuit qui les surprint. Et tant se sceurent vanter, que le
roy Grifilant, & la royne Pintiquinestre, regreterent merueilleusemét la
faute qu'ilz auoient faite, de tant demeurer par les champs: car sans doute
les Chrestiés eussent esté emportez, & la ville destruite. Mais c'estoit cho
se, à quoy ilz pouuoient recouurir le lendemain, s'il plaisoit au roy Armato, & aux Seigneurs du camp, leur donner la pointe, & l'honneur du
premier

premier affault, lequel on leur acorda ayfément. Et à cefte caufe manderent aux capitaines qu'ilz auoient amenez, qu'ilz tinffent leurs gés preftz
pour faire leur deuoir aufsi toft qu'il leur feroit cómandé . D'autre cofté
(& comme ie vous ay dit) ceux de la ville trauailloient à remparer, faire
trenchées, & plates formes deliberez de defendre leur terre , & leurs vies
en toute extremité, premier que de tóber en mercy de ceux , defquelz ilz
n'en efperoient point . Et comme chacun fe tint fur fes gardes, aufsi toft
que l'aube du iour commença à paroiftre, Grifilát & Pintiquineftre auec
leurs gens fe trouuerent preftz d'affaillir la brefche, par ou les Payens a-
uoient entré en la ville le iour precedant. Lors aprocherét la muraille, &
premier que venir au cóbat, firent vn tel cry (fuyuát leur couftume) qu'il
fembloit proprement d'vne vollée de Pies & de Geaiz agaffez, & guer-
royans l'vn contre l'autre: puis d'vne fureur eftrãge (la tefte baiffée) monterent droit fur le rempart . Mais les archers & arbaleftiers, qui eftoient
en la brefche, les receurent fi hardimét, que maintz Sauuages & plufieurs
des femmes y finirent cruellement leurs iours: toutefois celà ne les garda
de paffer outre, ains vindrent au combat main à main, ou Lifuart, Argamót, le Cheualier de l'Efphere, & ceux qui les atendoient, les arrefterent
fur cul. Là euffiez veu merueilles, car ces Sauuages tiroiét tant de fleches,
& fi dru, qu'à voir les efcuz des Chreftiens, onques Porc efpic heriffonné
ne fut mieux couuert de fes defenfes, qu'ilz eftoient de traitz gros & me-
nus . La royne Pintiquineffre , voulant monftrer la proueffe dont elle e-
ftoit renómée, en plufieurs lieux, s'auança la premiere: & tenant vne cor-
fegue au poing , s'atacha au Cheualier de l'Efphere : & plus longuement
euft duré le combat d'eux deux, mais elle gliffa, & fuft tombée, fans l'ayde qu'elle eut du baton qu'elle tenoit, contre lequel elle s'apuya. Lors s'a-
uancerét ces femmes pour la fecourir, & redoubla l'affaut de telle fureur,
que voufiffent les Chreftiens, ou non, ilz reculerent arriere : & commencerent les Amazones, à crier ville gaignée. Mais tel aife leur dura peu, car
Argamont, Lifuart, le Cheualier de l'Efphere, & les principaux de leurs
foldatz, iouans à quite, ou à double, retournerét fur leurs ennemys & les
chargerent fi rudement , qu'ilz perdirent toft ce qu'ilz auoient conquis:
non fans grád meurtre d'vn cofté & d'autre, car Grifilant & ces Sauuages,
fe monftroient tant gentilz cópagnons, qu'ilz faifoient croire, qu'autant
leur eftoit mourir que viure, pourueu que l'hóneur & la victoire leur de-
mouraft . Durant ces effortz Armato , & les Gallifes, qui affailloient les
autres endroitz de la ville, n'efpergnerent pas leurs perfonnes, ains efche
loient & faifoiét tout ce que gens de cueur peuent faire en telz actes: mais
ilz trouuerent les princes Saluder, & de Brandalie, qu'il les receurent plus
viuement qu'ilz ne penfoient, tellement que plus de dix mil Turcs & Per
fes, furent renuerfez mortz par terre. Toutefoys , durant l'efpace de trois
quarts d'heure , on ne pouuoit bonnement iuger qui auroit du meilleur,

G ii   ou du

ou du pire: car deux Taborlans amenerêt gens frais, & s'y trouua en personne le Soudan d'Allape, auec quarante mil hômes, qui vindrent la teste
baissée, & de telle fureur, que peu s'en faillit que la place ne fust conquise.
Ce qu'entendu par l'Empereur, y enuoya soudain trois mil arbalestiers,
& tireurs de fondes, lesquelz tindrent espaule aux premiers: & ce qui plus
endommagea les ennemys, on leur ieta tant de fagotz, de souphre poix
raisine, & vieille gresse, que la muraille estoit toute en feu par cest édroit:
au moyen dequoy force leur fut d'eux retirer, & laisser passer la flambe.
Voylà comme la pauure cité estoit tourmentée par la terre, & eust encores eu pis du costé de la mer, quand le guet du roy de Bugie descouurit en
la voye de la montaigne Defenduë, vne puissante armée de mer, vogant
droit à eux : dont incontinent ilz vindrent auertir ceux qui assailloient le
port, parquoy le Roy de Gilofle depescha aussi tost vn brigantin, pour
aller voir que ce pouuoit estre. Et doutans quelques secours à leurs ennemys, se retirerent du combat : & tenans leurs vaisseaux en bataille, marcherent vers la mer de Pont, à fin de deffendre l'entrée du goulfe, s'ilz
voyoient que bon fust. Le brigantin fist ce qui estoit en luy, pour aporter seures nouuelles, & demoura longue espace sans se monstrer aucunement : dont si bien luy auint, qu'vn petit nauire de Chrestiens, qui cuydoit prendre terre pour auoir eau douce, tomba entre ses mains. Parquoy
tournant voyle, emmena ce vaisseau vers ceux qui l'auoient enuoyé : &
par le patron du nauire sceurent certainement, que l'armée des Chrestiés
estoit pres de là, deliberez venir leuer le siege de Constantinople, & don
ner bataille aux ennemys, auant qu'ilz eussent moyen d'eux retirer. De
telles nouuelles ne s'estonna aucunement le Roy de Bugie, ains demanda
s'ilz estoient beaucoup. Sire, respondit le patron, oy, & plus que vous ne
pensez. Et de quelle contrée? dit le Roy. Les vns de Gaule, respondit il, les
autres de Rome de Sobradise, d'Espagne, de la grand' Bretaigne, d'Yrlande, d'Escosse, de Nuuerge, Sansuegue, Boësme, Mongaze, Suesse, &
Thesiffant. Vrayment dit le Roy, voylà belle compagnie. Sire, dit le patron, ces iours passez l'Empereur de Trebisonde, & les Roys de Californie, & Sibernie, se sont encores iointz auec nous: & vous puis asseurer, que
qui n'a veu ceste assemblée de vaisseaux, il ne se peult vanter auoir veu en
mer la plus belle chose qu'il vit onques. Quand les Roys de Bugie & Gilofle entendirêt ce discours, & qu'il estoit requis y pouruoir en diligence,
le firent incontinent sçauoir au roy Armato, & aux Souldans de leur ost
les auisans, que puis que l'ennemy estoit fort & si pres d'eux, qu'ilz laisse-
roient le destroit de pont, & garderoient le goulfe de la Propondite, tant
pour auoir plus aysément viures de la Natolie, que pour eux defendre
plus cómodement. Si courut soudain le bruit de l'arriuée des Chrestiens,
entre ceux qui assailloient Constantinople: au moyen dequoy, surprins
d'vne crainte merueilleuse, les plus eschauffez commencerent à perdre
cueur, &

cueur, & à eux retirer de la presse petit à petit. Dequoy s'aperceuans les
Princes de l'armée, firent sonner la retraite : & pour plus grande seureté,
eux eslongnez de la place, mirent leurs gens en bataille, & entrerent en
leur fort sans eux mouuoir de là aucunement. Ceux de la ville esbahis de
telle contenance, ne sçauoient de prime face qu'en iuger, iusques à ce que
vn citoyen, faisant le guet en l'vn des plus haultz clochiers, vint auertir
l'Empereur, côme de la part de la montaigne defendue, la mer estoit couuerte de vaisseaux, venans à voyles desployées, droit à la cité : & que sans
doute, les Roys de Bugie, & Gilosle, auec leurs fustes, & equipage estoient entrez dans le goufre, tirans en la Natolie. Ie vous laisse à penser, si ce
message fut bien receu. Et doutans l'Empereur, s'il disoit vray, ou non,
luy mesmes, acôpagné d'aucuns des siens, vint au port, dont il peult choy
sir à veuë d'œil ce secours tant esperé : deuant tout lequel, marchoit vne
carraque, grande au possible, sur laquelle l'on ne voyoit autres pilotes, ny
soldatz, que Singes, plus verdz qu'Esmeraudes, tenant chacun d'eux son
arc bendé, & la trousse à la ceinture, & tant plus ce vaisseau aprochoit, &
plus le trouuoiét ceux de Constantinople amirable, & non sans cause : car
outre la merueille de telles bestes dont il estoit armé, qui l'eust bien con-
sideré, il estoit basty selon le desceinct & pourtrait de l'Isle Ferme. Si n'ar
resta gueres qu'il print terre, & sans aucun destourbier furent ietez les ancres & mis les planches iusques sur la greue. Lors sortit Alquife, acompagnée de neuf autres Damoyselles, toutes vestues de tafetas cramoysi, portant chacune d'elles, vne harpe, dont elles sonnoient diuinement. Et les
suyuoient de pres, le trespuissant Amadis Roy de la grand'Bretaigne, tenant par la main Oriane, vestue d'vn drap d'or figuré : & derriere eux Vr
gande la descogneuë, l'Empereur Esplandian & l'Imperatrix Leonorine :
puis Carmelle, & tout ioignant, don Galaor, Briolanie, le roy Florestan
& sa femme, le roy Agraies & Olinde, le Roy de Boësme, Grasandor, &
Mabile, puis Gandalin, & sa femme : & tout derriere maistre Helisabel, &
Ardan le Nain, portant l'armet d'Amadis, & son escu vermeil que luy a-
uoit donné Alquife. Or entédez, que ce vaisseau estrange auoit ataint les
Chrestiens, n'y auoit encores vne heure, & deuancé à forces de rames tous
autres nauires, galleres, ou fustes : sans que nul capitaine, ou soldart de dedans, eust eu moyen de l'aborder pour sçauoir qui y nauigeoit, Bien se tenoient esmerueillez ceux qui le voyoient, d'ou venoient tant de Singes, &
à quelle ocasion : mais tout ce estoit fait à force d'enchantemens, par la
vertu de maintes coniurations, côme vous entendrez cy apres. Sufise vous
qu'il s'aprocha si pres de Constantinople, que l'Empereur, cogneut euidemment par leurs bandieres, & banderoles, que toute ceste flore estoiét
Chrestiens : parquoy surprins d'vne trop grand'aise, sortit de sa place en
bonne côpagnie, & alla receuoir ceux qui le venoient secourir. Toutefois
premier que ie passe outre, il me semble que vous deuez entendre côme

G iij   ces sei-

ces Seigneurs, & Dames de l'Isle Ferme, furent desenchantez : & qui leur
bailla vaisseau si à propos, pour venir au secours de l'Empereur.

Comme les Roys, & Seigneurs

Dames, & Damoyselles, enchantez en l'Isle Ferme, se resueillerent, &
de leur nauigation en Thrace, par le moyen d'Alquife.

Chapitre   XXI.

Polidon (qui en son temps ny depuis n'eut egal à luy en
Astrologie, ou Magie) preuoyant les affaires qui deuoient auenir au vieil Empereur de Constantinople: fit
l'enchantement du Lyon, & de l'Espée, que conquist
Lisuart, lors qu'il receut l'ordre de cheualerie. Et si bien
sceut ouurer en son sçauoir, qu'à l'heure que ceste espée
seroit tirée du corps de la beste, & le grand tonnerre entendu, ainsi qu'il

vous a

vous a esté recité : tous enchantemens mis en l'Isle Ferme, & maintz autres lieux feroient abolis. Et mourroit Melie, qui s'estoit conseruée outre
le cours de nature, plus par art nigromancien qu'autrement : aussi auoit
elle de long temps en son pouuoir, les principaux liures d'Apolidon, a-
uecq' telle pratique d'iceux, qu'elle n'estoit seconde à nul quant à ceste
science : par laquelle elle cognoissoit asseurément, qu'elle deuoit passer
de ce monde à tous les dyables, le iour que Lisuart feroit Cheualier. Et
pour ceste cause tomba il au danger de mort maintesfois, mais le voyant
eschapé de ses mains, suscita vn esprit du fonds des enfers, auec l'ayde de
qui elle esperoit luy empescher la cóqueste de l'espée, que portoit le Lion.
Ce fut ce fantasme dont il vous a esté parlé, lequel ne pouuant contredire au vouloir de Dieu, au lieu de s'atacher à Lisuart, aporta à ses piedz le
corps de la sorciere, & son ame au sein de Lucifer. Or entédez qu'à l'heure mesmes que ces choses auindrent en Thrace, le roy Arban de Norgales estoit arriué en l'Isle Ferme, ou alloit souuent visiter la cótrée, & prier
nostre Seigneur auoir pitié des creatures enchantées par tant de iours,
dans le palais d'Apolidon : lequel estoit si couuert de tenebres, depuis que
Vrgande y mit ces coniurations, qu'on n'y voyoit aparence de murailles,
ny de chose qui ressemblast edifice. Mais il fut tout esbahy, que la nuée
obscure, qui le couuroit, tomba comme vn brouillard : & petit à petit, ceste maison superbe, retourna en sa premiere forme, parquoy sans crainte
d'aucun danger vint en la chambre defenduë, ou il auisa Amadis endormy, tenant encores son espée nue au poing. Si le tira Arban par la main,
si fort qu'il l'esueilla en sursault : dont Amadis indigné, luy demanda
qu'il vouloit. Sire, respondit Arban, il y a dix ans & plus, que vous vous
estes ainsi oublié : pour Dieu sortez de ceste misere. Comment ? dit Amadis, est il possible que i'aye tant dormy ? Ouy certes, respondit Arban, &
qu'ainsi soit, voyez encores ma dame Oriane, & ces autres, quelle contenance ilz tiennent. Lors s'procha d'Oriane tout esbahy de ceste merueille, & fit tant qu'il l'esueilla, luy disant : Ma dame, vous auez trouué le repos aussi bon que i'ay fait : si est ce assez dormy, ce me semble. Oriane qui
pensoit certainemét qu'Vrgande l'eust assise en sa chaire le iour mesmes,
demanda à Arban qu'il en estoit : lequel luy recita comme le tout s'estoit
passé. Et qu'ainsi soit, dit il, voyez encores ces autres Seigneurs & Dames,
espris d'vn somme plus profond qu'on sçauroit estimer. Sur mon Dieu,
respondit elle, Vrgande nous auoit bien deceuz. Adoncq' vint à Galaor,
à Esplandian, & à tous les autres, qu'elle esueilla : puis leur recita tout ce
qu'elle auoit entendu d'Arban. Certes, onques gens ne furent plus estonnez, & à peine le pouuoient ilz croire, quand ilz aperceurent Ardan le
Nain en tel equipage, que nul d'eux se peut tenir de rire. Et luy donna
Amadis, vn coup de pied, luy disant : Ardan, tu resue trop longuement,
bride mon cheual. Ardan tout estourdy se leua, & cuydát trouuer l'huys,

G iiii   commença

commença à courir autour de la chambre, côme s'il fuſt yure. Lors s'augmenta la riſée, meſmes quand ilz entendirent maiſtre Heliſabel ronſler,
tenant encores en ces mains le liure qu'Vrgande luy bailla : parquoy Eſplandian le print par la manche, & le tira rudement. Puis luy dit: En bon
ne foy, maiſtre, ceſt trop ſongé, vous auez prins tant plaiſir à ce liure, que
vous eſtes endormy deſſus aſſez longuement: reſueillez-vous, beau ſire,
& nous contez que vous y auez trouué de nouueau . Maiſtre Heliſabel
esbahy comme s'il tomboit des nues, ouurit les yeux, & ſe trouuant en tel
eſtat, reſpondit à l'Empereur: Sur mon Dieu, ſire, ie n'eu oncques liure ſi
long temps au poing, ou i'eſtudiaſſe moins que i'ay fait en ceſtuy. D'vne
choſe m'aſſeuré-ie bien , que depuis qu'Vrgande me l'eut mis entre les
mains, ie me ſuis trouue ſi endormy, qu'il ne m'eſt ſouuenu d'autre choſe
que de ronſler. Et comme ilz furent ainſi tous eſueillez de ce fort ſomme,
le gouuerneur de l'Iſle vint dire à Amadis, que deux vaiſſeaux eſtoient
arriuez au port : en l'vn deſquelz eſtoit Vrgande la deſcogneuë, & en
l'autre vne Damoyſelle, qui n'eſtoit acompaignée d'autres matelotz ou
pilotes, que de Singes, & eſtoit le vaiſſeau qu'ilz auoient amené le plus
braue, & mieux equipé du monde . Mais à peine eut il fait ce meſſage,
qu'Vrgande entra ou ilz eſtoient. Lors ces Seigneurs & Dames l'auiſant,
vindrent la receuoir, & comme elle les acolloit , les vns apres les autres,
elle leur dit en riant: Certes quand ie vous mis icy, mon intention n'eſtoit
autre (comme ie vous fis entendre) qu'à prolonger voſtre vie , & laiſſer
couler les perilz & dangers de mort, qui vous fuſſent ſuruenuz ſans le dor
mir qui vous a tant duré . Or a il pleu à noſtre Seigneur vous r'apeller au
móde, par la conqueſte qu'a fait Liſuart voſtre filz (dit elle à Eſplandian)
d'vne eſpée, laquelle le ſage Apolidon luy auoit de long temps deſtinée.
Et pource que ie ſçay certainement, qu'Alquif le plus grand magicien du
monde, vous enuoye ſa fille, auecq' la carraque & les Singes qui ſont arriuez au port , pour vous mener en Conſtantinople , que les Payens tiennent aſsiegée : ie ne vous feray long recit des choſes ſuruenues depuis le
iour que ie vous aſsiz ceans, mais vous conſeille , que montiez ſur mer,
ainſi que la Damoyſelle vous priera, & que la ſuyuez, & ie vous tiendray
compagnie . Diſant ceſte parole la Damoyſelle Alquife entra , & faiſant
vne grande reuerance dit à Amadis,& aux autres Princes: Qu'Alquif ſon
pere les prioit, pour le bien d'eux, & de toute la Chreſtienté, d'entrer en
ſa carraque, dans laquelle elle les conduiroit en lieu ou ilz auroient honneur & plaiſir . A' ceſte requeſte obeyrent promptement ceux , à qui elle
parloit, & par l'auis d'Vrgande s'embarquerent ſans tarder : en ſorte que
(pour vous le faire court) arriuerent en Thrace le iour meſmes que la flote
des Chreſtiens aprocha de Conſtantinople. Si paſſa ce vaiſſeau, guidé par
Singes , entr'eux , combien que nul de la troupe entreprint de l'aborder,
pour ſçauoir qui eſtoit dedans : esbahys toutesfoys de voir beſtes ſi bien
aprin-

bien aprinſes, qu'ilz n'en ſceurent que penſer, auſſi tout ce eſtoit fait par
l'induſtrie du magicien Alquif. Mais s'ilz trouuerent ceſte nouueauté e-
ſtrange, Amadis & les autres de l'Iſle Ferme (voyant telle armée, & eux
ſi près de Conſtantinople, qu'ilz recogneurent) penſoient encores reſuer.
Toutesfois eſtans deſcenduz en terre, ainſi qu'il vous a eſté dit, & auiſans
ceux de la ville venir au deuant d'eux les receuoir, louerent Dieu de la
grace qu'il leur auoit faite: & à l'inſtant l'Empereur, qui marchoit premier recogneut de loing Amadis & ſon filz Eſplandian. Lors plus eſmer-
ueillé qu'on ne pourroit dire, courut les bras tenduz les embraſſer, & s'a-
dreſſant premier à Amadis, luy dit, ayant la larme à l'œil de grand' aiſe:
Monſieur mon frere, noſtre Seigneur ſoit loué de voſtre retour tant deſiré. Helas qui euſt iamais penſé, qu'vn tel heur me fuſt auenu deuát mourir? Monſieur, reſpondit Amadis, celuy qui n'oublie iamais ceux qui ont
fiance en luy, ſçauoit bien ce qui eſtoit neceſſaire à vous & à nous: & pour
ceſte ocaſion il nous a deliurez des tenebres, pour vous venir venger de
ceſte gent maudite, qui vous a tant fait d'ennuy. Adonc s'auança Oriane,
pour ſaluer l'Empereur, qui la baiſa gracieuſement, & en la baiſant luy
dit: Par ma foy, ma dame, ie cognois bien maintenant, que ie ne fuz onc-
que plus heureux que ie ſuis, ayant ſi beau & bon ſecours qu'eſt le voſtre.
Monſieur, reſpondit elle, ſelon voſtre grand' bonté les femmes doiuent
prendre les armes, auſſi bien que les hómes, & venir en voſtre ayde. Si ne
luy tint l'Empereur, plus lóg propoz à l'heure, car les autres Roys & prin
ces Dames Damoyſelles de ceſte troupe, s'aprocherent pour luy faire la
reuerance: & tandis ſuruindrent le Cheualier de l'Eſphere & Liſuart, qui
n'eſtoient ſortiz ſi toſt de la ville que l'Empereur. Mais auertiz, que les
Chreſtiens auoient prins terre, vindrent toſt apres auec leurs armes encores ſanglantes, pour voir s'ilz en cognoiſtroient aucuns de la troupe: &
d'arriuée trouuerent ceux de l'Iſle Ferme, qui auoient eſté tant dannées
liez au chaſteau d'Apolidon, par la force des coniurations d'Vrgande.
Lors s'auancerent les deux Cheualiers, Perion & Liſuart: & faiſans vne
grande reuerence à Amadis, voulurent luy baiſer les mains. Or ne les cogneut il de prime face, non firent pas Eſplandian, Oriane, & moins Leonorine: dont le vieil Empereur ne ſe peut garder de rire, & leur demanda s'ilz ne les auoit oncques veuz. Ce maiſt dieux monſieur, dit Amadis,
non que ie ſache: tát y a, qu'à voir leurs haubertz paintz de telle couleur,
ilz donnent bien à entendre, qu'ilz ſont hardiz & preux aux armes. Auſſi ſont ilz vrayement, dit l'Empereur, & filz des plus preudhommes de
la terre: & ſçauez-vous quelz? Ceſtuy (en monſtrant Perion) eſt filz du
Cheualier à la Verde eſpée, qui deffit autrefois Landriague: & de ceſt au
tre eſt mere ma fille Leonorine, qui me le laiſſa ſur les bras plus amy de la
tette, que d'armes, ny de cheuaulx. A ceſte parole, Oriane & l'Imperatrix
les coururét embraſſer: & quaſi rauies d'vn trop grád' aiſe, les groſſes larmes leur

mes luy tomboient des yeux. Ce que voyant l'Empereur, leur dit de bon ne grace : Par mon ame, mes Dames, leur presence a tant seruy pardeça, que Constantinople se peult nómer heureuse de les auoir euz pour sa de-defence : & moy encore plus fortuné, de la compagnie & secours qu'ilz m'ont fait si à propos: Car il est certain(veu mon vieil aage)que ie n'eusse peu resister au trauail qui estoit requis, pour soustenir les miseres & mal-heurs qui m'ont esté occurrans, depuis le iour quevous m'abandonnastes, & que ie repris le gouuernement de cest empire, pour l'abscence de mon filz Esplandian. Or estoit ce bon vieillard encores armé, lors qu'il disoit telles paroles, & n'auoit laissé piece de son harnois, doutât tousiours que les Payens recommençassent quelque nouuelle entreprise contre la ville: ains le voyoit-on ensanglanté par diuers endroitz, tant auoit combatu la matinée. Parquoy Galaor luy respondit: Ce maist dieux, monsieur celuy auroit mauuais iugement, qui voudroit maintenir que vous eussiez tou-siours dormy durant les affaires: car ces armes tesmoignent assez, comme voz ennemys ont experimenté que voz ans vieux n'ont peu amoindrir l'effort de vostre courage, & qu'il y a en vous plus de vigueur que de ieu-ne aage : & encores eussent ilz eu pis, si i'eusse esté aupres de vous, pour leur faire sentir le desir que i'ay de vous seruir. Seigneur Galaor, dit il, ilz ne se sont encores tant eslongnez, qu'ilz ne nous reuiennent voir peult estre auant la nuict : mais puis que Dieu a eu tant de souuenance de moy, que de vous auoir amenez, i'espere que le malheur tombera desormais sur eux: mesmes estant acompagné de ces Anges(dit il embrassant la roy-ne Briolanie, & les autres Dames) qui seroient suffisans pour chasser les dyables de ce monde, s'ilz estoient sortiz d'enfer pour y venir habiter. Ah a sire, respondit elle, si par femmes ceux qui sont venuz endomma-ger la Thrace, doiuent estre chassez, ie seray la premiere qui prendra lan ce & haubert, pour leur rompre la teste. De ceste parole se souzrit l'Em-pereur, & l'en remercia affectueusement : puis vint embrasser Florestan, qui mit le genoil en terre, pour luy baiser les mains. Mais l'Empereur le releua, & luy dit: Par mon chef, bon roy Florestan, voz prouesses sont au-tant bien reciproques à vostre nom, qu'il est possible : & est vray sembla-ble que pour tousiours faire florir vostre loz, vous auez prins la peine de venir au secours de ce bon vieillard, quasi sec & caduc. Sire, respondit il, pour vostre seruice ie seray tousiours verd & fleury. Dieu vous en sçache gré, dit l'Empereur. Puys auisant vn peu à costé la royne Sardamire, Ma-bile, & Olinde, les vint baiser: & trouuant Olinde belle entre les autres, voulut bien luy porter tât de faueur, qu'il luy dit: Ma dame, ceux qui ont frequenté les Espaignes m'ont autresfois asseuré, que linda en ceste lan-gue, est beauté en la nostre: & vrayement ie le croy mieux que iamais, car si beauté estoit perdue, elle se pourroit recouurer en vous autât, qu'en autre dame que i'aye veuë de ma cognoissance. De ceste parole rougit la
ieune prin-

ieune princeſſe, & prenant Agraies la parole pour elle, reſpondit à l'Em
pereur : Sire, elle a ainſi prins ſon bon viſage, & ces autres Dames auſſi,
pour ſe preſenter deuant vous. Mon couſin, dit il, vous auez tât fait pour
moy, que ie ſçay bien, qu'il m'eſt impoſſible le pouoir recognoiſtre comme vous meritez. Et acheuant ceſte parole ieta l'œil ſur le Roy de Boeſ-
me, Graſandor, qu'il n'auoit encores aperceu: & s'aprochant de luy, l'a-
cola gracieuſement, & luy dit : Certes, mon grand amy, ie penſois bien
touſiours qu'en ſi bonne affaire, le voyſinage de nous deux ne ſe perdroit
pas ayſément. Non ſire, reſpondit Graſandor, & moins que le deſir que
i'ay de vous ſeruir : & voicy ma dame Vrgande, qui vous en iurera pour
moy. Or ne l'auoit cogneuë l'Empereur de prime face, auſſi s'en excuſa il
tresbien ſur l'heure, en luy faiſant vn recueil merueilleux, & luy dit : Ah
a ma Dame, vous nous auez trop longuement fruſtré de ceſte bône compagnie : quand il vous plaira vous nous amenderez ce tort, qui n'eſt pas
petit. Sire, reſpondit elle, tout ce que i'ay fait iuſques icy, a eſté en bonne
fin : & pouuez maintenant cognoiſtre mieux que i'amais, que noſtre Seigneur ne vous auoit pas oublié, vous les ayant amenez à tel beſoin. Ie le
croy certainement, reſpondit l'Empereur. Ainſi receut ce bon vieillard
les vns apres les autres, leur faiſant à tous, l'honneur qu'ilz meritoient : &
iuſques à Gandalin, la Damoyſelle de Dannemarc, Carmelle, maiſtre
Heliſabel, voire Ardan. Mais il eſtoit ſi petit entr'eux, que l'Empereur ne
l'auiſoit, quand le Nain le vint tirer par la robe, luy diſant: Et dea, ſire, ie
ſuis venu à voſtre ſeruice comme les autres, pourquoy ne ſeray-ie embraſſé comme eux? Par mon chef, reſpondit l'Empereur, Ardan mon a-
my, tu as raiſon : mais tu te monſtrois ſi peu entre tant de haultz perſonnages, que ie ne t'aperceuois point. Sire, dit le Nain, i'ay le corps petit,
mais pour vous ſeruir i'ay le vouloir grand outre meſure, & qui ne ſe ca-
chera iamais en lieu ou il puiſſe eſtre, & fuſt ce entre les plus grandz Geans du monde. De la grace que parloit le Nain, & quaſi en cholere, chacun ſe print à rire. Durant ces propoz, Alquife fit tirer de ſon vaiſſeau
maintz beaux deſtriers, & pluſieurs hacquenées, puis s'adreſſant au Cheualier de l'Eſphere, luy dit: Sire Cheualier, Alquif mon pere voſtre hum
ble ſeruiteur, vous enuoye ces montures, qu'il vous prie diſtribuer, tant
au Roy voſtre pere, que ma dame Oriane & autres, qui leur ont tenu ſi
long temps compagnie en la chambre d'Apolidon. Si la recogneut auſſi
toſt Perion, parquoy l'embraſſa, & luy fit vn tresbon recueil: non ſeulement pour les dons du pere d'elle, ains pour l'eſperáce qu'il auoit qu'elle
luy aportoit nouuelles de celle, qu'il ne pouoit oublier iour ne nuit. Toutefois la Damoyſelle, comme ſage & bien auiſée, diſſimula lors ce, qu'elle en penſoit. Et luy reſpondit Perion : Damoyſelle m'amye, ce n'eſt pas
le premier bien que i'ay receu du ſage Alquif: mais, ſi Dieu plaiſt, i'auray
quelque iour moyen de luy faire quelque bon ſeruice. Monſieur, dit elle,
il a pour-

il a pourueu ces Cheualiers d’armes, que ie leur ay presentez de sa part a-
uant qu’ilz s’embarquaſſent, & maintenant il vous prie (comme ie vous
ay dit) que leur donniez à chacun l’vne de ces montures, meſmes à ces
Dames, aux bonnes graces deſquelles il ſe recommande humblement.
Monſieur, dit Perion à Amadis, vous oyez la requeſte de ceſte Damoyſelle, la doy-ie eſconduire ou non? Eſconduire? reſpondit Amadis, ce ſeroit luy faire tort, & à Alquif auſſi qui nous a voulu tãt de bien. Puis que
ainſi eſt, dit Perion, departiſſez donques le preſent qu’il vous enuoye: &
ma Dame(dit il d’Oriane) fera autant des hacquenées enuers ces dames.
A’ quoy ilz s’acorderent tous deux, & à l’inſtant Alquife fit tirer d’vne
queſſe (que deux eſcuyers portoient ſur leurs eſpaules) vne tente d’vne
ineſtimable valeur: qu’elle preſenta à Liſuart, luy diſant : Bien heureux
Cheualier, & mieux fortuné qu’autre qui ayt eſté par cy deuãt, mon pere
vous ſalue en toute humilité, & vous enuoye ceſte téte, la plus belle d’A-
ſie, en laquelle il vous prie loger(tant que ceſte guerre durera)auec le roy
Amadis voſtre pere, & ces autres Seigneurs, qui eſtoient enchantez en
l’Iſle Ferme côme luy. Et outre vous mande par moy, que vous ſerez plus
content le iour que vous le rencontrez, que ſi vous conqueſtiez la moytié
de l’Europe. Damoyſelle, reſpondit Liſuart, ie ne vy oncques celuy dont
vous parlez que ie ſache: tant y a que i’ay bonne enuie le cognoiſtre pour
luy faire plaiſir, ou il voudroit m’employer, non ſeulement pour les preſens & promeſſes que vous me faites de ſa part, mais l’ayant ouy eſtimer
en pluſieurs lieux . Adoncq’ Alquife deſploya la tente, qui fut trouuée
tant belle & ſi riche, qu’onques la ſemblable n’auoit eſté veuë au Leuant:
& tant courut ce bruit, que le Roy d’Eſpaigne Brian de moniaſte, celuy
d’Arauigne, don Bruneo, Quedragant prince de Sanſuegue, & Gaſquilan Roy de Sueſſe(qui faiſoient l’auantgarde de l’armée de mer)en ouyrent les nouuelles par vn Eſquif qu’ilz enuoyerent deuant, pour ſçauoir
qui eſtoient ceux, qui auoient prins terre en la carraque des Singes. Mais
quand ilz entendirent ce raport, oncques gens ne furent plus aiſes & eſba-
his enſemble: & cômanderent ſoudain à leurs gensd’armes ſortir de l’eau
& demeurer en bataille ſur la greue, tant qu’ilz auroient autre mandement d’eux. Et entrans en l’Eſquif, vindrét trouuer Amadis & les autres.
Lors Dieu ſçait le recueil qu’ilz s’entrefirent, ce pendant les ennemys(au
lieu de defendre l’yſſue de ceux qui venoient au ſecours des Chreſtiens)
diligenterent au poſſible de fortifier leur camp: car leurs eſpies les auoiét
auertiz, qu’ilz auroient la bataille le lendemain ſans nulle doute, qui fut
la cauſe de les faire tenir ſerrez, & quaſi touſiours aux eſcoutes. En ces entrefaites, l’Empereur de Trebiſonde & ſon armée deſcendit à port, apres
auoir par long temps nauigé la mer de Pont, & pour ſeureté eſlongné la
coſte de la Natolie, & gaigné l’entrée du deſtroit, à vn mile pres du lieu,
ou la force des roys de Gioſſe & Bugie ſurgiſſoit, ſans que nul d’eux euſt
la hardieſſe

la hardiesse d'empescher le passage : ains se tindrent les Payens à l'ancre,
pour doute d'estre assailliz par derriere, de ceux qui venoient deuers
l'Elespont, comme ilz auoient sceu par le patron, qui fut pris au petit nauire, ainsi qu'il vous a esté recité. Si ne tarda guieres, que l'Empereur de
Constantinople en eut nouuelles, parquoy auisa auecq' Amadis, & les
autres, que les dames se retireroient en la ville, & qu'eux yroiét receuoir
ce prince estranger, auecq' bon equipage : mais ilz ne peurent tant faire
de diligence, qu'ilz ne la trouuassent hors de sa galere, acompagné du
ieune Florestan, Galuanes, Parmenir, & de Dardarie Roy de la Breigne
Certes l'honneur que se firent ces deux vieillartz Empereurs, & le recueil
& bon visage que se monstrerent ces Cheualiers les vns aux autres, ne se
pourroit representer par escrit : mesmes la grace que l'Empereur de Constantinople, auoit, à s'humilier deuant celuy de Trebisonde, pour le remercier du secours qu'il luy amenoit. Et luy disoit ayant la larme à l'œil :
Ie ne sçay, môsieur, par quel moyen ie puisse iamais recognoistre tant de
peine, qu'auez prise à venir pardeça, pour tirer hors de misere ce pauure
vieillart, assailly de tous costez, & quasi sur le point de tomber en ruyne,
& en la plus grand' misere que fut iamais prince desherité. Sur mon dieu
vostre presence me donne tant de ioye, que ie me puis auiourd'huy nommer, le plus heureux malheureux qui nasquit onques de mere. Monsieur
mon frere, respondit il, ie n'ay fait que mon deuoir : car nous sommes na-
turellement tenuz de secourir l'vn l'autre : & mesmes que vostre bonté
tant renommée, oblige tous les princes, qui ont moyen, à vous ayder &
fauoriser, paincipalement contre les ennemys communs de nostre foy. Et
ainsi qu'il acheuoit ceste parolle, il aperceut Lisuart, & le Cheualier de
l'Esphere tout au plus pres de luy. Si s'adressa premier à Lisuart, & luy dit
Certainement, Cheualier, i'ay tresgrand plaisir de vous voir en bonne
santé, veu les meschans propoz que la malheureuse Melie nous mâda depuis vostre partement. Mais quant à vous (dit il en riant au Cheualier de
l'Esphere) il ne sera iour de ma vie, que ie ne me pleigne du tord que vous
me fistes, le iour que vous partistes de ma court, sans daigner parler à
moy, ny à autre que ie sçache : aussi voylà pourquoy ie me suis (en partie)
mis en queste pour vous trouuer, & m'en venger. Sire, respondit Perion,
ie vous suplie treshumblement me pardonner : car ie suis prest d'en souffrir telle punition qu'il vous plaira, encores qu'il n'y ait de ma faute, ainsi
que vous pourrez cognoistre ayant sceu veritablemét comme le tout s'est
passé. Durant le pourparler d'entr'eux, le ieune Florestan, Galuanes, &
Parmenir entretenoiét Amadis, & les autres cheualiers de leur cognoissance : racomptans les vns aux autres, leurs fortunes passées. Or commençoit il desia à estre sur le tard, parquoy l'Empereur de Constantinople,
pria celuy de Trebisonde, venir loger en son palais : mais il s'en excusa
grandement, pource qu'il n'auoit intention d'entrer en ville (comme il
H   disoit)

diſoit)premier que les ennemys,fuſſent chaſſez de Thrace:& à ceſte cauſe commanda dreſſer ſes tentes & pauillons . Toutefoys Amadis le pria
tant, qu'il logea en celuy qu'Alquiſe auoit donné à Liſuart:qui eſtoit tel,
qu'il vous a eſté recité . Et apres vn bien long entretien des deux Empereurs, ſe donnans le bon ſoir les vns aux autres, celuy de Conſtantinople
retourna garder ſa ville, & l'autre demeura au camp, ou Amadis & ceux
de l'Iſle Ferme luy tindrent bonne compagnie: apres toutefois auoir fait
vn tour en Conſtantinople , ou ilz s'en allerent pour ſaluer la vieille Imperatrix , laquelle ilz trouuerent encores eſmeuë d'vn euanouiſſement
qui l'auoit ſurpris, pour le grand plaiſir qu'elle eut voyant ſa fille en bon
ne ſanté, qu'elle penſoit certainement morte . Et comme l'Empereur entra, ou elle eſtoit couchée ſur ſon lit, il commença à luy dire : Ma dame,
vous auez maintenant voſtre fille, & bonne compagnie de Dames: mais
voyez, ſi ie ſuis mal pourueu de Cheualiers en mon endroit.Lors s'auancerent Amadis , Liſuart , & les autres pour luy faire la reuerance . Si lors
ceſte bonne Dame eut plaiſir, il eſt ayſé à croire, ſpecialement quand elle vid ſon gendre, qu'elle tint entre ſes braz plus d'vn quart d'heure ſans
pouuoir parler: & pour ce ſoir n'eurent moyen d'eux entretenir longuemét, pource que l'heure preſſoit les Cheualiers de l'Iſle Ferme retourner
vers l'Empereur de Trebiſonde : au moyen dequoy prenans congé d'elle
& de l'Empereur , ſortirent de la ville, & entrerent au camp. Or n'auoit
encores le Cheualier de l'Eſphere, eu moyen d'entretenir priuément Alquiſe , pour ſçauoir en quel eſtat elle auoit laiſſée la princeſſe Gricilerie,
pour laquelle il mouroit cent foys le iour:mais auſſi toſt qu'Amadis &les
autres furent deſlogez,luy & Liſuart ſe retirerent en leur quartier, ou elle les vint trouuer.Toutefoys de prime face,elle ſe garda tresbien de dire
ce qu'elle auoit charge , doutant que Perion trouuaſt mauuais qu'elle en
tint propoz deuant ſon compagnon: ce que cognoiſſant Perion,l'aſſeura
& perſuada que ce luy ſeroit plaiſir, pour l'amytié & gráde fidelité qu'il
luy portoit. Au moyen dequoy, elle tirát vne letre ployée menu, qu'elle
auoit au ſein, la luy preſenta, & dit: Ma dame ſe recommande affectueu
ſement à voſtre bonne grace:voyez ce qu'elle vous eſcrit,puis ie vous diray ce, qu'elle m'a commandé vous faire entendre . Perion print la letre,
& rompant le ſéel y leut, ce qui s'enſuyt:

E grand plaiſir que i'ay receu, auecq' voſtre lettre , & les preſens,
que vous m'auez enuoyez par ceſte Damoyſelle , ont renouuellé
en mó triſte cueur,l'ennuy,que mon ame ſeuffre pour voſtre longue abſence. Et croyez, mon amy, n'eſtoit la continuelle preſence de voſtre perſonne, que i'ay aux yeux de mon entendement, il me ſeroit impoſſible de reſiſter tant de iours au dur aſſault,qu'Amour me cómença à
liurer des le iour propre,quevous vintes muet en ceſte cour,au moins ſans
vouloir

vouloir proferer vne seule parole à moy, ny à autre : mais l'esperance que
i'ay que bié tost vous retournerez (ainsi que m'a asseuré ceste messagiere)
me donne quelque force pour souffrir ce, que i'endure sans aucune relasche. Or pour conclusion, & à fin qu'auecq' plus d'ocasion vous me puis-
siez venir voir : cóme i'espere, ie vous prie vous tenir pres de la personne
de l'Empereur mon pere : qui ne fauldra (comme ie pése) à vous ramener
quant & luy, estans les affaires passées. Ce pendant, ie desirerois bien que
vous essaysiez par tous moyés à tirer de dáger le beau damoysel Lisuart
estát certaine, si voulez tant faire pour luy & pour moy, que vous en viendrez à vostre honneur, comme le plus fauorisé de fortune & haulte cheualerie qui soit auiourd'huy entre ceux qui portent armes. Ce que ie vous
suplie autant qu'il m'est possible, pour le bien de ma sœur, laquelle s'est
tant affectionnée à luy, qu'elle n'est pas pour viure, si nostre Seigneur ne
la reconforte de la tristesse qu'elle a prinse, du iour qu'elle le perdit de
veuë, & meurt iour & nuict pour trop l'aymer & souhaiter. Et pource
que i'ay donné charge à Alquife, vous dire le surplus, ie vous supplie la
croire, comme venant de la part de celle, qui est plus vostre que sienne.

Perion ayant leu & releu ceste lettre, entra en vn pensement si profond
qu'il demoura bien long temps sans dire vne seule parole : ce que voyant
Lisuart, ne se peust tenir qu'il ne luy dit : Comment monsieur mon oncle ?
ie cuydois que ceste Damoyselle vous eust apporté nouuelles, qui vous
donnassent quelque contentement : mais à ce que ie puis cognoistre par
effet, ces lettres vous ont rendu en plus de tristesse que n'auiez de coustume. Pour Dieu dites moy, si ma dame Gricelerie vous mande chose qui
vous doiue ainsi rendre melencolique. Or auoient ilz communiqué ensemble maintesfois de leurs amourettes, & se tenoient tant amys & compaignons, qu'ilz ne se taisoient rien de leurs plus priuées affaires parquoy
le Cheualier de l'Esphere luy respondit : Sur ma foy c'est bien le cótraire,
ie pensois seulement au plaisir que i'auray quelque iour, si ie puis estre à
Trebisonde, & au propos que ma Dame m'escrit, faisant mention de
vous : & qu'il soit vray, voyez vous mesmes le contenu de sa lettre. A donc
la print Lisuart, mais si Perion s'estoit monstré triste, l'autre se trouua sans
comparaison plus attaint de melencolie : mesmement quand leut l'endroit de la peine, qu'Onolorie enduroit pour luy. Lors ietta vn hault
souspir, & ayant les yeux pleins de larmes, ne peult tant dissimuler, qu'il
ne dist à Alquife : Ah a damoyselle, la prison ou i'estois ces iours passez
m'estoit trop plus aggreable, que le souuenir de chose qui me fait ainsi
mourir tout sain! Comment monsieur ? respondit elle, vous pleignez vous
du bien que lon vous veult ? Non dit il, mais du mal qu'endure pour moy
celle, pour laquelle ie viz, & non pour autre. Que pleust à Dieu, qu'il fust
en ma puissance, luy faire cognoistre combien ie suis sien, vous asseurant
damoyselle m'amye, qu'il me seroit besoing ne l'auoir oncques veuë, en-

H ii   cores que

cores que ce me sera la plus grande faueur que fortune m'eust sceu faire.
Mais quoy ? la cognoissant telle , & moy de si peu de merite, il n'est pas
possible qu'elle ne me desdaigne à la longue . Desdaigner? respondit Alquife, ie prends celà sur moy, & que iamais nouuelle ne fut mieux receuë,
que sera celle , par laquelle elle entendra ou vous estes maintenant : car
quand ie la laissay , elle desesperoit de vostre vie. Ainsi doncq' resiouis-
sez vous tous deux , & vous tenez certains , qu'oncques deux Cheualiers
ne furent tant aymez de deux dames (telles qu'elles sont) que vous estes.
Et quant à vous (dit elle au Cheualier de l'Esphere) il sufit de l'esperance
qui est en vostre cueur , sans la demonstrer par dehors : parquoy ie vous
prie laisser desormais les armes, que vous auez portées iusques icy . Ie
vous en donneray de toutes semblables, qu'ont auiourd'huy le roy Amadis, & ceux que i'ay amenez de l'isle Ferme, ausquelz mon pere les a enuoyées. Ma grand'amye, respondit Perion, ie feray tout ce que me con-
seillerez: car vous m'auez obligé tant à vous, que iour de ma vie ne feray
autre que vostre Cheualier , pourueu que me faites encores ce bien, de
me reciter fidelement l'estat, en quoy vous auez laissé ma dame Gricilerie, & les propoz que vous auez tenuz durant le seiour que vous auez esté
ensemble. En bonne foy, dit Alquife, celà feray-ie bien. Lors commença
à discourir tout ce qui s'estoit passé entre elles, tellement qu'il estoit quasi le poinct du iour , premier qu'ilz s'endormissent.

Comme les princes Payens s'as-

*semblerent en conseil, pour voir ce qu'ilz auoient affaire, sça-
chant le grand secours des Chrestiens arriué : & de
la resolution qu'ilz prindrent.*

Chapitre   XXII.

L'armée de

'Armée de mer des infideles , repaſſée par le deſtroit, titant à la Natolie vers les paludz Meotides, & d'autre part le Roy Armato, auecq' ceux qui eſtoient campez, & fortifiez du coſté de la ville (comme il vous a eſté recité) ayantz eu certain auis du grand ſecours venu à ceux de Conſtantinople, meſmes cóme l'Empereur de Trebiſonde auoit paſſée en l'Eleſpont, & maugré leur puiſſance s'eſtoit ioint aux princes Chreſtiens : s'aſſemblerent en conſeil, pour deliberer qu'ilz auoient à faire, ou aſſiſterent les Souldans, Roys, Caliphes, & capitaines de leur oſt. Et apres pluſieurs choſes debatuës d'vne part & d'autre, conclurent de renforcer leur camp par grands foſſez, & ſe tenir ſerrez iuſques à tant qu'ilz verroiét quelle contenance auroient leurs ennemys, de les aſſaillir, ou non : & ce pendant guerir les naürez , dont il y auoit vn nombre infiny, leſquelz reuenuz en conualeſcence, hazarderoient la bataille, à quelque peril qu'elle peuſt tourner. Et à fin, dit Armato, que noz ennemys ne nous penſent eſtonnez en rien , ie ſuis d'auis que toute nuiĉt l'on faſſe ſonner les trópettes & clairons de ceſte armée, móſtrans le plus grand ſigne de ioye & d'algarades, dont on ſe pourra auiſer : & que vous, ſeigneur Almirix de Liquie, preniez la charge (auec telles gens que bon vous ſemblera) de noſtre fortification, eſtant certain que vous y mettrez tel ordre, qu'il n'en pourra venir inconuenient. A' quoy il s'acorda . Durant que ces deliberations ſe faiſoient ainſi au camp des Payens, les princes de la Chreſtienté, pouruecurent ſi ſaigement, & auec telle diligence à mettre leurs ſouldatz en terre, qu'auant le poinĉt du iour ilz furent tous campez, & preſtz à receuoir les ennemys s'ilz les venoient aſſaillir . Lors

H iii   arriuerent

arriuerent en la téte d'Amadis les Empereur de Rome, Roys de Sobradi
se, de Sardaigne, d'Yrlande, de Boesme, d'Escosse, d'Espaigne, de Naples,
Sansuegue, de Montgaze, de Suesse, la royne Calafie, & Norandel: tous
lesquelz auoient amené bon nombre de gents de guerre tant de pied que
de cheual: & passants l'Elespôt. Norandel & le comte Frandalo s'estoient
iointz à eux, auecq' l'armée de l'Empereur de Constantinople, qui les a-
tendoit pour les guider. L'ocasion, pour laquelle ilz s'adressoient ainsi à
Amadis, estoit pour auiser ensemble sur ce qu'ilz auoient à faire de là en
auant: mais pour l'heure ilz ne résolurent autre chose, fors qu'ilz prie-
roient l'Empereur de Trebisonde prédre la charge totale de ceste entreprinse, luy deferant l'honneur de chef, & principal d'eux tous. Et pour ceste ocasion se retirerent vers luy, & l'en supplierent de tresgrande affection: ce qu'il ne voulut accepter, ains les remerciât, comme il sçauoit bien
faire s'excusa sur l'Empereur de Constantinople, qui auoit desia (comme
il disoit) plus experimenté les ruses des ennemys, & esprouué leurs forces,
qu'autre Prince de la troupe. Et à ceste cause fut auisé, qu'on enuoyroit
vers luy, sçauoir s'il luy plaisoit qu'ilz allassent à la ville pour cest affaire,
ou bien s'il prendroit la peine de les venir trouuer au camp. L'Empereur
entendant ce messaige, monta incontinent à cheual, & accompagné du
Cheualier de l'Esphere, de Lisuart & maintz autres preud'hommes, se re
tira vers eux: mais premier qu'il y arriuast, ces seigneurs que nous vous a-
uons nommez n'agueres, allerent au deuant de luy, mesmement Sarquiles, Bruneo filz du Geant Balaan, & Garuate du Val craintif, lesquelz re-
tardez par la tempeste, n'auoiét peu ataindre les autres, que sur l'aube du
iour qu'ilz prindrent port. Certes l'Empereur de Constantinople se pouuoit lors tenir pour bien heureux, voyât tant de Roys, & de peuple à son
commandement: toutefois, considerant la fragilité des hommes, & que
ce nombre infiny, qui estoit en armes & prest de côbatre, ne seroit en vie
auant cent ans passez, commença à larmoyer. Si ne luy dura longuement
ceste melancolie, car il fut contraint recueillir & honnorer ceux, qui luy
faisoient tant de faueur: tous lesquelz il embrassa les vns apres les autres,
les remerciants auecq' vne tresgrande humilite, de la pitié qu'ilz auoient
prinse de sa ruyne, & du grand secours auec lequel ilz le venoient visiter.
Monsieur mon frere, dit l'Empereur de Trebisonde, ie vous prie ne vous
souciez que d'auiser les moyés par lesquelz nous pourrons offendre noz
ennemys: car i'espere, auecq l'ayde de Dieu, qu'ainsi qu'ilz ont entreprins
soudainement vous faire la guerre, qu'ilz s'en repentirôt tout à loysir. Au
demeurant, nous auons ce matin acordé ensemble, que vous demourerez
chef sur nous tous, pour nous gouuerner & conduyre durât ceste guerre:
ce que ne deuez refuser par raison, attendu que vous cognoissez ce pais
comme vostre, la ruse des ennemys, l'ayant maintesfois experimentée,
leurs forces, & ce qu'ilz sçauent faire, mieux que nul de nous. Et à fin

que n'ayez

que n'ayez ocafion de contredire à cefte charge, nous vous iurons: & prometons vous obeyr en tout & par tout, ainfi que vous ordonnerez & com
manderez. Ah a, monfieur, refpondit l'Empereur de Conftantinople, &
qu'eft-ce que vous dites? m'eftimeriez vous bien fi temeraire, ou defpour
ueu de fens, que ie voufiffe feulement penfer à ce, que vous auez mis en
auant? Par tout tant que ie tiens de Dieu, i'aymerois mieux perdre mon
Empire, & la vie aufsi. Adoncq' fe fceut tant prudemment excufer, que finablemét, & par l'auis de tous, l'Empereur de Trebifonde demeura chef
de la compagnie; & celuy de Conftantinople, fuperintendant à la ville,
comme il fouloit. Or eftoit il haulte heure, & temps de difner, parquoy
fe retirerent en la tente d'Amadis, ou les tables eftoiét ia couuertes: mais
à peine eurent ilz le premier feruice, qu'vne Damoyfelle fe prefenta deuát eux, armée de toutes pieces, portát en fa main vn arc d'If, & vne trouf
fe de fleches au cofté. Lors demanda, fans faluer nul de la troupe, lequel
d'eux eftoit l'Empereur de Trebifonde, & Amadis Roy de Gaule & de la
grand' Bretaigne. Si luy furent monftrez, & l'vn, & l'autre: parquoy s'a-
dreffa à eux, & d'vne grande audace leur dit: Tenez, voyez ce cartel, puis
me faites refponce qui foit digne de vous. A donc leur bailla à chacun vne
lettre, & vne autre à la Royne Calafie, luy difant: Ma dame, l'acouftremét
que vous portez m'a affez enfeigné qui vous eftes, lifez le contenu de ce
papier: car c'eft à vous à qui il s'adreffe, & à vous à y penfer. Si furent leuz
les trois cartelz, & contenoit celuy de l'Empereur, ce qui s'enfuyt:

ARmato, Roy de Perfe, mortel ennemy des Chreftiens, feruiteur de
noz dieux, & principal protecteur de leur fainte loy : à toy Empereur de Trebifonde, falut condigne. Sçaches, que pour auoir la cité de Có
ftantinople, auecq' ce païs à ma difcretion, ie me fuis n'agueres mis aux
champs, acópagné de fi groffe puiffance, que chacun fçait. Et pource que
i'ay entendu, que tu es nouuellement arriué au fecours de mon ennemy,
i'ay penfé d'enuoyer prefenter le combat à toy, qui es le principal defen-
feur de l'Empire Grecque contre moy, qui fuis le principal pretendant à
fa ruyne. Et ne t'excufe fur tes ans vieux: car fi tu as ataint l'an octante de
ton aage, à l'heure que tu nafquis i'auois ia conoiffance de la tette de ma
nourriffe. Le combat que ie pretends auoir de ta perfonne, à la miéne, eft
feulement pour acquerir honneur, & efprouuer a coups de lance & d'efpée, lequel fortune fauorifera le plus de nous deux: pourtant auife à faire
refponfe, qui te foit honnorable.

En bonne foy, dit l'Empereur, Armato defire le combat, & il l'aura:
mais tel cuyde venger fa honte, qui l'acroift, ainfi que i'efpere qu'il co-
gnoiftra par force de mon bras, qui eft encores (peult eftre) plus roide
qu'il ne penfe. Monfieur, refpondit Amadis, ilz nous veulent excufer du
peché de pareffe, aumoins ainfi que ie puis cognoiftre par ce cartel, Lequel il commença à lire, & telle en eftoit la teneur:

H iiii   Grifilant

Rifilant, feigneur de l'Ifle Sauuagine, feruiteur des grands dieux de la mer, affectionné à la ruyne des malheureux Chreftiens, dont toy Amadis Roy de la grand' Bretaigne, es bouclier & protecteur: neantmoins celà ne m'a tant efmeu au defir que i'ay de m'efprouuer contre toy, comme la haute cheualerie dont tu es renómé par tous les endroitz du monde. Or puis que l'ocafion principale qui m'a meu fortir de mes païs, a efté non feulemét pour fecourir le puiffant Roy des Turcz, mais pour aquerir louange & reputation par armes, & que fortune m'a tant fauorifé, de m'auoir amené en temps & au lieu, ou i'ay moyen de te combatre, ie te fuplie que nous entrions en camp l'vn contre l'autre, t'affeurant, fi mes dieux m'otroyent la victoire, que ie m'eftimeray le plus heureux Cheualier qui nafquit oncques, & à bon droit, ayát le deffus du chef & premier de toute cheualerie. Et quand bien le contraire m'auiendra, fi n'en feray moins eftimé entre les preud'hommes: car on fçait affez quelz, & combien de perfonnages redoutez ont efté vaincuz par toy. Au pis aller, la mort honorable que ie receuray, me fera en grand repos d'efprit, affeure que ma vie ne peut durer, ayant deliberé n'efpargner ma perfonne (moins que rien) aux rencontres & combatz qui fe feroit dorefnauant par noz gents, & les voftres. Otroye moy doncq' ce que ie te demande, & en ce faifant tu feras pour moy, & pour ton honneur.

Ce maift dieux, refpondit Amadis, ie ne cogneu oncques Grifilant. que ie fçahe, mais ie croy qu'il foit gentil prince: pour le moins ce qu'il m'efcrit m'en donne bon tefmoignage. Et vous, ma dame, dit il à Calafie, vous prie-on d'amours, ou de meflée, par la lettre que vous a baillée cefte meffagiere? Vous le fçaurez prefentement, refpondit elle. Lors commença à lire ce, qui f'enfuyt:

Intiquineftre, Royne de la gent, qui n'a nulles tettes: à toy Calafie, qui commande es Ifles eftranges de Californie falut tel que ie le te defire. Ie t'auertis, que pour faire conoiftre ma prouëffe à ceux qui hantent plus continuellement les armes: i'ay puys n'agueres, habádonné ma contrée, & fuis arriuée en ce camp, ou i'ay fceu pour certain, que tu es nouuellement venuë, pour defendre celuy que nous efperons deftruire entierement. Et pource que tu es eftimée adroite au combat, autár, ou plus, que le meilleur Cheualier du monde: Ie me fuis perfuadée, que fi en camp de bataille ie te pouuois vaincre, que ceft honneur me feroit immortel. Or eft (ce me femble) la partie bien faite de femme à femme, pretendantes toutes deux à vne mefme chofe, qui eft la gloire & renom de prouëffe: parquoy auife fi tu veux efprouuer ta force à la miéne, à ce que d'huy en auant on puiffe iuger, qui a meilleur droit porte coronne de Royne, & gouuernement de femmes, qui fçauent gaigner les hommes par amours & par armes.

Certes qui

Certes qui euſt prins garde lors, à celle qui aporta ces trois cartelz, on
l'euſt proprement eſtimée vne ſeconde Pallas, veu l'excellãce du harnois
qu'elle auoit endoſſé, la grace de l'arc, & la trouſſe au coſté, & la grand'
beauté dont nature l'auoit douée: & telle que Gaſquilan, Roy de Sueſſe,
ne ſe peut tenir, qu'il ne luy diſt:Ce maiſt dieux, damoyſelle vous n'auez
beſoing de porter arc ny trait, pour cõbatre les preud'hõmes de ce camp:
car ie ne ſache Cheualier, qui ne ſe tint ayſément pour vaincu, voyant les
perfections dont vous eſtes armée, qui vous ſont plus propres à auoir le
deſſus des hõmes, que tous les harnois bien acerez que vous ſçauriez recouurer. De ceſte parole chacun ſe print à rire, meſmes pour la reſponce
que luy fit Amadis. Ie croy bien, dit il, ſeigneur Gaſquilan, qu'elle vous
cõbatroit mieux toute nue en vn lit, au ieu d'amourettes, que vous ne fe-
riez armé de toutes pieces en cãp cloz, le plus hardy Turc qui ſe voudroit
preſenter. Ce n'eſt pas reſpõdit elle, ſatisfait à mon meſſage:Ie vous prie,
Seigneurs, me declarer ſi acceptez les offres de ceux qui m'ont enuoyée
vers vous, ou ſi faute de cueur vous fera reculer arriere. Damoyſelle, dit
l'Empereur de Trebiſonde, nous enuoyerons l'vn des noſtres vers eux,
premier que le iour ſe paſſe : & pourtant ne differez à vous en retourner,
quand bon vous ſemblera. A ceſte parole print la Damoyſelle congé, &
montant ſur ſon palefroy, chemina tant, qu'elle arriua ou Armato l'atendoit, acompagné de Griſilant, Pintiquineſtre, & maintz autres bons
Cheualiers. Et tandis les princes Chreſtiens, mirent en deliberation ſi on
accepteroit le combat, que demandoient les Payens, ou le refuſer auecq'
quelque honorable excuſe: & furent les opinions diuerſes, tellement que
la plus part conclurent, que veu l'aage ancien de l'Empereur de Trebiſonde, il le pouuoit & deuoit (voyre ſans faire tord à ſon honneur) refuſer
d'Armato, eſtant vne choſe demãdée par luy, plus de legiereté de cueur,
que par raiſon. A' quoy les autres contrediſoient du tout, alleguãs la conſequence, qui ſeroit dõmageable à la Chreſtienté : auſſi qu'Armato n'a-
uoit (pour l'aage) auantage quelconque, ains eſtoit auſſi vieil que l'Empe
reur. Lequel deſirant ſe monſtrer tel qu'il eſtoit, cõmença ſon parler en
telle ſorte:Treſvertueux cheualiers, eſtãt aſſeuré que vous auez touſiours
eu le cueur ſi bon & entier, & l'honneur en telle recommãdation, qu'onques ne vous trouuaſtes eſtonnez, pour peril & danger qui vous peuſt a-
uenir: Ie vous ſuplie affectueuſement penſer de moy ce, que ie doy, &
veux croyre de vous. Ceſt, que pour mourir de mile mortz, ie ne voudrois de tant m'oublier, que mes ans vieux diffamaſſent, ou(pour mieux
dire)miſſent en doute tant ſoit peu, la reputation que i'ay aquiſe lors, que
i'eſtois ieune & diſpoz, plus que ie ne ſuis maintenant. I'ay certes le poil
blanc, & chenu: mais le cueur ieune, & deliberé, & la volonté auſſi bonne, qu'elle fut oncques. Armato demande combat, il l'aura: il ſe dit a-
my & augmétateur de ſa loy, ie ſuis ſeruiteur treshumble de Ieſus Chriſt
qui m'ay-

qui m'aydera s'il luy plaist, & comme i'espere en luy . Ainsi doncques ie
vous prie , tant qu'il m'est possible , ne contester plus , si ie doy entrer en
camp contre l'ennemy , ou non : car ma resolution est de vaincre , ou de
mourir, & en fasse Dieu ce qu'il luy plaira. Son propoz finy, & ayans tous
entendu ce bon vieillard , l'en louërent grandement : & furent d'auis la
royne Calafie , & Amadis (à qui il tardoit trop d'entrer en telles noces)
qu'on enuoyast soudain vn Cheualier d'entre eux vers Armato, accepter
le camp. Mais le vieillard Arban de Norgalles, remonstra, qu'il auoit e-
sté presenté par vne Damoyselle, & qu'vne Damoyselle deuoit porter la
responce: & partât fut mandée Carmelle, laquelle arriuée, luy fut baillé
vn cartel auecq' telles instructions . Vous yrez , dit Amadis, trouuer les
Roys Armato, Grifilant, & la royne Pintiquinestre , ausquelz vous pre-
senterez ce cartel de la part de l'Empereur de Trebisonde, la Royne Calafie, & de la mienne aussi . Vous leur direz , que nous acceptons le combat comme ilz l'ont demandé , & à tel iour & heure qu'ilz voudront en
auoir le passetéps, nous serons prestz: au reste, acordez ensemble de tout
ce, qu'ilz mettront en auant , comme vous sçauez bien faire .   Carmelle
prompte, & sage pour l'execution de telz affaires , monta soudain à cheual: mais aprochant le camp des Turcz, fut arrestée par le guet, & conduite vers Armato, qui estoit lors, en vne grand' tente, tenant conseil auecq'
les principaux de l'armée . Ces Seigneurs auertiz qu'vne Damoyselle
messagiere leur aportoit nouuelles des Chrestiens , commanderent aussi
tost qu'on la fist venir. Lors elle (suyuant sa coustume, qui estoit ne porter reuerence à autre qu'à Esplandian) sans saluer ny Roy , ny Roc, entra
en la tente, & presenta le cartel à ceux qu'il luy estoit commandé, duquel
la teneur s'ensuyt.

Ous, par la grace de Dieu , Empereur de Trebisonde , Amadis
Roy de Gaule, & de la grand' Bretaigne, & Calafie dominât es
Isles de Californie, ou l'or & les pierres plus precieuses croissent
en tresgrand' abondance (respondans par ensemble aux trois cartelz que
vous Armato Roy de Perse, Grifilant prince de l'Isle Sauuagine, & Pintiquinestre dame de la gent sans tettes nous auez enuoyez) vous faisons
sçauoir, que nostre voyage en ces marches de Leuant a esté causé, pour la
defense & acroissement de la loy de Iesus Christ, en qui nous croyons: &
aussi pour destruire ceux , qui luy sont contraires . Par ainsi , apres auoir
receu voz cartelz, auons esté contens vous acorder le combat que deman
dez, auecq' telles armes que vous eslirez, car quant au camp, nous enten-
dons qu'il soit fait deuât ceste grande cité , esperans que nostre Dieu seul
(à la main duquel sont les victoires) nous la donnera sur vous, à la confusion de voz ydolles , & grand dômage & deshonneur de voz personnes.
Et pource que ceste Damoyselle a charge, & pouoir de nous, d'arrester a-
uecq' vous

uecq' vous du surplus, nous le remetons à elle: tant y a, que nous vous iurons & prometons en foy & parole de Roy, que durant le combat, nul de
nostre camp ne s'esmouuera pour vous nuyre, ou endommager, pourueu
que faites le semblable de vostre costé, dont nous voulons auoir asseuran
ce & promesse iurée, comme il est raisonnable.

Le cartel leu deuant toute l'assemblée, Armato print la parolle pour
tous & dit à Carmelle: Damoyselle, nous estimions bien que nous n'au-
rions pas autre responfe que ceste cy, cognoissans de longue main, ceux
ausquelz nous nous sommes adressez, encores que ne les vismes onques:
lesquelz vous pouuez auertir sur mon honneur, qu'il n'y aura Cheualier,
ny autre de cest ost, qui fasse semblant de rien, soit pour nous, ou contre
eux, en quelque sorte que ce soit, durant nostre combat, & demeure la victoire, ou il plaira à fortune. Durât ce propoz, Carmelle regardoit distin
ctement le roy Grifilant, tant luy sembloit grand & bien formé, aussi e-
stoit il quasi de taille de Geant, ce qu'elle nota tresbien: & apres auoir
quelque téps deuisé auec eux, des choses requises en semblables affaires,
& prins la seureté telle qu'il estoit besoin, retourna au câp des Chrestiens,
ou elle trouua encores tous ces seigneurs ensemble. Si leur racompta par
le menu le fait de sa legation, les gestes & contenâces du roy Armato, les
paroles qu'il luy auoit tenues, & finablement la resolution de tout. Carmelle, dit Amadis, quel hóme est ce que Grifilant? ie vous prie dites nous
en vostre auis. Sire, respondit elle, à le voir, il doit estre preux & hardy
aux armes: pour le moins il y a assez de chair, mais que le cueur en soit
bon. Tant y a qu'à sa façon de faire, ie ne sache contenance de Cheualier
plus superbe, n'y autre si grâd qu'il est: & croy que vous trouuerez bien
chausseure à vostre pied, encores que vous soyez estimé le paragon de
cheualerie, ie vous dy s'il veut faire ce qu'il dit. Amadis cognoissant bien
que Carmelle ne tenoit ce propoz, que d'amytié & bon vouloir qu'elle
luy portoit, ne se peut tenir de rire, l'oyant parler si affectueusement à l'a
uantage de Grifilât, parquoy il luy respondit: Asseurez-vous, ma grand'
amie, que nostre Seigneur sera tousiours plus pour ses seruiteurs, que pour
ceux qui luy sont côtraires, qui me donne grande esperance, que deuant
qu'il m'eschape, ie le renderay (peult estre) plus dyable qu'il n'est cornu,
au moins si son ame prend le chemin qu'elle doit. Auez-vous veu Pinti-
quineste? dit la royne Calasie. Oy, madame, respondit elle, qui est selon
mon iugement, bien l'vne des plus belles dames, & autât gaye que ie vy
de ma vie, & qui se delibere vous bien froter, côme elle sevante. Ie ne sçay
(respondit elle) demain on cognoistra qui aura bel amy. Et sur ce poinct
sortirent de la tente, ou ilz auoiét demeuré tout le iour, & môterent à che
ual pour aller voir les dames, que l'épereur de Trebisonde n'auoit encores veuës. Eux doncq' arriuez en la ville, entrans au palais, vindrent les
deux Imperatrix mere & fille, la royne Oriane, & toutes les autres, receuoir l'Em-

uoir l'Empereur de Trebifonde: puis eftant conduit en la grand' falle, fe mirent à deuifer des propos qu'ilz eurent les moins facheux, tellement qu'il aduint aux Roys de Hongrie, & Cildadan(qui entretenoient Oriane) de tomber fur le cóbat, qui deuoit eftre fait le iour enfuyuant, par les deux cheualiers Chreftiens, & la royne Calafie, contre les deux payens, & Pintiquineftre. Qui efmeut tant la bone dame, qu'à moins de rien elle changea trois ou quatre foys couleur, doutant quelque inconuenient à fon feigneur, & mary, contre lequel elle ne fe peut tenir qu'elle ne dift: Il fied bien aux ieunes faire les ieuneffes, mais celà eft reprouuable à ceux, aufquelz l'aage commande deformais vfer plus de raifon, que de legiere volonté. Le roy Amadis a des filz, & des filz de fes filz, pour tenir deformais ce rang, il a affez fait par le paffé, & fe deuroit deformais contenter de fortune. Defplaifans furent les deux Roys, d'auoir entamé ce propoz, toutesfoys la pierre eftoit efchapée de la main, la parole eftoit proferée, & ireuocable: au moyen dequoy ilz en firent les bons cópagnons. Et refpondit Cildadan à Oriane: Par ma foy, ma dame, ie voy bien maintenant que l'amour de femme à mary, excede de beaucoup celle que l'on porte aux enfans: & qu'ainfi foit, & ie vous en croy, fi vous ne voudriez pas que Perion, & Lifuart, fuffent en la place de monfeigneur Amadis, & luy excufé de cefte meflée. En bonne foy, refpondit elle, ie le voudrois vrayement: n'a il pas affez fait par le paffé? quel befoing eft il maintenant de faire efpreuue de fa perfonne tant efprouuée? quoy qu'il en foit, il fe fait tort, & à moy auffi. Mais ilz ne commençoient encores qu'entrer en matiere quand vn efpie, fortant du camp des ennemys, vint auertir l'Empereur de Conftantinople, que les ennemys auoiét enuoyé gens frais aux Roys de Gilofle, & Bugie, & renforcé leur armée de mer, pour venir fur prendre celle des Chreftiens, tandis que les deux camps s'amuferoient au combat, qu'Armato auoit demandé: & à cefte caufe, furent ces Seigneurs contraintz laiffer le deuis des femmes, & entrer au confeil. Ou ilz auiferent, que le duc d'Ortilenfe, le comte d'Allaftre, & le prince Alarin, auroient la charge des vaiffeaux de Trebifonde auec vingt mil hómes, bons combatans, outre ceux qui y auoient efté laiffez. Le comte Frandalo, & Norandel, eurent femblablement renfort, pour le regard de ceux qu'ilz auoient amenez de la montagne defenduë: & quant au refte, il n'y eut celuy qui n'y pourueuft, ainfi que l'affaire le requeroit. Puis manderét aux capitaines, & foudats, que chacun fe tint fur fes gardes, les auifans de ce qu'ilz auoient entendu: à fin qu'ilz ne fuffent furprins, toutefois ceft auertiffement fut faux. Bien eft vray, que les Payens auoient mis en auant cefte trahifon mais elle fut rópue par Almirix de Liquie, gétil prince & loyal cheualier: qui n'y voulut iamais donner confentemét, veu l'affeurance qu'ilz auoiét fiacée, & iurée es mains de Carmelle, lors qu'elle leur alla finifier l'acceptió du cóbat. Quelques iours apres, ces deux armées, de mer

fe charge-

se chargérent l'vne l'autre, & y eut vn conflit tel, qu'oncques n'estoit a-
uenu semblable au païs du Leuant.

Comme l'Empereur de Trebi-

sonde, Amadis, & la Royne Calasie, combatirent les Roys Armato, Grisslant, & la Royne Pintiquinestre.

Chapitre   XXIII.

Yant l'Empereur de Trebisonde, & ceux qui l'acompagnoient, donné le bon soir aux Dames, se retirerent
pour ce soir en leurs pauillons attendans le lendemain
qu'ilz deuoient combatre, ainsi qu'il auoit esté acordé.
Or ne dormirét ilz pas toute nuict, ains veillerent quasi
continuëllemét en deuotes oraisons, prians nostre Sei-
gneur qu'il leur donnast ce qu'il leur estoit besoing à son honneur, & à sa
gloire. Puys sur l'aube du iour Amadis manda les Capitaines de l'armée:
les priant que chacun d'eux fist tenir ses gens en bataille: pour monstrer
teste aux ennemys, si d'auanture ilz faisoient semblant d'eux mouuoir,
rompant le compromis & seureté qu'ilz auoient ensemble. Et peu apres,
fut la messe celebrée deuotement, par le Patriarche de Constantinople:
laquelle paracheuée, Alquife donna à chacun d'eux, vn harnoys, pareil

I   à ceux

à ceux dont elle auoit fait present de par son pere aux Cheualiers de l'Isle
Ferme, desquelz ilz s'armerent : & montans sur leurs destriers , furent
conduitz au lieu asigné pour le combat. Le vieil Empereur de Constantinople, portoit la lance de celuy de Trebisonde, Esplandian, son armet:
Arquisil Empereur de Rome, portoit celle d'Amadis, & Galaor, son heaume : Lisuart portoit celle de la Royne Calasie, & le Cheualier de l'E-
sphere, son armet. Eux doncques ainsi equipez, & acompaignez de
grand nombre de Roys, & preux Cheualiers, entrerent au camp assis
tant ioignant la ville que les Dames montées sur les rampars , pouuoient
(non seulement voir donner les coups, ains) entendre quasi les propos
des combatans. Si les suyuoient de pres les trois Payens, bien acompagnez, & portoit ce iour Armato, vn harnois obscur, cheuauchant vn grãd
destrier noir, pour tesmoignage de l'ennuy qu'il auoit par la mort de
Melie, sa sœur. Les Souldans d'Allape, & de Perse , luy seruoient d'Escuyers, tenans l'vn sa lance, & l'autre l'armet. Le Roy Grisilant, estoit armé tout au contraire , d'vne armes verdes semées de Serpents à deux testes, separées des corps : cheuauchoit vn grand coursier alleran, le plus
fier que l'on vid oncques . Et ne portoit telle deuise sans cause : car en ses
ieunes ans , il auoit combatu vn Serpent, & occis vaillamment, au grand
proffit de la region qu'il habitoit . Almirix frere du Souldan de Liquie,
luy portoit la lance, & le Roy de Ierusalem, son armet . La Royne Pintiquinestre , acoustrée sur son harnois de veloux Turquin à tresses d'or,
portoit en escharpe vn escu, bien paint d'azur d'Acre, au mylieu duquel
estoit figuré vn Geant mort, representant la victoire qu'elle auoit euë autresfoys sur vn sien voysin , homme plus grand , qu'autre qui se trouuast
de son temps. Et estoit ceste Royne tant bien à cheual, qu'on ne l'eust
iamais iugée autre, que pour Cheualier tresadroit, pourueu qu'elle eust
eu armet en teste : mais le visage descouuert, sa beauté estoit telle, que
pour la desirer y auoit assez dequoy faire mourir les hommes, & reuiure
quant & quant . Si luy portoit le glaiue le Roy de l'Isle Geante, & l'Infante Gradafilée, vn armet, le mieux empanaché qu'il estoit possible.
Ainsi entrerent ces bons combatans au camp , auecques vne fanfare de
trompettes, telle, qu'on n'eust pas ouy le tonnerre bruire. Et comme ilz
se furent mis & les vns, & les autres en equipage de faire leur deuoir, s'entrecoururent sus, de si merueilleuse roydeur, que sans faillir d'atainte, leur boys volla en esclatz : se ioignans de corps , d'escuz, & de testes,
si vertement, qu'ilz tomberent tous estourdis emmy le champ : excepté
la royne Calasie, qui gauchit quelque peu au choc, & non pourtant receut elle si grand coup, que son cheual la cuyda emporter hors les barrieres, tant se trouua estourdie . Or pensoient asseurément ceux qui les
regardoient, qu'Amadis fust naüré à mort, car il emporta quant & soy
vn tronçon de lance à trauers l'escu : qui mist telle frayeur en Oriane, que
de douleur

de douleur se cuyda pasmer : mais elle le vid aussi tost sur piedz, & mar-
cher brauement contre son ennemy, lequel semblablement estoit releué, & radouboit son heaume, qui luy estoit tourné en la teste. Et comme Amadis s'auançoit pour le charger, la Royne Calasie suruint tout à
cheual, qui luy demanda s'il estoit naüré. Non, ma Dame, respondit il,
Dieu mercy ie ne suis que bien : & à ce que ie voy la fortune vous a esté
plus fauorable qu'à nul de nous, qui me fait bien penser que vous n'estes
pas si aisée à mener à outrance, que beaucoup de Cheualiers estimez entre les preud'hommes. Certes il ne s'en fust allé sans responce, n'eust esté
que l'ennemy se trouua si pres de luy, que force fut iouer des cousteaux:
parquoy Calasie se tira à costé, & mit pied à terre, pour n'auoir rien d'in-
egalité entre elle, & Pintiquinestre, qui auoit perdu sa monture, comme
vous auez entendu. Lors commença entre elles vn ieu, non pas d'enfans,
ains de deux personnes qui taschent par tous moyens à se defaire l'vn l'autre : & d'autre part les deux vieillards Empereurs de Trebisonde, & Armato (honteux de la grand'cheute qu'ilz auoient prinse, dont ilz se sentoient tous brisez) se vindrent aborder franchement, & tant mal se traiterent que le champ estoit tout semé des grands pieces de leurs escuz, des
mailles de leurs haubertz, & la mesme herbe verte, tainte de leur sang
chauld & clair, si que pour le mieux qu'on leur prometoit au sortir de là,
le plus sain n'estoit pour viure vn iour entier. Mais si ces deux faisoient
esbahir ceux qui les regardoient, ce n'estoit rien au pris de ce qu'ilz
voyoient faire à Amadis, & Grisilant : car tout ainsi que deux forgeurs,
prenent leur plaisir à batre vn fer chauld sur l'enclume, ny plus ny moins
oyoit-on retentir les coups inorbes & pesans, que s'entredonnoient ces
preux Cheualiers, sans aucune relasche. Dont à la fin Grisilant, se trouua
estonné aucunement, pource qu'il n'auoit oncques eu à faire à homme,
qui luy donnast tant à penser en ce: que tant plus Amadis alloit auant, &
plus le trouuoit son ennemy prompt, fraiz & dispos. Neantmoins pour
faire croire à vn chacun qu'il en esperoit le dessus, mettoit toutes les peines du monde à s'esuertuer, faisant tant d'armes, qu'il en estoit estimé de
tous. Pintiquinestre, & Calasie ne se faignoient pas ce pédant: mais tout le
peuple estoit si ententif à Amadis, & Grisilant, qu'ilz ne s'amusoient à nul
autre, principalement le Cheualier de l'Esphere, & Lisuart, qui iusques a-
doncq' n'auoient veu par effait, de quelle prouesse se pouuoir renommer
leur pere. Au moyen dequoy ilz parlerent à Galaor, de telle sorte: Monsieur, que vous semble il de ces deux combatans ? ne doiuent ilz pas estre
exemple à tous ceux qui se veulent mesler de manier les armes? Pour dieu
regardez comme le Roy meine Grisilant à son plaisir. Il en fait, respondit
Galaor, ainsi, qu'il a acoustumé faire des autres, en pareilz actes. Or s'e-
stoiët lors tant lassées les deux Roynes, que apuyées sur leurs espées pour
prédre alaine, eurent tel plaisir à regarder Amadis, & Grisilât, se chamail-
I ii   ler, qu'elles

ler, qu'elles ſe donnerent treues, pour mieux voir ce combat, iuſques à ce
que l'vn, ou l'autre fuſt deffait. Et, à dire vray, ilz ſe maintenoiét tant bien,
que par l'eſpace d'vn heure, ou plus, l'on n'euſt peu iuger à qui fortune
tenoit plus la main : car Grifilant eſtoit (comme ie vous ay dit) homme
puiſſant, adroit, & de grand cueur. Toutesfoys à la fin il commença à af-
toyblir, par la perte de ſon ſang, & au contraire tant plus Amadis alloit
auant, & plus ſe monſtroit legier & ardant au combat: dont il auint qu'il
rengea Grifilant à telle raiſon, qu'il ne faiſoit plus que parer ſon eſcu au
deuant des grãds coups, que ſon ennemy luy ruoit ſans ceſſe, en maniere,
que deſlors en auãt chacun aſſeura la victoire eſtre pour Amadis. Lequel
voyant ſon ennemy preſt à rendre les aboys, luy entama tel propos:Roy,
ayez mercy de toy-meſmes, & ne ſois cruel contre ta propre perſonne, tu
vois bien, que le pire eſt entieremét de ton coſté:mais ſi tu veux me croyre, tu racheteras ta teſte, & ton honneur enſemble, ce que ie te prie faire:
car i'ay trouué en toy tát de prouëſſe, que ce ſeroit dommage que tu mou
ruſſes par ta propre faute. Et quoy?reſpondit Grifilant, dy le moy donc:
car ſi c'eſt choſe que ne blece ma renommée, aſſeure toy que ie t'obeiray,
non pour crainte de mort, veu que c'eſt vn mal commun à tous, ains ſeulement pour la grand' cheualerie que ie cognois par eſpreuue en ta perſonne. Ie te prie, dit Amadis, laiſſe ceſte meſchante & malheureuſe loy,
qui t'a abuſé ſi long temps, & prens la noſtre qui eſt la vraye & parfaite:
ce faiſant, toy ny les tiens ne porteront iamais dommage à l'Empereur, ny
à l'Empire de Conſtantinople, ains le ſecoureras à ton pouuoir. Par Mercure, reſpondit Grifilant, c'eſt bien ſermonné à toy!eſtimes tu me vaincre
pluſtoſt par tes paroles, que tu n'as peu faire auecq' tes termes?or te garde
de moy : car deuant que ie meure, ie t'aprendray à caſſarder d'vne autre
ſorte, ſi ie puis. Lors print ſon eſpée à deux mains, & de toute ſa force cuyda en donne ſur l'armet d'Amadis : mais il gauchit au coup, & para ſon
eſcu au deuant, dedans lequel elle entra ſi fort, qu'il le miſt en deux. Et
paſſant outre, ſe donna contre ſa iambe meſmes, en ſorte qu'il ſe naüra du
rement:dont il ſentit tant grieue douleur, qu'il fut coutraint mettre l'autre genoil à terre, pour mieux ſe ſouſtenir. Ce que voyát Amadis, luy cou
rut ſus, & le prenant entre le heaume & haubert, luy miſt l'eſpée ſi auant
en la gorge, qu'il tomba mort ſur le champ:puis luy donnant du pied có-
tre le ventre, marcha droit vers Armato, contre lequel il s'eſcria d'aſſez
loing : Roy, tu mourras preſentement par mes mains, car il y a trop long
temps que tu regnes, pour tát endommager ce païs. Armato bien effrayé
de s'ouyr ainſi menaſſer, par celuy qu'il redoutoit plus qu'autre viuant,
commença de ſe plaindre à celuy, contre lequel il auoit entrepris le combat, luy diſant:Ie ne ſçay pas(Empereur) ſi voudriez permettre qu'vn ſecond auecq' vous m'outrageaſt, veu le conuenant que nous auons enſem-
ble:ſi ainſi eſt, ce ne me ſera pas tour de gétilhomme, ains, faulçant voſtre
foy, me-

foy mettrez tant de tache à voftre honneur, que pour iamais en ferez efti
mé trahiftre & mefchant. Ia à Dieu ne plaife, refpondit l'Empereur. Et s'a
dreffant à Amadis, le pria fe retirer. Lors fut la meflée d'eux deux trop
plus cruelle, qu'elle n'auoit encores efté. Pas ne s'eftoient aucunement
meuës les deux Roynes l'vne contre l'autre, depuys les treues qu'elles s'e-
ftoient entredonnées pour mieux contempler à leur aife, ce qu'il auiendroit du combat d'Amadis & Grifilant: lequel expiré, comme il vous a e-
fté dit, & voyant Pintiquineftre, l'Empereur refufer l'ayde d'Amadis, &
Armato mefmes le redouter merueilleufement, eut crainte qu'il ne s'a-
dreffaft à elle mefme. Parquoy le preuint, marchant contre luy, & luy dit
de bien bonne grace: Sire Cheualier, il eft affez cogneu de tous, le deuoir
auquel la Royne Calafie, & moy, nous fommes mifes pour nous deffaire,
& auoir la victoire de cefte meflée: toutefois la partie c'eft trouuée fi ega-
le, que nul pourroit affeoir iugement certain, à qui l'honneur en doit demourer. I'ay veu de mes deux yeux ce, que la renommée m'auoit affez de
foys affeuré de voftre perfonne: & ay tant cogneu de cheualerie en vous,
que pour auoir voftre amytié & acointance, ie delibere, non feulement
laiffer ce combat, ains me faire baptizer, croyant au Dieu de voftre loy:
pouruen que durant la guerre commencée par les Payens, contre l'Empereur de Conftantinople, vous foyez content que ie vous acompaigne, &
auffi toft qu'elle fera finie, que me donniez par mariage quelque Cheualier voftre parent, digne de moy, qui fuis Royne, & dame de tant de païs,
que ie n'ay voyfin à qui ie ne cómande. Quand Amadis entendit le vouloir de Pintiquineftre, il fe trouua plus ayfe que s'il euft conquis la meilleure cité d'Afie, au moyen dequoy il luy refpondit: Certes, ma Dame, ie
loue tant la bonne volonté que vous auez, que ie me puis nómer ce iour-
d'huy le plus heureux Cheualier de Chreftienté, m'ayant noftre Seigneur
donné moyen pour retirer du chemin, & voye de dánation, fi noble royne que vous eftes. Et quant aux conuenances que vous demandez, foit de
m'acompagner, ou de vous pouruoir de mary: affeurez-vous, que ie vous
obeïray, non feulement en chofe fi raifonnable, mais en tout ce que me
voudrez deformais requerir, voire, & iufques à me dire, & nommer voftre Cheualier, en quelque lieu que feray toute ma vie. Sur ma foy, dit la
Royne, à bon droit eftes vous tenu pour le meilleur & plus courtois Roy
du móde. Ce difant mit les deux genoux à terre, pour luy baifer les mains
mais Amadis la releua, & l'embraffa gracieufement. Quand la Royne
Calafie vid, qu'ilz eftoient en ces termes, delaça foudain fon heaume, &
le ietant contre terre, print fon efpée par la pointe, & prefentant le pommeau à la royne Pintiquineftre, luy dit: Ma Dame, puys que vous vous
eftes vaincue (qui eftes eftimée entre les plus vaillans Cheualiers de la terre) & qu'indubitablement ie n'euffe peu refifter contre voftre prouëffe,
ainfi que chacun à peu voir: c'eft bien raifon que vous rende l'honneur.

I iii

que meritez,

que meritez .Ah a ma Dame,respondit Pintiquineſtre,vous faites ce que
ie deurois! Et conteſtans à qui receuroit l'eſpée l'vne de l'autre, Amadis
ſe mit entre deux,& les embraſſant,leur dit: Non,non,ie vous acorderay
bien:vous,ma Dame,dit il à la Royne Calaſie,prédrez l'eſpée de la Royne Pintiquineſtre, & elle la voſtre, ainſi ſera l'honneur egal . Durant ces
propos, les deux vieillardz, Armato, & l'Empereur de Trebiſonde, trauailloient grandement de mettre fin à leur meſlée: ſi las , touteſfoys,que
ilz eſtoient quaſi hors d'alaine,combien qu'on pouuoit ayſément conie-
cturer,que le pire eſtoit vers Armato:car depuys la mort de Griſilant , il
ne faiſoit plus que parer aux coups,tant auoit le courage affoibly.Et à ceſte cauſe,l'Empereur le chargea plus viuement,& de ſorte,que d'vn coup
d'eſpée luy froiſſa boucles,lames& cloux,& entravn grãd pan en ſa chair
droitement à la iointe de l'eſpaule ſeneſtre: dont le ſang cómença à bouil
lonner,& ſortit en ſi grand' abondance,qu'à moins de rien,l'ame expira,
& tomba mort en la place. Qui mit telle ioye, & aſſeurance au camp des
Chreſtiens , que chacun ſe print à louer noſtre Seigneur, principalement
Oriane, & les aurres Dames: leſquelles n'auoient peu entendre quel par-
lement Amadis, & les deux Roynes auoient fait enſemble , parquoy enuoyerent incontinent Carmelle,pour en ſçauoir la verité. Ce pendant les
trompettes & clairons commencerent à ſonner fanfares, & allegreſſes &
& furent les cheuaulx r'amenez aux vaincueurs:leſquelz montans deſſus,
prindrent le chemin vers leurs tentes,ou les acompagnerent grand nombre de Roys,Princes, & autres bons Cheualiers, honnorans & fauoriſans
la Royne Pintiquineſtre,autant qu'il leur eſtoit poſsible.

Comme Almirix de Liquie fut

*eſleu chef de l'armée des Payens : Et d'vn Nain qu'il enuoya en
loſt des Chreſtiens, vers la Royne Pintiquineſtre.*

Chapitre   XXIIII.

Eſtans les

Stans les victorieux Cheualiers descenduz en la tente d'Amadis, auecq' les roynes Pintiquinestre, & Calasie, furent aussi tost desarmez: & ne trouua on sur eux playe, qui leur deust empescher deporter harnois toutes les fois qu'il leur plairoit. Or s'estoiét esbahys grandement les principaux du camp, qui auoit ainsi meu les deux Roynes à parlementer, & faire treues, estant au plus fort de leur combat: parquoy prierent Pintiquinestre leur en dire ce qu'il en estoit: car on en parloit diuersement. Si leur raconta de mot à mot les propos, qu'elles auoient euz ensemble: & tant dura ce discours, qu'il fut heure de manger, passans le reste du iour à deuiser des entreprises qu'ilz seroient de là en auant sur leurs ennemys. A' quoy Pintiquinestre prometoit de grádes choses, comme celle, qui sçauoit tresbien leurs forces & l'heure qu'ilz les faudroit auoir. Elle estoit autant bien parlante que femme du monde, & auoit tant bonne grace, acompaignée d'vne beauté si excellante, que Perion filz de Galaor, en deuint amoureux tout outre: & tant luy dura ceste affection, qu'il en iouyt, ainsi qu'il vous sera amplement recité, poursuyuant ceste hystoire. Donc les dames estans à Constátinople, & qui auoiét veu ce combat, desirans entendre quelle estoit la santé d'Amadis, & des autres, mesmes comme la Royne Payenne s'estoit rendue sans estre forcée: enuoyerent incontinent Carmelle pour sçauoir de leurs nouuelles, laquelle arriuée, & satisfaite de ce qu'elle desiroit, retourna en la cité, ou elle declaira tout ce qu'elle auoit veu & aprins. Dequoy Oriane & les autres, receurét vn plaisir non pareil: mais à peine estoit elle sortie du camp, qu'vn Nain entra en la tente d'Amadis, lequel fut aussi tost recogneu de

I iiii   l'Empereur

l'Empereur de Trebisonde:car c'estoit il,sans autre,qui luy aporta le cartel de Melie, lors qu'elle fit emmener Lisuart par Gradafilée, comme
vous auez peu entendre cy deuant, Si ne luy pleut gueres sa venuë:toute-
fois il n'en fit semblant,ains se tint quoy pour l'escouter . Adonc le Nain
s'adressa à la royne Pintiquinestre(qui lors deuisoit auecq' Calafie & Lisuart)& d'vne audace trop grande,luy dit:Royne Pintiquinestre. Almirix de Liquie(esleu nouuellement à couronnel de la grand' armée Payéne, par le trespas d'Armato mon souuerain Seigneur)te r'enuoye tes six
mille femmes,pource qu'il ne delibere se seruir de personnes , desquelles
leur chef est trahystre & meschant . C'est ce qu'il m'a commandé te dire,
& t'auiser qu'il les eust toutes fait passer au fil de l'espée,en despit de toy,
n'eust esté qu'il a quelque esgard au deuoir qu'elles firent pour prédre la
ville d'assault,le second iour que tu arriuas par deçà. Tant y a,que d'huy
en auant, si aucune d'elles tombe en ses mains, il en fera telle iustice , que
les autres y prendront exemple. Et au regard de toy,il est prest de prou-
uer de sa personne à la tienne qu'oncq' creature viuante ne commit plus
lasche tour,que tu as fait . Or pense doncques à me donner responce , qui
te iustifie.Nain mon amy,respondit la Royne,ie suis grandement aise du
retour de mes femmes , auecq' lesquelles ie pourray desormais executer
ce que i'auois pourpensé sans elles:& quant à ce qu'Almirix deLiquie me
mande par toy, tu le pourras asseurer de ma part, que s'il auoit en l'esprit
autant de courtoisie & prudence,qu'il y a en moy de loyauté, ny la vertu
defaudroit en luy comme elle fait,ny ne me blasmeroit de chose que i'ay
faite auecq' raison.Et luy dy hardimét que ce qui plus m'asseure,c'est que
ie n'aprins oncques à redouter homme glorieux , & temeraire comme il
est : pourtant s'il a desir me faire cognoistre ce, que ie ne cogneu oncques
(ny ne cognoistray en moy,si Dieu plaist)qui est trahison, vienne au lieu
d'ou ie suis partie ce matin , & là me trouuera en equipage pour luy faire
confesser, qu'il a menty par la gorge . Ceste responce prononcée par la
Royne sans cholere, & auecq' tresgrande modestie , fut louée de tous les
seigneurs presens:mesmes par Lisuart,lequel s'adressant au Nain,luy dit:
Mon amy , apres que tu auras recité à Almirix la responce de ceste belle
& sage Royne,ie te prie beau sire,luy dire qu'vn Cheualier,auecq' lequel
elle deuisoit lors que tu es suruenu,luy máde; Qu'il se pouoit bien passer
des paroles iniurieuses, que tu as r'aportées de sa part : & que ou tant de
vaillans hommes sont ensemble, il se deuoit adresser à eux, plustost qu'à
la Royne, non que ie l'estime moindre que luy en tous actes de combatz,
mais pour l'honneur de cheualerie.Et si d'auanture,il treuue que i'aye raison,& il vueille s'adresser à moy: dy luy,que ie prendray les armes pour
elle,& feray enuers luy tout ce qu'elle luy promet par toy.Le Nain l'oyát
parler auecq' tant d'asseurance , le regarda ententiuement pour le remar-
quer:puys prenant congé de toute la compagnie,retourna vers Almirix,
auecq' le-

auecq' lequel il fit peu de feiour , qu'il ne raportaft refponce à la Royne,
comme fon maiftre acceptoit le combat de fa perfonne à la fienne : non
pas, dit il, pour meshuy, car il eft defia tard: mais demain à l'aube du iour,
pourueu que vous luy faciez donner feureté des Chreftiens , & il fera le
femblable des fiens en voftre regard. Et quand à vous, fire Cheualier à la
vraye croix, dit il à Lifuart, il vous mande que pour fatisfaire au defir qu'a
uez de combatre, il menera quant & luy vn compagnon Roy, & non de
moindre eftoffe qu'eftoit Armato: & tant eftimé aux armes, que fi auez
la hardieffe de vous attacher à luy, il fait bien eftat de vous monftrer, qu'il
n'apartient à vous n'y à autre, de parler fi auantageufement comme vous
auez fait. Vne chofe vous promettray-ie bien, qu'encores que vous foyez
grand ainfi que chacun void, fi pafferiez-vous aifément fouz fon effelle.
Or nomma il Lifuart par ce nom, de Cheualier à la vraye croix, pour autant qu'il portoit en fon efcu vne croix rouge: mais Amadis, fçachât qu'il
en auoit vne femblable entre les deux tetins, trouua ce nom fi conforme
au naturel, qu'il le pria ne le changer de là en auant : de forte que par lóg
temps depuys , il fut toufiours ainfi apellez . Lifuart doneques oyant le
Nain le femondre au combat, comme il vous a efté dit, parla à luy en telle forte : Nain , ton maiftre fait beaucoup pour moy , me donnant ocafion d'acompagner la Royne en fi bonne affaire. Tu luy diras, que ie reçoy le combat auecques celuy qu'il me promet, & que s'il eft grand outre
mefure , les hommes ne fe mefurent à l'aune, ains au cueur bon , & entier
qu'ilz ont principalement, s'il eft acompagné de vertu : chofe qui eft (ce
me femble) trop rare en fon endroit, veu les paroles, & audaces dont il
vfe enuers nous. Si ne fit le Nain plus long feiour pardelà, ains print congé des Seigneurs, Chreftiens, pour retourner vers Almirix , & les autres
Roys qui l'auoient enuoyé: lefquelz il trouua faifans embafmer les corps
d'Armato, & Grifilant, pour les enuoyer en leurs païs, atendans meilleur
moyen de parachcuer leurs pompes funebres . Mais aufsi toft qu'ilz eurent entendu le raport du Nain , oneques gens ne furent plus aifes : fpecialement le Roy de l'Ifle Geante, pere de Gradafilée, qui eftoit celuy,
contre lequel le Cheualier de la vraye Croix auroit affaire , & auoit entrepris ce combat, fouz efperance de le vaincre , & luy faire confeffer pu-
bliquement la forte de fa deliurance:& par ainfi, tout le foufpeçon qu'on
auoit eu fur luy de trahyfon , feroit eftaint, Lifuart occis, & luy vengé,
comme il defiroit . Dont Gradafilée eftoit en vne eftrange peine, & non
fans caufe: car elle aymoit Lifuart plus que foy-mefmes, & cognoiffant la
prouëffe de fon pere, eftimoit eftre impofsible qu'il peuft durer côtre luy
tellement qu'elle ne ceffa toute nuict de penfer, s'il y auroit moyen de rô-
pre cefte entreprinfe . Vne fois luy venoit à l'efprit, que Lifuart luy deuoit vn don, tel qu'il luy plairoit, & qu'il vaudroit mieux le prier, qu'il
differaft ce combat. Puys tout foudain fe r'auifoit , d'autant que pour fi

petite repetite requeste, il demeureroit quite enuers elle , & elle hors d'esperance de iamais paruenir à ce qu'elle aspiroit:qui estoit l'amour de luy. Ainsi resuant & rauassant,ne sçachât que conclure,ou desacorder,s'auisa,qu'au pis aller,si son pere auoit le dessus de luy, qu'elle luy saueroit la vie, par la requeste qu'elle luy en feroit:& partant demoureroit encores plus obligé à elle,qu'il n'estoit au parauant.En ceste resolution s'endormit,iusques au lendemain matin , que les choses se passerent comme vous entendrez.

Du combat qui fut entre le Che-

ualier de la vraye Croix, & le Roy de l'Isle Geante,la Royne Pintiquinestre,
& Almirix de Liquie, chef de l'armée Payenne: & des propos qu'eut
Gradafilée à Lisuart, pour la saluation de son pere.

Chapitre   XXV.

 A nuict, qui met toutes choses en silence, donna quelque repos à ceux , qui deuoient combatre : mais aussi tost que le poinct du iour s'aparut , apres que le Cheualier de la vraye Croix eut ouy messe,s'en vint armer en la tente d'Amadis, ou desia estoit arriuée la Royne Pintiquinestre. Et ainsi que l'on luy mettoit la cuyrasse au doz, Alquise enuoyée de par les Dames de Constantinople, pour entendre à quelle heure ilz entroient au camp, luy dit tout bas en l'aureille:
Sire Cheua-

Sire Cheualier, ie suis certaine que ma Dame Onolorie (qui vous ayme
de tout son cueur) aura bien tost nouuelles de ceste meslée : & sçay certainement que l'amytié de vous deux ne peut estre conseruée que par la
conseruation de vostre honneur . Ainsi doncques, ie vous prie faire en
sorte, qu'elle s'estime heureuse d'auoir choysi tel Cheualier que vous
estes, & que par faute de cueur ne perdez vie & amye tout ensemble.
Ceste souuenance troubla tant le Cheualier à la vraye croix, qu'il ne peut
respondre vn seul mot : & à l'instant Amadis, pria Alquife retourner en
la ville, auertir les Dames, qu'elles montassent sur la muraille, pour voir
le combat qui s'alloit faire . Or estoit Pintiquinestre preste à monter à
cheual, & se plaignoit de son espée : qui ne luy sembloit assez royde.
Ma Dame, dist Amadis, i'en ay vne que i'ay conquise, & esprouuée en
maintz bons lieux : ie vous prie vous en seruir à telle necessité, vous asseurant qu'elle ne vous sera faute, aussi ne la presenterois-ie à vous, ny à autre, n'estoit que ie vous ayme & estime vn second moy-mesmes . Monsieur, respondit elle, ie vous suplie croyre, que ie ne la prendrois pour
peril qui me deust auenir, n'estoit que i'espere la vous rendre demain a-
uecques telz grands mercys, que s'il y a victoire de mon costé, l'heur qui
est en vostre espée par vous, en sera cause, & non autre chose . Ce disant
la luy ceignit Amadis, & aussi tost elle, & le Cheualier de la vraye Croix,
sortirent de la tente, à l'entrée de laquelle trouuans leurs destriers prestz,
monterent dessus, acompagnez de maintz preud'hommes, mesmes de
Amadis, qui seruit pour ce iour la Royne d'Escuyer : luy portant, iusques au lieu ou se deuoit faire le combat, lance & escu, & Calafie l'armet.
Autant en firent les Empereurs de Trebisonde, & Constantinople, à Lisuart . Et pource qu'ilz trouuerent sur les rangz Almirix de Liquie, & le
Roy de l'Isle Geante les attendans, ne firent longue ceremonie, auant
que commencer la meslée . Ces Princes Payens estoient armez d'armes
noires, pour tesmoigner le dueil d'Armato, & portoit le Roy de l'Isle
Geante vn large escu, dans lequel estoient pourtraitz deux Geants naürez à mort, & monstroit bien à sa contenance, estre vaillant personnage, & tant bien à cheual, qu'Amadis ne se peut tenir qu'il ne dist à Argamont : Sur mon Dieu, ie croy que ce Cheualier soit preud'homme,
voyez ie vous prie, il semble qu'il soit collé en la selle de son destrier.
Preud'homme est-il vrayement, respond Argamont, & tel se monstra
il asseurément, lors qu'il deffit en plain champ de bataille, les deux
Geants pere & filz, qu'il porte encores maintenant en son escu pour souuenance : toutesfoys i'espere que vostre filz en aura la raison, estant yssu
de lignage, qui ne fut oncques vaincu par autre . Acheuant ceste parole,
les trompettes commencerent à sonner, & à bride abatue vindrent se ren
contrer le Cheualier de la vraye Croix, & le Roy de l'Isle Geante, le coup
desquelz fut si rude, que leurs lances trauerserent haubertz, mailles &
habillemens,

habillemens, & n'euſt eſté que le Roy tomba, ſa perſonne eſtoit en vn
treſgrand danger, mais il ploya au coup pour ſa ſaluation: & pareil ſaut
euſt eu le Cheualier dé la vraye croix (car il perdit arçons & eſtriers, preſt
à donner du nez en terre) ſans qu'il ſe tint à la criniere de ſon cheual.
D'autre coſté la Royne Pintiquineſtre, & Almirix, ne ſe ſaignoient
pas, combien que leur fortune ſe trouuaſt beaucoup differente des autres, briſans leurs glaiues iuſques dans les poignées, ſans ſe mouuoir nul-
lement de la ſelle, dont chacun s'esbahyt. Ce pendant, Liſuart tournant
bride, voyant ſon ennemy ſur piedz, & preſt à bien faire: habandonna
ſon cheual, & ſe vint ioindre à luy. Lors commença entre eux deux vn
combat tel, qu'oncques n'en fut veu de plus cruel: & tant ſe chargerent
menu & ſouuent, qu'ilz eſtoient contraintz donner du genoil ſur l'herbe à toute heure. Ce que voyant Amadis, diſt par maniere de gaberie:
Ie doute que les reuerences que s'entrefont ces deux Cheualiers, tourne-
ront en fin à quelque meſcontentement de l'vn, ou de l'autre, encores
qu'ilz mettent grand' peine à faire cognoiſtre à chacun, l'honneur &
bien qu'ilz s'entreueulent. Auſſi s'eſpergnoient ilz ſi peu, que le camp e-
ſtoit taint en pluſieurs lieux de leur pur ſang, & des pieces de leurs armes, quand le Roy ſe tirant à coſté, parla ainſi à ſon ennemy: Il me ſemble, ſire Cheualier, que le iour eſt encores aſſez hault pour mettre fin à
noſtre meſlée. Ie te prie par courtoyſie, prenons quelque peu d'aleine,
puys nous recommencerons mieux qu'au precedent, ſi tu es de ceſt auis.
Or n'auoit Liſuart pas mis en oubly ce, que luy ramenteut Alquife, lors
qu'elle luy parla de l'Infante Onolorie: & ſe repreſentoit ſi bien deuant
les yeux, qu'il faiſoit eſtat de combatre, pour acquerir l'amour d'elle. Et
à ceſte cauſe ne voulut aucunement reſpondre, au Roy de l'Iſle Geante:
ains redoublant ſes coups, donnoit à penſer à chacun, que ſes forces e-
ſtoient ſemblablement redoublées. Dequoy ſon ennemy ne s'eſtonna
en rien, mais comme preux & hardy champion, ſe deffendoit, & aſſailloit, ainſi que lon void faire communément ceux, qui ont enuie de paruenir à la victoire. A' laquelle la Royne Pintiquineſtre aſpiroit à ſon
poſſible, ne donnant coup à Almirix, qu'elle ne luy entamaſt la chair viue, tant eſtoit bonne l'eſpée qu'Amadis luy auoit preſtée, ainſi qu'il vous
a eſté recité. Dont il fut tant enflambé de deſpit, entremeſlé d'ire & deſdaing, qu'il la frapa par ſi grand' force que les yeux luy en eſtincellerent,
& chancela en arriere deux ou trois pas, combien qu'elle s'en vengea
toſt apres: car en ſe r'aſſeurant, vint prendre Almirix entre l'armet &
l'eſpaulette, dans laquelle l'eſpée entra ſi au vif, qu'elle luy tailla le col à
moitié, d'ou il ſortit telle habódance de ſang, que l'ame ſ'en volla, laiſſant
le corps mort ſur la place. Ah a, dit la royne eſſuyant ſon eſpée, meilleure
recompenſe ne te puis-ie donner, pour le tort que tu m'as fait, me nom-
mant trahiſtre, & mentant par le fons de ta gorge! Et comme eut pro-
feré ceſte

feré cefte parole, fe retira à l'vmbre d'vn arbre, atendant qu'il auiendroit
du Roy de l'Ifle Geante, & du Cheualier à la vraye Croix, qui lors s'eftoient faifiz corps à corps, tafchans fe ruer bas . Mais c'eftoit en vain, car ilz
fe tenoient roydes & fur leurs gardes, non aprentifz à telles affaires : dont
Gradafilée eftoit fi aife que rien plus, cognoiffant à veuë d'œil, la proueffe du Cheualier de la vraye Croix, qu'elle aymoit de tout fon cueur. Vne
feule chofe la contriftoit, penfant que la mort de l'vn ou de l'autre eftoit
prochaine, ou elle auroit vn regret n eftimable, pour le refte de fa vie : car
l'vn luy eftoit pere, & l'autre amy, ie vous dy aymé tout outre. Si demeurerent ces deux combatans à cefte lutte vne groffe demye heure & plus,
fans oublier tour de hanche, ou de croc, propre à telle futilité, de laquelle
finablement ilz fe departirent, & reprindrent les armes. Et tout ainfi que
on oyt les pilons d'vn moulin à tan, retantir par le continuel frapement
qu'ilz font fur l'efcorce, qu'ilz veulent brifer : auffi eftoient ces deux Cheualiers chamaillans l'vn fur l'autre, à qui mieux mieux, toutesfois le fang
que perdoit petit à petit le Roy de l'Ifle Geante, le mit fi bas, qu'il affoy-
bliffoit au iugement de tous. Lors Amadis demanda Argamont, qui luy
en fembloit : Sire, refpondit il, celuy feroit bien aueuglé, qui ne promet-
troit le deffus à voftre filz . Ie ne dy pas qu'au cómencement ilz ne fiffent
fouuenir (à qui y a voulu prendre garde) du combat que vous euftes hier
contre Grifilant, tant fe font maintenuz longuement : mais à cefte heure
la chance eft tournée au peril du Payen. Vous en penferez ce, qu'il vous
plaira, refpondit Amadis : car quant à moy, ie ne vy oncques mieux faire
à deux Cheualiers. Et ce difoit il, pour ne vouloir luy mefmes trop louer
fon petit filz Lifuart : dequoy Efplandian fon pere, fe fentit quelque peu
offencé, & volontiers y euft contredit, mais il n'ofa, ny ne voulut . Et fur
ce poinct, le Roy de l'Ifle Geante, penfant fe couurir d'vn coup, recula
vn pas arriere, & en defmarchant brucha, tombant fi grand fault à la ren-
uerfe, que chacun penfoit qu'il fuft mort : & à cefte caufe le Cheualier de
la vraye Croix, qui fçauoit certainemét qu'il n'en eftoit rien, fe lança incontinent fur luy, & luy mettant le pied fur la gorge, faifoit grande diligence à luy rompre les lacz de fon heaume pour luy tailler la tefte, quád
il entendit vne voix criant fans ceffe : Ah a Lifuart, Lifuart ! A' ce cry leua
la veuë, & aperceut la belle Gradafilée, fille du vaincu, qui acouroit vers
luy : laquelle d'arriuée fe ieta à fes piedz, & plorant à groffes larmes, luy
dit : Helas Cheualier, fi vous eftes autát mifericordieux enuers moy, que
ie fus prompte & hardie pour vous deliurer de prifon, fauuez la vie à celuy, qui m'engendra ! & ce eft le don duquel vous m'eftes encores redeuable, fi bien vous en fouuient : autrement ie vous prie, que luy & moy
mourions de voftre main, fi elle eft plus prompte à exercer cruauté, que
vous mefmes à mifericorde & compaffion. Tresbien la recogneut le Cheualier de la vraye Croix, comme celle à qui il eftoit redeuable de fa vie :

K   parquoy,

parquoy, laiſſant le Roy qu'il tenoit ſouz luy, vint releuer Gradafilée qui
eſtoit à genoux, & en la prenant ſouz les bras, luy dit : Sur ma foy, ma
Damoyſelle, l'obligation que ie vous doy, & le cõmandement que vous
auez ſur moy, eſt ſi grand, qu'il n'eſtoit beſoing que prinſiſsiez tant de
peine, pour auoir ce que deſirez: le moindre meſſage que vous m'euſsiez
enuoyé, eſtoit trop plus que ſuſiſant. D'vne choſe vous vueil-ie prier, autant qu'il m'eſt poſsible : c'eſt, que vous & luy veniez auecq' moy, vous
aſſeurant que pour eſtre pere de ſi noble & belle Damoyſelle que vous e-
ſtes, & ſi bon Cheualier, il luy ſera fait, & à vous auſsi, tout le gracieux
traitement dont lon ſe pourra auiſer. Or s'eſtoient deſia aprochez d'eux
les Empereurs de Conſtantinople, & Trebiſonde, Amadis, Pintiquineſtre, & grand nombre de haultz perſonnages, pour entendre leurs propos : auſquelz le Cheualier de la vraye Croix aſſeura, que par l'ayde de
ceſte Damoyſelle, il viuoit. Car elle ſans autre, dit il, m'oſta des cruelles
mains de la malheureuſe Melie : par ainſi ie vous prie, luy porter l'honneur qu'elle merite. Et à ceſte cauſe n'y eut celuy, qui ne luy fiſt careſſe,
meſmes au Roy de l'Iſle Geante, auquel on r'amena le cheual auec celuy
du vaincueur: puis reprenans enſemble le chemin du camp, vindrent deſ-
cendre en la tente d'Amadis. Mais ainſi qu'ilz mettoient pied à terre, arriua Alquife, laquelle s'adreſſant, à l'Empereur de Conſtantinople le pria
treſaffectueuſement de la part d'Oriane, qu'on luy enuoyaſt en Conſtantinople Liſuart, & le Roy de l'Iſle Geante: car elle les vouloit faire traiter
& guerir leurs playes, par maiſtre Heliſabel : & deſiroit ſemblablement
voir Gradafilée, & la royne Pintiquineſtre, dont on luy auoit tant raporté de bien, à quoy s'acorderent tous les Seigneurs preſens. Et à ceſte
cauſe, tournans bride, les acompagnerent iuſques en la cité, ou ilz furent
receuz auecq' le meilleur viſage, dont lon ce peut auiſer. Et combien que
les playes du roy Payen fuſſent grandes, & dangereuſes : toutesfois maiſtre Heliſabel y pourueut, auecq' tant de remedes, qu'en peu de iours il
commença à bien ſe porter.

Comme les princes Payens, apres

auoir eſté ſi mal menez, enuoyerent demander treſues aux Prin-
ces de la Chreſtienté, qui les leur refuſerent, & de
ce qu'il auint.

Chapitre   X X V I.

Trop fut

Rop fut troublé le camp des Turcz, voyant Almirix de Liquie mort, & le Roy de l'Isle Geante vaincu, & emmené hors de leur pouuoir : neantmoins, cognoissant qu'il n'y auoit remede, entrerent en conseil, à fin d'auiser sur ce qu'il estoit bon d'entreprendre de là en auant. Ou fut acordé, qu'on enuoyeroit vers les Chrestiens, demander trefues pour quinze iours, durãs lesquelz on pourroit faire les honneurs, & funerailles des Roys deffuntz, & enuoyer leurs corps en Asie prendre sepulture. Au moyen dequoy depescherent aussi tost Embassadeurs, pour essayer de paruenir à quelque acord, ou bien en abstinence de guerre, pour le reste du moys, dont la moytié estoit ia expirée. Si furent ces deleguez receuz par Amadis, ausquelz ilz s'adresserent, & apres auoir entendu au long le fait de leur legation, le communiqua aux autres Princes, & capitaines du camp : lesquelz le fauoriserent tant, qu'ilz luy voulurent deferer l'honneur de ce qu'il en'ordóneroit. Parquoy, forcé d'en dire premier son opinion, parla à eux en telle sorte : Il est certain, messieurs, que ceste gent maudite, & reprouuée, est descenduë en ses marches, plus pour offendre nostre religion, & la foy de Iesus Christ, que non le païs de Thrace, ny le peuple de Constátinople, à ceste cause il me semble pour le mieux (nous ayant fortune porté si bon visage au commencement) que ne la deuons eslongner de nous, ains faire tant auec l'ayde de Dieu, que nous chassions ces canailles iusques au fons de Tartarie & plus outre. Non pas leur acorder apointement, ny trefues, comme ilz demandent : autrement soyez certains, si leur prestez l'aureille, que ne leur donnerions seulement loysir d'eux r'asseurer, mais, en nous desestimans, reprendront

K ii   prendront

prendront nouuelle force, faisans autant d'estat de nous, que de poulles baignées, ou de paillardes eshontées, & pleines de pusilanimité. Par ainsi ie louerois grandement, que sans plus dissimuler nous les allissions visiter, iusques en leurs cabanes. Et si vous m'alleguez, qu'ilz sont en plus grand nombre que nous ne sommes, il y a responce : La plus part d'eux sont malades, allengouriz, & desia deffaitz par famine, & (qui plus est) nous combatons pour la foy de Iesus Christ, es mains duquel sont les victoires, qui me donne asseurance qu'il sera des nostres, & que ne deuons rien douter. Ceste opinion fut receuë de toute l'assemblée, tellement que sur l'heure les Embassadeurs mandez, l'Empereur de Trebisonde, leur porta la parole pour toute la compagnie, telle que vous orrez: Seigneurs Embassadeurs, vous n'aurez point de trefues auecq' nous, ains vous conuient sortir de la Thrace dedans demain, ou nous essayerons à vous en repousser à vostre confusion: ce que vous ferez entédre à ceux, qui vous ont enuoyez vers nous. Certes, telles nouuelles ne leur pleurent guieres, & moins aux Princes de leur armée, quand ilz les ouyrent parler : car ilz auoient perdu aux assaulx precedans, l'eslite de leurs soldatz, & le surplus estoit tant descouragé, qu'ilz predisoient entr'eux leur ruyne future, specialement pour la faute de viures qui estoit en leur ost depuis l'arriuée du secours Chrestien. Au moyen dequoy, la mortalité cómençoit à gaigner païs entr'eux: ce que cognoissans leurs chefz de guerre, delibererent premier tenter la fortune, auant qu'estre plus diminuez, & pour ceste cause manderent de main en main, que chacun se tint prest au Soleil leuant, pour aller combatre leurs ennemys. Mais ilz ne peurent faire leur entreprinse si secrete, que l'Empereur de Constantinople n'en eust auertissement par ses espies, & le fist incontinent sçauoir aux autres Princes, à ce qu'ilz se tinssent sur leur garde. Or auoient duré les allées & venuës des Payens, pour moyenner les trefues, dont il vous a esté parlé, l'espace de dix ou douze iours : durant lesquelz Lisuart, & autres naürez aux combatz cóme vous auez entendu, se trouuerent du tout gueriz : parquoy se mirent en equipage de bien receuoir l'ennemy, s'il sortoit de son fort, ou l'aller assaillir ainsi qu'ilz verroiét l'ocasion. Mais à fin qu'il ne menquast rien à leur entreprinse, & qu'affaire de telle importance fust executée par raison, ordonnerent de leur bataille, ainsi que vous entendrez. A l'Empereur de Cóstantinople, fut laissé la garde de la ville, acompagné de Quedragant, du roy Arban de Norgalles, Angriote d'Estrauaux, Bruner filz du geant Balan, & Gasquiles Roy de Suesse, auecq' nombre de gens de pied & de cheual suffisant. Et quant au reste de l'armée, on arresta qu'elle se rengeroit en vn seul escadron, excepté le Roy don Florestan, & l'Empereur de Rome, qui se tiendroient separez auecq' trente mil cheuaulx & soixante mil hommes de pied, pour ruer sur le bagage des ennemys, & les mettre en desordre s'il estoit possible: ou bien les charger par
les flancs

les flans, selon qu'ilz verroient pour le mieux. Et au regard de la marine, le roy Norandel, les Comtes Frandalo & d'Alastre, suyuiz par le Duc d'Ortilense, auec leur equipage, passeroient le Bosfore, & trouueroient moyen de surprendre les Roys de Bugie, & Gilosle, qui nouuellement a-uoient habandonné la coste de la Natolie, pour eux retirer le long de la Thrace, à fin de porter faueur à leurs gens si mal leur bastoit. Toutefoys, auertiz par les Soudans & Califes de leur camp, l'intencion qu'ilz auoient de donner la bataille, s'en vindrent regaigner l'issue du goulfe, pour em-pescher l'armée de mer Chrestienne de passer outre: mais il en auint tout autrement: ainsi qu'il vous sera descrit.

De la cruelle bataille qui fut en-

tre les Chrestiens & Payens, tant par mer que par terre: & de ce qu'il en succeda.

Chapitre   XXVII.

Ous auez n'agueres entendu, comme les Chrestiens disposoient de leurs affaires: mais ce pendant les Turcz & autres Seigneurs du Leuant ne dormoient pas, ains par l'auis du Soudan de Perse (homme asseuré & de grande entreprinse) fut dit entre eux, qu'enuiron la mynuict leurs gens se mettroient secretement en ba-

K iii   taille

taille, tant pour donner la camufade aux Chreftiens, que pour prendre la ville d'emblée. Et pource qu'aux affaultz precedans, ilz auoient efté trop endommagez par le trait, s'auiferent de mener, durant l'obfcurité, certain nóbre d'Elephans, iufques pres de la muraille, vers la porte du puys, ou les foffez eftoient fort comblez : & fourniroient les chafteaux de deffus, d'archers, & arbaleftiers, pour garder ceux de la ville de monftrer le nez, tandis que les autres efchelleroient & romproient la muraille. Et de ce faire eut la principale charge & conduite le Roy de Ierufalem, fuyuy de cinq autres Roys & Califes, auecq' cent mil combatans: & par mefme moyen manderent aux chefz de leur armée de mer, qu'aufsi toft qu'ilz verroient vn fignal de feu ilz affailliffent la flote des Chreftiens, mais que fi le pire eftoit de leur cofté, qu'ilz fe retiraffent à Pouge, coftoyant la Thrace, pour fauuer leurs gés, fi fortune fauorifoit leurs ennemys, & qu'à l'inftant mefme, le furplus de leurs forces marcheroient pour donner la bataille. Si mirent cefte deliberation en effait, tellement qu'à l'heure ordónée chacun fe trouua preft à bien faire: toutefois ie ne fçay depuis qu'il les meut, mais l'aube du iour commençoit à paroiftre, premier qu'ilz fortiffent de leur fort. Et quand bien ilz euffent fait plus de diligence, fi ne euffent ilz pas efté moins recueilliz, qu'ilz furent: car toute nuit les Chreftiens s'eftoient tenuz en bataille, durant lequel temps Yrguian filz de Gandalin, que Perion de Gaule auoit amené de la grand' Bretaigne pour le feruir d'efcuyer, fe vint prefenter à Amadis. Et armé de toutes pieces, luy dit: Sire, ie fuis filz de Gandalin voftre ancien feruiteur, ie vous fuplie treshumblement me faire tant d'honneur, de me donner cheualerie: veu qu'il feroit impofsible (comme ie penfe) qu'auec meilleure ocafion ie me peuffe employer aux armes, qu'en ce iour que doit eftre le conflict. Or ne l'auoit oncques veu Amadis, toutesfois quand il fceut qui il eftoit, il luy fit tresbon recueil pour l'amour de fon pere, à qui femblablement il ne s'eftoit encores voulu faire cognoiftre, pource qu'il vouloit premier acquerir degré de cheualerie. Mais à l'inftant Amadis le fit apeller, & en fa prefence luy donna l'acollée fi bien à poinct, qu'à peine remonta il à cheual, que les ennemys fe prefenterent, marchans au grand pas vers eux. Defia commençoit le Soleil à eftandre fes rayons, & donnoit à cofté de l'armée Chreftienne, en forte que c'eftoit belle chofe de voir reluyre tant de harnois: neantmoins le nombre des autres eftoit fi grand, que fans l'ay de de noftre Seigneur, la partie euft efté mal faite. Ce nonobftant les Chreftiens ne les marchanderent guieres, ains baiffans la tefte, les chargerent rudement. Et tout ainfi que par temps d'oraige, lon void communément l'efclair & groffe grefle s'acompaigner, l'vn faire bruyt fur les maifons couuertes de fine ardoife, & l'autre offencer les yeux: femblablement à cefte premiere rencontre, les coupz de lances brifées fur leurs haubertz, donnoient tel fon, & les flammes de feu en fortoient par eftin-
celles fi

celles fi continuellement, que c'eftoit chofe trop pitoyable à regarder, &
plus encores d'entendre les mortelles plaintes de ceux qui tomboient,
les vns naürez aux corps, les autres aux braz, iambes, & teftes, ainfi que
le malheur s'adreffoit fur eux. Amadis, Efplandian, Perion, & Lifuart,
premiers au combat que nul des autres, rópirent fur quatre Roys Payens,
lefquelz ilz ruerent mortz fur le champ : & entrans en leur bataillon,
fuyuiz de maintz bons Cheualiers, commencerent à faire merueilles. Or
eftoient les Payens mal armez, comme ceux qui ne portoient pour tous
harnois (au moins la plus part) que l'efcu, & azagaye, ou l'arc, auecq' la
cymeterre: parquoy furent ayfez à enfoncer, & efcarter pour le peu d'ordre qu'ilz tenoient en combat, fuyuant leur mode. Toutesfoys ilz affaillirent vaillamment de prime face, menans tel bruit, qu'on euft pas ouy
Dieu tonner: dequoy les Chreftiens s'effrayerent peu, ains ferrez l'vn
contre l'autre, entrerent pefle mefle, & mourut au premier conflict d'vne
part & d'autre plus de trente mil perfonnes. Là triumpherent les Cheualiers de l'Efphere, & de la vraye Croix : car auant que mettre la main à
l'efpée, defarçonnerent quinze Perfans, des plus braues de l'armée. Les
deux Roynes Calafie, & Pintiquineftre, ne faifoient moins en leur endroit, taillant, tuant, & renuerfant tous ceux qu'elles rencontroient en
leur voye, quand Amadis aperceut cinq Geants entre autres, que le Roy
Grifilant auoit fait venir de fes pais, pour la feureté de fa perfonne : mais
ilz luy feruirent peu, comme il vous a efté recité. Ces cinq dyables ne
donnoiēt coup d'efpée, que la mort n'en enfuyuift: dequey Amadis trop
marry, fe rallia auecq' Galaor, Floreftan, Argamont, & Ardadil Canile:
tous lefquelz ayans recouuert nouuelle lance, coururent fus aux Geans,
& rompirent fans les mouuoir de la felle. La turie fut grande, d'vne part
& d'autre, car Amadis, fuiuy de dix ou douze mile cheuaulx Gaulois,
fut chargé des Soudans de Babilone, & d'Alape, auec lefquelz fe trouuerent plus de trente mil Turcz, & Tartares: & Dieu fçait combien ilz euffent eu lors à fouffrir, fi Brian de Moniafte ne les euft fecouruz, mais il s'y
trouua de fortune, auec gros nombre d'Efpaignolz, Bretons, & Efcoffois
par le moyen defquelz les Payens furent contraintz reculer. Et comme
Amadis les pourfuyuoit en diligence, vn vieillard, portant barbe chenuë
iufques à la ceinture, l'arrefta par la manche, & luy dit rudement: roy A-
madis, laiffe cefte chaffe, & va fecourir tes enfans, fi tu ne les veux perdre,
puis qu'ilz font fur le poinct d'eftre defaitz. A'peine eut le vieillard acheué cefte parole, qu'il fe difparut, dont Amadis trop esbahy, ieta l'œil de
toutes partz, & auifa Gandalin, qui portoit fon enfeigne, tant defchirée,
que la plus grand part ne luy euft peu couurir la tefte : & aupres de luy
Yrguian fon filz, faifant tant d'armes, qu'il aquift ce iour autant d'honneur, que nouueau Cheualier auoit fait depuis dix ans. Si s'aprocha Amadis d'eux, pour fçauoir nouuelles de ce qu'il cherchoit: mais Yrguian, le

K iiii   prenant, &

prenant , & luy monftrant le Cheualier de l'Efphere, & Lifuart , luy dit:
Sire allons recourre ceux que voyez en tel danger. Suyuez moy donques
refpondit il. Et brochant le cheual des efperons, fendant la preffe à coups
d'efpée , rencontra Galaor , le roy Cildadan , Quedragant, filz de Quedragant, Talanque, Garinter, & maintz autres Cheualiers, aufquelz il dit
en paffant : Seigneurs , pour Dieu fecourons Perion , & Lifuart, qui font
afsiegez. Ce difant paffa outre, & quelque refiftance que firent les Payés,
ne les peurent garder qu'ilz ne les ioigniffent: neantmoins premier qu'ilz
y arriuaffent, les cheuaulx de Lifuart, & Perion furent tuez, & les roynes
Calafie, & Pintiquineftre, abatues , & reduites en trefgrande extremité.
Toutesfois elles auoient trouué moyen d'eux releuer , & côbatoient eux
quatre à pied, fi vaillamment, que Turc, ny Arrabe n'en ofoit aprocher,
fans l'effort de dix Geans qui les vindrent enclorre: contre lefquelz ilz eu
rent tant d'affaires, qu'ilz n'en pouuoient plus à l'heure, qu'Amadis, arriua, lequel voyant fes filz en tel danger , deuint tant furieux, que poftpo-
fant toute crainte de mort, entra pefle mefle ces Geans , dont les quatre
receurét mort fur l'heure. Et à la fin, luy & les fiens euffent eu du pire, par
l'arriuée du Soudan de Perfe, qui s'y trouua bien acompagné, & cômen-
çoit defia à auoir du meilleur, fans les Roys Cildadan, Brunco, Garuate,
Brian, Maneli, Liftoran, Floreftan, Languines, Abies, Talanque, Agraies,
& maints autres, qui leur vindrét en ayde: à l'arriuée defquelz, les Payens
reculerent, & furent remontez à cheual, les deux Roynes, Lifuart, & Perion , non fans grand' perte d'vn cofté & d'autre , tellement que les cheuaulx eftoient au fang iufques au deffus des pafturós. Chofe ayfée à croire, atendu que les deux armées fe meflerent fi bien de ce pas, que fi la nuit
ne les euft feparez , il n'en fut refchapé vn feul . Ce pendant le Roy de Ierufalem, auec fa troupe, faifoit grand effort d'emporter la ville , & pour
monftrer qu'il deliberoit de vaincre, ou mourir, apres auoir mis en ordre
fes Elephans, & pourueu à ce qu'il eftoit neceffaire pour efcheller la place, vint auec cinquante mil hommes efleuz , la tefte baiffée, mettre le feu
aux portes. Mais il fut repouffé viuemét, par vne faillie que firent Gafqui
lan roy de Sueffe, Bruneo filz de Balan, Angriote d'Eftrauaux, Sarquiles
& gros nôbre de Cheualiers, & autres : lefquelz s'y porterent fi bien, que
le Roy fut emmené prifonnier, plus de fix mil Paleftins defaitz, dix Elephans abatus, & fept ou huit mil efchelles brifées & mifes en pieces, puis
fe retirerét. Toutefois l'affaut ne laiffa à eftre aigre, & douteux pour ceux
de la cité: car il tôba fur l'heure vn grand pan de muraille, que les Payens
auoient ebranlé à force de moutons, & autres machines . Et en tombant
fit tel efchet, qu'il demoura deffouz, tant d'ennemys, que les autres commencerent à reculer, & perdre cueur: mefmes pour les nouuelles qui leur
vindrent de la prifon de leur chef, quand l'vn des principaux Taborlans,
acompagné de dix mil Payens choifiz, les fit retourner à coupz d'efpées.
Lors fe

Lors se trouua la pauure ville en grand branfle, car les ennemys entrerent
iufques fur le rempart, & combatirent longuement main à main, mettant
ceux de dedans quafi hors d'aleine, fi l'Empereur ne fuft arriué, lequel
s'eftoit, iufques adoncq' tenu en la place, auec fa troupe : mais entendant
la necefsité de fes gens, marcha droit à leur fecours, & fit tant d'armes
qu'il arrefta fes ennemys fur cul. Voylà comme fe portoient les affaires de
la terre: refte maintenant à vous dire, qu'on faifoit ce pendant vers la marine. Norandel & le comte Frandalo, auecq' leur fuyte, ayans dés l'aube
du iour aproché les Roys de Bugie, & Gilofle, donnerent figne de bataille à leurs gens : & leur eftoit le vent fi à propos, que d'arriuée porterent
grand dommage aux Turcs, par leurs lances à feu, & grenades, auec lefquelles cinquante vaiffeaux furent embrafez en vn inftant. Et croyez que
les Ducz d'Ortilenfe, & d'Alaftre, monftroient bien de quelle affection
ilz faifoient feruice à leur maiftre, mefmes les Singes de la grand' carraque, qui auoient amené Amadis, & ceux de l'Ifle Ferme. Ce beftial, agile comme chacun fçait, eftant en nóbre de deux mil, ou enuiron, n'auoit
repos ne ceffe à tirer du hault des gabies, du tillac, & rambades, fi grand'
quantité de flefches, qu'il fembloit proprement d'vne grefle tombant du
ciel : & fi quelque ennemy vouloit vfer de reuenche contr'eux, ilz fça-
uoient fi dextremét fe couurir de la pauigeade, qu'on ne les pouoit ataindre ne greuer. Mais pourquoy m'amuferois d'auantage à cefte longue efcarmouche ? la fin fut telle, qu'en moins d'vne heure, plus de cinq cents
vaiffeaux d'ennemys furent fubmergez. & (ce qui plus les eftonna) Frandalo, & Norandel, qui eftoient en deux fortes galleres, vindrent à force
de la chiorme ioindre vn grand nauire, le plus aparent de tous, dedans lequel cóbatoient les roys de Bugie, & Gilofle, lefquelz ilz affaillirent fi ru
dement, & en poupe, & en prouë, qu'ilz y entrerent pefle mefle, faifans
paffer au fil de l'efpée, tout ce qu'ilz trouuerent dedans, fans efpergner
Roy ny Roc: non toutesfoys fans groffe perte de plufieurs Cheualiers, &
gens de bien Chreftiens. En ces entrefaites, l'Empereur de Rome, & le
roy de Sardaigne, don Floreftan, qui auoient efté ordónez pour charger
le bagage des ennemys cognoiffans à veuë d'œil, qu'ilz commençoient à
eux eftonner: vindrent dóner à trauers, & y mirent tel defordre, que celà
fut caufe en partie de la perte de la bataille pour les Payens. Lefquelz fe
trouuans chargez, & deuant, & derriere, les vns prindrent la fuyte, les autres fe ferrerent, penfans eux rallier: ce que neátmoins il leur fut impoffi-
ble, d'autant que les roynes Pintiquineftre, & Calafie, auec leurs femmes,
leur donnerent tant d'affaires, que l'Empereur de Trebifonde, Dardarie
roy de la Breigne, & maintz autres preud'hómes, qui les fuyuoiét, dirent
bien n'auoir veu oncques mieux combatre. Et comme ilz trauerfoient les
rangs, frapans à dextre, & à feneftre, trouuerét Amadis, Efplandian, Perion, Lifuart, & la plus part des Cheualiers de la grand' Bretaigne, & de
Gaule,

Gaule, meſlez parmy vn eſcadron de Perſans,qui furent rompus,& tournerent le doz auecques leurs Souldans, Taborlans,Califes, & autres gens
de pied, & de cheual. Mais ilz furent ſi bien ſeruiz, qu'il n'auint oncques
telle tuerie: car le ſang couroit par les champs, ny plus ne moins,que font
les ruyſſeaux en vn temps fort pluuieux, & ſans la nuit qui ſuruint obſcure, il ne fuſt reſchapé vn ſeul ennemy.Lors Amadis commanda ſonner la
retraite, eſperant le lendemain pourſuyure leur bonne fortune: que ſi elle luy fut fauorable, elle ſe monſtra beaucoup plus ennuyeuſe & faſcheu-
ſe, enuers ſes contraires,tant par terre,que par mer,en ce que ce iour meſmes grand nombre de leurs nauires furent bruſlez,autres enfoncez, leurs
chefz mortz, & le reſte mis en route . Ceux qui donnoient l'aſſault à la
ville, cóme il vous a eſté dit, ayans reprins cueur pour venger leur grand'
perte, eſſayerent par tous moyens à la forcer, & croy qu'à la fin ilz s'en
fuſſent faitz maiſtres, n'euſt eſté qu'on leur vint reporter, que leurs gens
auoient perdu la bataille : au moyen dequoy (ſaiſiz d'vne froide peur) ſe
retirerent en aſſez mauuais ordre . Ce que cognoiſſant l'Empereur, leur
donna ſur la queuë, & en defit plus de dix mile : puis contraint laiſſer la
chaſſe pour l'obſcurité rentra en ſa place , remettant le ſurplus auſſi toſt
que le iour paroiſtroit . Certes ce n'eſtoit pas l'auis des pauures fuyans,
leſquelz r'alliez au moins mal qu'ilz peurent,auiſerent d'eux ſauuer vers
la marine, & s'embarquer dans leurs vaiſſeaux,ſi aucuns y en auoit de reſte, puis toute nuit faire voyle droit à la Natolie, pour eux ſauuer s'ilz a-
uoient moyen . Lors mirent ceſt auis en execution , & de bon heur pour
eulx,trouuerent le reſte de leur equipage de mer , que la nuit auoit contraint ſurgir en vne plage , du coſté de la Thrace : & dieu ſçait s'ilz y faiſoient honneur,à qui entreroit le premier. D'vne choſe vous puis-ie aſſeu
rer que plus de ſix mil perſonnes ſe noyerent de haſte , ſans plus de dix
mil autres , qui demeurerent ſur la greue , pour eſtre le nombre des vaiſſeaux petit au reſpect de ceux qui vouloient garantir leur vie: & encores
euſſent ilz eu pis,ſans la Lune qui commença à luyre,belle & claire,à l'ay
de de laquelle ilz leuerent les ancres, & ſe mirent à nauiguer. Dequoy le
comte Frandalo fut auſſi toſt auerty , par ceux qui l'auoit laiſſez au guet.
Et combien qu'il ſe monſtraſt diligent à les pourſuyure, ſi ne peut il eſtre
aſſez à temps pour les arreſter, ioint que le vent eſtoit propre aux fuyars,
& contraire aux pourſuyuans . Ce nonobſtant ataintz par les plus legiers
vaiſſeaux, furent forcez de combatre,voyre auecq' tant de hardieſſe,que
l'on pouuoit bien iuger l'enuie qu'ilz auoient de ſauuer leurs perſonnes.
Et tout ainſi que lon voit le maſtin , aculé d'autres chiens , ſe defendre à
coupz de dent , ſi bien que malayſément il eſt pincé de ceux qui le pour-
ſuyuent: Semblablement ce peuple aſſailly,reſiſta ſi hardimét à leurs ennemys, que malgré eux, ilz gaignerent le hault , & demourerent les autres contraintz ne paſſer outre, que leurs forces ne fuſſent plus pres pour
les ſecourir

les secourir. Voylà côme il en print à ce grand exercite de Payens. Et par
ainsi fut lors acomplie l'escriture, que le Cheualier de l'Esphere trouua
escrite au rouleau de cuyure doré, sur la fontaine, ou Alquife le fit tenir,
comme il vous a esté recité au cinqiesme chapitre precedant.

Comme les princes Chrestiens,

venuz au secours de l'Empereur de Constantinople, delibere-
rent retourner en leurs pays, & de l'entreprinse que
firent aucuns Cheualiers, pour aller conduire
la royne Mabile.

Chapitre   XXVIII.

ES capitaines de mer, retournez de la poursuyte de
leurs ennemys, & les malades gueris, qui auoient esté
durant le siege de Constantinople, chacun delibera
faire voyle en sa contrée : ce qu'ilz donnerent à entendre au vieil Empereur. Lequel, apres mil gracieux
grandz mercys, leur dit: Que de sa part il vouloit aus-
si r'entrer en la vie solitaire, ou il s'estoit mis auant l'enchantement de son
gendre, & de sa fille. Or fut cause Vrgande la descogneuë, de ce soudain
departir: car elle auisa le roy Grasandor, côme aucuns ces suietz estoient
en termes d'eslire vn nouueau Roy, pour sa longue absence, estimant
qu'il fust mort, ou du tout perdu : au moyen dequoy proposa desloger
le lendemain de grand matin. Et pource que la royne Mabile sa femme
prenoit vn singulier plaisir à la chasse, fit partir le iour mesmes les vaisseaux, que l'Empereur luy bailla pour son voyage : commandans aux Pilotes l'aller atendre à vn port de mer, qui estoit à deux iournées de là, ou
s'achemineroit par terre, en chassant & courant le Cerf. Dequoy auerty le Cheualier de la vraye Croix, Perion, & autres, asseurerent qu'ilz
les conduiroient iusques à ce, qu'ilz fussent embarquez. Et nous ? quoy?
dirent les Roynes de Calasie, & Pintiquinestre, estimez-vous que de-
mourions derriere ? nous yrons auecque vous, s'il vous plaist, tant pour
vous accompagner, que pour auoir part au plaisir que vous esperez.
Autant en promirent Florestan, filz de Florestan, les deux Geants Argamont, & son filz, & finablement iusques à cinquante de compte fait:
qui tous se trouuerent de grand matin, au logis de Grasandor, lequel
prenant congé (auecque la Royne sa femme) de la Royne Oriane, &
autres Princesses Dames & Damoyselles, se mirent en chemin, & les
accompaignerent à vne lieuë de la ville, les trois Empereurs, Amadis, &

madis, & Efplandian. Ou les commandât à la garde de noftre Seigneur, reprindrent le chemin qu'ilz eftoient venuz, les laiffant pour les côduire, outre les deux Roynes, les Cheualiers de la vraye Croix, & celuy de l'Efphere, le Roy don Galaor, Floreftan, Agraies, & le Roy don Bruneo, le Roy don Brian, & le roy Grafandor, le roy Gafquilan, & le roy Cildadan, le roy Garinter de Dace, & le Roy de Hongrie, le roy Talanque, & le Roy de Iugurte Garinter, le roy Arban de Norgalles, & le roy Dardarie de la Breigne, don Quedragant, Seigneur de Sanfuegue, Galuanes, Seigneur de l'Ifle de Mongaze, & le comte d'Alaftre, Alin filz du Duc d'Ortilenfe, Maneli le fage, & Ambor, de Gâdel, Angriote d'Eftrauaux & Sarquiles fon coufin, le prince Brâdalie, & le marquis Saluder, le preux amiral Frandalo, & le roy Norandel, Brauor, filz du geant Balan, Garuate du val craintif, le geant Argamont, & le filz de fon filz, Ardadil Canile, Quedragant, & Abies d'Yrlande, & femblablement Vaillades Languines, Floreftan, & Parmenir fon frere, Galuanes, & Perion, filz du roy Galaor, Dragonis, Palomir, le comte Gandalin, auecq' Yrguian fon filz, Brunette porte cornette de l'Empereur Efplandian, Teluys le Flameng, & Gueilleriz, coufin de Frandalo, auecq' Giontes proche parent du feu bon roy Lifuart. Ces cinquante, tant Roys que preux Cheualiers, auecq' les deux Roynes Pintiquineftre & Calafie, acompagnerêt Grafandor, & Mabile, iufques à la marine: & menant quant & eux chacun vn efcuyer, qui portoit leur lance & heaume, pafferent cefte iournée, volât le Heron remetant la chaffe au lendemain, qu'ilz entrerent en vne foreft, diftant de Conftantinople de cinq lieuës, & au fortir fe trouuerent en vne belle plaine, ou paffoit vne riuiere, fur laquelle eftoit vn Pont, & tout ioignât de l'autre part, vne fortereffe, d'ou ilz aperceurent defcendre deux Cheualiers, armez d'armes noires, & en equipage de combatre : lefquelz s'aprochans d'vn raftelier (pendu vis à vis du portail) prindrent deux lances entre vne grande quantité, qui y eftoient apuyez: & marchans vers l'yffuë du Pont, enuoyerent deuant vne Damoyfelle, defendre le paffage à ceux qui venoient. Si ne tarda gueres cefte femme à faire ce qu'il luy eftoit commandé: car elle rencontra les Cheualiers à deux traitz d'arc, & d'arriuée s'enquift, qui eftoit le principal de tous. Damoyfelle, refpondit le Roy don Galaor, nous fommes tous efgaux, & compagnons. En bonne foy, dit elle, celâ croyray-ie bien : car ie ne penfe de ma vie auoir veu troupe de Cheualiers en meilleur equipage. Entendez doncques le mandement de ceux, qui m'enuoyent vers vous : Ilz vous defendent (dit elle leur monftrant les deux Cheualiers de la fortereffe) l'yffue de ce Pont, lequel ilz ont entreprins garder vn an durant, par le commandement de celles qu'ilz ayment, fans y laiffer entrer Cheualier, fi n'eft auecq' la condition que ie vous declaireray. Nul paffera outre, s'il eft feul, qui ne ioufte à l'vn d'eux : Et s'ilz font deux, chacun aura affaire au fien. Lefquelz

abatus, &

abatus & les nostres demeurent à cheual, en ce cas ilz perdront escuz, &
cheuaulx, qu'enuoyront les vaincueurs à celles qui les ont mis a ceste a-
uenture: mais si le malheur tombe de leur part, leur perte est semblable,
& sont excusez de plus garder ce, qu'ilz auoient entreprins. Toutesfoys,
s'il auient qu'eux, & ceux contre qui ilz ioufteront, tombent à la premiere rencontre, eux quatre pourront venir au combat de l'espée, souz la
mesme condition de la lance : & si la cheutte auenoit à deux seulement,
ces deux combatront, si bon leur semble, comme ie vous ay dit. Et si aucun ne tombe, ilz seront tenuz tant de foys recommencer, & prendre tant
de lances, que la cheutte en auienne à l'vn, ou à l'autre, ou à tous deux, autrement le combat de l'espée leur est interdit: & si pendant vn an les deux
Cheualiers à qui ie suis, peuuent obtenir l'honneur d'abatre les autres, &
n'estre abatus : les Dames qu'ilz seruent, leur ont promis & fiancé leur a-
mour, sans iamais aymer autres qu'eux. Or vous ay-ie declairé les conue-
nans, qu'il vous fault ensuyure, si voulez passer oultre : ce qu'ilz vous
priét ne receuoir en mauuaise part, veu que vous estes Cheualiers comme
eux, & qu'il n'est pas que n'ayez amyes, ausquelles vous pourrez seruir,
leur presentant nouueaux escutz, & montures, si fortune vous porte plus
de faueur qu'à eux. Certes, respondit Galaor, les Cheualiers ont bien raison d'obeyr aux commandemens de leurs Dames : toutesfoys il me des-
plaist(veu leur bon vouloir) de ce qu'ilz ont auiourd'huy fait entreprise,
laquelle les releuera du trauail de tout vn an, comme ie pense. Pourtant
allez leur dire, que nous passerós le Pont, souz le pačt qu'ilz nous ont man
dé. Si tourna bride la Damoyselle, & commença la risée entre les Cheualiers, faisans estat du plaisir qu'ilz se prometoient, voyans bien tost à pied
ceux qui entreprenoient les assaillir. Mais vous mesmes, dit Mabile, dónez
vous garde que celà ne vous auienne. Or estoient ilz venuz par le chemin
deuisans deux à deux : parquoy acorderent ensemble, que tout ainsi ilz
yroient à la iouste, tellement que Guelleriz, neueu de l'amiral Frandalo,
& Giontes, furent les premiers sur les rangs. Lesquelz à course de cheual,
vindrent contre les Cheualiers, & fut la rencontre des vns, & des autres
si grande, que Guelleriz & Giontes briserent leurs boys iusques dans la
poignée: mais les Cheualiers du Pont les desarçonnerent, prenát si grand
saut, qu'ilz se trouuerent estanduz sur l'herbe. Lors vindrét auant quatre
Escuyers, qui aufsi tost se saisirent de leurs escutz & destriers. Ce pendant
les deux Cheualiers abatuz, se tirerent à costé pour voir qu'il aduien-
droit à Brunette, & Teluys le Flameng, qui commençoient leur carriere: mais si les deux premiers furent mal traitez, les deux d'apres en
eurent tout ainsi. Parquoy la Royne Mabile, ne se peut tenir de souz-
rire, en disant: A' ce que ie voy, il nous faudra chercher monture pour ces
quatre. Et comme elle acheuoit ceste parole, Gandalin, & Yrguian son
filz, se mirent en ieu qui leur tourna à grand desplaisir: car leurs cheuaulx

L   furent em-

furent emmenez par les Escuyers, ainsi comme ceux de leurs compaignons: dont Dragonis, & Palomir, esperoient bien les venger, & de fait
rencontrerent les Cheualiers du Pont de si droit fil, que leurs lances vollerent en esclatz. Mais quoy ? ilz furent renuersez comme les autres, perdans cheuaulx & escuz : toutesfois les deux Cheualiers aux armes noires,
auoient encores leur boys entier. Adoncques s'auancerent Perion de Sobradise, & Galuanes, lesquelz donnans des esperons à leurs cheuaulx, vin
drent contre les Cheualiers noirs, & du grand choc qu'ilz se donnerent,
rompirent leurs lances : neantmoins Galuanes fut à terre, & Perion, mais
ceux ausquelz ilz s'adresserent, demeurerent fermes, & leur furent aportées lances nouuelles. Parquoy se rechargeans de nouueau, briserent de re
chef leur boys, se ioignás de corps, d'escuz, & de teste, en sorte que le Cheualier noir perdit vn estrier : & Perion print vn si grand sault, qu'il demeura sur l'herbe quasi esuanouy . A' ceste cause les cheuaulx des deux
abatus, furent incontinent saisiz par les Escuyers, & emmenez auecq' les
autres laissans Perion, & Galuanes, honteux de leur cheute . Si passerent
auant Florestan, & Parmenir son frere, lesquelz donnans carriere à leurs
cheuaulx, rencontrerent ceux du Pont, siviuement, qu'eux quatre ensemble rompirent l'vn sur l'autre : & partant leur furent aportées autres láces
du rastelier, & tournans bride se rechargerent encores, dont il auint que
Florestan, & Parmenir briserent leurs boys. Toutesfoys ilz prindrét quát
& quant, si grand sault, qu'on pensoit qu'ilz eussent les colz rompuz. Sur
ma foy, dit la royne Mabile, vous trouuerez que ie seray prophete, & que
ce que i'ay dit auiendra. Adoncques les cheuaulx & escutz des deux nouuellement mis par terre, furent incontinent prins ainsi qne les autres : &
se presenterent à la iouste, Vaillades, & Languines, qui de premiere rencontre furent renuersez : Dont les Cheualiers de l'Esphere, & de la vraye
Croix, se sentirent tant animez, qu'il leur tardoit beaucoup d'estre en rãg
pour les venger. Mais c'estoit à Quedragant, & Abies d'Yrlande, lesquelz
à course de cheual, vindrent aux deux Cheualiers noirs, contre lesquelz
leurs lances furent mises en pieces, & au passer se ioignirent l'vn l'autre,
de telle sorce, que vousissent, ou non Abies, & Quedragant, tomberent
par terre, perdans cognoissance de iour, ou de nuict : & au parfaire de la
carriere, sembloit des deux Cheualiers vaincueurs, de deux tours cymen-
tées sur le doz de leurs destriers . Si ne tarda gueres, que les Escuyers ne
saisissent les cheuaulx & les escuz des autres. Ainsi demeurans les vaincuz
à pied, ne desiroient meilleure fortune pour leurs compagnons, que celle
qu'ilz auoient euë, louans en eux mesmes la bonté des deux gardes du
pont. Lors passerent outre, Argamont, & Ardadil Canile, bien deliberez
de reparer l'honneur de leurs amys. Et pource qu'ilz estoient Geants, les
autres qui se deuoient esprouuer apres, estimants que ceux du pont ne
leur pourroient resister, furent fort desplaisans du sort, qui ne leur estoit
escheu, pre-

escheu premier qu'à eux . Toutesfois ilz cogneurent à veuë d'œil qu'il y
auroit encores assez pour les employer , car les deux Cheualiers du pont
chargerent deux des plus roy des lances du rastelier, & sans differer, coururent de si droit fil contre les Geans , qu'il leur firent perdre les estriers,
brisans leur boys en plus de dix pieces. Or auoient failly d'atainte Argamont & Ardadil, de grand' enuie qu'ilz eurent de bien faire : ce nonob-
stant au passer se rencontrerent tant durement , qu'il n'y eut celuy d'eux
qui ne perdist quasi les sentimens: mais à l'ocasion des coups de lance, que
les Geans auoient receux acompagnez de si dur choc, vousissent ou non,
passerent par ou les autres auoient passé : Dont suruint vne grand' cla-
meur, entremeslée de risée par ceux du chasteau, qui regardoient l'esbat,
crians si haut que chacun le peut entendre : Puys que les deux dyables
sont espouuentez: les nostres ne doiuent pas desormais craindre . Ce que
entendu par le Roy Galaor, ne se peut tenir qu'il ne dist: Par le vray Dieu
ie pense que les gardes de ce pont , soient deux espritz, qui veulent retarder nostre entreprise. Celà pourroit bien estre, respondit le Roy Brian de
Moniaste, ou bien Vrgande, qui pour se gaber de nous, & nous faire tous
desarçonner , a fait quelque nouueau enchantement. Durant ces propos,
les Escuyers du chasteau se saisirent des cheuaulx d'Argamont , & Ardadil, ensemble de leurs escutz, qu'ilz porterent auecq' les autres . Desia a-
uoient repris les Cheualiers noirs nouuelles lances, atendans Brauor , filz
du Geant Balan, & Garuate du val craintif: contre lesquelz ilz rompirét:
toutesfoys au passer la rencontre fut telle que Brauor , & Garuate , n'eurent meilleur marché que les autres , & furent leurs escutz , & cheuaulx
portez au mesme lieu , que ceux de leurs compagnons . Parquoy le Roy
Norandel, & le vaillant Frandalo, se presenterent , & leur auint si bien,
que tous quatre rompirent l'vn sur l'autre : ce que voyant les Escuyers,
coururent hastiuement au rastelier, & leur aporterent à chacun d'eux
nouueau boys, dont ilz se rencontrerent de telle puissance, que Norádel,
& Frandalo rompirent de rechef. Mais les gardes du pont firent encores
mieux: car demourans leurs lances entieres , desarçonnerent les deux autres trop rudement sur l'herbe. Et à l'instant ceux de la forteresse s'escrierent: Les deux Corbeaux ont pour ce coup assez mal traité les Papegaux.
Et ce disoient ilz, d'autant que les cinquáte Cheualiers estoient quasi tous
couuerts de harnois de couleur. Lors s'esmeurent le Prince de Brandalie,
& le marquis Saluder, qui de premiere encontre furent ruez par terre, demourans les lances des autres entieres: qui mit tel esbahissement à ceux
qui les regardoient, que par le commun iugement , ilz n'auoient encores
veu deux telz Cheualiers. Si ne tarda gueres qu'Angriote d'Estrauaux, &
Sarquiles , ne se missent en leur deuoir , tellement que par trois carrieres
tindrent bon, neantmoins à la fin ilz laisserent pour gaige , harnoys, &
cheuaulx , & vint Daneli à la iouste auecq' Ambor de Gandel. Ces deux
L ij   ne firent

ne firent grand refiftance, non plus que le Comte d'Alaftre,& Alarin:les
cheuaulx & efcutz, defquelz feruirent de paremens auecq' les premiers.
Parquoy Quedragant & Galuanes, habandonnans la troupe, vindrent
de telle roideur vers les Cheualiers noirs, que d'eux quatre vollerent les
lances en l'air : tombans toutesfoys, Galuanes & Quedragant, tant les
rencontrerent rudement ceux aufquelz ilz s'eftoient adreffez.Qui ne tar
derent gueres à recouurer autres lances, & trouuans Dardarie Roy de la
Breigne,& Arban de Norgales en equipage de faire leur deuoir, les traiterent ny plus ny moins que les autres precedants : & fe faifirent les ef-
cuyers de leurs cheuaulx, & efcutz. Lors vindrent les Roynes Calafie, &
Pintiquineftre,qui ne faillirent d'atainte, ains rencontrans les deux cheualiers, rompirent fur eux: ce nonobftant , force leur fut de prendre leur
mefure fur le champ, ny plus ny moins que les precedants. Que vous diray ie d'auantage ? Garinte & Talanque n'eurent pas moins, ny pareillement Garinter roy de Hongrie, Gafquilan, & les Roys Cildadan, Brian,
& Grafandor . Puys venant autour du Roy Agraies, & de don Bruneo,
marriz au poffible d'auanture fi eftrange, s'adrefferent de colere aux
Cheualiers noirs, & rompirent les vns fur les autres, chacun trois lances,
fans fe pouuoir defarçonner: mais à la quatreiefme , ilz furent renuerfez,
voufiffent ou nõ, & leurs cheuaulx,& efcutz prins. A' ce que ie voy,dit la
Royne Mabile , fi ces deux Cheualiers du pont perdent leurs montures,
ilz ont deformais affez dequoy les recompenfer.En bonne foy ma dame
refpondit Galaor, c'eft la verité , car defia ilz en peuuent finer quarante
huyt, & fe fçauroient bien vanter les auoir conquifes fur les meilleurs
Cheualiers du mõde,toutefois ie les garderay(s'il m'eft poffible) d'auoir
la mienne à leur difcretion. Ce difant, luy & Floreftan le bon ioufteur,
vindrent courant contre les deux du pont, & tant bien fe maintindrent,
que fept lances furent rompues premier que l'vn ne l'autre fe meuft de la
felle : mais à la courfe feptiefme, fe rencontrerent de corps, d'armetz , &
d'efcutz, fi à ferme, que les Cheualiers noirs perdirent les eftriers, preftz
de tomber s'ilz n'euffent embraffé le col de leurs cheuaulx.Et par mefme
moyen Galaor,& fon compagnon eftourdiz de fi forte charge,furent ren
uerfez.Dequoy Mabile trop esbahie,eftoit d'auis que Perion, & Lifuart,
fe deportaffent de ioufter:car difoit elle,vous deux àcheual,pourrez plus
ayfément trouuer quelques chariotz,pour emmener ceux qui font à pied
Dieu ne me foit en ayde, refponditLifuart,fi le mien ne demeure,ou i'en
conquefteray vn autre. Et le femblable affeura le Cheualier de l'Efphere.
Or eftoit il enuiron l'heure de nonne,& les deux Cheualiers noirs fi pres
de Lifuart, & Perion, qu'ilz peurent entendre la refponce qu'il'z auoient
faite à la Royne.Parquoy leur dirent de bonne grace:Certes,Cheualiers
les dames que nous feruons,auront plaifir d'auoir voz cheuaulx,& efcutz
à leur commandement.De celà les garderons nous bien,& vous auffi refpondit Pe-

pondit Perion , & si tenons les vostres pour tout asseurez : lesquelz nous
vouons aux deux Roys qu'auez abatus si lourdemét . A' ceste parole s'es-
longnerent l'vn de l'autre, & donnans des esperons à leurs destriers, furét
leurs ataintes si grandes, que leurs escus demeurerent faulcez, & les lances
en esclatz , & plus encores : car au ioindre il sembloit que la foudre eust
esclaté leurs haubertz , & heaumes , tellement qu'eux quatre tomberent
à la renuerse, & presque estourdiz . Toutesfois ilz se releuerent de grand'
legiereté, & mettans la main aux espées, commença entre eux vn combat
non pareil, faisans sortir de leurs harnoys mainte estincelle de feu , & de
leurs corps telle abondance de sang, que la place verte en changea de cou
leur , combien que ny l'vn ny l'autre monstroit semblance de recreance:
ains, sans prendre alaine, se rechargeoient si menu & souuent, que finablement ilz se trouuerent sans piece d'escu , ny de haubert , qui leur vallust.
Parquoy se saisirent corps à corps, & à force de bras, de croc, & de hanche , taschoient par tous moyens à se desroquer, esperants lors mettre fin
à leur meslée , ou à leur vie : mais il suruint vne nuée obscure , qui les en-
uelopa tellement, qu'on les perdist de veuë . Et quasi aussi tost donna le
Soleil à trauers , & furent veuz les quatre combatans, sans heaulmes , les
deux filz embrassans les deux peres, Amadis & Esplandian, & au mylieu
d'eux, le viellart Alquif, portát sa blanche & longue barbe, lequel s'estoit
fait aporter en l'air, pour mettre paix à si perilleusse rencôtre. Ce que leur
voulát donner à entendre leur disoit : Ce maist dieux, mes bons seigneurs
il n'estoit pas raisonnable, qu'aucun de vous quatre eust l'hôneur de ceste
meslée : car vous n'estes qu'vne mesme chose, vne mesme chair, & (quant
tout est dit) vne mesme force & prouësse . Si souuint tresbien à Amadis
que ce fust il sans autre, qui s'aparut à luy le iour de la bataille, lors qu'il
secourut ses deux enfans. Et Perion mesmes les recogneut, comme l'ayant
deliuré du Geant qui le faisoit trainer au chariot, en l'Isle ou Alquife l'a-
uoit conduit. Aussi estoit ce le pere d'elle, par laquelle il luy auoit mandé, qu'il le verroit quelque iour en lieu , ou il auroit plus de plaisir pour
la seureté de sa vie, que s'il auoit conquis la moytié du monde. Ce qui fut
vray, car sans doute, lors qu'il suruint, le combat de son pere , & de luy,
estoit en tel poinct, que la mort leur estoit prochaine , sans ce secours ines-
peré, d'autant qu'Amadis , & Esplandian , oublians l'amour de pere à
filz, pour paruenir à l'honneur de victoire, vouloient (quoy qu'il en deust
auenir) mener ceste bataille à fin . Et les deux Cheualiers, Perion , & Lisuart , ignorans contre qui ilz combatoient , faisoient leur deuoir autant
que cheualerie leur en permettoit . Retournant doncques au propos encommencé , aussi tost que Lisuart, & Perion virent la faute qu'ilz auoient
faite enuers leurs peres , mirent les genoux à terre , les suplians treshumblement leur pardonner , veu que tout ce auoit esté fait par ignorance.
Et d'auantage , dirent ilz, ceste folie nous a esté cher venduë : car ayans

L iii   le pire

le pire du combat, il est indubitable que nostre mort estoit prochaine,
si ce vieillard honnorable ne nous eust secouruz. Lors s'approcherent la
Royne Mabile, & les Cheualiers abatuz : lesquelz voyans telle compagnie, & si cruelle bataille conuertie en tant de plaisir, furent grandement aises, ne s'estimans moins pour auoir esté desarçonnez par ceux
qu'ilz cognoissoient pour les meilleurs Cheualiers du monde. Ausquelz
en riant ilz dirent : En bonne foy Seigneurs, vous auez eu tord : car il
vous deuoit suffire nous auoir traitez si rudement, sans nous piller ainsi
noz cheuaulx, comme vous auez fait. Vous en direz ce qu'il vous
plaira, respondit Amadis. Vne chose vous confesseray-ie bien : c'est
que nous auons esté les plus fortz, tesmoing les coups que nous portons
sur les espaules. De ces paroles se fist grande risée entre eux, & prenans le chemin de la forteresse, à peine y furent ilz entrez, que Vrgande la descogneuë suruint, auecques maistre Helizabel, qu'elle auoit a-
mené pour penser les naürez : car par son art magique, elle n'ignoroit
tout ce, qu'il leur deuoit auenir. A' son arriuée luy firent tous ces Cheualiers grand recueil, quand d'vne bonne grace elle leur dist. Ce maist
dieux, Seigneurs, il vous sierroit trop mieux de tenir voz Royaumes
en paix, que guetter les chemins, comme vous faites. Ah a, ma Dame, respondit Amadis, si tous guetteurs de passages estoient aussi bien
chastiez, que nous auons esté, ie croy qu'il y en auroit peu au monde.
Lors furent desarmez les quatre Cheualiers naürez, & mis en riches litz,
ou leurs playes eurent tel apareil, qu'il leur estoit besoing : & recita A-
madis deuant tous, que l'inuention de ceste iouste auoit esté faite, retournant en Constantinople. apres que luy & les trois Empereurs eurent
prins congé de Grasandor, & de la Royne Mabile. Et l'entreprismes
dist il, mon filz & moy, sans en rien declarer à autre, qu'à vn seul
Escuyer, que nous enuoyasmes en diligence querir les armes que vous
nous auez trouuées en doz : & toute nuict auons cheminé, pour vous de-
uancer ce passaige, ou i'ay esté mieux froté, que ie ne fu de ma vie.

Comme A-

Comme Amadis, Esplandian, Pe-

rion, *& Lisuart retournerent en Constantinople, laissans la Roy-*
ne Mabile en la compagnie des autres Cheualiers
qui la conduyrent.

Chapitre   XXIX.

R dit le Comte, que le deuxiesme iour ensuyuant, ayãt
esté l'auanture telle que l'auez entenduë, plusieurs che-
ualiers sortirent de Constantinople, pour entrer en
queste d'Amadis, & Esplandian, qu'ilz estimoient perdus : mais ilz les trouuerent peu apres, & par l'auis de
tous les naürez, firent faire litieres cheualeresses, &
retournerent en Constantinople, pour oster hors de peine Oriane, & Leo
norine, ausquelles la larme n'estoit seichée de l'œil, depuys la nouuelle de
l'absence d'Amadis. Et de fait, eux arriuez en la ville, & ayans sceu les dames le combat tel qu'il auoit esté, encores qu'elles en fussent dolentes, si
auoient elles quelque plaisir, pour l'asseurãce que maistre Helizabel leur
donna de la brieue santé des blecez. Et pour ceste cause, l'Empereur de
Trebisonde delibera seiourner, iusques à leur entiere conualescence : à fin
qu'il peust emmener quant & luy les Cheualier de l'Esphere, & de la
vraye Croix. Et ce pendant, il seroit impossible vous raconter l'honneur
& bon traitement que l'on faisoit au sage Alquif, & le plaisir que prenoit
L iiii   l'Infante

l’Infante Gradaſilée, à entretenir le Cheualier de la vraye Croix : auquel
elle tenoit ordinairement compagnie , car elle l’aymoit ſi ardamment,
qu’elle n’eſtoit ayſe ny contente, ſinon en le voyant . Et toutesfoys honte
pudique luy interdiſoit à toute heure de luy deſcouurir de bouche ce, qui
tant la ſolicitoit iour & nuit. Bien eſt vray, que l’œil & ſa contenance, luy
en donnoient aſſez de teſmoignage, & en tant de ſortes, qu’vn ieune enfant d’honneur de l’Empereur de Trebiſonde, filz du duc Dalafonte, s’en
aperceut : & pour la bonne chere que luy faiſoit meſmement le Cheualier de la vraye Croix, ſe promit aſſeurément, que leur amour eſtoit mu-
tuelle , combien qu’en celà il faillîſt du tout . Ce nonobſtant , la fantaſie
qu’il en eut tourna depuis à grand’ conſequence, comme vous entendrez.
Mais pour retourner à mon propos, l’Empereur de Trebiſonde cognoiſſant que la ſanté des Cheualiers naürez prenoit plus long trait, qu’il n’a-
uoit eſperé : delibera d’enuoyer ſon train deuant, auecq’ le Duc d’Ortilen
ſe , pour auertir l’Imperatrix de la cauſe de ſon retardement. Le Duc deſ-
peſché, fit incontinent voile, auecq’ toute la flote , qui auoit eſté amenée
de Trebiſonde, hors mis cent vaiſſeaux qu’il laiſſa pour côduire ſon maiſtre. Si eut le vent ſi à gré, qu’en peu de iours il arriua, ou il tendoit, & fut
receu de l’Imperatrix, & des deux princeſſes Onolorie, Gricilerie & autres, autant bien qu’il eſtoit poſſible . Or auoient elles deſia ſceu, tout ce
qui eſtoit auenu durant la guerre, tant en Côſtantinople, qu’au Cheualier
de la vraye Croix. Et ſi voulez ſçauoir comme entendez : Qu’eſtant le ſiege leué le Cheualier de l’Eſphere : vn iour entre autres , trouuant Alquife
à part, luy dit : Ma grand’ amye, le temps eſt venu (ce me ſemble) que vous
m’auez promis faire vn voyage en Trebiſonde, vers ma dame Onolorie,
pour luy porter de mes nouuelles, ie vous prie me tenir promeſſe. Monſieur, reſpondit elle, i’eſpere partir demain , & faire entierement ce , que
me commanderez : ce pendant eſcriuez luy au long & du ſurplus reme-
tez-le hardiment ſur moy . Et autant en diſt au Cheualier de la vraye
Croix. Lors s’en alla prendre congé de l’Empereur, des Seigneurs, & dames meſmes d’Vrgande, à qui elle diſt . Ma Dame, ie vous ſuplie (atendant le retour d’vn voyage, ou ie m’en vois preſentement) me garder mes
femmes, leſquelles ie vous laiſſeray, s’il vous plaiſt. Alquife, reſpondit elle
ſi vous voyez voſtre pere , preſentez luy mes affectueuſes recommenda-
tions à ſa bonne grace , & l’aſſeurez que i’ay bonne volonté de le voir, &
cognoiſtre. Si print congé d’elle Alquife, & retourna vers les deux Cheu-
ualiers, qui luy baillerent chacun vne lettre. Et au demeurant, dirét ilz, fai
tes nous ce bien, de baiſer les mains de noſtre part, à celles à qui nous ſommes, que nous verrons) ſi Dieu plaiſt) en bref : car nous yrós quant & l’Em
pereur leur faire la reuerance. N’oubliez auſſi à nous recommander hum
blement aux bonnes graces de mes Dames Griliane , Bridelnie & autres,
que vous trouuerez à propos. Eſtant doncq’ Alquife depeſchée d’eux,
fit tirer

fit tirer de sa grand' catraque vne barquette, & auecq' deux Singes seulement fit voyle par si bon vent, que sans fortune arriua à Trebisonde, & fit
entierement ce, qu'elle auoit entrepris: de sorte qu'à l'heure que le Duc arriua, les deux princesses Onolorie & Gricilerie, pensans que ce fust le retour de l'Empereur, & leurs amys auecq' luy, estoient si aises, qu'elles ne
sçauoient bonnement quelle contenance tenir. Car long temps au precedent, elles auoient r'enuoyé Alquife, & par elle auoient mandé aux deux
Cheualiers, qu'ilz ne fissent faulte à venir quant & l'Empereur. Toutesfoys elles furent deceuës pour ce coup, & sçachants du Duc la cause du retardement de leur pere, viuoient ce pendant en esperance, entretenant de
iour en iour le Duc pour luy ouyr raconter tout ce, qu'il auoit veu durant
son voyage: & sur tout les combatz particuliers que vous auez entenduz,
les Embassades enuoyez d'vne part & d'autre, le retour d'Amadis, & des
seigneurs & dames enchâtées en l'Isle ferme, les escarmouches des Payés
contre les Chrestiens, mesmes l'yssue de la bataille, & le deuoir auquel s'e-
stoient mis Perion & Lisuart. Et combien que le Duc leur en fist chacun
iour vn long discours, si apelloient ilz encores aucuns particuliers, qu'ilz
mettoient en ces termes, tant prenoient plaisir d'en ouyr deuiser. Dont il
auint, qu'vn iour entre autres, Bridelne, fille du Duc d'Alafonte, apella son frere celuy, qui auoit prins garde à l'amour de Gradafilée & Lisuart. Et comme Bridelne s'enqueroit à luy des dames de Constantinople,
il luy auint de dire, qu'entre toutes il n'en auoit point veu (à son auis) de
si belle, que celle que deliura Lisuart des mains de Melie. Mais croyez, dit
il, que ce bien qu'elle luy fit, luy est grandement recompensé: car selon
mon auis, ilz ont telle part l'vn à l'autre, que deux vrays amants peuuent auoir. Et comme le sçauez-vous? respondit Bridelne. Lors luy conta tout ce qu'il en esperoit, & d'auantage. Et ainsi qu'il estoit en si beau
chemin, Onolorie suruint, qui en entendit plus qu'il ne luy estoit de
besoing: pource qu'à l'instant elle fut si troublée, qu'elle cuyda mourir,
croyant certainement que Lisuart (qu'elle aymoit plus que soymesmes)
luy eut ioué si mauuais tour de l'auoir oubliée. Parquoy se retira en sa
chambre, & ayant recours à ses larmes, se mist tellement à souspirer, qu'il
sembloit que le cueur luy deust partir de l'estomach. Or n'auoit rien entendu Gricilerie de tout cecy: mais entrant en la chambre de sa sœur, & la
voyant si desesperée, luy demanda qu'elle auoit. La pauurette plus morte
que viue, pressée de durs sangloutz, demeura quelque temps sans luy pou
uoir respondre: & quand elle peut parler, ieta vn hault souspir, & luy
dit piteusement: Ah a malheureuse que ie suis! a il falu que i'aye esté tant
deceuë, d'aymer celuy qui me veult si peu de bien? Certes le mal que i'endure est bien employé, ayant trop de leger mis mó cueur au pouoir d'vn
meschant, qui n'a ne foy, ny loyauté! Toutesfois, si ie puis, ie le payeray
en mesme monnoye. Lors commença à reciter à sa sœur, tout ce qu'elle a-
uoit en-

uoit entendu du frere de Bridelnie. Et combien que Gricilerie mit toutes les peines du monde à la reconforter, si ne vouloit elle prendre en payement aucune chose, & pour resolution conclud, de luy escrire vne lettre, par laquelle elle luy monsteroit tout le mal qu'elle luy desiroit. Et de fait, prenant plume & papier, mist son vouloir à execution, puys apellant vn Escuyer, filz de sa nourrice (auquel elle auoit fiance) luy dist en secret: Amy, il fault que tu face pour moy vn message, dont ie te sçauray gré toute ma vie. L'Escuyer, qui ne desiroit qu'à la seruir, luy fist responce, qu'il estoit prest à luy obeyr. Il fault, dist elle, que tu ailles en Constantinople trouuer vn, que l'on apelle le Cheualier de la vraye Croix : tu luy baillerrs ceste lettre de ma part, & sur tout prens garde à la contenance qu'il fera en la lisant, ou apres qu'il aura leuë. A ce commandement fut prompt d'obeyr l'Escuyer, & ce iour mesme s'embarqua, faisant voile en la Thrace.

Comme Lisuart, ayant receu la

lettre de l'Infante Onolorie, partit secrettement de Constantinople : & du retour des Princes Chrestiens
en leurs pays.

Chapitre   ●   XXX.

Les cinquante

LES cinquante Cheualiers (qui auoient conduit le Roy
Grasandor, & la Royne Mabile, iusques à leur embarquement) retournez en Constantinople, & les nauirez
gueriz de leurs playes, par la grand' diligence que mis
maistre Helisabel: le vieillard Alquif, voulât retourner
en son Isle des Singes, print congé de toute la troupe,
les asseurant qu'il les verroit quelque autrefoys plus à l'aise, & particulie-
rement, aussi que sa venuë pour lors n'auoit esté pour autre ocasion , que
celle dont nous auons parlé cy deuant. Mon grand amy, respondit Amadis, il ne sera iour de ma vie, que ie ne me sente tenu à vous, pour le secours
que m'a-

que m'auez fait,estant au plus grand danger du monde: parquoy ie vous prie,que ie vous voye quelque iour en mes païs,ou ie vous feray tout l'hō neur & bon traitement dont ie me pourray auiser . Et ce iour mesme s'embarqua Alquif dans le grand vaisseau qu'auoit amené sa fille . Or n'estoit elle encores de retour de son voyage de Trebisonde,dōt Lisuart & Perion auoient vn merueilleux ennuy, attendu mesmement , que tous les Princes & Seigneurs venuz au secours de l'Empereur , estoient sur le poinct d'entrer en mer,& retourner en leurs contrées.Mais, à l'heure, vn page vint auertir secrettement le Cheualier de la vraye Croix (deuisant lors à Amadis)qu'vn Escuyer vouloit parler à luy. C'estoit celuy mesme, par lequel Onoloric enuoya la lettre,qui luy causa depuis tāt de douleur, Lisuart suyuit le page ou l'atendoit l'autre, lequel baisant vne lettre qu'il tenoit la luy presenta, en disant:Ma dame Onoloric m'enuoye vers vous, voyez ce qu'elle vous mande . Lisuart changea de couleur, oyant nom mer celle qui luy estoit plus chere que chose du monde , & respondit à l'Escuyer: Mon amy,ie te prie m'atendre icy, ie verray le mandement de ma Dame, & y feray responce. Desia luy tardoit il d'estre en priué, pour lire ceste fascheuse lettre,laquelle il ouurit estant en sa chambre,& y trou ua escrit ce qui s'ensuyt:

Vys que la desloyauté de vous, Cheualier (le plus ingrat qui soit entre les viuans) s'est maintenant si manifestée en mon endroit, que nulle excuse, tant puisse elle estre bien palliée , ne pourroit couurir la faulte de vostre cueur: ie vous defens desormais sur vostre vie, ne vous trouuer en part, ou ie vous puisse voir, ny seulement auoir nou uelles de vous. Car ce n'estoit pas à moy (qui suis de maison telle que l'on sçait)à qui vous vous deuiez adresser, pour vser de dissimulation ,souz couleur de seruitude:qui me fait grandement esbahir,comme vous fustes tant temeraire, me dire ce que vous me dites auant vostre partement de ceste ville,& moins me mander ce, que donnastes charge dernierement à Alquife me faire entendre de vostre part. Essayez doncques desormais,à deceuoir les simples Damoyselettes,sans tendre ainsi voz laqz,pour abu ser les grandz Dames , qui me ressemblent : & qui(se plaignans de vous) ont bien moyen de vous faire mourir, n'estoit que par la mort de si mal heureuse & miserable personne que vous estes,vostre legiereté pourroit estre descouuerte,& mon honneur mis en doute.

A' peine eut il leu le contenu au papier, qu'il se sentit surpris de telle an goisse qu'il tomba du hault de soy comme mort: quelque temps apres reprenant ses espritz,commença à maudire sa vie, & sa fortune tant con traire.Et souspirant sans cesse,print maintesfois sa dague , pour s'en don ner dans le cueur:mais raison domina tant en luy pour ce coup,que la seu le crainte de perdre l'ame, luy garantit la destruction du corps . Et ce qui
luy don-

luy donnoit plus d'ennuy, il eſtoit ignorant, voire innocent, du mal que
luy vouloit ſa dame:parquoy ſevoyât ainſi mené ſans raiſon,delibera en
ſoy-meſmes partir la nuiçt,& ſ'en aller ſeul en part,ou ſa dame,ny autre,
n'auroient de luy cognoiſſance. Puys eſſuyant ſes yeux, fiſt apeller l'Eſcuyer d'Onolorie,& luy dit:Amy, il faut que tu me treuues vn cheual,que
tu meneras ceſte nuiçt hors la ville,à la porte de l'Aigle,& là m'atendras,
à fin que ie mette à executió le mandement de ta maiſtreſſe. Et comme il
eut acheué ceſte parole, retourna au logis de l'Empereur, ou il trouua le
Cheualier de l'Eſphere, Floreſtan, & autres ſes compagnons, deuiſans
enſemble de leur partement, pour aller en Trebiſonde. qui deuoit eſtre
ſur la fin de la ſemaine prochaine. Si leur teut entierement ce, qu'il auoit
propoſé en ſoymeſmes,iuſques ſur l'heure du coucher,qu'il dit au Cheua
lier de l'Eſphere,que la nuiçt enſuyuant il partiroit pour aller en quelque
afaire qui luy eſtoit ſuruenuë. Et auſſi toſt ſe retira en la maiſon d'vn vieil
Cheualier de ſa cognoiſſance,qu'il pria affectuenſemét luy donner quelques armes,dót il ſe peuſt ſeruir ſans eſtre cogneu au lieu ou il ſ'en alloit.
Le Cheualier luy bailla celles de ſon filz,deſquelles il ſ'arma:puys le plus
ſecrettement qu'il luy fut poſſible,ſortit hors la cité, & vint trouuer l'Eſcuyer qui l'atendoit auecq' vn deſtrier, ſur lequel il monta,diſant à celuy
qui le tenoit:Amy,retourne vers ta maiſtreſſe,& luy dy aſſeurément,que
pour luy obeïr ie voys ou elle m'a commâdé,& ſur ta vie,qu'autre qu'elle
n'en ait nouuelles. Et le commandant à la garde de noſtre Seigneur, piqua droit vers la foreſt plus eſpeſſe,en laquelle il entra,pour n'eſtre trouué de ceux qui le voudroient chercher. Lors ſe voyant ſeul , & en lieu de
ſolitude, ſe miſt tellement à plorer, que le deuant de ſon harnois eſtoit
tout couuert d'eau. Ainſi paſſa la nuiçt,s'eſlongnant de la ville , reſuant,
rauaſſant, & ſouſpirant comme homme qui n'eſpere iamais ioye.   Or le
laiſſons doncq' aller, & retournons à ceux de Conſtantinople, meſmes à
Perion : lequel voyant le lendemain matin, que Liſuart tardoit tant, &
que toutes ſes armes eſtoient encor' pendues au croq, fors ſon eſpée, pre-
ſuma qu'il eſtoit allé en quelque lieu d'amourettes, & n'en fiſt point de
cas.Toutefois quand vint l'heure du diſner,il comméça à entrer en quelque doute, qui luy fut quaſi certaine à l'heure du ſouper , qu'Amadis
s'enqueroit qu'il eſtoit deuenu : auquel il fit reſponce . Qu'il n'en ſçauoit
aucune choſe. Bié luy recita il les paroles, qu'il luy auoit dites le ſoir precedant : & tant courut ce bruit, qu'il fut commun entre tous ceux du palais,la pluſpart deſquelz entreprindrent(s'il ne venoit le lendemain)par-
tir le iour d'apres, & ſe mettre en queſte pour le trouuer . Mais Vrgande
leur dit que ce ſeroit en vain , & qu'il faloit que ſa fortune fuſt guidée de
telle ſorte , iuſques à quelque autre temps que l'on ſçauroit pourquoy il
s'eſtoit abſenté.Si furent ces nouuelles tant peu agreables à ſes amys, que
Perion iura(ayant fait vn voyage en Trebiſonde versGricilerie)ne ceſſer
M   de trauer-

de trauerſer païs qu'il ne l'euſt trouué, quelque conſeil que donnaſt Vrgande au contraire. D'vne choſe vous puis-ie aſſeurer, que quelque parentage, ou amytié qu'euſt Perion au Cheualier de la vraye Croix, ſi ne
portoit il tant d'ennuy de ſon abſence, que faiſoit Gradafilée: laquelle re-
ſolut en ſoy meſmes n'habandonner l'Imperatrix, qu'il ne fuſt de retour,
ains demeureroit en Conſtantinople, auecq' ſon pere, & le Roy de Ieruſa
lem, qui eſtoient priſonniers: non pas en priſon fermée, mais en priſon libre, & ſur leur ſoy, leur faiſant honneur, bon traitement, & bien bonne
chere. Le iour doncq' venu, que l'Empereur & autres Roys & Princes ſe
deuoient embarquer, chacun en ſon regard print congé du vieil & nouueau Empereur, des Princes, & Seigneurs de la Trace. L'Empereur de Tre
biſonde monta ſur mer, acompagné du Cheualier de l'Eſphere, de Floreſtan & Parmenir ſon frere, de Galuanes & Abies d'Yrlande, Vaillades,
Quedragant & Languines, tous leſquelz furent contens aller en ce voyage eſperans apres leur ſeiour d'vn moys, ou ſix ſemaines, trouuer Liſuart,
ouiamais ne ceſſer d'aller par païs.

Comme Liſuart cheminant, ainſi

que fortune le guidoit, au bout de quelque temps entra en vne bar-
que: & du combat qu'il eut auecq' aucuns courſai-
res, qui emmenoient Alquife priſonniere.

Chapitre   XXXI.

Vous auez

Ous auez entendu cy deuant , la maniere & l'ocasion pour laquelle le Cheualier de la vraye croix estoit party de Constantinople , & sans sçauoir ou, ne en quelle part il alloit, cheminant toute nuit, & iusques au lendemain le heaulme en la teste, ne repaissant ne luy, ne son cheual : mais sur le soir il se trouua tant las & trauaillé, que force luy fut descendre au pied d'vne montaigne , & oster le frain à son destrier, pour le laisser paistre : & ce pendant s'assit entre les arbres pensant si ententiuement, qu'il ne luy souuenoit d'autre chose que de ses malheurs: dont il fut esprins de telle humeur melencolique, qu'il se delibera laisser du tout les armes , & entrer en vn hermitage pour seruir à Dieu le reste de sa vie , se sentant trop fragile & sans force pour suyure le monde, desfauorisé de sa dame. Et en ceste deliberation entédit vne voix, qui luy cryoit d'en hault : Lisuart , oublie ce souuenir , & suy le train de cheualerie , & ce à quoy tu es apellé par droit de nature , autrement tu ne feras œuure agreable à Dieu. Et comme il s'entendist nommer osta son armet , & se leua sur piedz pour regarder qui parloit à luy, mais il ne vid rien: parquoy se tourna assoir de rechef, pensant auoir resué: toutesfoys il entr'ouyt encores ceste voix, & aperceut à la clarté de la Lune vne femme sur le hault d'vn arbre, qui luy dit: Cheualier infortuné, garde toy bié de mettre à executió ta pensée, car Dieu ne t'a donné la force que tu as pour ne l'employer à oysiueté, retiens mon conseil, & te souuienne que maintz autres plus desesperez que toy, sont finablement venuz à leurs intentiós. Et soudain ce disparut ce fantosme, laissant Lisuart tout espouenté de telle vision. Neantmoins il delibera aiouster foy à son dire, & à ceste cause aussi tost qu'il fut iour print son escu, & monta sur son destrier, cheminát à trauers la forest le plus couuertement qu'il pouuoit, sans prendre garde à voye ou à sentier qu'il suyuist , dont il auint que le cheual entrant dans vn tailliz, se mit à ronger les branches qu'il pouuoit saisir auecq' le mors, & marchant au pas, suruint vn Cheualier: lequel auisant Lisuart comme esperdu, voulut le suyure quelque temps, pour voir s'il estoit fol, ou yure: mais il ne l'eut longuement acompagné , qu'il l'entendist ieter vn hault souspir s'escriant: Helas amour, que tant mal tu as cogneu ma fidelité! A' ceste parole s'auança celuy qui le costoyoit, & luy dist: A' ce que ie voy damp Cheualier, vous estes fort suiet à l'amour. Lisuart ieta l'œil sur luy (qui ne l'auoit encores aperceu) & sans respondre voulut se desuier du chemin: toutefois l'autre l'arresta par la bride, luy disant: Par Dieu, damp Cheualier, vous demeurerez vueillez, ou non, & sçauray de vous l'ocasion de vostre follie. Cóment? respondit Lisuart, me voulez vous forcer d'vne chose qui ne me plaist? Ouy, dit l'autre: car ie n'eusse iamais pensé trouuer homme si fol, pour se rendre suiet à vn sexe tant faulx & malicieux comme est celuy des femmes. Ce maist dieux, respódit Lisuart, si vous e-

M ii

stiez autant

ſtiez autant gracieux comme mal apris, vous vous deporteriez de ceſte importunité, laquelle vous pourroit tourner à conſequence, ſi i'eſtois plus à moy meſmes que ie ne ſuis, auſſi n'auez vous raiſon de blaſmer celles, la moindre deſquelles vous n'eſtes digne de ſeruir: car plus merite la femme pour eſtre femme, que tous les hommes du monde enſemble. En bonne foy, diſt le Cheualier, voylà qui va bien: ſi me ſemble il que vous deueriez contenter d'eſtre fol, ſans eſtre ſot comme vous eſtes, & Dieu ne me ſoit en ayde, ſi toutes elles, ny moins celle qui vous traite tant mal, vous tire de mes mains, que ie ne ſçache tout le diſcours de voſtre affaire. Liſuart trop ſurprins de cholere, mit ſoudain la main à l'eſpée, & donna ſi grand coup ſur le bras gauche au Cheualier, qu'il le luy ſepara des coſtes, & en le frapant luy diſt: Paillard infame, reçoy le guerdon que tu merites pour t'eſgaller à celle qui eſt ſans ſeconde. Et comme il le cuydoit recharger de rechef, le naüré ſe mit à fuyr tant qu'il peut, criant & ſe lamentant piteuſement. Si ne le chaſſa aucunement Liſuart, ains ſuyuit ſon chemin. Mais il n'eut longuement cheminé qu'il entr'ouyt vne voix derriere, criant: Tourne, tourne. A' ce cry ieta ſa veüe de tous coſtez, pour voir que ce pouuoit eſtre, & aperceut venir à bride abatue deux Cheualiers armez de toutes pieces que conduyſoit le naüré: leſquelz aprochans s'eſcrierent contre Liſuart: Par Dieu, meſchant, vous payerez à ceſte heure l'outrage que vous auez faite à celuy qui ne peult mais de la folle amour qui vous tourmête. A' ceſte parole brocha Liſuart ſon cheual des eſperós & ſe couurant de ſon eſcu receut deux telz coups de lance, que peu s'en falut qu'il ne fuſt deſarçonné: mais au paſſer il donna ſi grand coup d'eſpée à l'vn, qui luy entama le teſt, & le rua mort. Puys retourna à l'autre, qu'il chargea d'arriuée tant rudement, qu'il l'eſtourdit preſt à tóber, s'il n'euſt embraſſé le col du cheual. Lors ſortirent de l'eſpeſſeur du boys ſix vilains embaſtonnez de haches & couuers de capelines de fer, leſquelz voyans les trois Cheualiers ſi mal menez par vn ſeul, luy coururent ſus: parquoy Liſuart laiſſa le dernier eſtourdy, & entrât peſle meſle donna ſi de ſi grãd force au premier, qu'il ne remua oneq' puys pied ne main, combien que ce fut vn coup fourré: car le vilain auoit attaint ſon cheual par la teſte, & contraint Liſuart mettre pied à terre. Mais luy debout, vengea toſt apres ceſt oultrage: car il coupa en deux la iambe d'vn qui ſe ſçauoit mal deſmarcher. Puys fendit le tiers iuſques aux eſpaules, & le quart peu apres leur tint compaignie, dont les deux autres ſurprins d'vne froyde paour tournerent doz, fuyans à trauers les halliers, qui eſpouuenta ſi fort le dernier Cheualier eſtourdy, qu'eſtant reuenu à ſoy, print la garite, & ſans regarder derriere luy, entra au plus profond du boys. Et peult on iuger qu'il eſtoit homme de grande prouidence: car premier que deſloger donna de l'eſpée au ventre du cheual de ſon compagnon, pour oſter à Liſuart tout moyen de le ſuyure. Et le bon fut, que gallopant cryoit à

haulte voix

haute voix: Allez à pied, damp Cheualier, si vous pouez, & ne m'atendez
meshuy. Lisuart oyant ce cry, & se voyant sans monture, fut tant irrité qu'il eust voulu estre mort: mais n'y pouuant mettre ordre, se mit à
trauerser la forest si auant, qu'il descendit au bas d'vne vallée, ou il trouua
vne plaisante fontaine, vmbragée de maintz arbrisseaux, sur le bord de
laquelle il s'arresta, tant pour le trauail qu'il auoit prins d'aller à pied, que
pour boire, n'ayant auallé bien quelconque depuys son partemét de Cô-
stantinople. Lors osta son heaume, & a l'instant suruindrét trois pasteurs:
lesquelz auisans Lisuart armé se retirerent d'effroy. Toutesfoys il les r'a-
pella si gracieusement, qu'ilz vindrent à luy, & s'assayans sur le bord de
la fontaine tirerent de telle viande qu'ilz auoiét en leurs pannetieres, &
luy en donnerent à menger. Puys le commandant à la garde de nostre
Seigneur le laisserent, pource qu'il commençoit à sommeiller. Et comme
il fut au profond de son somme entendit vne voix qui apelloit: Lisuart,
Lisuart. A' ce cry se resueilla en sursault, & hauçant la teste veid vn ieune
enfant assis aupres de luy: duquel pour le commencement il fut vn peu
effrayé. Toutesfoys l'enfant le r'asseura & luy dit: Lisuart, ne te desespere,
& suy le conseil qui t'a esté donné ceste nuict. Au partir d'icy, prens ce
chemin à main dextre, qui monte à mont ce rocher, ou tu trouueras vn
hermitage, & la te sera pourueu de remede conuenable: pourtant resiouys
toy. Ceste parole acheuée, l'enfant se disparut, laissant Lisuart douteux
merueilleusement d'ou procedoient telles visions, tant qu'il luy vint en
fantasie que c'estoit le sage Alquif transformé, ou autre de par luy. Au
moyen dequoy il proposa d'aiouster foy à son dire: & de fait se leua sur
l'heure, & prenant le chemin qui luy auoit esté monstré, vint au dessus
de la montaigne, & entrant en la maison (de laquelle l'enfant luy auoit
parlé) trouua vnes armes noires sans autre painture, & vne lettre en parchemin, dont le contenu estoit tel: Cheualier Solitaire, arme toy de ses
armes qui sont conuenables à ton ennuy & magnanimité de cueur: puys
deuale le long de la mer, ou tu trouueras vne barque preste à voguer: entre dedans, & la laisse guider comme il plaira à fortune. Car tout ainsi
qu'elle t'est apareillée pour y entrer, tu en sortiras aussi quand il sera
temps. Du surplus souuienne toy qu'il est impossible d'empescher çà bas
les choses ordonnées par la prescience de Dieu. Lisuart donceques ayant
leu la lettre, se desarma aussi tost des armes qu'il portoit, & print les noires
qui se trouuerent autât bien faites pour luy, que si tous les maistres armeu
riers du monde en eussent pris la mesure. Puys sortit de l'hermitage, &
suyuant le chemin qui conduisoit à la marine, trouua la barque ainsi qu'il
luy auoit esté enseigné par la lettre, Lors y entra hardiment, & commença le vaisseau à voguer de soymesmes en pleine mer. Et pource qu'il estoit
sans compagnie, delibera se nommer le Cheualier Solitaire, nom conuenable à sa solitude. Si nauigea quatre iours & quatre nuictz, & le cinqie-

M iii   me ensuy-

me enſuyuant deſcouurit à Pouge vne grand’ barque qui à voile tenduë
venoit droit à luy. Dans ce vaiſſeau eſtoient quatre Cheualiers armez de
toutes pieces, & vne damoyſelle qu’ilz tenoiét lyée de groſſes chaiſnes. Et
comme ces deux vaiſſeaux furent ioignans l’vn de l’autre, il recogneut
Alquife, que les quatre Cheualiers traitoient fort rudement, leſquelz d’ar
riuée luy crierent: Damp Cheualier aux armes noires, rendez vous à noſtre mercy, & vous aurez la vie ſauue. Dieu me gard, reſpondit il, de tomber en voz mains : car puys que ſi malheureuſemét vous traitez celles qui
meritent honneur, à grand’ peine pourrois-ie auoir gracieuſeté de vous.
A’ ceſte parole les quatre Cheualiers icterét agraffes pour haper les deux
vaiſſeaux enſemble, & mettans les mains aux eſpées, ſaillirent dans celuy du Cheualier Solitaire, luy diſant : Maintenant te rendrons nous cô-
te de ce que tu demandes. Lors commença vn combat fort cruel entr’eux,
& ce pendant Alquife pryoit deuotement noſtre Seigneur pour le Cheualier incogneu: lequel faiſoit tant d’armes, qu’en peu d’eſpace ſes ennemys cogneurent la prouëſſe qui eſtoit en luy, les rendans ſi naürez,
qu’ilz ne tachoient plus qu’à gauchir aux coups, & fuyr la fureur de l’eſpée de celuy qu’ilz auoient aſſailly. Toutefoys l’vn d’entre eux luy donna par derriere ſi grand coup ſur le heaume, que peu s’en falut qu’il ne
l’eſtourdit. Mais de ce peché il en porta ſoudain penitence : car d’vn reuers luy coupa haubert & maille, & la moytié du col quant & quant. Les
trois autres voyans leur cópagnon mort, le voulurent venger, tellement
que la meſlée ſe trouua lors plus cruelle qu’elle n’auoit encores eſté par
deuant: combien que le Solitaire s’en eſtonnaſt peu, ains donna tel coup
d’eſpée àvn, qu’il luy fendit l’eſcu en deux, ainſi qu’il le paroit pour ſe cou
urir, & tombant le coup ſur le heaume fut ſi eſtourdy, qu’il cheut en l’eau
iuſques au fond, pour la peſanteur de ſes armes. Les deux autres esbahys
de tel effort, douterent de leur mort : parquoy ſe mirent à genoux re-
querans pardon, ce que le Solitaire leur denya, iuſques à ce qu’il euſt ſceu
de la Damoyſelle ſi elle l’auroit agreable, ou non. Or eſtoit elle lors toute
couuerte de groſſes larmes: car ayát veu la prouëſſe du Solitaire, luy vint
vn ſouuenir de Liſuart & Perion, regrettát leur preſence, de l’vn deſquelz
toutefois elle eſtoit plus pres qu’elle ne penſoit: lequel luy demanda qu’il
feroit des pirates: Helas ſire, reſpondit elle, puys que Dieu m’a tant fortu
née d’auoir rencontré celuy, qui ſçait donner ſecours aux Damoyſelles, ie
vous ſuplie ne leur ottroyer la vie, ſi n’eſt par condition, qu’ilz me côdui-
ront ou ie voudray aller : car ſoyez ſeur qu’ilz m’ont deſtournée d’vn
voyage, par lequel les deux meilleurs cheualiers du monde eſtoient ſeruiz, & qui (vous cognoiſſans) vous pourront quelque iour remercier
du bien que i’ay eu par voſtre moyen. Seigneur, dirent les autres au Solitaire, nous ferons tout ce qu’il luy plaira, & ainſi le vous iurons & pro-
mettons par le Dieu viuant. Or cognoiſſoit le Cheualier Solitaire Alquiſe, comme

fe, comme il vous a esté dit, & sçauoit certainement qu'elle reuenoit de
Trebisonde vers luy & Perion, de la part de celle pour laquelle il enduroit à tort tant d'ennuy: au moyen dequoy surpris d'vne certaine esmotion tout le corps luy commença à trembler,& fut sur le poinct de se faire
cognoistre à elle, puis tout soudain, craignant auoir recharge de son mal
heur, par quelque nouuel desdain de sa Dame, fauorisa au contraire, &
luy dit seulement: Ie vous prie, Damoyselle, me dire qui sont les deux
Cheualiers tát estimez, vers lesquelz s'adressoit vostre voyage. Sire Cheualier, respondit elle, ilz sont enfans du roy Amadis, & de l'Empereur
Esplandian, auiourd'huy estimez entre les plus preux de la terre, vers lesquelz m'en allois pour vne affaire qui leur est d'importance, & estant descenduë en vne Isle, prenant quelque peu de refraischissement, me trouuay saisie de ces corsaires, sans toutefois qu'ilz m'ayent fait autre desplaisir, que celuy que vous auez veu. Et à ceste cause ie vous supliray bien
humblement, que suyuant la promesse qu'ilz vous ont faite, ilz me con-
duisent en Constantinople, & de là en auant prennét telle route que bon
leur semblera. Vrayement Damoyselle m'amye, dit le Solitaire, estans
les enfans de ces deux Princes, telz que m'auez asseuré, ie desire grandement les seruir pour les cognoistre: Et quant au voyage de Constantinople que vous entreprenez, ie veux & cómande à ces deux Cheualiers sur
leur foy, qu'ilz vous obeyssent, ny plus, ny moins que l'auez deuisé. Ce
disant la commanda à la garde de nostre Seigneur, & estans r'entrez chacun en leur vaisseau, Alquife s'auisa de luy demander son nom, à fin (dit
elle)que quelque iour ieuous face remercier par ceux,ausquelz vous auez
fait plaisir en m'en faisant:& à fin que ie vous puisse vne autre foys mieux
cognoistre, ostez, s'il vous plaist, vostre heaume. Mon nom vous diray-
ie bien, respondit il, on m'apelle le Cheualier Solitaire. Quant au reste
vous en pouuez bien deporter: car autremét ne puis-ie faire, premier que
i'aye acomply vn voyage, ou ie m'en vois presentement. A ceste parole
s'esbranla la barque ou il estoit, & singlant en pleine mer, print à Ourse,
& les deux Cheualiers auec Alquife à Pouge, tirant la voye de Constantinople. Si nauigea le Solitaire autres cinq iours, sans auenture trouuer,
& pensant sans cesse aux propos que luy auoit tenuz Alquife, disoit quelque foys en soymesmes: Sur mon Dieu ie ne croy point, que ceste messagere tant sage, ne m'aportast quelque pardon de la chose non offencée.
Puis tout soudain s'escrioit: Las douce amye, quel mal si grand puis-ie a-
uoir cómis en vostre endroit, que ie n'aye merité l'auoir sceu pour m'en
iustifier! au fort la mort donnera fin à ma vie, & à mon tourment ensemble! Ainsi se plaignant le Solitaire, auec vne infinité de douleurs, nauigea
iusques au sixiesme iour, qu'il arriua en l'Isle des Serpens.

M iiii   Comme

Comme Lifuart print port en

l'Ifle des Serpents , ou par la tromperie d'vne Damoyfelle entra en vn chafteau , ou il fut empri-
fonné.

Chapitre   XXXII.

Ar l'espace de six iours, nauigea le Cheualier Solitaire, en vne barque, & iusques à ce qu'à vn matin, ainsi que le Soleil commençoit à luyre, se trouua ioignant l'vne des plus belles Isles qu'il eust oncq' veuë, dont il fut tresayse, ayant esté fort long temps sans descouurir terre. Si s'arresta la barque d'elle-mesme, parquoy le Cheualier Solitaire prenant son escu, descendit sur la greue, & suyuant vn sentier qu'il trouua entre plusieurs arbres & taillis, chemina iusques à ce qu'il vint en vne grande plaine, au mylieu de laquelle estoit assis vn chasteau, enuironné de grandes eaux, & n'y auoit entrée que par vne chaussée, large au commencement : mais fort estroite sur la fin. Lors s'adressa celle part esperant trouuer aucun qui luy diroit quelle estoit la contrée. Adoncq' apperceut sortir de la forteresse, vne Damoyselle s'arrachant les cheueux, & faisant acte de femme trop desesperée, & suyoit ceste femme le long de la chaussée, cryant & se lamentant piteusement, tant qu'elle fut ioignant le Cheualier Solitaire, lequel esmeu de compassion, & luy semblant assez belle, luy demanda qui la mouuoit d'ainsi se desconforter. Ah a sire, respondit elle, pour Dieu mercy ! ie vous suplie me venger d'vn trahistre Cheualier qui est leans, & lequel malheureusement m'a forcée & deshonorée. Si voulez retourner, dist le Cheualier Solitaire, & me le monstrer, en bonne foy, Damoyselle, ie feray pour vous tout ce ce qu'il me sera possible. Ah a Seigneur, respondit elle, pour mourir ie ne retournerois ! tant y a, que sur mon honneur il est seul leans qui porte armes, & se monstrera facilement à vous, si vous passez oultre. Or m'atendez doncques icy, dist le Cheualier Solitaire. Non pas ycy, respondit elle : mais à l'entrée de ceste grande forest : car si fortune vous disoit mal, ie me pourrois plus aysément sauuer. Et bien, dist le Cheualier, lequel passa oultre, marchant droict au lieu, par lequel estoit sortye la Damoyselle. Et comme il fut pres de la porte, veid au dessus vne vieille qui luy demanda qu'il cherchoit. Ie cherche, respondit-il, vn Cheualier qui leans a forcé laschement vne Damoyselle. Et que luy voulez-vous ? dist la vieille. Luy faire comparer sa meschanceté, respondit le Cheualier : car il n'appartient à luy, n'y à autre, vser de telle violence enuers les Dames. Ce maist dieux, dist la vieille, puys que vostre enuie est telle que vous monstrez, vous le trouuerez en la court de ceans, entrez la porte est ouuerte. Si vous m'asseurez, respondit il, qu'il n'y a point de tromperie, ie vous obeïray, autrement i'auiseray que i'auray à faire. Venez, dist elle, à seureté, vous n'aurez affaire que à celuy seul que vous cherchez. Lors passa outre le Cheualier : mais ainsi qu'il mettoit le pied sur le pont, il tomba en vne caue profonde, ou il se trouua enfermé, & fut ce sault si grand, qu'il se sentit tout brisé de la cheutte, marry au possible de se

trouuer

trouuer ainſi deceu. Or eſtoit la voute tant obſcure, qu'il n'euſt ſceu voir clarté quelconque, ſans la reſplandeur du pommeau de ſon eſpée , en laquelle y auoit vne Eſcarboucle, côme il vous a eſté dit. Adonc regarda de tous coſtez, & ſe vid enfermé de groſſes murailles, & hors de moyé pour ſortir, & ſi eſtoit le plancher couuert d'oſſemens d'hommes, d'armeures, & autres telles drogues, qui môſtroient bien la miſere du lieu. Toutesfois il fit tant qu'il aperceut vne porte couuerte de fer , fermée de gros cadenas, ioignant laquelle il entr'ouyt bruyt & remuement , & vid à l'inſtant entr'ouurir vne feneſtre treilliſſée, & la vieille au deſſus, qui luy dit: Cheualier, ottroyez vous mon priſonnier, & me dites dont vous eſtes. Dame, reſpondit-il, vous m'auez ioué ſi meſchant tour, que ie ne ſeray voſtre en quelque ſorte que ce ſoit , & moins ſçaure-vous de mon eſtre plus auant. Foy de mon corps, dit elle, ie vous feray doncq' mourir de la plus cruelle mort que mourut oncques homme de voſtre taille. La mort, reſpondit le Solitaire, eſt commune à tous: mais de choſe que vous me priez, ou commandez, ie n'en feray autre choſe. Eſt ilvray? dit la vieille, vous verrez côme il vous en prendra . Lors ferma la feneſtre , laiſſant ce priſonnier tant coleré, qu'il força la porte de fer , & entra en vne aultre voulte, ou il ouyt vn ſiflement ſi eſtrange, qu'il commença à fremir, & non ſans cauſe, car il ſembloit proprement au bruit du lieu obſcur, qu'vn millier d'eſcailles, ou de coquilles ſe minaſſent l'vn l'autre: toutesfois il paſſa oultre, & rencontra vn Serpent grâd à merueilles, ayant la teſte groſſe comme vn bœuf, & les oreilles longues & larges d'vne grand braſſe, & grinſſant les dentz cômença à s'eſtendre, ſe coulant vers le Cheualier Solitaire, lequel conſiderant le peril ou il eſtoit, miſt ſoudain la main à l'eſpée , & luy en donna ſi grand coup, qu'il luy ieta l'oreille par terre: dont le Serpent douloureux ſe lança ſur luy, & à gueulle ouuerte le ſaiſit entre ſes dentz pour le tronçonner , ce qu'il euſt fait indubitablement , ſi la vertu de l'eſpée qu'il tenoit au poing, ne l'en euſt garanty. Mais elle auoit telle proprieté en ſoy, que nulle beſte venimeuſe , ne pouuoit nuyre à celuy qui la portoit. Et pour ceſte ſeule raiſon Liſuart fut ſauué , ſans receuoir autre encombrier, ſinon le rompement qu'il eut d'eſtre trainé à trauers la voulte . Ce qui le cuyda rendre mort , toutesfoys il s'eſuertua en ſorte, qu'il trouua façon de mettre l'eſpée en l'aureille du Serpent , dans laquelle il la pouſſa de ſi grande vertu , qu'il luy perça le cerueau . La beſte ſentant douleur de mort laſcha ſa priſe, au moyen dequoy le Cheualier ſe depeſtra d'elle, & en ſe retirant s'efforça d'arracher ſon eſpée, ce qui luy fut impoſſible: car le Serpent commença à ſe demener ſi impetueuſement , que l'effort de ſa queuë briſoit les pierres de la cauerne, & de la roideur que luy ſailloiét les eſcailles du doz, il ſembloit propremét de fleſches, tirées par les plus forts archiers du monde . Toutesfois celà ne peut offendre Liſuart, car comme ie vous ay dit, il faiſoit eſcu de l'huys, contre lequel il s'eſtoit ſauué. Si dura telle

ra telle alarme, l'eſpace d'vn gros quart d'heure, & le bruit ſi haut, que le
retentiſſement de la voulte fut entendu par tout le chaſteau, & penſoient
ceux de leans qu'il procedaſt du combat de ſa beſte, & de Liſuart. Mais
non eſtoit, ains de la rencontre des harnois ſemez par le plancher, reſtans
de la deſpouille de ceux qui auoient eſté deuorez leans, contre leſquelz le
Serpent ſe debatoit, comme ſi les Cheualiers à qui ilz apartindrent luy
euſſent encores reſiſté. Et tant plus le Serpent ſe debatoit, & plus luy entroit l'eſpée au cerueau, dont finablemét il tomba mort. Ce que cognoiſſant le Solitaire, remercia deuotement noſtre Seigneur, ſi aiſe, qu'il en oublia la douleur qu'il auoit receuë, par les denz de la beſte, qui le traina au
commencement, de laquelle il s'aprocha, print ſon eſpée à deux mains,
& luy mettant le pied contre la teſte, fiſt tant qu'il l'arracha. Lors aperceut vne petite viz taillée au roc, dont l'entrée eſtoit fermée d'vn huys de
fer, qu'il rompit à force, & montant contremont les degrez, paruint finablement en la court du chaſteau, ou il trouua quelques Cheualiers, &
la vieille qui deuiſoit auecques eux, eſmerueillez du grád bruit qu'auoit
fait le Serpent, au finement duquel ilz penſoient le Cheualier Solitaire
mort. Mais l'auiſant ſi pres d'eux l'eſpée au poing, & ſanglante, furent ſi
effrayez, qu'ilz ſe mirent à gaigner le ſommet d'vne viz, & auecq' eux la
Damoyſelle qui s'adreſſa à luy ſur la chauſſée, contre laquelle il s'eſcria:
par Dieu meſcháte, vous ne trahirez iamais cheualier qu'il ne vous en ſou
uienne. Ce diſant courut apres, & entrant en vne longue gallerie, fut arreſté par quelques valetz, qui à coups de haches & de leuier, luy defendirét
l'entrée. Ce nonobſtant il ſe mit peſle meſle, & frapant à tort, & à trauers,
les eſcarta, en ſorte que la pluſpart demourans naürez ſur la place, pourſuyuit les autres iuſques envne ſalle, ou il trouuavn grand cheualier armé
de toutes pieces, qui luy dit: Paillard infame, à mal'heure pour toy vy tu
oncq' ceſte maiſon. Ah a meſchant, reſpondit le Solitaire, n'es tu pas celuy
qui forces laſchement les Damoyſelles? A' ceſte parole ſe chargerent l'vn
l'autre, & tant dura la meſlée entre eux, qu'à la fin celuy du chaſteau eut
le pire, & perdit la vie. Dont les autres eſpouuentez plus que deuant, mirent les armes bas, & ſe ietans aux piedz du Solitaire, luy demanderent
pardon, prometans le ſeruir en tout ce ce qu'il leur commanderoit. Et cóme ilz eſtoient en ces termes, la vieille demy hors du ſens s'aſpera à force
d'iniures contre luy, diſant: Ah a chetif, ne te deuoit il ſuffire auoir mis à
mort le Serpent, qui a fait mourir ſi grand nombre de tes ſemblables! puis
ſortir de la plus forte priſon du móde, ou maintz autres meilleurs que toy
ſont encores detenuz, ſans ainſi tailler mes gens en pieces! meſmes vn
ſeul filz qui m'eſtoit demouré pour ma ioye & reconfort? Dame reſpondit le Solitaire, oubliez ces iniures, & mandez, s'il vous plaiſt, les priſonniers venir à vous deuant moy. Tu mentiras, dit elle, toy meſmes les yras
querir ſi tu veux: & luy ietant vn trouſſeau de clefz qui pendoit à ſa ceinture ſe

turę se retira en vne arriere chambre . Adoncq' le Solitaire commanda à
deux qui estoient presens le conduyre aux fosses. A' quoy ilz obeyrēt.Et
ainsi qu'il les suyuoit a l'entrée des degrez, ilz luy dirēt:Seigneur,demeu
rez à mont, s'il vous plaist , nous les vous amenerons presentement : Ce
qu'il acorda pour la lasseté qui estoit en luy . Et pource qu'il pensoit bien
n'estre cogneu leās,osta son heaume de la teste pour se refraischir.Ce pédant les deux vilains furent aux prisons,&entrans en lavoulte ou estoit le
Serpent mort, eux qui ne l'auoient veu de long temps , eurent telle peur,
qu'ilz cuiderēt retourner à mont,sans passer plus auant:mais ilz s'asseurerent petit à petit,& apres l'auoir longuemét regardé,passerent outre, iusques à vne prison plus basse,en laquelle estoient vingt Cheualiers prisonniers,lesquelz esmerueillez du bruyt qu'ilz auoient entendu durant le cō
bat de la beste,& voyant l'huys ouuert, & la clarté du iour qui auoit esté
deniée à tel , par l'espace de dixhuit ans , dirent à ceux qui venoient vers
eux:Helas amys,puis que nous auons veu le ciel que nous desirions tant,
nous vous suplions de grace, nous donner la mort , sans plus nous laisser
en la misere ou nous sommes . Miserables auez vous esté, respondit l'vn
d'eux,ce ne pourrois-ie nyer , mais montez à mont, ou vous aurez meilleure fortune,que n'esperez.Làs, dirent les autres, est il possible?Ouy certes,respōdit le vilain, vn Cheualier est entré ceans qui a fait diableries, &
plus luy seul,que ie n'eusse iamais pensé,il vous demande, venez parler à
luy . Eux remplis d'vne ioye telle que vous pouuez estimer, leuerent les
mains au ciel, & tout flasques, & debiles qu'ilz estoient,trainás leurs fers,
& coliers,sortirent de prison,& passans ou gisoit le Serpent mort, s'esba-
hirent grandement comme il auoit esté deffait par vn seul homme. Tandis le Cheualier Solitaire escoutoit les doleances de la vieille sur le corps
de son filz , coniurant & maudissant d'estranges maledictions celuy qui
luy auoit moyenné ce mal,& qui n'en faisoit que rire. Lors se presentérét
les captifz enchaisnez, se ietans aux piedz du Solitaire , les luy voulurent
baiser, ce qu'il refusa . Or ressembloit il grandement à son ayeul le Roy
Amadis,parquoy deux de la troupe pensans que ce fust il,luy dirent: Ah
a seigneur Amadis! secours & refuge de tous desconfortez ! vous soyez
venu en la bonne heure ! Mes amys ,respondit il ,vous vous abusez, ie ne
suis Amadis, & ne le vy oncques . Sire Cheualier,dit l'vn d'eux,pardon-
nez nous, Amadis sans doute , est vrayement plus vieil que vous n'estes,
combien que du surplus ie n'y sçache differāce:& croy que pour le moins
vous soyez descendu de luy. Et qui estes vous? respondit le Solitaire, qui
parlez si asseurément d'Amadis ? Ie suis, dit il Gastilles , neueu de l'Empereur de Constātinople,&cest autre est Tartarie son Amiral.Si eut bien
souuenance le Cheualier Solitaire d'en auoir ouy parler:mais par le bruit
cómun,on les tenoit pour mortz depuisvingt ans qu'ilz s'estoient achemi
nez en l'Isle Californie,&ne sçauoit on qu'ilz estoient deuenuz:Parquoy
l'Empereur

l'Empereur auoit pourueu Frandalo de son Admirauté, ce que toutefois
dissimula le Solitaire, & leur dit seulement. Mes amys, ie me tien tres-
heureux, d'auoir deliuré telz personnages que vous estes, tant pour l'a-
mour de vous, que pour l'honneur de l'Empereur, dont vous vous renom
mez, & duquel i'ay entendu dire de grans biens. Et comme il estoit ainsi
deuisant auecq' ces captifz, la vieille entendant parler de l'Empereur, &
voyant l'honneur que les prisonniers portoient au Solitaire, s'escria tant
qu'elle peut, & destordant ses braz disoit : O' fortune infortunée, pourquoy m'es tu si contraire! qu'alors que ie pensoys estre la plus contente
femme du monde, tout le rebours m'est auenu, voyant de mes deux yeux
hors de mon pouoir le neueu de l'Empereur, à qui i'ay plus de cause vouloir mal pour les ennuyz qu'il a donnez au noble roy Armato, lequel tou
tesfoys s'en pourra aysément venger, tenant Constantinople assiegée, &
preste à conquerir! En bonne foy Dame, respondit le Solitaire, ie croy
bien que malheur vous est encores plus contraire que vous ne pensez : car
pour certain l'armée du Roy que vous reclamez a esté deffaite, luy mort,
& le reste de sa gent tombée es mains de cest Empereur vostre grand ennemy. O' dieux s'escria la vieille, & qu'est ce cy! fault il que ce meschant
apres auoir tué mon filz, & pris ma place, me raporte encores si piteuses
nouuelles! ia Dieu ne plaise qu'estant le puissant roy Armato hors de ce
monde, ie viue d'auantage apres luy : & prenant l'espée de son filz qui e-
stoit contre terre, s'en donna à trauers le cueur, & tomba morte. Dequoy
chacun se print à rire, & ce qui augmenta leur passetemps, ilz auiserent la
Damoyselle (pour le secours de laquelle le Solitaire estoit au chasteau)
sortir, & de grand' roideur se lácer en l'eau, ou elle fut tost apres deuorée
par vne infinité de Cocodriles, & autres telz gentilz oyseaux qui y repe-
roiét. Lors demanda le Solitaire à l'vn de leans cóme se nommoit la vieille, & par quel moyen elle auoit peu prédre tant de Cheualiers. Seigneurs
respondit il, elle estoit niece du roy Armato fille bastarde d'vn sien frere,
& dame de ceste Isle, apellée l'Isle du lac des Serpens, ainsi nómée pour
le grand nombre de tel bestial, qui se nourist en ceste eau, & y auoit pris
le merueilleux Serpent qui gist mort là bas, par ce qu'il sortoit souuét du
lac, faisans grans dómages par la contrée, & iusques à venir quelque fois
aux portes de ceste place deuorer ceux de ceans. Or auint que madame
morte, trouua façon par le moyen d'vne sienne tante (grande magiciéne)
nommée Melie, d'enfermer la beste ou il vous assaillit. Et ce fit elle pour
la haine qu'elle portoit à l'Empereur de Constantinople, esperát arrester,
non seulement les Cheualiers siens, qui passeroiét par cy : ains tous autres
Chrestiens indifferáment. Et pour paruenir à ces intentions faisoit sortir
la Damoyselle qui fut au deuant de vous, & ainsi cóme vous fustes trom-
pé, ainsi trópa elle ceux cy, & plusieurs autres, que le Serpent a deuorez,
les armez desquelz sont encores espandues parmy la voulte, & est le nom

N   bre des

bre de mortz si grand, que vous en seriez esmerueillé, car pour estre ceste Isle de facile aport, il y arriue tous les ans plusieurs sortes de toutes gēs.
Par mon chef, dit le Solitaire, ie n'ouy oncq' parler de plus grand' meschanceté, mais Dieu l'en a payée comptant: Puis demanda à Gastilles s'il
auoit ainsi esté prins. Oy certes, respondit il, retournant ce Cheualier &
moy, de l'Isle Californie, la tempeste nous força tellement, que sans l'esquifon qui estoit ataché à nostre nauire, c'estoit fait de nous: car tous noz
gens demeurerent perdus, & nous deux seulz euitasmes ce peril, auec la
barquette, en laquelle le troisiesme iour ensuyuāt arriuames (presque af-
famez) au port de ceste Isle, ou nous vint au deuant vne faulce Damoysel
le, laquelle fuyant (cōme si elle eust esté poursuyuie) nous requist à grosses larmes, la venger d'vn Cheualier qui l'auoit forcée, comme elle disoit,
ce que deliberasmes faire: mais ainsi que nous entrames souz le portail de
ceans, tombames en vne voulte obscure & là maulgré nous fusmes arrestez, & ayant sceu par la vieille qui nous estions, nous enferma en vne prison assez pres du lieu ou repairoit le Serpent, & sans voir clarté aucune y
auons demouré plus de seize ans en grande misere & calamité, ayans peu
à manger, & encores viande tresmauuaise. Autant en dirent tous les autres. Sur ma foy, respondit le Solitaire ny plus ny moins m'en estoit il a-
uenu, mais graces à Dieu nous en sommes maintenant deliurez. Et combien qu'il fust las, rompu, & trauaillé, si s'en vouloit il retourner en sa bar
que: toutesfoys Gastilles & Tartarie le prierent tant, qu'il demeura auecq
eux ce soir, & iusques au lendemain matin qu'il dit à Gastilles: Mon grād
amy, pour aucunement satisfaire au desplaisir que ceste vieille malheureuse a pourchassé durant sa vie à l'Empereur vostre maistre, ie vous prie
vous retirer vers luy, & faire qu'il s'empare de ceste place, comme sienne.
Sur mon Dieu sire Cheualier, respōdit Gastilles, il me semble que le lieu
merite bien que le gardez pour vous mesmes, sans le perdre ainsi. Il ne
sera pas perdu, respondit il, estant es mains de celuy à qui ie le donne:
quant à moy, ie n'ay maintenant que faire d'aucune possession. Puis que
le voulez, respondit Gastilles, ie vous obeiray, mais ie vous prie que ie
sçache vostre nō, à fin que ie l'en puisse auertir, pour vous en sçauoir gré,
comme meritez. Tant qu'il plaira à Dieu (dit il) mon nom sera le Cheualier Solitaire. Ce disant fit amener l'vn des meilleurs cheuaulx de la forteresse, sur lequel il monta, & enuoya en son vaisseau viures, pour luy &
sa monture, puis s'embarqua, commandans les Cheualiers en la garde de
nostre Seigneur. Et aussi tost la barque se mist à voguer de soymesme, &
singla en haulte mer.

Comme

Comme Gastilles, & Tartarie

s'embarquerent pour aller en Constantinople, por-
ter la teste du Serpent.

Chapitre　　　　XXXIII.

LE Cheualier Solitaire sorty du chasteau, ainsi qu'il vous
a esté dit, Gastilles, & Tartarie, furent de rechef visiter
le Serpent en la voulte, ou il estoit mort, & manderent
venir à eux, iusques à trente, ou quarante vilains du
païs, lesquelz auecq' gros cables trouuerent moyen de
le tirer à mont, & le ietter hors la place, & pource que
les deux Cheualiers (suyuant l'auis du Solitaire) vouloient auertir l'Empereur, de ce qui estoit auenu en cest endroit, s'enquirent s'il y auroit
moyen de recouurer quelque vaisseau pour les porter en Thrace. L'vn des
vilains (marinier de son estat) respondit, qu'il leur fineroit d'vne barque
à six rames, & qu'il les conduyroit ou bon leur sembleroit. Et de fait
donnant ordre à ce qui estoit necessaire pour leur nauigation, le quatre-
iesme iour ensuyuant s'embarquerent, priant Gastilles, & Tartarie, aux
autres qui auoient esté prisonniers comme eux, d'atendre leur retour, &
ce pendant garder la place : mais premier que leuer l'ancre, s'auiserent de
porter auecq' eux la teste du Serpent, à ce que l'Empereur cogneust, par
la grandeur du monstre, la bonté du Cheualier . Si nauigerent tant que
N ii　　　le huy-

le huytiesme iour d'apres , ilz arriuerent en Constantinople , & descendans au port , monterent à mont les degrez du Palays , suyuiz de grand
peuple , pour sçauoir quelles nouuelles ilz aportoient , & entrans ou e-
stoit l'Empereur Esplandian , se ietterent à ses piedz . Mais il les releua,
sans aucunement les recognoistre , pour la longueur du temps qu'ilz a-
uoient esté perduz : car luy , & tous ceux de la court pensoient asseurément qu'ilz fussent mortz , & comme ilz virent le contraire , le recueil,
& grand'ioye qu'on leur fit ne se pourroit pas bonnement escrire . Puis
leur demanda l'Empereur , quelle fortune leur auoit esté si côtraire, pour
s'estre tant tenuz absens du païs . Adoncq' les deux Cheualiers commencerent à discourir ce qu'il leur estoit auenu , & finablement la sorte que
le Cheualier Solitaire les auoit deliurez de prison, mettant à mort le Serpent, dont (dirent ilz) voicy la teste, grande & admirable . Esplandian
oyant parler du Solitaire (duquel desia Alquife auoit raporté grand tesmoignage de prouësse) ne se peut tenir qu'il ne dist tout hault : Ce maist
dieux , ie n'eu oncques meilleur vouloir de cognoistre Cheualier que
luy : car par l'experience de ce qu'il a desia fait, lon le doit bien nommer
le meilleur Cheualier du monde . Et comme il estoit en ces termes, entra
l'Imperatrix , auecq' grand nombre de Dames , laquelle auertie du retour de son cousin Gastilles, venoit pour luy faire la bien venuë . Et apres
auoir eu quelques propos ensemble , Esplandian sçachant le plaisir que
auroit le vieil Empereur du retour de son neueu , le luy enuoya sur l'heure , & ce pendant il recita à Leonorine, tout ce qu'il luy auoit conté du
Solitaire , laquelle esmeuë de ie ne sçay quelle affection , luy respondit:
Sur ma foy, monsieur, le cueur me dit que c'est nostre filz qui se fait ainsi
celer . Ma dame , respondit l'Empereur , ne croyez pas celà , il s'en alla
sans armes aucunes, & n'en cust peu si tost recouurer, toutefoys quel qu'il
soit (quant à moy) ie le tiens pour le plus valeureux Cheualier du monde. Or estoit là presente Alquife, laquelle à cause du temps mal à propos,
n'auoit encores voulu r'entrer en mer, pour aller trouuer le Cheualier de
l'Esphere: mais le iour qu'elle s'embarqua, requist treshumblemét l'Empereur, de luy donner la teste du Serpent, à fin, dit elle, que ceux de Trebisonde sachent la merueille du Solitaire, aussi bien que ceux de Thrace.
Ce qui luy fut acordé , & sur l'heure entrant en vne barque , qu'Esplandian luy fit deliurer, fit voyle.

Comme

Comme le Cheualier Solitaire

nauigant en mer, fut ietté par fortune au pied d'vne Roche, en laquelle Amadis, Oriane, & autres estoient prisonniers, qu'il deliura.

Chapitre　　　　XXXIIII.

PEine eut demeuré le Solitaire en mer vn iour entier, que la tempeste s'esleua si merueilleuse, que maintefois il fut sur le poinct de tomber enseuely dans les vndes, & continua la tourmente vne semaine entiere, perdans toute cognoissance de terre, & sans sçauoir ou, ny en quelle part fortune le poussoit, iusques à vn lundy matin, qu'il fut ietté pres d'vne grand' Isle, au pied de laquelle il vid vne nef ouuerte, & plusieurs mariniers & autres mortz, encores soustenuz des vagues. De telle auenture se trouua aucunement esbahy le Solitaire, car il cogneut bien que c'estoient gens de guerre, qui estoient periz, toutesfoys il ne peut cognoistre les deuises des bandieres, ny banderoles, pour auoir esté effacées à force de l'eau. Au moyen dequoy delibera mettre pied à terre, & tirant son cheual hors, print sa lance, son escu, & armet, puis commença à monter à trauers vn taillis fort espes, le long duquel il chemina tant, qu'il entr'ouyt vne voix, disant piteusement : O' souuerain Dieu, comme consentez vous le meilleur Roy, & la meilleure Royne du móde

N iii

mourir au

mourir auiourd'huy ainſi malheureuſement! A' ceſte lamentation ieta ſa
veuë de toutes parts, & auiſa vne Dame richement veſtuë, qu'vn grand
beliſtre pourſuyuoit, tenant vne hache en ſon poing. Mais il s'arreſta quãt
il aperceut le Solitaire, & luy demanda par ou ceſte femme ſe ſauuoit: car
il l'auoit perdue de veuë . Brigant infame, reſpondit il, vous la voulez
doncques outrager? Outrager? dit l'autre, oy, & toy auſsi. A' ceſte parole
le Solitaire eſmeu de deſpit, coucha ſon bois, & ataignant le vilain en l'e-
ſtomach, le rua mort par terre: Puis eſcouta longuement s'il orroit plus la
Dame, à qui il parleroit volontiers . Toutesfoys elle penſant qu'il fut de
l'Iſle meſmes, s'eſtoit cachée en l'eſpeſſeur d'vn hallier . Parquoy apres
que le Solitaire l'eut quiſe, & ne la pouuant trouuer, ſuyuit le chemin que
le vilain eſtoit venu, iuſques à ce qu'il arriua en vne belle plaine, au bout
de laquelle il vid vne roche taillée par quatre endroitz , & au deſſus vn
fort chaſteau, garny de maintes belles tours, & groſſes murailles: Et apro
chant plus pres , auiſa quatre Cheualiers ſans armes, que deux Geans armez de toutes pieces, traynoiét par force en la fortereſſe, & entendit auſsi
toſt qu'ilz furent entrez, barrer les portes apres eux : au moyen dequoy
l'enuie creut au Solitaire de ſçauoir qu'ilz eſtoient, & cheminant au grãd
gallot, trouua au pied du Rocher vn homme deſarmé qui luy demanda
s'il eſtoit des gens du Roy qu'on menoit leans priſonnier. Non, reſpõdit
il, mais ie vous prie me dire qu'il eſt. Sur ma foy, reſpondit l'autre, ie n'en
ſçay autre choſe, fors que ie l'ay veu mener rudement, luy & trois autres
Cheualiers, auec l'vne des plus belles Dames que ie vy oncques, liez enſemble de groſſes cordes, dont i'ay eu telle pitié (encores qu'ilz ne ſoyent
de noſtre loy) que le cueur m'en ſouſpire. Puis donc, dit le Cheualier Solitaire, que n'en ſçauez autre choſe, ie vous prie beau ſire, monſtrez moy
le chemin par ou on y va. Et dequoy vous profitera , reſpondit l'autre , le
trauail que vous prendrez, ſinon pour vous faire mourir, ou captiuer? Ne
vous chaille de celà, dit le Solitaire , faites ſeulement ce dont ie vous prie
Suyuez moy, reſpondit l'autre. Et prenant le chemin à gauche luy monſtra vn ſentier à degrez, taillez au Roc. Voylà, dit il, la voye , & ſi n'y en
a point d'autre. A ce que ie voy, dit le Solitaire, force me ſera doncques y
aller à pied , & deſcendant du cheual, oublia ſa lance, tant auoit grand
deſir de ſçauoir qui eſtoit le Roy qu'on emmenoit priſonnier. Lors mõta
au pluſtoſt qu'il peut contre mont. Et cõme il fut quaſi au ſommet, entendit vne voix qui l'apelloit, parquoy tourna la teſte, & vit ſa guide monté
ſur ſon cheual, qui cryoit à haute voix : Cheualier, s'on vous demande là
hault de mes nouuelles, dites hardiment, que ie m'en vois auec ce deſtrier
teſmoigner de voſtre folie. Ce diſant dõna des eſperons, & combien que
celà deſpleut aucunement au Solitaire, ſi ne laiſſa-il ſon entrepriſe, tant
qu'il paruint à la porte, ou il demeura quoy, atendant ſi quelqu'vn ſorti-
roit hors. Et en ces entrefaites ouyt l'vn des Geans, qui diſoit : Roy, tu es
venu à

venu à temps que ie vengeray la mort de mon frere.Puis entédit quelque
autre, qui respondoit. Geant, si tu es Cheualier desirant auecq' honneur
venger la mort de ton frere, fay moy donner quelques armes, puis employe ton effort sur ma personne, qui te sera plus honorable, que non me
outrager nud, & en l'estat que tu m'as prins . Ceste parole acheuée vne
Dame commença à plorer amerement, & en pleurant disoit: Làs fortune
comme tu es mal asseurée, principalement à l'endroit des plus grands:Ne
seras-tu iamais contenté de faire cognoistre ton pouuoir, soit aux mauuais, ou aux bons? Làs mort desirée, maintenant plus agreable en mon
endroit, que telle vie ennuyeuse, pourquoy tardes-tu tant à me surprendre?Puis se teut: car le Solitaire ne pouuant plus longuement endurer ceste cópassion, frapa contre la porte d'vn gros marteau qui y estoit ataché,
apellant à haute voix ceux de dedans . Lors vn des Geans se presenta au
hault de la plus grosse tour, demandant qu'il estoit pour fraper si hardiment. Ie suis, respondit le Solitaire, vn Cheualier estrange, qui desire entrer leans voir le Roy qu'on y a emmené prisonnier . Quel proffit t'en a-
uiendra il, dit le Geant, si n'est que seras homicide de toy mesmes?Ouure
moy la porte, respondit le Solitaire, puis fay ce qui sera en toy. Par Ma-
hon, dit l'autre, ie croy que tu es hors du sens.Veux-tu faire doncques espreuue de toy à moy? I'entens bien que c'est, tu cherches ton malheur, a-
tens tu le trouueras ceans. A' ceste parole se retira celuy qui parloit,& pen
apres fut l'huys debarré, à l'entrée duquel le Solitaire l'auisa, tenant au
poing vn grand symeterre, & luy dit: Entre, & te garde de moy . Lors se
couura de son escu le Solitaire, & l'espée au poing passa outre, s'esmou-
uans l'vn contre l'autre par telle aspreté, que durant vn quart d'heure il
sembloit que la meslée fut entreprinse par plus de trente Cheualiers ensemble. Mais le Solitaire cósiderant(qu'apres la mort de cestuy) il auroit
encores à faire à vn autre dyable, s'esuertua si bien, que le Geát n'eut mail
le ne haubert qui ne fust decloué, & celuy qui le tenoit endossé, naüré en
tant de lieux, que la plus saine partie de son corps estoit endómagée:par-
quoy se sentant affoyblir petit à petit, voulut auant sa mort iouer à quite
ou à double, se lançant sur le Solitaire, lequel il pensoit bien terrasser &
mettre ius à force de bras. Mais luy qui sçauoit l'art de luyter, luy donna
à pied leué de croc & de hanche,si finement, qu'il le renuersa de son long
& quant & quant luy mit le pied sur la gorge, & l'espée aux trippes, dont
il mourut:& ietoit le dernier souspir quand l'autre Geant enuoya sçauoir
en quel estat estoit leur maistre . Toutesfois le messager fit court voyage:
car voyant le Solitaire vaincueur & l'autre vaincu, tourna dóz, & fuyant
cryoit à haute voix:Seigneur, hastez-vous, vostre cousin est mort. Si n'eut
plustost acheué la parole, que le second Geant s'auança, & marchant vers
le Solitaire, tenant sur son col vne grosse masse de fer, disoit entre ses déts
ayant la larme à l'œil: O' chetif de moy! que tant petite vengeáce ie pren

N iiii

dray fai-

dray, faisant mourir le meschant qui m'a osté ma ioye . A' peine eut il a-
cheué la parole, qu'il aperceut le Solitaire ioignãt de luy, & prest à le char
ger . Et à ceste cause auança le pied droit , & hauçant la massue pensoit
bien l'acabler: mais le Solitaire para l'escu au deuant, sur lequel tomba le
coup de telle impetuosité, qu'il brisa tout ce qu'il rencõtra, & passant outre, iusques sur le paué , le Solitaire se desmarcha , & en se desmarchant
rua de si grand'force, qu'il coupa en deux la hante de la masse : dont le
Geant trop irrité luy ieta le reste qui luy estoit demouré au poing, & l'a-
taignit en l'espaule. Et combien qu'il cuida estre renuersé , neantmoins il
tint roide, & aprochant son ennemy le print tellement à descouuert, qui
luy separa le bras droit par la iointure du coulde. Ce qui mit tel effroy au
Geant, qu'il tourna dos, pensant garentir sa vie à la faueur d'vn escalier,
ou le Solitaire l'arresta, luy donnant si grand coup d'espée sur le cabasset
qu'il luy fit sortir la ceruelle : Et passant outre, auisa en vne grande salle
le roy Amadis, Oriane, Angriote d'Estrauaux, son neueu Sarquilles, &
le comte Gandalin , atachez par le col de grosses cordes , dont il eut telle
compassion, que les larmes luy vindrent aux yeux, & courut soudain les
destacher . Or s'estoient ceux du chasteau r'alliez , & auecques haches &
hallebardes , vindrent courir sus au Solitaire , mais il les arresta sur cul,
pendant que le roy Amadis saisissoit l'escu & le symeterre du Geant. Lors
entra pesle mesle, & d'arriuée mit à mort deux des plus braues, de la des-
pouille desquelz, Angriote d'Estrauaux, Sarquilles, & Gandalin se saisirent, & firent en peu d'heure tel meurdre de ceste canaille , que vingt ou
trente tombez par terre, les autres (pour n'auoir pis) se rendirent à mercy.
Ce que leur vouloit denyer le Cheualier Solitaire: toutesfoys Amadis pria
pour eux, & vint l'embrasser luy disant: Ie vous prie mon grand amy, me
dire qui vous estes: car il est bien raisonnable (veu vostre grand'bonté &
le secours que nous auons receu de vous) que nous vous cognoissions à iamais . Le Solitaire fit semblant de n'entendre ce langage , & respondit,
qu'il estoit Françoys, parquoy Angriote d'Estrauaux luy dit en mesme
langue: Chéualier, ie vous prie obeyssez au roy Amadis . A' ceste parole
le Solitaire mit le genoil en terre, & s'adressant au Roy luy dit : Sire, ie
vous suplie humblement me pardonner, si de prime face ie ne vous ay fait
l'honneur que vostre maiesté merite, estant vostre renommée cogneuë,
non seulement entre les Chrestiens, ains en tous les païs du monde . Laissons ce propos, dit le Roy, & me dites, s'il vous plaist, vostre nom . Sire,
respondit il, on me nõme le Cheualier Solitaire, Françoys de nation . Et
combien qu'il se desguisoit au mieux qu'il pouuoit, si auoit Amadis quel
que opinion que c'estoit son petit filz Lisuart , toutesfoys il en fut à la fin
tant dissuadé, qu'il n'en croyoit plus rien quand la royne Oriane s'aprocha , laquelle trop espouuentée de tant de mortz , ne se pouuoit bonnement r'asseurer, lors que le Roy luy dit: Ma dame, ce Cheualier vous doit
auoir osté

auoir osté toute crainte, saluez le, s'il vous plaist, & le remerciez du secours
qu'il nous a fait si à propos . Adoncq' l'embrassa la Royne , mais le Solitaire mit le genoil en terre, luy disant: Ma dame, le merite de vous est tel,
que tous Cheualiers portans armes vous doiuent seruice & reuerance, &
quant à moy , ie seray toute ma vie prest de vous obeyr . Ma dame, dit
Amadis, priez luy doncques qu'il oste son heaume, à fin que le voyons au
visage . Ah Cheualier, pour Dieu faites le, dit la Royne, ie vous en prie,
& le Roy aussi . Ma dame, respondit il, i'eusse obey à son vouloir, & ferois d'auantage pour vous : mais ie suis contraint par le commandement
d'vne Damoyselle à qui ie suis, de me rendre incogneu à tous, iusques à
ce que i'aye parfait vn voyage ou elle m'enuoye . Amadis cogneut bien
qu'il se vouloit celer, & à ceste cause luy pria, qu'estát son entreprise mise
à fin, il le vint voir en la grand' Bretaigne , ce que le Cheualier Solitaire
luy acorda , le supliant de grande affection luy donner congé : car il ne
pouuoit pas demeurer plus longuement . Dieu vous conduye, dit Amadis , & prenant le Solitaire congé de la compagnie, s'en retourna le chemin qu'il estoit venu , & passant par le boys , vid venir vers luy la Dame
qu'il auoit trouuée fuyant , laquelle il recogneut estre la côtesse de Dannemarc, & s'adressant à elle luy dit: Dame, vous pouez bien maintenant
aller trouuer le roy Amadis & les autres là hault, qui sont (graces à Dieu)
hors de tout danger: Mais premier, ie vous prie me raconter quelle auenture vous mena en ses marches , & pourquoy vous fuyez lors que ie vous
trouuay en ce lieu. Bonne auenture vous doint Dieu, sire Cheualier, respondit elle, qui tant bonnes nouuelles m'aportez du roy Amadis: lequel
pensant retourner en la grand' Bretaigne , ses vaisseaux ont esté tant agi-
tez de tempeste, qu'il a perdu cognoissance de la plus part, & de malheur
celuy mesmes auquel nous estions , c'est venu briser là bas le long de la
greue. Et côme a vous habandonné la Royne? dit le Solitaire . Entendez,
respondit la contesse, qu'au sortir de ce naufrage, ainsi que nous sechions
sur la roche, n'ayans sauué que noz seulz corps fusmes surprins par deux
Geans & trente valetz, qui nous vindrent assaillir, tuans noz mariniers &
seruiteurs, sans prendre aucun à mercy, fors le Roy , la Royne, Angriote
d'Estrauaux, Sarquilles, mon mary le comte Gandalin, maistre Helisabel & moy qui eschapa, ainsi que lon nous vouloit faire monter les degrez, pour entrer en la forteresse: Et toutefois, apres que ie vous eu laissé,
considerant que ce me seroit plus d'hôneur mourir auecq' la Royne, que
viure l'habandonnant, m'en retournois vers elle . Or vous ay-ie desduit
toute ma fortune, & maintenant ie vous prie en l'honneur de Dieu me
conter en quelle sorte vous les auez sauuez. Le Solitaire esmerueillé de
ouyr raconter auenture si estrange, luy respondit: Certes ma Damoyselle, ie loue vostre bon cueur: & quant à ce que vous voulez sçauoir, le téps
m'en oste l'oportunité: ceux que vous allez trouuer le vous diront. Et luy

donnant

donnant le bon soir la laissa pour prendre le chemin du riuage de mer,
ou il auisa son cheual & celuy qui l'auoit desrobé, encores dans son vaisseau, tirant hors tout ce qu'il pouuoit rauir. Si le surprint le Solitaire de
si pres, que mettant la main à l'espée, le saisit au collet. Par Dieu vilain
vous ne vous mocquerez iamais de Cheualier que ie puisse, & leuant le
bras, luy coupa le corps en deux parties: puis le poussa du pied le lançant
à vau l'eau. Ce fait remit son cheual en la barque, & garny de l'escu du
Geant au lieu du sien qui estoit rompu, suyuit la fortune côme il plaisoit
au vent de le guider, tant contristé de la defaueur de sa dame, à qui il pen
soit nuict & iour, qu'il eust voulu estre mort. Ce pendant le roy Amadis
demeuré auecq' sa compagnie, ainsi qu'il vous a esté recité, ignorant encores en quel païs il estoit, demanda à vn vieillard de leans le nom de la
contrée. Sire respondit il, elle est communément apellée le Chasteau de
la Roche, & marche au Royaume de l'Isle sauuagine, que possedoit n'a-
gueres Grisilant, celuy que vous occistes(ainsi que i'ay entendu) au siege
de Constantinople, & le Geant mis à mort à l'entrée de ceans par le Cheualier qui vous a deliuré estoit son frere, & l'autre qui gist là, son cousin
germain, qui acompagnerent en Thrace Armato, & l'armée Payenne
tant qu'elle y a seiourné. Et comme Amadis s'enqueroit ainsi de l'estat de
leans, la comtesse de Dannemarc suruint, mettant hors de grand' peine
Gandalin, qui pensoit l'auoir perduë. Puis le iour ensuyuant, ainsi qu'ilz
estoient aux fenestres, ietans leur veuë vers la marine, descouurirent vn
nauire qui peu apres print port au pied de la forteresse: parquoy descendirent voir que c'estoit, & trouuerent dedans Argamont, & le prince Ardadil, auecq' plusieurs de leurs gens, lesquelz furent receuz en grand'
ioye: car Amadis se soucyoit trop ou il pourroit recouurer vaisseau pour
nauiger: combien qu'ilz seiournerent quinze iours ensemble, au bout
desquelz laissans Sarquiles pour gouuerneur de la contrée, firent voyle,
prenans la route de la grand' Bretaigne, ou le peuple le receut en grand'
ioye.

Comme l'Empereur de Trebi-

sonde auecq' sa flotte, print port en ses pays, & des propos que
eut la princesse Gricilerie auecq' le Cheualier
de l'Esphere.

Chapitre   XXXV.

Par le

Ar le discours de nostre hystoire, il vous a esté recité, qu'apres que Lisuart fut sorty de Constantinople, grãd partie des Princes venuz au secours de la Thrace, s'embarquerent pour retourner en leurs païs. Et entre autres l'Empereur de Trebisonde, acompaigné du Cheualier de l'Esphere, Florestan & Galuanes. Si n'eurent quasi fait cent mille en mer, que l'orage & le vent s'esleuerent si impetueusement, qu'ilz pensoient perir: Mais finablement sur la fin du moys ensuyuant prindrent port à Trebisonde, dequoy l'Imperatrix auertie, mesmes l'infante Gricilerie, receurent vn singulier plaisir, & semblablement toutes les autres Dames, fors Onolorie: laquelle pour la ialousie qu'elle auoit conceuë contre son amy, estoit en vne merueilleuse peine, & si passe & amegrie, que chacun en faisoit cas. Grande fut l'alegresse & bonne chere par le païs, pour le retour de leur bon Prince, & tant que par l'espace de huiçt iours entiers, on ne cessa de faire feux & bancquetz publicques. Ce pendant les trois Cheualiers estranges, Perion, Florestan & Galuanes, entretenoient leurs amyes, de propos plus conuenables à leur declarer l'affection, amytié & seruitude qu'ilz leur portoient, qui augmentoit de iour en iour la tristesse à l'infante Onolorie, pour le souspçon qu'elle auoit conceu en son esprit sur Lisuart, duquel Gricilerie s'enquestoit à Perion ordinairement. Mais il ne luy peut donner autre raison, sinon qu'il s'en estoit party la nuiçt, ne sçauoit ou, & oncques puis n'en auoit rien entendu, dont il s'esbayssoit grandement. Certes telles nouuelles furent peu agreables à Onolorie, & commença de là en auant à se repentir de la lettre qu'elle auoit trop legierement escripte, & peult estre au

plus grand

plus grand tort du monde. Puis tout soudain, aioustant foy à ce qu'on luy auoit aporté de Gradafilée, souhaitoit encores pis à Lisuart. Ainsi se passerent aucuns iours, qu'Alquife retournant de Constantinople, entra en la salle acompagnée de quatre hommes portans la teste du Serpent, & apres les reuerances faites, mettant les genoux en terre, dit à l'Empereur: Sire, ie vous aporte nouuelle du meilleur Cheualier du monde, & duquel ie vous compteray choses estranges. Entendez sire, que retournant de ce païs en Thrace, ie fu prinse de quatre forsaires, & mise en leur nauire, mais graces à Dieu i'y fis peu de seiour, par le moyen de celuy duquel ie vous parle, qui se fait nommer le Cheualier Solitaire. Adoncq' luy racompta par le menu le combat qu'il auoit eu, les propoz qui luy tint depuis la mort du Serpent, la deliurance de Gastiles & Tartarie, & finablement tout ce qu'elle en sçauoit, dont chacun s'ebahit : & tomba au cueur de Perion que c'estoit Lisuart sans autre, lequel pour n'estre cogneu auoit ainsi mué son nom: toutesfoys Alquife y contredit du tout, se tenant seure qu'il ne se fust celé à elle. Adoncq' chacun regarda par amiration la teste de la beste, laquelle des l'heure l'Empereur fit atacher à la principale porte de son Palays, & paindre à l'entour la maniere qu'elle auoit esté deffaite: puis sur le soir Alquife trouuant Perion à propoz, luy demanda quel traitement il auoit de Gricilerie. Sur mon Dieu ma grand' amye, respondit il, sans vous ie cognois bien que mon affaire yra de mal en pis, car de iour en iour l'amytié descroist de son costé. Ne croyez pas celà, dit elle, & qu'ainsi soit, i'espere bien vous faire sentir le contraire auant qu'il soit deux iours. Pour à quoy paruenir, ne faillit le iour d'apres de s'adresser à la Princesse, à laquelle elle s'enquit secretement qu'elle bonne chere elle auoit fait à son Cheualier depuis son retour. Ah ma grád' amye, respondit elle, pire que mon cueur ne desire : car ie n'ay encores eu moyen parler à luy en priué, ny quasi monstré signe d'aucune amytié : car cóme vous sçauez, ie suis peu souuent laissée de l'Imperatrix, & moins de ma sœur. En bonne foy, ma dame, dit Alquife, vous auez tort: on dit que necessité est maistresse des artz, mais amour forte, inuente encores plus de legier. Et dire que vous n'auez eu moyen de parler à luy, ce sont paroles, puis que vous le cognoissez vostre, il vous estoit aysé (ce me semble) de le faire venir la nuit par ce iardin, iusques ioignant ces fenestres, & là deuiser priuément tant qu'il vous eust pleu. Vous dites tresbien, respódit elle, ie ne m'en estois encores auisée: & puis que vous m'auez apresté si bonne ocasion, ie vous prie la luy faire entédre, la muraille de ce verger est basse & la fenestre de ma chambre aysée, ie ne faudray à m'y trouuer ce soir sur le mynuit. pour Dieu persuadez le tant qu'il y vienne. Laissez m'en faire, dit Alquife, ie le vous prometz pour luy. Et n'eust esté Onolorie qui s'aprocha, ilz eussent longuemét continué leurs propoz, mais ilz s'en teurent à tant, iusques au soir, que Alquife auisa Perion de tout ce qu'il
auoit af-

auoit affaire. Or couchoient ilz Floreftan & luy enfemble, & combien qu'ilz fuffent grands amys, fi luy voulut il taire pour l'heure le plaifir qu'il atendoit, en forte que le voyant endormy, & l'heure aprocher, qui luy auoit efté afsignée, print fon efpée, & couuert d'vn manteau d'efcarlate, fortit fecretemét de fon logis&vint au iardin, par ou il entra par defsus le mur: puys aprochant la feneftre, l'entendit ouurir, & auifa la princeffe Gricilerie feule, & en tel equipage, que tout ainfi que Actéon deuint Cerf pour femblable veuë, aufsi fe trouua il non pas portant les cornes comme befte, mais tant ferf, ou affectionné à feruice, que pour complaire à fa dame & maiftreffe, il ne fuft feulement demouré fouz le ioug, ains euft enduré la mort, & vne mort apres, fi pofsible eftoit en paffer deux. Et combien que par trop eftre ardant en l'amour d'elle il tremblaft comme la fueille, neantmoins celuy qui luy auoit caufé ce mal, luy donna telle facilité de parole, que faifant vne grande reuerance à la princeffe il luy dit: Ma Dame, ie me puis bien auiourd'huy nómer (& à bon droit) le plus heureux Cheualier du móde, receuant cefte faueur de vous qui eft bien la plus gracieufe qui fut oncques octroyé par telle Princeffe, à celuy qui a encores fi peu merité. En bonne foy, mon amy, refpondit elle, vous en deuez fçauoir gré à voufmefmes non pas à moy: car Dieu vous a pourueu de tant de perfections, que vous fçauez forcer librement les dames, par lefquelles voufmefmes vous monftrez hors de toute liberté. Ainfi doncques ie vous fuplie que gardant mon honneur, vous vous contentez de ce que vous auez defia acquis fur moy, vous affeurant mon amy, fi ainfi le faites, que ie prendray peine & plaifir à parler à vous en ce lieu, toutes les fois que i'en auray le moyé: Ah ma dame, dit il, pour Dieu pardonnez moy, & ne m'eftimez, ie vous fuplie, fi defraifonnable, que ie ne cognoiffe cefte grace eftre telle, que tous les Cheualiers de la terre enfemble ne meriterent oncques tant de bien. Neantmoins s'il vous plaifoit encores me permettre baifer voz mains, vous rendriez l'obligation que ie vous doy en telle extremité, que ie n'ay corps, ame, ny puiffance, qui ne fe glorifiaft, comme affeurée de fa beatitude. Mon amy, refpondit la princeffe, vous ne ferez pas refufé: car eftant le cueur voftre, le refte de moy eft preft à vous complaire, en tout ce que l'honneur me peult & doit commander. Adócques luy prefenta la main dextre à trauers la grille, & ainfi que Perion la luy baifoit, elle vaincuë d'amour l'embraffa de l'autre bras: ce que fentant Perion, s'auança fi à propos, qu'il ioignit fa bouche à la fienne, contenans leurs efpritz pour l'heure, felon que le lieu leur pouuoit permettre, dont Perion prefque hors de foy de trop grand' ayfe, fe mit à trembler plus que deuant, & perdit du tout la facilité de parole. Et fi vous me demandiez fi c'eftoit de bien, ou de mal, qu'il enduroit lors, ie croy certainement que luy mefmes ne le vous euft peu dire, tant fçait amour aliener les fens de ceux qu'il veult bien traiter: & de ce apellay ie à

O   tefmoing

tesmoing vous autres, qui auez receu de voz Dames aymées semblable
faueur qu'eut Perion : lequel retourné en sa premiere puissance, & craignant s'estre monstré trop temeraire enuers Gricilerie, pour la priuauté
dont il auoit vsé enuers elle, commença à luy dire : Ma Dame, ie vous suplie treshumblement ne trouuer mauuais si ie me suis (auecques telle a-
uantage)oublié enuers vous, & ne m'imputer ceste coulpe, mais à amour,
qui a contraint mon affection luy obeyr : toutesfoys, si vous me iugez digne de quelque peine, ie suis prest de l'édurer, pourueu que ce ne soit l'es-
longnement de vostre bône grace. Mon amy, respondit elle, la peine que
vous en receurez sera, que ie vous prie, & commande m'aymer sur toutes
choses, sans iamais partir de ceste court sans mon congé : car l'ennuy ou
i'ay esté durant vostre absence m'a cuydé faire mourir. Quantes fois me
suis-ie enquise (vous sçachant nauiguer en mer, & atendant vostre retour)quelz rochers, quelz escueilz, & quelz goulfes estoient en ceste coste
qui vous puissent causer peril? combien de sages pilotes i'ay mandez venir à moy, pour aprendre d'eux les noms des vents propres, ou contraires
à vous auancer, ou retarder ? quantes larmes sont sorties de mes yeux,
voyant la mer esmeuë, l'orage & le ciel troublé, faisant en moymesmes
mille discours des dangiers qui suruiennent communément aux personnes aymées ? Sur mon Dieu, mon amy, la crainte de vous perdre m'a fait
aprendre à plaindre toute ma vie celles qui seront ataintes de pareille ma-
ladie que i'ay euë, depuys le iour que vous receustes l'ordre de cheualerie
en ceste court . Et tombans de propos en propos vindrent à parler de Li-
suart:lequel, dit elle, a eu grand tort s'estre adressé à ma sœur, pour luy fai
re vn si lasche tour, dont il est acusé. Comment?ma Dame, respondit il, ie
ne pense pas qu'il offensast oncques, si elle n'a pris à offense l'amytié extreme qu'il luy porte . Ie ne sçay pas, dit Gricilerie, comme vous prenez
ceste amytié, mais il ne se sçauroit bonnement excuser (veu les promesses
qu'il luy fit auant son partement)qu'il ne luy ait fait tort. Adoncq' luy ra
conta tout ce que le Damoysel frere de Bridelne luy auoit raporté. Mon
Dieu, respondit Perion, celà peult il estre auenu? or cognois-ie maintenant que c'est la cause qui l'en a fait aller sans parler à moy , & toutesfois
ie prens, sur mon ame, que l'acusation est faulse , & qu'il n'y pensa de sa
vie, qui me donne plus de regret de son absence qu'au parauant, sçachant
pour certain qu'en fait d'amour , si loyauté estoit perduë, qu'elle se re-
couuriroit aysément en luy. Helas dit Gricilerie, & qu'est ce que vous me
dites?est il possible que le page nous ait donné si mal à entendre?Ouy sur
ma foy, respondit Perion, & me pouuez croire asseurément, qu'oncques
desloyauté n'eut part à celuy qui endurera beaucoup de mal à tort, comme ie pense . Certes, dit elle, ma sœur adoncques esté bien mal auisée, &
ne pense pas qu'elle ne meure de desplaisir , quand elle sçaura ce que me
asseurez, ny pouant mettre remede. Ma dame, respondit il, s'il vous plaist
(que ie

(que ie l'aille chercher)ie le feray par voſtre commandement, & trauail-
leray en ſorte que ie le rameneray, ou ie mourray en la peine. Ie vous en
prie, reſpondit Gricilerie, aſſeurée que(luy de retour) ma ſœur cognoiſſant ſa legiere creance, le receura auecq' plus d'amytié qu'au precedant,
& tant continua le propos, que l'aube du iour commençoit à aparoiſtre:
parquoy forcez d'eux retirer, prenans l'vn de l'autre vn congé gracieux,
acorderét enſemble du retour en ce lieu la troiſieſme nuiĉtée enſuyuant:
mais il auint tout en autre ſorte,comme il vous ſera recité.L'Infante doncques r'entrant en ſa chambre, ſe miſt en ſon liĉt, & d'autre part, le Cheualier de l'Eſphere prenant la voye qu'il eſtoit venu, s'alla mettre entre
deux draps,pres Floreſtan ſon compagnon,s'eſtimant le plus heureux &
ſatisfait Cheualier qu'on euſt peu choiſir,&ſans qu'il fuſt aperceu de nul,
paſſa la nuiĉt en ceſte ſorte. Puys le lendemain, eſtant en bon equipage,
retourna au palays, ou deſia les tables eſtoient dreſſées pour le diſner, &
voulut l'Empereur, que luy & ſes compagnons fuſſent aſsis entre les Dames, pour touſiours plus les honnorer.

Comme le Cheualier de l'Eſphere

ſuyuit la Ducheſſe d'Auſtriche , pour laquelle il eut
combat contre deux de ſes oncles , qui luy
auoient tollu ſes pays.

Chapitre　　　　　　　X X X V I.

O ii　　　Eſtant les

Stans les napes leuées, ainſi qu'on preſentoit l'eau pour lauer, entra en ſalle vne Damoyſelle tresbelle, veſtuë d'habillemens de dueil, laquelle conduite par vn vieillard qui la menoit ſouz le bras, eſtoit acompagnée de douze Damoyſelles, vingt Cheualiers, & autant d'Eſcuyers. A' leur arriuée ſe ieta ceſte dame aux piedz de l'Empereur pour les luy baiſer : puys demanda ſi en la court eſtoient le Cheualier de la vraye Croix, ou celuy de l'Eſphere : ou bien, dit elle, vn duquel la renommée eſt maintenant par tout païs, que l'on nomme le Cheualier Solitaire, qui puys n'a gueres a deliuré par force d'armes le Roy Amadis, & la Royne, auecq' leurs gens empriſonnez. Lors ſe miſt à raconter comme le tout eſtoit auenu, & la mort des deux Geans, dont chacun s'esbahit aſſez, & luy reſpondit l'Empereur : Damoyſelle, de tous ceux que vous demandez, il n'y a autre ceans que le Cheualier de l'Ephere, que vous voyez aupres de vous. La Damoyſelle le regarda comme celle qui atendoit ſecours, & en le regardant dit à l'Empereur : Sur mon Dieu, ſire, ie croy que ce ſoit il vrayement : car autrefoys me la on ainſi figuré. A' ceſte parole s'auança Perion, & demanda à la Damoyſelle s'il pouoit quelque choſe en ſon affaire. Certes bon Cheualier, reſpôdit elle, s'il y en vous autant de courtoyſie, que de force & de beauté, ie ſuis ſeure que ne me faudrez à tel beſoin : car i'ay eſtimé que noſtre Seigneur a enuoyé vous & voz ſemblables en ce môde, pour ayder aux Damoyſelles à qui ont fait tort, ou iniure, comme à moy. Dame, reſpondit Perion, auſsi ſuis-ie preſt de ſeçourir vous & les autres à mon pouuoir : pourtant dites nous l'ocaſion de voſtre ennuy. Bien humblemét le remercia celle à qui

il parloit

il parloit. Puis qu'ainsi est, dit elle, entédez sire Cheualier, que ie suis fille
du duc d'Austriche, lequel mourant & me laissant ieune & en bas aage,
deux de mes oncles plus auares que raison & honneur ne leur permettoit,
me voyant seule heritiere, se sont emparez de mon bien: specialement de
la ville de Vienne, en laquelle ilz tiennent auiourd'huy fort contre moy
& les principaux de mes païs: lesquelz me recognoissans à Dame, les ont
assiegez : & combien que la place soit impreuable, neantmoins eux ennuyez du long siege, ont porté parole à mes gens, que si ie pouuois trouuer gentilhomme, qui osast entreprendre le combat, luy seul contre eux
deux, au cas qu'ilz fussent vaincuz, ilz me restituroient ce qui est mien, &
à mesme instant su auertie de la bonté de deux Cheualiers, qui estoient
en Constantinople, renommez auiourd'huy sur tous autres en prouësse
& cheualerie, l'vn desquelz vous estes, & l'autre celuy de la vraye Croix:
& comme par le conseil de mes amys i'eusse acordé à mes oncles de chercher champion pour moy, de la condition qu'ilz demádoient, prins mon
chemin en Thrace, esperant vous trouuer en la court de l'Empereur Esplandian, ou arriuée, entédy que vous estiez en ces marches. Et ainsi que
voulois me r'embarquer, arriua en Constantinople vn embassadeur de la
grád' Bretaigne, par lequel on sceut les nouuelles que ie vous ay dites du
Cheualier Solitaire, qui est la cause qui me mouuoit à le demander ceans.
Or vous ay-ie dit l'ocasion de mon voyage, maintenant ie vous prie
humblement auoir pitié de moy, & entreprendre le droit de ma querelle
iuste & raisonnable, & tel que vous auez entendu, sinon force me sera aller chercher l'vn des autres. Lors cogneut bien Perion qu'il auoit trop
dit à la Damoyselle, veu la promesse qu'il auoit faite la nuict precedante
à sa dame, de ne partir iamais hors la court de l'Empereur sans son congé,
parquoy la regarda pour voir sa contenance, mais elle qui eut pitié de ceste femme desolée, s'auança de respondre, disant à Perion : En bonne foy
Cheualier, vous deuez otroyer à ceste dame ce qu'ellevous demande. Ma
dame, respondit il, ie suis prest d'obeyr à vostre commandement, & à sa
priere, encores qu'il y ait en ceste court maintz autres Cheualiers, qui la
pourroient releuer de peine sans passer outre. Lors la damoyselle se prosterna pour le remercier, mais il la releua, l'asseurant qu'il estoit prest de
partir toutes les fois qu'elle voudroit. Ce sera doncq' maintenant, respondit elle : car le temps acordé du iour du combat commence fort à aprocher, & Dieu vueille que l'yssue en soit autant bonne pour moy, que i'espere. Damoyselle, respondit Gricilerie, vous vous deuez tenir pour
heureuse d'estre venuë si a poinct pour auoir tel secours. Et sans plus
longuement differer, Perion prenant congé de l'Empereur, mesmes de
celle qu'il seruoit, fit amener son destrier, & entrans en la nef, ou estoit
venuë la Duchesse, pria à Florestan & autres ses compagnons l'atendre.
Puys faisant voile singlerent en haute mer, & comme ilz eurent nauigé

O iii   ensemble

enfemble vn iour & vne nuit, la duchefse qui mettoit toutes les peines du monde à l'entretenir, & luy faire honneur, le regarda de telle affection, qu'il luy fembla le plus beau Cheualier qu'elle euft oncques veu, dont elle fe reputoit doublement heureufe, efperât auoir telle yffue de fon affaire, qu'elle le rendroit feigneur d'elle & de fon bien. Et comme elle eftoit en ces alteres, la mer s'enfla, & courut fortune telle, que par l'efpace de vingt iours entiers, ilz perdirét cognoiffance de terre, fans fçauoir ou, n'en quelle part ilz eftoient pouffez du vent. Dont il auint qu'vn vendredy matin leur nef fut ietée le long d'vne grand' plage, ou tout ioignant ilz defcouurirent vne cité grande, belle, & enuironnée de murs, & fortes tours, efquelles ilz auiferent maintes Dames, & Damoyfelles, dont l'vne d'elles (mieux parée d'acouftremens & de beauté que les autres) fe monftroit bien leur dame & maiftreffe. Et à l'inftant virent fortir vn Geant, armé d'vnes fueilles d'acier, monté fur vn grâd cheual bay, tenant en fon poing vne lance, dont le fer luyfant auoit de longueur vne braffe, & marchoit au petit pas vers vn pauillon que l'on voyoit tendu fur la greue, duquel fortit auffi toft vn Cheualier de belle taille, monté fur vn deftrier alerâ, & armé d'vnes armes verdes, portant vn efcu figuré à vn Lyon ayant la tefte mypartie, & le fuyuoient pour acompagner maintz autres Cheualiers, qui tous auoient leurs tentes dreffées autour du pauillon. Si cogneut bien le Cheualier de l'Efphere, qu'il y auroit bataille entre eux deux, parquoy dit à la Ducheffe: Ma dame, ie verrois volontiers l'yffue de ce combat: car puys que ce cheualier Verd s'eft adreffé de fon gré à ce diable, il eft ayfé à croire qu'il foit preud'homme. La ducheffe pour luy faire plaifir obtempera à fa volonté: parquoy les mariniers mirent leur vaiffeau à l'anchre, & quafi auffi toft s'efmeurent les deux Cheualiers à courfe de cheual: le Geant rencontra celuy des armes Verdes, luy donnant fi forte atainte dans l'efcu, que le fer trauerfa vne grande braffe outre, tellement que chacun penfoit qu'il fuft mort, mais il n'eftoit ainfi: car la lance paffa entre le corps & le bras, & eut le Geant pis, pource que nonobftant l'effort de fon harnois, le Cheualier Verd luy fit vne grande playe, & fe rencontrans les cheuaulx chanfrain contre chanfrain, tomberent eftenduz, & leurs maiftres deffouz. Neantmoins celuy des armes Verdes prompt & adroit, fut incontinent fur piedz, & mettant la main à l'efpée, vint contre le Geant, lequel ne fe peut fi toft releuer, pour la pefanteur du cheual qui eftoit demeuré fur fa iambe. Au moyen dequoy celuy des armes Verdes luy dóna de l'efpée fur le bras, dont il receut grieue douleur, & fur ce poinct le deftrier fe releua & le Geant auffi: lequel tirant vn grand coufteau qu'il portoit à fa ceinture, fe mit en deuoir de rendre au Cheualier Verd ce qu'il luy auoit prefté: Mais la playe du bras luy portoit tel dommage, qu'à chacun coup qu'il ruoit, fon coufteau luy tournoit au poing, & perdit en peu d'heure tât de fang, qu'il commença petit à petit à s'affoyblir. Ce que cognoiffant

gnoiſſant en ſoy meſmes,voulut s'aider de la main gauche,de laquelle il
ſe trouua ſi peu vſité, qu'il y faiſoit treſmal ſon proffit: dont auint que le
Cheualier Verd le pourſuyuit tant yſnellement , qu'il luy coupa encores
quatre doitz. Ce qui mit du tout le Geant à deſeſpoir : car il n'auoit plus
moyen de s'aider du couſteau,au moyen dequoy il ſe lança côtre ſon ennemy,penſant le ſaiſir au collet, & le faire tomber ſouz luy : mais l'autre
ſe deſmarcha & en ſe deſmarchant l'ataignit ſur le muſcle de la iambe,
dont il luy entama l'os, & de douleur tomba par terre, faiſant vn cry entremeſlé d'horreur & de pitié.Ce qui luy dura peu,parce que le cheualier
Verd luy mit ſoudain l'eſpée aux trippes,& rendit l'ame, puys s'agenoil-
la louant Dieu de ſa belle victoire,& par tel acte cogneurent Perion, & la
ducheſſe,qu'il eſtoit Chreſtien:dont ilz furent treſioyeux.La belle qui e-
ſtoit à la tour,voyant ſon Geât mort n'en fit cas:ains enuoya incontinent
vers le Cheualier aux armes Verdes,deux de ſes Damoyſelles: leſquelles
apres auoir parlé à luy,retournerent & amenerent leur maiſtreſſe,acom-
pagnée de grand nombre de gentilzhommes,cytoyens & autres: laquelle embraſſant le Cheualier victorieux , luy fit vn merueilleux recueil, le
conduyſant elle-meſmes iuſques en la cité,d'ou elle enuoya vn de ſes che
ualiers ſçauoir qui eſtoit au vaiſſeau anchré nouuellement . Ce meſſager
aprochant le riuage de la mer,auiſa Perion ſur le tillac du nauire, auquel
il dit gracieuſement: Cheualier,l'Infante l'Iſtrye dame de ceſte terre,en-
uoye ſçauoir qui eſt leans & ou vous allez . Seigneur,reſpondit Perion,
c'eſt vn Cheualier eſtrange,& vne Damoyſelle,que la tourmente a ietez
de loingtain païs en ces marches . Celuy de la ville ayant ceſte reſponce
tourna court vers ſa maiſtreſſe , & craignant la ducheſſe qu'on leur donnaſt empeſchement, commanda aux mariniers faire voyle : mais la mer
eſtoit encores ſi eſmeuë , qu'ilz furent d'auis demourer pluſtoſt en la mi-
ſericorde des hommes, que des vagues , toutesfoys ilz ſe mirent en equipage , pres à eux deffendre, ſi on les aſſailloit . Lors aperceurent venir à
eux iuſques à cent hommes de la ville bien armez : leſquelz trouuans encores Perion ſur le tillac, luy eſcrierent, qu'il euſt à ſe rendre priſonnier
s'il vouloit ſauuer ſa vie. Mais il leur fit reſponce, que tant qu'il auroit l'eſpée au poing il n'endureroit la captiuité. A' ceſte parole entrerent en vn grand nauire qui eſtoit au port, & à force de rames & croqs,
ioignirent celuy de Perion : tellement qu'il y eut vn cruel combat à ceſt
abordement: car le Cheualier de l'Eſphere & les ſiens,plantez ſur la ram
bade, cognoiſſans leur danger preſent, combatoient comme pour leur
propre vie faiſans telles armes que le Cheualier de l'Eſphere n'ataignoit
aucun qui n'enduraſt mort. Dont il auint que pluſieurs n'en parlerent
oncques puis, meſmes leur chef: lequel ayant donné à Perion au haut de
l'armet ſi grand coup,que les yeux luy eſtincelerent, receut telle atainte,
qu'il en eut la teſte ſeparée en deux,& ſe meſlât le Cheualier de l'Eſphere

O iiii   en la preſſe

en la preſſe, les arreſta tous ſur cul , ſans qu'aucuns des aſſaillans oſaſſent
entreprendre de là en auant, mettre pied au vaiſſeau de Perion. Ce que
voyantvn qui les regardoit de la greue, s'en courut en la cité, vers la vieille
Dame, mere de l'Iſtrie (qui lors deuiſoit auecq' le Cheualier aux armes
Verdes) & luy dit, quaſi d'effroy: Ma dame, ie vous aporte les plus eſtrã-
ges nouuelles que vous ouiſtes oncq', la bas à ce port, voz gés ont aſſailly
vn nauire, auquel n'y a qu'vn ſeul Cheualier, & le reſte mariniers, toutef-
fois ilz defendent ſi bien l'entrée de leur vaiſſeau , que la pluſpart de voz
gés ſont mortz, La vieille vouloit aller voir que c'eſtoit: mais l'Iſtrie la pria
entretenir le Cheualier tandis qu'elle feroit ce voyage, & prenant ſix Da
moyſelles pour l'acompagner, vint ſur la plage, ou elle s'arreſta quelque
peu pour regarder le combat , & à peine y eut elle ſeiourné demy quart
d'heure, que huyt des ſiens furent renuerſez. Dont elle eſmerueillée, entra en vn eſquif, & aprochant ſon nauire, fit retirer ſes gens, puis s'adreſſa
au Cheualier de l'Eſphere, auquel elle dit : Cheualier ie vous prie rendez
vous mon priſonnier, vous aſſeurant, que ce ſera voſtre honneur, & profit.
Luy qui la vid tant belle, penſa bien qu'elle eſtoit dame du païs, parquoy
luy reſpódit: Ma dame, ſi vous me le cómandez, ie le feray: car ie ne failly
oncques d'obeïr aux belles quivous reſſemblent, mais ſi vous entédez me
faire detenir à force, pluſtoſt perdray-ie ma teſte. Cheualier, dit elle, vous
viendrez, s'il vous plaiſt, auecq' moy, ſouz telle condition que vous voudrez eſlire. Ce qu'il luy acorda, car le peuple ſortoit de la cité à foulle, &
cognoiſſoit bien qu'il ne pourroit longuement reſiſter. Parquoy luy & la
ducheſſe entrerent en l'eſquif qu'auoit amené l'Iſtrie, & cóme ilz furent à
terre le Cheualier de l'Eſphere oſta ſon heaume, pour ſe refraiſchir. Lors
voyant l'Infante la grand' beauté qui eſtoit en luy, ne ſe peut tenir qu'elle
ne luy dit : En bonne foy, Cheualier, ie ne m'esbahis plus ſi vous eſtes gra
cieux aux dames : car beauté & prouëſſe ſont volontiers familieres de
courtoyſie. Et le tenát l'Iſtrie par la main, le mena en ſon palais, ou elle le
preſenta à ſa mere, luy diſant: Ma dame, ie vous puis aſſeurer, que ce cheualier ſeul a fait ce que cent n'oſeroient entreprendre. Or eſtoit la vieille
ioignát celuy des armes Verdes, lequel auiſant Perion, ſe leua, & le courut
embraſſer, s'eſcriant: O' dieu! & qu'eſt cecy! ah a ſeigneur, quelle auenture
vous amene en ces païs! Perion ſe voyát ainſi careſſer, ne ſçauoit de prime
face qui s'adreſſoit à luy, mais ſoudainement il cogneut que c'eſtoit Garin
ter, Roy de Iugurte, parquoy il embraſſa , & luy reſpondit : Certes mon
grád amy, ie ne ſuis moins eſtóné de voſtre preſence, que vous de la mienne. L'Iſtrie, & ſa mere, qui voient la bonne chere qu'ilz s'entrefaiſoient, les
prierent tant qu'ilz leur dirent leurs noms, dequoy elles receurent vn ſingulier plaiſir, ſpecialement l'Iſtrie, eſperant bien auoir pour mary. Garinter : Et pour ceſte cauſe ſe miſt à leur faire le meilleur traitement , dont
elle ſe peut auiſer, & pource qu'ilz eſtoient tous deux naürez des combatz prece-

batz precedants, furent defarmez , & conduitz en la meilleure chambre, & la penfez, & traitez comme ilz meritoient . Or me femble il raifonnable, auant paffer outre, que fçachiez la caufe qui auoit meu Garinter venir combatre le Geant. Entendez que la vieille dame, mere de l'Iftrie demeurant vefue, luy demeura auffi vn feul enfant, qui fut cefte Princeffe, heritiere de ce Royaume, grand, fort, & opulent, & duquel le Geant grand feigneur eftoit voyfin, & pour cefte caufe s'en amoura de l'Iftrie, & plufieurs fois la requift en mariage : mais elle ny vouloit entendre, difant pour hónefte excufe, qu'elle n'aymeroit iamais homme s'il ne demeuroit, pour l'amour d'elle vn an entier dans fa ville, attédant tous ceux qui y prendroiét port, auecques lefquelz il feroit tenu auoir combat , & fi le terme paffé il fe trouuoit tel qu'il la meritaft, lors le feroit elle Seigneur d'elle, & de fes païs . Telle remife fut par elle bien inuentée : auffi penfoit elle bien que le Geant ne pourroit refifter à tant d'autres qui marcheroiét en fon Royaume, fans les furuenans . Et pour cefte ocafion enuoya elle publier le conuenant qu'elle auoit à Gudulfe , ainfi apellé le Geant , lequel acorda voluntiers tout ce que vous auez entendu, & tant bien s'y maintint, qu'il mit à mort plufieurs qui valoient mieux que luy, eftant eftimé cruel, & tirát au poffible. Si en coururent tant les nouuelles, qu'elles vindrent iufques à Garinter, qui pour cefte caufe en entreprint le voyage, & en venant combatit vn Lyon , auquel il trencha la tefte, & pour tefmoignage , le portoit figuré en fon efcu, comme le vous ay dit . Retournant doncq' à mon propos, eftans les Cheualiers gueriz de leurs playes, & fçachant Perion le vouloir de Garinter, qui n'eftoit moins amoureux de l'Iftrie, qu'elle de luy. Vn iour que les deux Dames mere, & fille deuifoient auecq' eux. Perion s'adreffant à l'Infante, commença à luy dire : Certes, ma Dame, il me femble que vous eftes grandement tenuë au Roy, ayant empefché le mariage de vous, qui eftes tant belle, auecq' celuy auquel nature auoit porté fi peu de faueur. En bonne foy, refpondit elle, en fe fouzriant , vous dites vray : mais il eft encores plus tenu à fa bonté mefmes, qui fe fçait tant bien monftrer au befoin. Ma dame, dit le Roy, pardónez moy, s'il vous plaift, c'eft à vous à qui ie doy obligation de la louange que me donnez , non pas à ma bonté, auffi entends-ie tresbien, que vous parlez felon voftre vertu, pour laquelle ie ne pouuois moins faire , que ce que i'ay fait, vous fçachant de tel merite , que le meilleur Cheualier du monde, fe deuroit eftimer heureux en vous faifant feruice. Vous me paindrez telle qu'il vous plaira refpondit elle, tant y a que s'il vous plaift me faire l'honneur de m'accepter à femme, auecq' ce Royaume, qui eft de gráde eftenduë, i'auray ataint la perfection de mes defirs, fçachant bien, toutesfois, qu'encores que ie fuffe Dame de tout le monde, ie ne pourrois fatisfaire au bien que ie vous defire. Cefte parole proferée fi gracieufemét par cefte belle & fage princeffe, enflamma d'auantage le cueur de ce ieune Roy , & tant

qu'il luy

qu'il luy dit:Ma dame,ie ferois bien mal ayfé à contéter,& alié de fens,
fi ie n'acceptois la grace que vous me prefentez,& luy faifant vne grande
reuerance, le baifa fur l'heure en nom de mariage , dont le Cheualier de
l'Efphere fut merueilleufement ayfe, tant pour le bien & auancement de
fon coufin,que pour auoir moyen de fuyure la Duchefle en fon entreprin
fe. Parquoy furent les noces celebrées Le quatriefme iour enfuyuant, &
auecq' grand' ceremonie & folemnité, Garinter couronné Roy, receuant
les hommages du Royaume des Ifles Citerées , & de l'Iftrie , duquel la
Royne portoit le nom , & de l'vn , & de l'autre eftoit Dame fouueraine.
Puys peu de temps apres , Perion, & la Duchefle prenans congé de cefte
compagnie, r'entrerent en mer,fuyuans la cofte d'Allemaigne.

Comme le Cheualier de l'Efphe-

re força la ville de Vienne en Auftriche, & la rendit paifible
à la Duchefse, auecq' tout le pays.

Chapitre   XXXVII.

LE Cheualier de l'Efphere,& la Duchefle r'étrez en leur
vaifleau,coftoierent longuement les Allemaignes,pre-
mier que d'arriuer en Auftriche, paffans prefque toufiours le téps au ieu des efchetz, à quoy ilz prenoiét plai
fir,principalement la Duchefle,laquellevaincue de l'a-
mour dePerion,l'habandónoit de veuë le moins qu'el-
le pouoit:mais il ne s'en donnoit garde,cóme celuy qui n'euft iamais pen
fé à ce qu'il en auint depuys,tellemét qu'vn foir entre autres,continuerent
fi longuement leur ieu,que les femmes de la Duchefle s'endormirét.Lors
elle voyant,que quelque propos,& bonne chere qu'elle fit au Cheualier,
il ne luy refpondoit chofe conforme à fon defir,delibera luy declarer entierement fa penfée, & defait, perdant le voyle de honte (duquel s'acou-
ftrent communément femmes d'honneur) ainfi qu'elle vouloit entamer
fon propos,fe trôuua fi efmeuë,qu'elle commença à trembler,& à paflir
enfemble.Dont le Cheualier de l'Efphere esbahy,luy demádoit fi elle fe
trouuoit mal.Làs!cheualier,refpódit elle(en foufpirát)trop malheureufe
fut pour moy la iournée que ie vous vy oncq' : car penfant recouurer ma
terre, ie me fuis moymefmes perduë . Helas fi pytié trouua oncq' lieu en
voftre cueur,pour Dieu laiflez pluftoft la perte de mes païs,& me rendez
ma liberté,autrement vous ferez mal,& tomberez au danger de receuoir
blafme,quãd l'on fçaura,que fouz couleur de pourchafler mon bié, vous
auez ruyné ma vie! Amour a tellement embrafé mon cueur de voftre
beauté , que fi n'auez pitié de moy,impoffible eft que ie dure: Ce difant
                                                                    fut fi en-

fut si enflambée, qu'elle se laissa tomber sur luy, & les bras estenduz, se
mist à le baiser, & acoller si doucement, qu'il sembloit qu'elle trespassast.
Dont le Cheualier de l'Esphere esmerueillé, ne peut tant auoir de loyauté à sa dame, qu'il n'eust encores plus de compassió de la Duchesse, de sorte, qu'apres les traitemens de bouche, se mit en possession du tetin, voyre du surplus, & meilleur qui estoit en elle, la rédant sur l'heure tresbonne maistresse, d'vn ouurage ou elle n'auoit eu encores commencement
d'aprentissage. Ainsi passerent quasi toute la nuict, & iusques à ce qu'ilz
sentirent aprocher le iour, que le Cheualier de l'Esphere se retira en sa
chambrette, laissant la Duchesse entre ses femmes, sans ce qu'ilz s'aper-
ceussent de rien, au moins n'en firent ilz semblant, pour l'heure, ny depuis, combien que de là en auant Perion, & elle en fissent ordinaire, tant
qu'ilz descouurirent le païs d'Austriche, & prindrent port deuât la grand
cité, ou ses suietz tenoient le siege, lesquelz les receurent en grande ioye,
& magnificence. Et le iour mesmes, par l'auis du Cheualier de l'Esphere
fut enuoyé Briantes, l'vn des anciens de la troupe, vers Bortin, & Alintes (ainsi nommez, ceux qui s'estoient emparez de la place) leur faire entendre le retour de leur dame, & l'arriuée de son chápion, lequel suyuant
le compromis qu'ilz auoient iuré, estoit pres de les combatre tous deux.
Bortin, & Alintes entendans ce message, ne s'en firent que rire, & respondirent pour toute resolution: Briantes, retournez à vostre maistresse,
& luy dite que ce seroit grand' folie à nous d'auanturer noz vies, pour ha-
zarder ce que nous tenons seur : & que si elle a pris beaucoup de peine à
trouuer vn Cheualier pour elle, son trauail nous est plaisir, & sa peine perdue. Ah a messieurs, dit Briantes, vous ne serez pas louez entre preud'hõmes, d'ainsi rópre vostre foy. Allez, dit Bortin, & ne causez plus tât, mesmes en chose qui vous proffitera peu. Briátes triste au possible, s'en retour
na au cáp de la Duchesse, laquelle entendant l'yssue de sa legatió, en print
tel ennuy que, ceux qui la veirent plorer en eurent grand' compassion:
mais le Cheualier de l'Esphere la reconfortoit, luy disant: MaDame, estimez que ces paillardz lasches, & meschans, n'auront moindre loyer de
leur merite entre les murailles, que dehors: aussi ne partiray-ie iamais d'i-
cy, que la ville ne vous soit rendue, & mise en voz mains, cóme vous l'entendez. Ceste promesse dóna grande esperance à la Duchesse, & de là en
auant ne cessa le Cheualier de l'Esphere à penser tous les moyens du móde pour paruenir à son entreprinse. Or estoit la ville forte à merueilles, &
bien fournie de gens, & autres munissions necessaires pour la deffense
d'vne telle place, parquoy la cognoissant inforsable (sinon par longueur
de temps, & auecq' famine) s'auisa d'vne ruse, telle que vous entendrez.
Il manda venir à luy tous les Capitaines, pour sentir d'eux en quel vouloir ilz estoiét enuers leur maistresse, & apres les auoir ouy parler, en par
ticulier & general, mesmes les soldatz, comméça à leur dire: Mes amys la
Lune tarde

Lune tarde maintenant, & est l'obscurité de la nuict fort gráde, vous vous
tiendrez armez , & porterez sur voz harnois chacun sa chemise blanche,
pour vous entrecognoistre, vous auez aussi en ce camp, comme i'ay enten
du, grand nombre d'eschelles, propres pour monter à la muraille, ie partiray sur les neuf heures, & trouueray moyen d'entrer en la ville seul, ne
faillez aussi tost que vous entendrez la rumeur, & l'esmeute de leans, venir aux portes, & vous en emparez : car i'ay bien intention aprester ma-
tiere à voz ennemys, & les empescher de les defendre, si vous estes diligés.
Tel auis fut loué d'aucuns, & blasmé des autres, toutesfoys il ne laissa
d'estre executé, en sorte que l'heure venuë, le Cheualier de l'Ephere print
ses armes, & s'en alla au pied des fauces brayes, ou la sentinelle l'entr'ouyt
& demanda: Qui marche là. Amy, respondit il, allez ie vous prie dire au
Duc Bortin , & son frere Alintes, qu'il est necessaire que ie parle à eux,
pour chose qui leur importe grandement . A' ceste parole s'aprocherent
ceux qui faisoient la ronde , l'vn desquelz promist aller faire ce message,
& peu apres retourna , & luy aualla vne eschelle pour monter: car, dit le
soldat, l'on n'ouurira meshuy les portes, & vous prie le duc, venir ça mont
Et bien, respondit le Cheualier, i'obeïray doncq' à son cómandement. Et
comme il fut entré en la ville, quelque soldatz le conduyrent au palais, &
là trouuans Bortin, & Alintes le Cheualier de l'Esphere leur fit vne grande reuerance. Amy, dit Bortin, ostez vostre heaume , & parlez à nous en
seureté. Monsieur, respondit il, ie l'osteray quand il vous plaira, pourueu
que vous, & monsieur vostre frere soyez seulz: car ie neveux estre cogneu
d'autres. Bortin, & Alintes qui estoient lors sans souspeçon, commanderent que chacun se retirast, & tirant l'huys apres eux, laisserent le Cheualier de l'Esphere, auecq' les deux Ducz, qui luy dirent: Or parlez doncq'
maintenant à vostre ayse, & ostez vostre heaume . Atendez, respondit le
Cheualier, ie veux premierement vous auertir que vous ne soyez iam ais
trahistres. Ce disant, mit la main à l'espée, & en donna tel coup à Bortin,
qu'il le fendit iusques aux espaules , dont Alintes trop effrayé, s'eschapa,
& fuyant à val les degrez, commença à s'escrier: Alarme, alarme, l'on tuë
vostre seigneur. Pas ne le poursuyuit lóguement le cheualier de l'Esphere
ains delibera garder l'entrée de la chábre, & luy mesmes fit l'alarme par
les fenestres, à fin d'esmouuoir ceux de la cité, & retirer la gardé des murailles, pour donner moyen à ses gens d'escheler la place . La rumeur fut
incontinent par tout, & acoururent les plus habiles vers le palais, pensans
prendre Perion, & le tailler en pieces: mais la porte estoit estroite , & la
muraille forte , parquoy ne fut tant aysé à forcer qu'ilz esperoient, ains
se defendoit si bien, qu'il en mit à mort dix ou douze , sans qu'il receust
coup qui l'offensast . Ce pendant l'esmeute se renforçoit de plus en plus,
& couroient ceux de la ville, les vns auecques marteaux pour abatre le palays, les autres auecques paille pour y mettre feu, & mesmes ceux qui faisoient la

foient la ronde fur la muraille, péfans que les ennemys euffent forcé quel
que endroit de la ville, babandonnerent leur guet, & fe rengerent en bataille au mylieu du marché, & par ce moyen leurs ennemys drefferent
fans empefchement efchelles, & gaignerent le deffus du mur, puis defcen
dans (fans eftre cogneuz) vindrent aux portes, qu'ilz briferent, & entra
le refte de l'armée, tuant & fouldroyant ce qu'ilz rencontroient, & tout à
point: car defia les ennemys preffoient le Cheualier de l'Efphere, qui ne
euft pas tant refifté, fans la faueur qu'il auoit de l'huys, duquel il faifoit
pauois. Mais auſsi toft vindrent nouuelles à ceux qui l'affailloient, que la
ville eftoit prife de leurs auerfaires, lors d'autant qu'ilz eftoient efchauf-
fez, d'autant fe trouuerét ilz refroidiz, en forte qu'ilz fe prindrent à fuyr,
s'efcartans fans ordre quelconque. Ce que voyant celuy de l'Efphere, &
entendant le cry des gens de la Ducheffe, fortit hors la chambre, & donnant la chaffe à ceux qui fuyoient, fe meflant entre les fiens, trouua Alintes, lequel auecq' aucuns qu'il auoit r'alliez, tenoit fort en vne rue, d'ou il
fut chaffé, & taillé en pieces, le refte qui fe peut fauuer gaigna vne fortereffe qui eftoit en l'vn des cantons de la ville, & fe remparerent au mieux
qu'ilz peurent, atendans la mifericorde de Dieu. Tel fut le conflit & furprinfe de la cité de Vienne, qui euft encores efté plus cruel, fans l'obfcurité de la nuit, par le moyen de laquelle, plufieurs eurent leur vie fauue,
ioint auſsi que pour euiter à meurtre, le Cheualier de l'Efphere commanda ceffer la tuerie, & prendre tous citoyens à mercy. Lors vindrent nouuelles à la Ducheffe, que fes gens eftoient Seigneurs de la place: parquoy
bien acompagnée, s'y en alla haftiuement. Or eftoit il defia grand iour,
& parlamenterent ceux de la fortereffe, lefquelz affeurez de mifericorde,
fe rendirent à leur Dame & Princeffe. Tandis le feu s'augmentoit au palais: mais le Cheualier de l'Efphere fit cómander que chacun y portaft eau
pour l'eftaindre: toutefois ilz n'y fçeurent dóner fi bon ordre, que grand'
partie ne tombaft en cendre, & n'eft fans merueille que toute la ville ne
fut perie. Ce neantmoins tout fut apaifé auant mydi, les foldatz mis hors
de la ville, & les citoyens en leurs maifons, ny plus ny moins qu'au precedant. Ainfi demeura la Ducheffe en fon eftat, feftoyant de iour en iour
celuy, duquel elle auoit receu tant de bien, & de plaifir enfemble, & ne
fçauoit quelle chere luy faire pour l'arrefter, ce qu'elle eut ayfément moy
enné, fans vn fouuenir qui luy vint de Gricilerie, fi affectionné, qu'il delibera prendre congé, & là ou la Ducheffe ne luy voudroit donner, s'en par
tir fecretement. Et tout ainfi qu'il auoit deliberé, le mit à execution, luy
fupliant affectueufement permettre, qu'il fen allaft à la quefte d'vn fien
parent, & amy: mais elle y mit tout l'empefchemét qu'elle peut: parquoy
la nuit d'apres, print fes armes, & montant à cheual, fortit de la ville au
defceu d'vn chacun. Dequoy la Ducheffe auertie, cuyda mourir de grand
ennuy, vne feule chofe la reconfortoit, elle fe fentoit enceinte, & faifoit

P

eftat que

estat que pour le moins, perdant le pere (venant le fruit à sauueté) auroit
enfant, auecq' lequel elle prèndroit plaisir toute sa vie . Et de fait au bout
des neuf moys elle geut d'vn filz, qu'on apella Fonelus , lequel est mis au
nombre des meilleurs Cheualiers de la terre : mais pource que le suiet de
nostre hystoire ne tend à parler de luy, nous nous en tairõs, iusques à vne
autre foys, & vous declairerons ce qui auint au Solitaire.

Comme sur la fin de l'année, que

le Cheualier Solitaire sortit de Constantinople (apres auoir
mis à fin maintes estranges auentures) rencontra le
Cheualier de l'Esphere, auecq' lequel il eut combat, se mescognoißans l'vn l'autre.

Chapitre   XXXVIII.

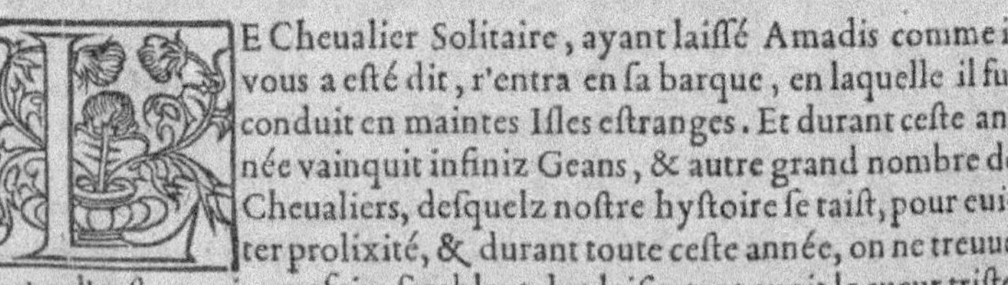

E Cheualier Solitaire , ayant laißé Amadis comme il
vous a esté dit , r'entra en sa barque , en laquelle il fut
conduit en maintes Isles estranges . Et durant ceste année vainquit infiniz Geans , & autre grand nombre de
Cheualiers, desquelz nostre hystoire se taist, pour euiter prolixité, & durant toute ceste année, on ne treuue
qu'on l'eust veu rire, ny faire semblant de plaisir, tant auoit le cueur triste
pensant

penſant continuellement à ſa Dame , auec propos deliberé ne ſe faire cognoiſtre iuſques à ce qu'il mouruſt. Or eſtoit deſia la renommée bruyant
en toutes parts , & ne parloit-on que de ſes prouëſſes , & ainſi trauerſant
païs , vainquit en champ de bataille vn Geant , par lequel il fut durement
naüré , & finablement guary : parquoy r'entra dans la barque , & le quin-
zieſme iour d'apres arriua à vn port , ou il print terre , & tirant ſon cheual
du baſteau monta deſſus , armé , & equipé pour ſe defendre , s'il eſtoit aſſailly , puis vint en l'eſpeſſeur d'vne grande foreſt , & chemina iuſques a-
pres nonne , qu'il ſe trouua en vn chemin croiſé , ou il print le plus batu ,
le long duquel il n'eut cheminé longuement , qu'il entr'ouyt grandes lamentations d'vne femme , comme il luy ſembloit. Lors picqua celle part ,
& auiſa vne Damoyſelle atachée par les cheueux à vne branche , & aprochant plus pres vid que c'eſtoit Alquiſe: parquoy mit haſtiuemét la main
à l'eſpée , & coupa la branche . Lors le recogneut elle , comme celuy qui
l'auoit vne autre foys deliurée de la main des pirates , & à ceſte cauſe mit
les genoux à terre , pour le remercier , & luy dit: Ah a Cheualier! ſecours
de toutes Damoyſelles , benoiſt ſoyez vous , & celuy qui vous a doué de
tant de graces ! Et qui vous auoit ainſi bien equipée ? reſpondit il . Helas
Seigneur , dit la Damoyſelle , vn meſchant m'a rencontrée , ainſi que i'arriuay en ce boys , & pour autant que ie n'ay voulu obeyr à ſa lubricité ,
m'a traitée comme vous voyez , & s'en va le long de ceſte vallée , tirant à
main droite . Dieu ne me ſoit en ayde , dit il , ſi ie ne luy fais comparoir
cherement ſi grande laſcheté , & m'atendez ie vous prie . Sire Cheualier ,
reſpondit elle , aſſez pres d'icy eſt vn chaſteau ou i'ay diſné au iourdhuy ,
là plus ſeurement vous pourray-ie atendre , s'il vous plaiſt . Non , dit le
Cheualier , ie ne feray qu'aller & venir . Ce diſant courut à bride abatue
le long du chemin que luy auoit monſtré Alquiſe , & tant chemina , que
enuiron Soleil couchant deſcouurit celuy qu'il cherchoit , l'orée de la foreſt , lequel il apella de loing : mais l'autre n'en tenoit pas grand compte.
Parquoy le Solitaire preſſa ſon chenal d'auantage: touteſfoys il ne le peut
ataindre qu'il ne fuſt nuit , & à l'aborder , luy diſt de grand' colere: Damp
Cheualier malheureux , qui voulez forcer les Dames , maintenant ne me
eſchaperez vous pas que n'ayez payement de voſtre laſcheté. A' ceſte parole le Cheualier fuyant tourna viſage , & ſans reſpondre à l'autre , mit la
lance en arreſt , & au ioindre la main luy baiſſa , & donna au chanfrain
du cheual , ſi qu'il le rua mort par terre , ce nonobſtant le Solitaire qui
couroit de plus droit fil , l'ataignit en l'eſcu , & le deſarçonna durement
naüré , touteſfoys , & l'vn , & l'autre furent incontinent ſur piedz , & commença entre eux vn merueilleux combat , qui ne dura longuement , que
le Cheualier du boys ſentit bien auoir le pire , parquoy ſe confiant à l'obſcurité de la nuit , habandonna la place fuyant tant qu'il peut , au plus eſ-
pais des buiſſons. Le Solitaire qui eſtoit trop plus leger , l'ataignit , & lay

P ii   donna

donna tel coup entre haubert & armet , qu'il le ieta mort par terre , puis
essuyant son espée , courut apres le cheual eschapé , lequel se sentant en
liberté, la teste esleuée, gaigna à trauers les halliers , & le perdit de veuë,
car la nuit estoit lors si obscure, qu'on n'eust sceu bónement choysir voye
ny sentier . Et à ceste cause le Solitaire osta son heaume , & s'assist sur le
bord d'vne fontaine, ou il delibera passer la nuict , & atendre le iour . Si
beut quelque peu d'eau , puis entra dans vn buisson pour mieux reposer:
mais il se mit à penser tellement à sa Dame, que le repos luy fut denié du
tout, & en ceste pensée, entr'ouyt vn bruit de cheuaulx , & peu apres a-
perceut vn Cheualier armé de toutes pieces, lequel mit pied à terre sur le
bord de la fontaine, & ostant le frain de son cheual luy donna liberté de
paistre, puis s'assist sur l'herbe, ou il ne seiourna longuement , qu'il ne se
print à souspirer, disant : O' amour, amour ! vous m'auez mis en si hault
lieu, que ie me puis bien nommer le plus heureux Cheualier du monde,
& mieux aymé d'vne qui tient le premier rang de beauté : làs pour Dieu
amour ! octroyez moy à iamais ceste faueur ! & vous ma Dame aymée,
souuienne vous de vostre seruiteur, qui nuict & iour n'a plaisir qu'à louer
voz perfectiós & vertuz. Par mon chef, disoit le Solitaire entre ces dents,
ie n'endurerois pour mourir tel blasphesme contre ma dame Onolorie,
puis se reprenoit (& peult estre disoit il) parle il d'elle mesme , & l'ayme
comme ie fais: mais en quelque sorte que ce soit, ce n'est à luy l'aymer, &
moins à s'en vanter : ainsi doncques il m'est force que ie luy face cognoistre sa follie. Lors luy creut tellement son ennuy, qu'il mit armet en teste,
& comme il se leuoit, celuy qui estoit à la fontaine l'entr'ouyt,& demanda qu'il estoit. Ie suis, respondit le Solitaire, vn qui veult sçauoir de vous
le nom de celle que vous aymez,& qui n'a son per, ainsi que vous vous allez ventant. Et quel profit en aurez vous? dit l'autre. Tel profit, respondit le Solitaire, qu'il vous tournera à dommage:car ie n'endureray de ma
vie si grande iniure contre ma dame . Comment? dit l'autre, vous la voulez doncques mettre au rang de celle, que vous, ny elle ne meritez seruir,
ce maist dieux premier que vous m'eschapiez, ie vous feray deuenir plus
sage que vous n'estes. Lors s'entrecoururent sus, & à la lueur des estoilles
se traiterent si cruellement, en peu d'espace, que leurs escuz, & haubertz
furent declouez & rompuz en tant de lieux , que le champ en estoit tout
couuert, neantmoins si se maintindrent ilz si bien l'vn contre l'autre, que
par l'espace de deux heures, ou plus, ilz ne prindrent alaine, ny cognoissoient ilz en eux mesmes à qui estoit le meilleur, ou le pire: ce qui donna
quelque esbahissement au Solitaire , n'ayant de sa vie trouué champion
si brusque , encores qu'il eust eu affaire à Geans fortz & cruelz : Parquoy
delibera de tenter fortune par autre moyen , & de fait laissa pendre son
espée à vne chesnette qu'il auoit au poing, & saisissant son ennemy bras à
bras, fit son effort de le ruer par terre : mais il trouuoit chausseure à son
pied, si

pied, si rude, qu'il ne le peust offencer en ceste sorte. Et a ceste cause reprindrent de rechef leurs espées, & recommença entr'eux nouueau combat, se sentans l'vn & l'autre si naürez, que le plus sain n'en pensoit pas a-
uoir meilleur marché, que de la mort: toutesfoys nul d'eux monstroit vn
seul poinct de couardie, ains leur croissoit de plus en plus le courage, tellement que le Solitaire commença à dire: Cheualier, ie cognois bien à
ceste heure que vous estes sur le poinct de payer la menterie que vous a-
uez n'agueres proferée si haute. Mais l'autre fut tant marry de ceste menasse, qu'il hauça l'espée, & en donna tel coup au Solitaire, que vousist
ou non il fut contraint mettre le gnoil à terre, & de roydeur l'espée luy
saillit du poing: parquoy le Solitaire se releua, & de grande legereté se
lançant contre son ennemy, le saisit au collet. Maintenant, dit il, finera
vostre gloire, & vostre vie ensemble. A' l'heure commençoit le iour à
paroistre, & s'esforçoit le Solitaire mettre à mort celuy qui l'auoit tant
outragé, quand il aperceut en l'escu, dont il se couuroit, l'Esphere qui y
estoit painte, & par là eut il cognoissance que c'estoit son oncle: dont trop
desplaisant ieta son espée par terre, s'escriant: Ah a fortune! comme en
toutes choses tu m'es contraire! & se mettant à genoux, osta son heaume,
& dit à Perion: Monsieur mon oncle, pour Dieu pardonnez moy, certes ie vous deuois assez cognoistre par la prouesse qui est en vous, non pas
m'auanturer ainsi que i'ay fait, encores que i'en aye esté chastié pour
m'en souuenir toute ma vie, me sentant naüré iusques à la mort. Perion
trop esbahy de trouuer celuy pour lequel il estoit en queste, ce print à
plorer de grand plaisir, & embrassant Lisuart, luy dit: En bône foy, môn
neueu, oncques poinct du iour ne vint mieux à propos pour moy: car si
vous ne m'eussiez cogneu, il est indubitable que ma fin estoit prochaine.
Et comme ilz estoient en ces termes, suruint Alquise, qui auoit toute nuit
cheminé, pour trouuer le Solitaire, voyant qu'il ne retournoit point, suyuant sa promesse, & l'auisant qu'il tenoit embrassé Perion, les recogneut
aysément: car l'vn & l'autre estoient desarmez de teste, dont elle trop es-
merueillée, s'escria: Sainte marie aydez moy! quelle auenture est ceste
cy? voyant de mes yeux les deux meilleurs Cheualiers du monde, & plus
grands amys, s'entrerencontrerent par le peril de leur vie! Et ce disoit elle, pource que la place estoit toute rouge du sang qui sortoit de leurs
corps, & eux tant debiles, qu'à peine se pouuoient ilz soustenir, parquoy
descendit promptement de cheual, & les saluans tous deux, leur demanda à quelle ocasion ilz s'estoient tant combatus. Amye, respondit le Solitaire, fortune qui n'est seulement contente de me suyure, & ennuyer,
traite ainsi (par despit de moy) ceux qui ne tiennent coulpe de mon malheur: mais ie vous prie trouuer moyen d'estancher noz playes, puis vous
sçaurez le surplus. Adoncq' print Alquise son couurechef, & le mettant
en pieces, fit aumoins mal qu'elle peut, bandes & compresses, dont elle

P iii   les acou-

les acouſtra, & montant le Solitaire ſur le cheual qu'elle auoit amené, &
elle en croupe, prindrent, auecq' Perion leur adreſſe vers vn chaſteau,
ou elle auoit geu la nuict precedente, & y trouuerent le Seigneur de leãs,
qui les receut de bon cueur, & ſçachant l'auanture qu'ilz auoient euë, les
ſit penſer par ſa femme, laquelle les traita ſi humainement, qu'en brief
la ſanté en enſuyuit.

Comme les deux Cheualiers

*prindrent congé de leur hoſte, & r'entrans en mer ſurent
iettez en la grand' Bretaigne, ou ilz curent combat contre Floreſtan, & Parmenir, ne
les cognoiſſans point.*

Chapitre   XXXIX.

Eſtans les

Stans les deux Cheualiers gueris du tout & leurs playes refermées, & forts à porter le trauail, vn iour entre autres Perion deuisant auecq' Alquife, luy pria de raconter quelle auanture l'auoit amenée en ces marches. En bonne foy, respondit elle, auanture ne se doit elle nommer : mais mal'encontre, si ie n'eusse esté secourue par celuy, qui autresfoys m'auoit donné semblable ayde : car entendez qu'au partir de Trebisonde, vous allant chercher par le commandement de ma dame Gricilerie, ie prins port en Austriche, ou ie sceu que par vostre moyé la Duchesse estoit remise en ses terres, & que passé à six moys vous estiez party d'elle, sans son congé : parquoy trauersant les Allemaignes, vins à Constance, ou l'on me dit semblablement qu'auiez combatu vn Cheualier, qui vouloit forcer vne Damoyselle, & deffait huit de ses hommes, & de là sachant de main en main le chemin que vous tiriez, vins au lieu, ou le Cheualier Solitaire me deslia, estant atachée à vn arbre, par la lascheté d'vn paillard qui me vouloit tollir mon honneur. Or vous ay-ie trouué, graces à Dieu, & vous mande ma Dame, que sa sœur a entendu par elle le propos que luy auez tenu sur le fait de Lisuart : dont elle à receu tel contentement, qu'elle ne voudroit estre Royne de tout le monde, pour n'estre ainsi les choses que les luy auez asseurées : parquoy vous prie que vous taschez par tous moyens à le r'amener, vous asseurant de bonne chere & de meilleur visage. Ma grand' amye, dit il, ie seray son commandement, & croy que mon neueu sera aussi prompt de retourner que moy : toutesfois il sera bon que luy racontez tout ce que vous m'auez dit. Lors furent trouuer Lisuart qui estoit en vne autre chambre, & ioua Alquife si bien son personnage, qu'elle amena à propos ce qu'elle luy vouloit declairer : dont il eut tant d'ayse, qu'il luy sembla proprement estre sorty d'enfer en paradis, & neantmoins se souuenant de ce qu'il auoit enduré, ne se peut tenir qu'il ne dist tout hault : Ah a ma Dame, que tant de mal vous m'auez fait souffrir, sans l'auoir merité ! Làs (ne vous ayant oncques offensée) auois-ie besoing de si cruel chastiement ? lequel, sans doute eust esté trop gracieux, si i'eusse commis la faute qu'on me mettoit à sus. Ah a Gradafilée! vous me deliurastes de mort : mais certes elle m'eust esté plus tolerable, que tant d'ennuys qui se sont passez en moy, & à vostre ocasion. Sur mon Dieu ma grand' amye Alquife, dit il en l'embrassant, ie ne cuyde pas iamais pouuoir recognoistre ce que vous auez fait pour moy : car si ie vous ay garenty la vie vn coup, ou deux, vous me la sauuez mile fois par iour. Monsieur, respondit elle, laissons ces propos, & vous deliberez doresnauant vous resiouyr, & de reprendre nostre chemin en Trebisonde. Adoncq' luy raconta tout ce qui estoit auenu de nouueau, depuis son partement, ainsi que nostre hystoire vous a amplement desduit. Ie croy, dit Perion, que nous trouuerons encores Florestan & noz com-

P iiii

paignons

pagnons . Non ferez , refpondit elle , il s'en eft party de la court trefmal
content de ce que l'Empereur a marié Griliane auecq' le Roy de la Breigne, & l'ont fuyuy à cefte ocafion, Parmenir, & les autres, fors Galuanes,
qui s'eft retiré en la montaigne defendue , vers le roy Norandel : auquel
les Turez meinent dure & forte guerre. En bonne foy, dit le Solitaire, ilz
ont eu raifon , & ne fe pourroit Griliane excufer , qu'elle n'ayt fait tort à
celuy qui l'aymoit fi loyaument, ce que ie luy fçauray tresbien reprocher
moy pardelà . Demain , refpond Alquife , nous nous embarquerons , &
vous arriué entendrez fes excufes . Ainfi fut leur partement arrefté , parquoy le iour enfuyuant , apres auoir remercié leur hofte du bon traitement qu'il leur auoit fait , reprindrent le chemin pour aller trouuer la
barque du Solitaire : mais premier que defloger le Cheualier de l'Efphere, ne voulât plus eftre cogneu par ce nom, fe fit apeller le Cheualier Alleman , & pour cefte ocafion pria le fire du chafteau qu'il luy donnaft
quelques armes nouuelles, ce qu'il luy acorda volontiers, & luy en fit prefent d'vnes azurées , femées d'Eftoilles d'or , & d'vn cheual au Solitaire,
beau au poffible , dequoy ilz fe fentirent grandement obligez à luy : &
côme ilz trauerfoient la foreft pour tirer à la marine, le Solitaire fe mift à
reciter les fortunes qu'il auoit paffées depuis fon partement de Conftanti
nople, la vifion qu'il eut la nuit enfuyuant, & le confeil que luy donna le
fantofme, d'entrer en la barque ou il auoit depuis nauigé fans autre pillo-
te, dont le Cheualier Alleman s'esbahit : mais Alquife les affeura que tout
ce eftoit côduit par fon pere, lequel curieux du falut de Lifuart luy eftoit
aparu, & fi luy auoit aprefté le vaiffeau : auquel, dit elle, nous embarquez
nauigerons plus feurement que fi les meilleurs mariniers de la mer nous
conduifoient. Ce qui leur auint, tellement qu'à nuit fermée arriuerent au
bord de l'eau , & entrans en la barque la trouuerent auitaillée de tout ce
qui leur eftoit neceffaire, & d'elle mefme cômença auffi toft à voguer, en
forte qu'ilz perdirent terre de veuë huict iours entiers , durant lefquelz
penfans voguer en Afie, s'en alloient plus contens qu'on ne fçauroit dire,
mais la tourmente les ieta de la mer Mediterranée en l'Occeane, & trauer
fans les coulonnes d'Hercules fe trouuerent vn dimenche à l'aube du iour
tout au plus pres d'vn hable, ou ilz demanderent à quelques pefcheurs le
nom de la contrée . Seigneurs, refpondirent ilz , vous eftes en la grand'
Bretaigne, & en eft roy Amadis de Gaule, tât cogneu par tout le monde.
Et côbien que de prime face telles nouuelles ne pluffent gueres aux deux
Cheualiers, neantmoins le Solitaire pria l'Alleman defcendre en terre, &
aller voir le païs, ou il n'auoit onques efté, eftimant que fortune , ne les a-
uoit ainfi guidez fans ocafion, parquoy tirans leurs deftriers fur la greue,
monterent deffus armez & equipez , preftz à affaillir & defendre , comme la neceffité fe prefenteroit . Et à fin qu'ilz ne fuffent cogneuz par le
moyen d'Alquife, la prierét fe tenir le plus couuertement qu'il luy feroit
poffible :

possible: puis prenans le chemin d'vne grande forest, auiserent en vn carrefour deux Cheualiers, qui remontoiét à cheual: l'vn desquelz estoit armé d'vn haubert noir, portant escu de semblable couleur, fors qu'au mylieu estoit paint vn cueur myparty : & l'autre d'vnes armes toutes blanches, & l'escu de mesmes. Celuy des armes noires s'adressa au Cheualier
Solitaire, & d'arriuée luy dit gracieusement: Ie vous prie, Cheualier, que
rompions ensemble vne lance pour l'amour des Dames, ce que ne refuse-
rez, comme ie croy, aumoins si vous estes celuy que ie pense cognoistre
à l'escu, & dont la prouësse est renommée en tant de lieux : & d'auantage, vous estes maintenant en païs, ou ceux qui ont desir d'acquerir honneur par bien combatre, treuuent assez à eux employer. Ce maist dieux
sire Cheualier, respódit le Solitaire, veu la couleur que vous & moy portons, ie pensois plustost que me requisiez de cópagnie que d'autre chose.
Ce n'est pas celà dit l'autre, ie desire m'esprouuer contre celuy auecq' lequel ie ne puis aquerir qu'honneur: car encores que le pire soit de mon co
sté, si me tournera tel blasme en louange, & si i'ay le dessus, la reputation
vostre redondera en moy: parquoy ie vous prie ne trouuer mauuais la requeste que ie vous fais, & qui ne sera le dernier cóbat qu'on vous presen-
tera en ce païs, veu le grand nombre de bons Cheualiers que vous y trouuerez. Cheualier, respondit le Solitaire, vous me ferez plaisir de m'excuser (pour ceste heure) de meslée, demandez moy autre chose, & vous ne
serez pas refuzé. Puis que le voulez ainsi, dit l'autre, à Dieu soyez recommandé, autrement ne serez-vous forcé de moy. Et passant outre le Solitaire, dit à son cópagnon: Sur ma foy, ces deux me semblent preud'hommes, & sçaurois volontiers qu'ilz sont. Ie ne sçay pas, respondit il, mais, à
ce que ie voy, vostre renómée ne nous laissera desormais gueres reposer.
Il en auiendra ce que venir en pourra, dit le Solitaire, toutesfois ilz n'auront autre responce de moy (si ie puis) que celle que vous auez entenduë,
& ainsi cheminerent vn long temps, qu'ilz se trouuerent en lieu fort vm-
bragé, ou ilz descendirent pour eux refraichir: car la chaleur estoit grande, & mengerent de ce qu'Alquife auoit porté quant & elle: puis remon-
tans à cheual, trauerserent tant de boys, qu'ilz vindrent à vn carrefour,
ou ilz auiserent souz vn Fouteau vn Cheualier armé, qui deuisoit tout à
cheual auec vne Damoyselle, & ryoient ensemble, comme il sembloit:
toutefois aussi tost que le Cheualier les descouurit, il mit armet en teste, &
tenant la lance au poing, leur vint encontre: Cheualiers (s'escria il) ne passez outre, si ne me donnez la Damoyselle, que vous códuisez, pour seruir
celle qui m'atend souz cest arbre. Alquife qui marchoit deuant, print la
parole, & luy respondit: Ie croy, Cheualier, qu'il ne fault point que vous
baissez la teste, car vous n'auez garde du coup: ie suis en trop seure garde
pour estre forcée de meilleur quevous. Il y paroistra, dit le cheualier de la
forest. Cóment, respódit l'Alleman, nous sommes deux, & vous seul nous

voulez

voulez combatre, ie vous prie, beau sire, laissez la Damoyselle en paix, &
nous aussi. Ce sont paroles, dit l'autre, il conuient que ie l'aye, vueillez ou
non. C'est doncq' à bon escient, respondit le Solitaire, si l'ay-ie gardée
trop longuement pour la vous liurer à si bon marché, mais ne laissez pas
d'aller chercher ailleurs seruante pour vostre amye: car à ceste auez-vous
failly. Oy, dit l'autre secouant la teste, & par Dieu elle la seruira, & vous
aussi. Ce disant abaissa la veuë de son heaume, & vindrent le Solitaire &
luy de telle roydeur l'vn contre l'autre, que celuy du boys brisa sa lance
iusques dans la poignée, & le Solitaire le naüra si durement, qu'il tombe
mort: dequoy la Damoyselle trop marrie, s'escria piteusement: Ah meschant, qui as occis la chose du móde que i'aymois le mieux, ceste fortune
te sera cherement vendue, & se tirant par les cheueux comme desesperée,
chassa tant qu'elle peut son palefroy à trauers le boys, ou les deux Cheua
liers ne la poursuyuirét, ains allerent tant que la nuit les surprint: parquoy
descendans en vn tailliz, osterent les frains à leurs cheuaulx, & les laisserent repaistre. Lors mengerent quelque peu, puis s'endormirent iusques
au lendemain matin qu'estans à cheual, entr'ouyrent vn qui les apelloit, &
peu apres virent l'amye du Cheualier mort, qui cryoit à haute voix: Aten
dez, meschans, atendez, à ceste heure aurez-vous le guerdon de l'outrage qu'auez fait à celuy qui valoit mieux que vous. Or estoit elle acompagnée des deux Cheualiers blanc & noir, qu'ilz auoient rencontrez la matinée: lesquelz sans autre deffiement vindrent à course de cheual pour
chager l'Alleman & le Solitaire: qui les receurét si bien, que le Cheualier
Noir rompit sur le Solitaire: mais au passer il fut rencontré si durement,
qu'il tomba par terre estourdy, & autant en print à son cópagnon: toutefoys ilz se releuerent legerement, & mettans la main aux espées, dirent
aux autres: Cheualiers, descendez de cheual, ou nous vous les tuerons. Et
à ceste cause mirent pied à terre, & cómença entr'eux quatre vn tel combat, que les deux Damoyselles pensoient bien n'auoir onques veu meslée
si perilleuse, & ainsi se maintindrent l'vn contre l'autre vne grosse heure,
& plus, qu'on n'eust sceu bonnement iuger qui auoit du meilleur, ou du
pire: mais à la fin l'Alleman rengea si bien celuy des armes blanches, qu'il
cómença à affoyblir, sans plus faire autre resistance que parer aux coupz
de son ennemy, & d'autre part celuy des armes noires cognoissant tresbien qu'il auoit affaire au meilleur Cheualier du monde, print si grand
cueur, que d'vn coup d'espée, luy fit mettre la main en terre pour se souste
nir: dequoy le Solitaire trop irrité, le rechargea si viuement, qu'en peu
d'heure le champ fut couuert des pieces de son harnois, & l'herbe rougie
de son sang: neantmoins il se defendoit comme celuy qui estoit plein de
grand' prouësse, combien qu'il ne luy fust resté au poing qu'vne partie
de son escu, auecq' lequel il se couuroit au mieux qu'il pouuoit. Lors cogneut aysément celle qui auoit perdu son amy, qu'elle ne seroit vengée
pour ce

pour ce coup : parquoy deſeſperée de remede, ſe ieta de ſon pallefroy à
terre, & prenant vn tronçon de lance ferré, diſt ſi hault que chacun l'entendit: Ia dieu ne plaiſe, que ie viue apres celuy qui m'aymoit mieux que
ſoymeſmes. Et acheuant ceſte parole, ſe donna du tronçon dans l'eſtomach, & tomba morte: dequoy le Solitaire esbahy, cognoiſſant ſa victoire certaine, & le deuoir auquel s'eſtoit mis celuy qui l'auoit aſſailly (dont
il l'eſtimoit fort) ſe tira à coſté, & luy demanda pourquoy il auoit entrepris ce combat. Ie l'ay, dit il, cherché pour ſatisfaire à ceſte Damoyſelle
morte, à laquelle iauois promis vous tuer, ou mourir. Elle eſt, dit le Solitaire, maintenant à Dieu, ou à tous les dyables, & vous quite de voſtre
parole, vous deportant de ceſte meſlée, don't ie vous prie, pour l'eſtime
que i'ay de vous auſsi, que me direz voſtre nom. Et combien que celuy
à qui il parloit fuſt en danger de mort, toutesfois ce propoz luy augmenta tant le cueur, qu'il reſpondit hauçant l'eſpée: Par Dieu premier tente-
ray encores la fortune muable, & ruant ſur l'autre, luy donna deux telz
coups, qu'il ſe ſentit grandement outragé. Dót eſmeu de colere, luy diſt:
Cóment Cheualier, lors que vous eſtes au poinct de mort, ie vous ſemons
à ſauuer voſtre vie, & vous la voulez perdre : par mon chef vous la per-
drez donques, & eſtandát le bras, ſi l'eſpée ne luy euſt tournée au poing,
le heaume ne l'euſt garenty: toutefois le coup fut ſi grand, qu'il luy coupa
preſque l'aureille & le lacz de l'armet, qui luy tomba de la teſte. Lors cogneut le Solitaire, que c'eſtoit ſon oncle Floreſtan, filz du Roy de Sardaigne : neantmoins il faignit ne l'auoir oncques veu, & luy dit : Cheualier,
ie ne veux pas que vous tenez pour vaincu, puis que vous ne l'eſtes, ayant
pourſuyuy voſtre entreprinſe, tant que les forces vous ont acompagné,
neantmoins ie veux ſçauoir voſtre nom, ou vous mourrez. Floreſtan, qui
pour la perte de ſon ſang eſtoit tant debile, qu'à peine pouuoit il parler,
luy reſpondit: Certes Cheualier, ſi i'ay conteſté plus que ie ne deuois, a
eſté, penſant trouuer en vous ce que i'auois entendu y eſtre, & que i'y ay
trouué vrayement, c'eſt la courtoyſie, de laquelle vous vſez maintenant
en mon endroit, ſans regarder à l'outrage & importunité que ie vous ay
faite: au reſte, ie vous aſſeure, ie ſuis filz du roy Floreſtan, & me nomme
ainſi que mon pere. Ce maiſt dieux, Cheualier, dit Liſuart, i'ay maintefois ouy parler de voſtre grand' preudhommie, combien que ie ne l'euſſe
iamais creuë eſtre telle, ſi ie ne l'euſſe experimentée: parquoy ie vous prie
que demourons amys, à la charge que ie vous ſeruiray doreſnauant toute
ma vie. Ah, dit Floreſtan, c'eſt à moy à vous demander mercy. Et tandis
qu'ilz tenoient ces gracieuſes paroles, l'Alleman rua par terre le Cheualier aux armes Blanches, & luy ayát oſté le heaume (penſant le faire mourir) le recogneut pour ſon neueu Parmenir. L'Alleman donc trop marry
de le voir en telle extremité, luy dit, ſans ſe faire cognoiſtre, que pour la
bóté de cheualerie qui eſtoit en luy, il luy laiſſoit la vie. En ces entrefaites
le Solitaire

Solitaire demanda à Florestan qui estoit le Cheualier venu auecq' luy.
C'est, respondit il, mon frere. Mais vousmesmes, ie vous prie qui est cest
autre qui l'a si bien froté? Il se nomme, respondit le Solitaire, le Cheualier Alleman, & d'Allemaigne sommes venuz ensemble par compagnie.
Lors remonterent tous quatre à cheual, & prenans congé l'vn de l'autre,
se retirerent Florestan & Parmenir en vn chastel prochain, ou ilz furent
pensez songneusement de leurs playes, non sans tenir propos de la bonté
des deux Cheualiers qu'ilz auoient assailly. Mais pource qu'il y a hystoire à part d'eux, nous ne nous amuserons en cest endroit sur leurs proües-
ses, & entendrez seulement, que Florestan portoit armes noires, pource
que Griliane auoit esté mariée outre son gré, comme il vous a esté dit, &
toutesfois celà n'amoindrit en rien l'affection qu'il auoit en elle, ains l'aymoit autant qu'il estoit possible, esperant (s'il perdoit le nom de mary) recouurer auec le temps celuy d'amy, & pour ceste cause portoit en son escu vn cueur tel que vous auez entendu.

Comme le Cheualier Solitaire

*& l'Alleman, trauersans la forest auecq' Alquise, Dinerpie le
filz de l'Empereur de Rome enuoya prier le Solitaire
de rompre vne lance auecq' luy, pour l'amour
des Dames.*

Chapitre　　　　　　　X L.

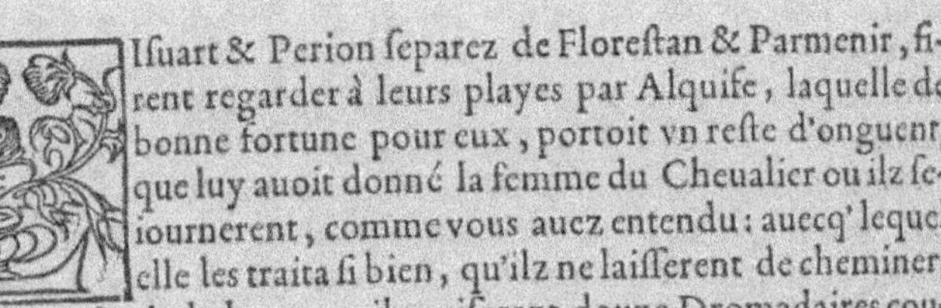

Isuart & Perion separez de Florestan & Parmenir, firent regarder à leurs playes par Alquise, laquelle de
bonne fortune pour eux, portoit vn reste d'onguent,
que luy auoit donné la femme du Cheualier ou ilz seiournerent, comme vous auez entendu: auecq' lequel
elle les traita si bien, qu'ilz ne laisserent de cheminer,
& vindrent au sortir du boys, ou ilz auiserent douze Dromadaires couuers de couuertures, les vnes semées des armes de l'Empereur de Rome,
autres d'escuz coronnez à cinq fleurettes d'or sur champ d'azur, & les a-
compagnoient plusieurs hommes couuertz de capelines de fer, portans
dardz & haches en leurs poings, & vn peu derriere dix Cheualiers armez
de toutes pieces, à l'vn desquelz Perion & Lisuart (desirans sçauoir quel
train ce pouuoit estre) s'en enquirent diligément. Seigneurs, respondit il,
ces Dromadaires à corones imperiales sont de l'Imperatrix de Rome, &
ces autres à cinq fleurs d'or, du Roy & Royne de Sardaigne: lesquelz ensemble

ble vont voir le roy Amadis & la royne Oriane, & nous fuyuent de pres.
Or vous ay-ie fatisfait, Dieu vous conduye, ie m'en vois auecq' mes compagnons. Ce difant picqua outre: parquoy le Solitaire demanda à l'Alleman qu'il eftoit bon de faire. Ie fuis d'auis, refpondit il, que nous les aten-
dions paffer l'orée de ce boys. A'peine eut il acheué la parole, qu'ilz a-
perceurent en la plaine cent Cheualiers & vingt Dames, ou Damoyfelles
deuant toutes lefquelles marchoit l'Imperatrix, que conduifoit vn Cheualier armé d'vn harnois blanc, tant couuert de pierreries, qu'on ne l'euft
fceu eftimer, & portoit vn efcu luyfant comme criftal, femé de fept lettres
de B. Apres marchoit le roy Floreftan & la royne Sardamire : puis les
autres Dames entretenues des Cheualiers de la troupe. Si pafferent tant
pres du Solitaire & de l'Alleman, qu'ilz entendirét celuy des armes blanches apeller vne Damoyfelle, à laquelle il tint quelque propos, & quafi
aufsi toft elle laiffa fa troupe, & au gallop piqua vers les deux Cheualiers,
lefquelz elle falua gracieufement, & ilz luy rendirent fon falut : luy demandant, s'il luy plaifoit quelque chofe d'eux. Ie vous prie par courtoyfie, refpondit elle, me dire lequel de vous deux eft le Solitaire. Damoyfelle, dit il, ce fuis-ie preft à vous obeyr. Mile grands merciz, refpondit la
Damoyfelle, ie croy certainement que vous dites verité, aufsi voftre renommée a defia tant fait cognoiftrevoz armes par le monde, que mal ayfément vous pourriez vous celer deformais, & qu'ainfi foit, ce Cheualier
(luy monftrant celuy aux armes blanches) vous a cognеu de loing, &
pour la prouëffe, dont vous eftes eftimé, aufsi que c'eft auiourd'huy le
premier iour qu'il a porté armes, depuis qu'il receut l'ordre de cheualerie, vous prie que vous donnez enfemble vn coup de lance pour l'amour
des Dames fans paffer outre : ce faifant, il fe pourra vanter d'auoir couru
contre le meilleur Cheualier du monde, & duquel il defire tant auoir l'a-
mytié, qu'il ne fera iour de fa vie qu'il ne s'en repute heureux, veu qu'il
n'auint (peult eftre) oncques à noнueau Cheualier tel honneur, d'auoir
receu coup de lance de fi preud'homme que vous eftes, pour vn premier
iour qu'il a porté harnois. Damoyfelle, dit le Solitaire, ie remercie affectueufement celuy qui a fi bonne eftime de moy, & fuis preft de luy com
plaire: non pas feulement en ce dont il me prie, ains en toute autre chofe:
car veu l'honnefteté dont il vfe en mon endroit, il me rend tant fien, que
quand bien i'aurois le pire de la ioufte, fi ne peult il eftre, qu'elle ne me
foit à gloire: & pource que ie n'ay point de lace, priez le de ma part qu'il
m'en enuoye vne, à fin que ie ne perde fi bonne ocafion de receuoir tant
d'honneur. Certes, refpondit la Damoyfelle, ie cognois bien maintenant,
que bonté de cheualerie & courtoyfie fe font fouuent compagnie. Lors
s'en retourna, laiffans les deux Cheualiers en grand' penfée, qui pouuoit eftre celuy, qui auecq' tant honneftes paroles auoit demandé la ioufte, & à l'inftant reuint la Damoyfelle portant vn glaiue, qu'elle prefenta

Q   au Solitaire

au Solitaire, luy diſant: Sire Cheualier, le Roy de Sardaigne don Floreſtan vous mande, qu'il vous ſera parrain pour ce coup, & vous donne ce
glaiue, qu'il vous prie employer comme il merite. Damoyſelle, reſpondit il, remerciez humblement le Roy, l'heur de ſon preſent ſera cauſe, que
i'obeïray plus volontiers à ce qu'il deſire. Et pource que celuy aux armes
Blanches s'eſtoit aproché preſt de cómencer ſa carriere, le Solitaire laiſſa
la Damoyſelle, & donnans des eſperons à ſon cheual, vindrent les deux
Cheualiers l'vn contre l'autre: mais au ioindre le Solitaire haulça ſon bois
& celuy des armes Blanches l'ataignit ſi rudement, que la lance volla en
eſclatz, puis tournant bride, dit en paſſant: Sur mon Dieu, ſire Cheualier,
voſtre courtoyſie eſt encores plus grande qu'on ne la publie, & n'eſt merueilles, ſi la renommée de vous s'augmente ainſi qu'elle fait, veu que ſans
m'auoir touché, vous m'auez ſceu tant bien vaincre, que me pouuez commander deſormais comme à celuy qui deſire vous ſeruir & honorer. Cheualier, reſpondit le Solitaire, c'eſt vouſmeſmes qui m'auez vaincu par
voſtre honneſteté, qui eſt ſufiſante, non ſeulement pour auoir le deſſus
de courtoyſie: mais du plus ſuperbe & outrecuydé Cheualier du monde:
& partant ie vous prie me dire qui vous eſtes. Ie ſuis, dit il, filz de l'Empereur de Rome, & me nomme on Dinerpie. Or vous commande-ie à
Dieu: car ie voy l'Imperatrix qui paſſe outre. Ainſi reprint ſon chemin,
& apella le Solitaire la Damoyſelle qui luy auoit aporté la lance. Amye,
dit il, reportez la au Roy, & luy dites que i'ay fait ce qu'il m'a commandé, ſi bien, que les deux parties ſont contentes, & que ie ſuis ſon ſeruiteur
en quelque lieu qu'il me voudra employer. Ce qu'elle promit faire entendre à Floreſtan: puis luy donnant le bon ſoir, ſuyuit l'Imperatrix, le
laiſſant auecq' l'Alleman & Alquiſe, auſquelz il racompta ſans faillir les
propos que luy & Dinerpie auoient euz. Sur mon ame, dit Perion, ie ne
le vy oncques, que ie ſçache: mais ſelon le raport que vous faites de luy,
c'eſt bien l'vn des mieux apris Cheualiers, dont i'ouyſſe parler de ma vie.
Ce pendant la Damoyſelle arriua vers Floreſtan, auquel elle fit le meſſage du Solitaire, dequoy chacun ſe print à rire, louans la grand' bonté de
luy, ſa courtoyſie, & la belle iouſte du filz de l'Empereur. Et ainſi deuiſans, ſuyuirent le chemin de Fenuſe, ou ſeiournoit le roy Amadis, pour
eſtre la terre acommodée de tous plaiſirs, la ville belle, & l'vn des meilleurs portz de la grand' Bretaigne.

Comme le

Comme le Solitaire & l'Alle-

man enuoyerent Alquife vers le roy Amadis, & du propos qu'elle luy tint.

Chapitre   XLI.

LA nuict seiournerent le Solitaire & sa compagnie en la forest, & le lendemain de grand matin remonterent à cheual. Si n'eurent longuement cheminé, qu'ilz rencontrerent vn Cheualier las & trauaillé, & ses armes taintes de sang: parquoy luy demanderent, ou il auoit esté ainsi outragé. Seigneurs (respondit il) i'ay trouué en ce boys deux Cheualiers qui vouloient forcer vne Damoyselle: laquelle i'ay sauuée, si bien que i'ay mis l'vn des paillardz à mort, & l'autre à gaigné pour fuyr: mais à le poursuyure i'ay perdu mes escuyers : & pource que ie m'en sents nauré, ie me retire au petit pas chez vn mien amy : à fin d'estre mieux pensé. Le Solitaire & son compagnon estimerent si fort le secours qu'il auoit fait à la Damoyselle, qu'ilz le prierent de grande affection luy dire qu'il estoit, & son nom. Seigneurs, respondit il, on m'apelle Angriote d'Estrauaux, & suis grand maistre de la maison du roy Amadis, par le commandement duquel ie m'en voys à Londres, faire sçauoir aux Cheualiers comme pour honnorer & receuoir l'imperatrix Leonorine, il tiendra court planiere à la prochaine Penthecoste, qui est de huy en sept iours, & armera Cheualiers le prince Adariel, & l'vn des filz du roy Norandel arriué puis n'agueres vers luy à ceste fin : & partant messieurs, ie vous prie si rencontrez mes escuyers, leur enseigner la voye que ie tiens. Lors prenant congé d'eux les laissa desplaisans de le voir en danger : car ilz l'aymoient & estimoient grandement : & tant cheminerent depuis, qu'ilz trouuerent le Cheualier mort, qu'Angriote auoit defait, & vn vilain à qu'ilz s'enquirent s'il y auoit encores loing iusques à la ville de Fenuse. Dix lieuës (respondit il) ou plus, & ay ce matin monstré le chemin à vne grosse troupe de Cheualiers & de Dames, que l'on m'a asseuré estre le Roy & la Royne d'Escosse, qui vont voir le roy Amadis. Adoncq' le commanderent à Dieu, & passant outre enuiron Soleil couchant se trouuerent pres vn gros bras d'eau, sur lequel ilz auiserent vne maison deserte, ou ilz descendirent & enuoyerent querir viures à vn chasteau, qu'on void à demye lieuë plus loing, ce pendant entrerent en propos d'aller à Fenuse deguisez, à fin de voir mieux à leur ayse, la solemnité, & pour ceste cause depescherent le lendemain Alquife vers le roy Amadis, luy faire entendre comme deux Cheualiers estranges (l'vn desquelz il co-

Q ii   gnoissoit)

gnoiſſoit) venoient en ſa court pour l'honnorer, & s'aquiter de la promeſſe qu'il luy auoit faite autrefoys au chaſteau de la Roche, & qu'à ceſte
cauſe ilz le ſuplioient humblement commander qu'on leur donnaſt vne
tente, ou ilz ſe peuſſent heberger en la campagne: car ilz ne vouloient entrer en la ville. Alquiſe couſtumiere à telz embaſſades, chemina tout le
iour, & iuſques au ſoir, qu'elle arriua en la ville, bien couuerte pour n'e-
ſtre cogneuë: puis monta au Palais, ou elle trouua le roy Amadis, acompagné des Roys Floreſtan, Agraies, des princes Dinerpie, Adariel & autres: puis les reuerances faites, comme il eſtoit de couſtume, elle parla ain
ſi: Sire, la grand' renommée de voſtre bonté a fait venir de loing païs en
ces marches maintz preud'hommes, pour vous ſeruir & honorer, & entre autres deux, à qui ie ſuis, l'vn deſquelz on apelle le Cheualier Solitaire, que vous peuſtes voir au chaſteau de la Roche (ſi bien vous en ſouuiét)
lors que le priaſtes vous venir trouuer en voz païs, & l'autre le Cheualier
Alleman: leſquelz pour le deſir qu'ilz ont de vous ſeruir, & honorer
voſtre court, ſe deliberent y faire quelque ſeiour: parquoy il vous plaira
leur faire donner quelque tente, ou ilz ſe puiſlent loger hors la ville: car
ilz ne veulent eſtre cogneuz, iuſques à ce qu'ilz ayent autre mandement
de celles à qui ilz ſont. Or ſçauoit deſia Amadis qu'ilz eſtoiét en la grand
Bretaigne, & deſiroit grandement les recouurer: parquoy reſpondit à
Alquiſe: Damoyſelle m'amye, vous leur direz qu'ilz ſeront les tresbien
venuz, & que ie leur ſçay bon gré de l'hóneur qu'ilz veulent faire à moy
& à ceſte compagnie, & que tout ainſi qu'il leur plaira demourer ceans,
cogneuz, ou autrement, ilz ſeront honorez & ſeruiz. Puis apella le comte Gandalin: Comte, dit il, acompagnez ceſte Damoyſelle, & regardez
ou il luy plaiſt faire dreſſer le pauillon qu'elle demande, puis donnez y
ordre ſi bien, que ceux qui l'ont enuoyée vers moy, treuuent tout ce qu'il
leur ſera neceſſaire quand ilz arriueront. Alquiſe luy faiſant vne grande
reuerance, ſuyuit le Comte, lequel luy monſtra le lieu ou ſe faiſoit le tour
nay: parquoy apres auoir longuement regardé çà & là, Alquiſe choyſit
lieu pour dreſſer la tante entre l'orée de la foreſt & la marine: & ainſi que
elle le deuiſa fut il fait. Lors print congé de Gandalin, pour retourner que
rir les deux Cheualiers qu'elle aſſeura y eſtre le lendemain enſuyuant. Ie
vous prie, Damoyſelle, dit il, me recommander affectueuſement au Solitaire, & luy dire, qu'il fit tant pour nous au chaſteau de la Roche, qu'il
ne ſera iour de ma vie qu'il n'ayt en moy vn Cheualier à ſon commandement. Lors chaſſa Alquiſe ſon pallefroy, & tant chemina, qu'elle vint ou
elle auoit laiſſé les deux Cheualiers, qu'elle trouua deuiſans enſemble de
la contenance qu'ilz tiendroient en la court du roy Amadis.

Comme le

Comme le Solitaire & l'Alle-

man requirent au Roy leur permettre tenir les rangs contre
tous ceux, qui voudroient venir iouster & rompre lan-
ces par l'espace de huict iours.

Chapitre　　　XLII.

 Etournée Alquife, ainsi que vous auez entendu, & ayāt recité le fait de sa legation aux deux Cheualiers, ilz delibererent prendre leur chemin vers la ville de Fenuse, ou ilz arriuerent le deuxiesme iour d'apres, ainsi que le roy Amadis sortoit de la messe. Or estoient ilz armez de toutes pieces, mesmes d'armetz en teste : mais la renommée du Solitaire estoit tant cogneuë, & les armes aussi qu'il portoit, qu'à son arriuée chacun cōmença à crier: Bien soit venu le bon Cheualier, qui a deliuré nostre Roy, & mis à mort les deux forts Geans du chasteau de la Roche. Si descendirent les deux Cheualiers, & montans à mont les degrez du palais, rencontrerent Dinerpie Prince de Rome, Adariel, & l'infant Elinie filz du roy Norandel: lesquelz auertiz de leur arriuée, venoient au deuant leur faire honneur. L'Alleman & le Solitaire cogneurēt Adariel de prime face : parquoy iugerent les deux autres estre enfans de grands Seigneurs : au moyen dequoy le recueil en fut meilleur, & les conduirent ces ieunes Princes ou le roy Amadis les atendoit, acompagné lors des Roys don Florestan, & Agraies, de l'Imperatrix Leonorine, des Roynes Oriane, de Sardaigne, & d'Escosse:& semblablement de l'infante Brisenne fille du roy Amadis, l'vne des plus belles Dames du monde, & tant estimée, que Dinerpie vaincu de l'amour d'elle, sans l'auoir oncques veuë, estoit party expressement de Rome, pour venir en la grand' Bretaigne souz couleur de conduire l'Imperatrix sa mere, & si portoit en son escu sept lettres de B. estant le premier element du nō d'elle, pour tesmoignage du desir qu'il auoit de la seruir. Le Solitaire & l'Alleman entrez en la sale, comme ie vous ay dit, le roy Amadis se leua, & ceux qui l'acōpagnoient pour les receuoir, & s'adressant Amadis au Solitaire, l'embrassa: mais le Solitaire mit le genoil à terre, luy disant: Sire, ie vous suplie humblement m'excuser, si pour vous faire la reuerāce, que ie doy, ie me tiens la teste armée. Mon grand amy, dit le Roy en le releuant, ie ne sçay pas pourquoy Cheualier tant cogneu, cōme vous estes, prend plaisir à se tenir ainsi caché. Puis vint embrasser l'Alleman, & les prenant tous deux par les mains, les cōduit vers la royne Oriane, à laquelle il dit: Ma dame, il est raisonnable, que Cheualiers qui tiennēt si bien leurs promesses, soient

Q iii　　bien re-

bien receuz de nous . Oriane se leua incontinent , & embrassa les deux
Cheualiers, qui estoient les genoux en terre deuant elle, & autant en firét
l'Imperatrix & les deux Roynes, mesmes l'infante Brisenne: car ainsi luy
commanda Amadis, dont le Solitaire se trouua en telle perplexité, par vn
souuenir qu'il luy vint de sa Dame, à laquelle Brisenne ressembloit quasi
du tout, qu'il se cuyda esuanouyr, toutesfoys honte le retint , & auecq'
quelque asseurance, dit à l'Infante: Dame belle autant que i'en vy onques,
puis que i'ay receu de vous si fauorable acueil, ie demeureray tant que ie
seray es païs du Roy, vostre seruiteur, protestant ne faire chose, que ce
ne soit à vostre louange . De ceste parole rougit quelque peu Brisenne, &
d'vne bien bonne grace le remercia, luy disant qu'elle ne se tenoit moins
heureuse de cest offre, que son pere honoré pour sa venuë. Dequoy le roy
Amadis eut grand contentement , & pource que les tables estoient couuertes pour disner, & que le Roy sçauoit certainement que les deux Cheualiers ne se vouloient descouurir, il apella le comte Gandalin, & luy cō-
manda les mener au pauillon qu'il auoit fait tendre, & là les fournir de
tout ce qu'ilz auroient besoing . Ainsi sortirent de la salle le Solitaire &
l'Alleman, & les acompagnerent iusques hors la court Adariel, & Dinerpie, qui ne se trouua vn seul brin content du propoz que le Solitaire auoit
tenu à Brisenne , ce qu'il dissimula pour l'heure, & donnant le bon iour
aux deux Cheualiers , les laissa auecq' Gandalin, qui acomplit entierement ce que le Roy auoit commandé : car arriuans au pauillon , trouuerent robes, lictz, viandes, & autres choses propres & necessaires pour telle entreprise.Là les atendoit Alquife:parquoy Gandalin, pour ne les importuner, sçachant qu'ilz ne se desarmeroient en sa presence, print congé
d'eux. Lors se refraischirent,& se mettans à table, disnerent d'vn tresbon
apetit, puis reposerent iusques sur le soir, qu'ilz reprindrent leurs armes,
& retournerent chez le Roy, qui deuisoit auecq' le geant Argamont, sur
la conqueste de Perse,ou estoit entré Norandel, & vouloit le Roy dresser
armée pour enuoyer acompagner l'Empereur Esplandian , qui faisoit e-
stat d'y aller en personne : toutesfoy aussi tost qu'il auisa entrer les deux
Cheualiers , il changea propos & fut les entretenir : mais le Solitaire le
preuint: car mettant le genoil en terre luy dit, si hault que chacun l'enten
dit: Trespuissant & souuerain Roy, l'ocasion de nostre venuë pardeça, a
esté specialement pour vous faire seruice, & apres auoir entendu la court
que vous deliberez tenir à ceste Penthecoste, nous auons pensé vous faire
vne requeste , que nous vous suplions bien humblement nous accorder:
c'est qu'il nous soit permis maintenir la iouste huyt iours durans , contre
tous ceux qui se voudront esprouuer, souz la condition que vous entenderez: Vous ferez (s'il vous plaist sire) dresser hors ceste ville eschaffaux,
ou vostre maiesté, les Dames , & autres, qu'il vous plaira , pourront voir
le passetemps de ceste entreprise.Nous pendrons à vn perron,deux escuz

semblables

semblables aux deux noſtres, & ceux qui y toucheront ſeront tenuz de
iouſter contre nous, deliberé de ma part, n'entreprédre choſe qui ne ſoit
à l'honneur & ſeruice de ma dame Briſenne voſtre fille : car tant que ie
ſeiourneray en ces païs, ie me tiendray pour ſon Cheualier, & ſera noſtre
iouſte ordonnée en telle ſorte, que nul ne nous pourra apeller au combat
de l'eſpée (veu que ne pretendons qu'à plaiſir, ſans faſcher aucun) ains
iouſterons mon compagnon ou moy contre celuy qui aura touché l'eſcu
de l'vn de nous, & ſi courrons tant de foys que l'vn ou l'autre ſera mis par
terre, & ſi nous ſommes tous renuerſez, nous remonterons à cheual, &
courrons encores iuſques à ce qu'vne partie ſeule demeurera es arçons:
Mais ſi nous qui faiſons ceſt entrepriſe ſommes tombez, ceux qui auront
ceſt auantage, ſeront tenuz d'acomplir le terme des huiċt iours, & nous
quites, & ſi vn Cheualier ſeul s'adreſſe à nous deux, & nous renuerſe, l'vn
apres l'autre, il ſera tenu à la meſme condition : mais s'il n'en abat qu'vn,
& l'autre qui ſera demeuré luy rend la pareille, nous ſerons comme deuant. Et d'auantage, s'il plaiſt à ma dame Briſenne, elle nous enuoyra
pour chacun Cheualier que nous abaterons, vn pennache, auecq'le nom
eſcrit de celuy qui aura pris le ſault, pour teſmoignage que ceſte iouſte
eſt par nous entrepriſe à ſa louange, & honneur. En bonne foy, reſpondit le Roy, vous ne ſerez pas refuſez : ains ſi vous trouuez bon, i'aiouſte-
ray encores d'auantage. Si de fortune quelque Cheualier eſtrange, ou incogneu vient à la iouſte, & ſoit tant fortuné, qu'il vous abate tous deux
(ce qui peult eſtre veu que bien ſouuent vn pire abat meilleur que ſoy)
ceſt eſtrangé, ou incogneu, ne pourra pourtant empeſcher le reſte de voſtre entrepriſe, ains ſera tenu iouſter contre moy pour le troiſieſme, &
s'il me tombe, il paracheuera le ſurplus de la iouſte, comme l'auez deui-
ſée, non pas vous ſi ie l'abatz, & ſera ceſte loy pour les eſtrangers, & incogneuz ſeulement, & non autres. Ce qui pleut à toute l'aſſiſtance, fors à
Dinerpie, lequel eſtoit autant triſte, que Briſenne contente de l'entrepriſe qu'on faiſoit pour l'amour d'elle. Mais Dinerpie, qui bruſloit d'a-
mour, doutoit par trop que celà tournaſt à ſon deſauantage : ce que toutesfois il diſſimuloit. Et ſur l'heure Yrguian filz de Gandalin, eut charge
de faire dreſſer les eſchaffaux, hors la ville, ainſi que le Solitaire les auoit
deuiſez.

Q iiii   Comme

Comme estant le roy Amadis

acompagné de maintz preud'hommes, arriua en court le prince
Olorius d'Espagne , pour le suplier luy donner l'ordre de Cheualerie.

Chapitre   XLIII.

Insi qu'ilz estoient encores deuisans les vns & les autres, de la requeste qu'auoit fait le Solitaire au Roy, entra en la salle , vn Damoysel vestu d'acoustremens de
drap d'or, couuertz de Perles & pierreries de grãd' valeur , il estoit beau , grand , & de si parfaite taille, que
chacun s'en esmerueilloit. Auec luy estoient vingt Che
ualiers & autant d'Escuyers pour l'acompagner , & d'arriuée faisant vne
grande reuerance au roy Amadis , mit le genoil à terre , & luy baisa les
mains. Mais le Roy le receut gracieusement, & luy demanda qu'il estoit.
Sire (respondit il) on m'apelle Olorius d'Espagne , & suis filz du Roy
don Brian vostre singulier amy, lequel à ma requeste m'enuoye vers vous
à fin de receuoir l'ordre de cheualerie, que ie vous suplie humblement
me donner, estant certain(veu la bõté & prouesse dont vous estes renom-
mé, tant au Leuant, que par deça) que ie ne pourrois receuoir tel honneur
de meilleur endroit. Amadis qui entendoit tresbien la langue Castillan-
ne, embrassa Olorius, & luy dit: Certes mõ cousin, vous dites vray, que ie
suis amy

suis amy tout outre du Roy voſtre pere, & luy ſçauray toute ma vie gré,
de l'honneur qu'il me fait par vous, & à vousmesmes, tant du trauail que
vous auez prins à venir en ma court, que des louenges que vous me donnez, vous aſſeurant que vous eſtes arriué tout à point, pour obtenir ce que
vous me demandez, puis le fit preſenter à la royne Oriane, & à l'Imperatrix Leonorine, leur diſant : Mes dames, voyez cy le filz du Roy d'Eſpagne, ie vous prie faites luy bonne chere. Luy commé bien aprins, les ſalua
humblement, puis luy fut aporté vne chaire, en laquelle la Royne le pria
ſe ſeoir. Et pource que le Solitaire, & l'Alleman ſe vouloiét retirer, Amadis le laiſſa deuiſer auec les Dames, pour dóner le bon ſoir aux deux cheualiers, atendant le lendemain veille de la Penthecoſte, qu'ilz retournerent au ſoir tout tard à la court, touſiours armet en teſte, pour n'eſtre
cogneuz, & trouuerent les Princes d'Eſpagne, de Naples, & le filz du roy
Norandel, richement armez d'vnes armes blanches, cóme eſtoit de couſtume aux noueaux Cheualiers. Si furent conduirz en l'Egliſe faire la
veille, ou les atendoient l'Imperatrix, les roynes Oriane, d'Eſcoſſe, & de
Sardaigne, l'infante Briſenne, & pluſieurs autres Dames, & Damoyſelles,
qui s'y tindrent longuement, puis ſe retirerent, laiſſant auec eux Dinerpie, qui n'en partit iuſques au lendemain de grád matin, qu'Amadis ſuyuy de maintz Roys, princes, & grans Seigneurs, meſmes des deux Cheualiers incogneuz, des Dames & Damoyſelles, les vint trouuer. Adonc
leur donna l'acollée, & ceignit Oriane, l'eſpée à Olorius, l'Imperatrix,
celle du Prince Elinie, & l'Infante Briſenne, celle d'Adariel. Et auſsi toſt
fut celebrée la meſſe, par l'Archeueſque de Cantorbery, & de là monterent au palais, ou les grandes ſalles eſtoient tendues de maintes riches ta-
piſſeries, que le feu roy Liſuart auoit fait faire de ſon temps, en l'vne deſquelles eſtoit hyſtorié, le cóbat d'Amadis, contre Ardan Canile le redou
té, es autres, celuy de l'Andriague, la preuue de l'arc des loyaux amans, la
chábre defendue, l'eſſay de l'eſpée, & du couurechef aux fleurs, la cruelle
bataille des cent pour cent, que le roy Liſuart eut contre le roy Cildadan
lors qu'Amadis perdit le nó du beau Tenebreux. Et ſemblablement, com
me il vainquit les deux fors geans Famongomad, & ſon filz Baſigant, qui
emmenoient priſonniere l'infante Leonorine. Mais le Solitaire & l'Alleman s'en retornerent en leur tente qu'ilz auoient fait aprocher du lieu, ou
deuoient eſtre les iouſtes. Là trouuerent grande abondáce de viures, & le
diſner qu'Alquiſe tenoit preſt : parquoy ſe mirent à table. Et ce pendant le
cóte Gandalin fit aporter grande quátité de lances, puis leur preſenta dou
ze cheuaux de pris, enharnachez d'vn harnois couuert d'or, & vn pauilon
de ſoye, de la part de l'infante Briſenne, leur diſant : Seigneurs, ma dame
Briſenne vous máde par moy, que doutátvoz cheuaux eſtre las, & trauail
lez du long chemin qu'auez fait, auſsi qu'ilz ne pouroiét ſatisfaire à tát de
courſes, elle vous enuoye ces xii, auec gés pour les traiter, & les vous ame
ner quand

quand vous les demanderez, & pour autant que ne voulez estre cogneuz
elle vous prie vous retirer en ce pauillon de soye, & laisser l'autre, pour
heberger ces destriers, & leur suyte. Voicy semblablement deux pieces
de drap d'or, pour couurir & rendre de mesme parure les deux escuz du
Perron, & ceux auecq' lesquelz vous courrez, & si auez besoing d'autre
chose, i'ay charge expresse de le vous fournir de par elle. Seigneur Comte, respondit le Cheualier Alleman, veu l'honnesteté de laquelle ma dame vse enuers nous, sans luy auoir fait oncques seruice, il semble qu'elle
nous vueille tant obliger à elle, que nous perdrons le moyen de le pouoir
recognoistre : toutesfoys nous vous prions, mon compagnon & moy, de
la remercier treshumblement, mesmes de ces beaux destriers, auecq' lesquelz nous esperons acquerir honneur, & faire en ce tournay cheualerie
pour l'amour d'elle. Si print congé Gandalin, & aussi tost ilz cómande-
rent couurir leurs escuz des couuertures de drap d'or, & leur acoustrer
deux des destriers, sur lesquelz ilz vouloient cómencer la iouste. Durant
ces allées & venues, le roy Amadis enuoya planter Perrons de tous costez
à vne grande licuë à la ronde, & escriteaux contenans ce qu'il auoit acordé aux deux Cheualiers estranges, à fin que les suruenans n'entrassent au
tournay, qu'auec les conuentions deuant dites. Puis au sortir de table se
retira aux eschafaux, & códuisoit le prince Olorius, l'Imperatrix, le prince Dinerpie, l'infante Brisenne, & maintz autres gentilzhómes celles es-
quelles ilz estoient plus affectionnez, & là ne firent long seiour, qu'ilz a-
perceurent sortir de la forest, six Cheualiers armez, & tresbien montez,
lesquelz marchans au petit pas, vindrent toucher les escuz des deux tenás
& aussi tost les quatre se retirerent, & les autres se tindrent au bout du cáp
atendans l'Alleman, & le Solitaire qui choysirent deux roydes lances, &
vindrent à l'autre bout. Lors commencerent trompettes & clairons à sonner au moyen dequoy ilz s'esmeurent l'vn contre l'autre si rudement, que
les lances vollerent en pieces : neantmoins les deux de la forest tomberent
par terre, eux & leurs cheuaulx, passans outre les tenans, sans perdre arçon, ny estrier, & à ceste cause retournerent charger nouueau boys. Et ce
pendant deux autres se presenterent : mais la fortune leur auint telle qu'à
leurs compagnons, ainsi des six n'en restoit que deux, lesquelz esperans
mieux faire, coururent de si droit fil contre l'Alleman, & le Solitaire, que
tous quatre rompirent iusques dans la poignée, sans toutesfoys que nul
fust renuersé : & partant on leur aporta nouuelles lances, auecq' lesquelles
ilz coururent si bien, que sans croiser en firent comme des premiers : mais
au passer le choc des deux tenans se trouua si rude, que force fut à ceux de
la forest (qu'on nommoit auanturiers) tomber par terre. Adoncq' ceux
qui estoient ordonnez pour la garde du tournay, vindrent sçauoir leurs
noms : mais premier qu'ilz arriuassent à eux, ilz auoient osté leurs heaumes, tellement qu'on cogneut les deux premiers, estre Telluis le Flamég,
& Yrguian

& Yrguian filz de Gandalin, les deux d'apres, Dragonis, & Palomir , & les deux autres, Garuate du val craintif, & Ambor de Gandel, filz d'Angriote d'Estrauaux, qui arriuoient encores de Londres , dont ilz estoient partiz, pour eux trouuer à ceste belle assemblée: & pource qu'ilz auoient auisé en venant les Perrons , & leu les escriteaux, entreprindrent la iouste, comme vous auez entendu. Lors monterent en l'eschaffault du Roy, & luy firent la reuerance, & semblablement aux Seigneurs & dames, puis se mirent à deuiser du tournay, donnans grand' louange au Cheualier Alleman, duquel la renommée (comme ilz pensoient) auoit esté iusques adoncq' enseuelie. Le Roy leur dit qu'ilz fussent les tresbien venuz, pour auoir esté si mal traitez . Sire, respondit Garuate, mal traitez auons nous esté sans faute, & m'esbahis comme vous permettez à Cheualiers estranges, caresser si rudement les vostres, & en vostre presence. De ceste parole se souzryoient ceux qui l'entendirent , tant le disoit Garuate de bonne grace. Et tandis l'Infante Brisenne enuoya Griserte fille de Landin , vers les tenans, leur porter six pennaches, auecq' les noms des abatus, & auant qu'elle fut de retour, on vid sortir de l'espesseur du boys, quatorze Cheualiers, & peu apres dix autres, qui tous vindrent toucher aux escuz, puis se presenterent sur les rancs deux à deux : mais l'Alleman , & le Solitaire se maintindrent tant bien , qu'ilz en mirent seize bas , premier qu'il leur conuint changer de lances , & le semblable firent puis apres aux huyct autres: dont le roy Amadis, & ceux qui les regardoient s'ebahirent grandement. Lors Brisenne renuoya Griserte vers les tenans , auecq' les noms des vingt quatre, & autant de pennaches, leur priat, de la part de sa maistresse, qu'ilz continuassent: A' la charge (dit elle) de mettre en besongne tous les plumaciers du Royaume . Ce message fut tresbien receu du Solitaire, & de l'Alleman, lesquelz respondirent à la Damoyselle , qu'ilz remercioient treshumblement l'Infante, & feroient si bien, qu'elle cognoistroit là, & ailleurs, le grand desir qu'ilz auoiét de luy obeïr & complaire. Et à lors cómençoit le Soleil à s'abaisser, & nul se presentoit d'auantage toutesfoys ilz tindrent ferme iusques à nuit close , que le roy Amadis, auec sa compagnie se retira au palais , ou estoient les tables dressées pour souper, durant lequel ne fut tenu propos, que de la prouësse des deux tenans, & de la gloire qu'ilz aquerroient, si la fortune leur estoit autant propice le lendemain, comme elle auoit esté le iour.

Comme Vrgande arriua par mer

à Fenuse, & de la frayeur qu'elle donna à ceux
de la ville.

Chapitre   XLIIII.

Ce soir

E soir mesmes, ainsi qu'on aportoit le fruit, & leuoit on la viande, s'esmeut vne telle rumeur par la ville, que si l'ennemy fust entré dedans, & l'eust emportée d'em-blée. Dont les Princes & autres du palais, se trouuerent tant estonnez, qu'ilz coururent hastiuement aux armes mais à peine eurent ilz marché le premier pas, qu'il sur uint vn tel esclair, & si grand tonnerre, qu'il sembloit la terre & les cieux se deuoir abismer. Lors se presenterent deux Cheualiers, qui dirent au Roy : Sire s'il vous plaist venir vers la marine, vous verrez, peult estre, la chose plus estrange que vous vistes onques. A' ceste parole, Amadis & les autres descendirent au port, & descouurirent à vn mile pres, vne montai-gne d'eau si haute, qu'elle sembloit surmonter les nues, au sommet de la-quelle s'aparoissoit vn feu, qui allumoit par auis trois grandes lieuës à la ronde, & en sortoient foudres, & esclairs, tant amirables, que le plus asseu ré trebloit de paour: car il sembloit proprement que ceste montagne vint passer sur la ville, dont le peuple effrayé cryoit, & lamentoit tendant les mains au ciel, pour obtenir misericorde: en sorte que desesperez de reme-de, n'atendoient quasi plus que la fin de leur vie miserable, faisans les vns & les autres vœuz, & deuotes prieres, pour implorer la grace de Dieu, & apaiser son ire. Et à bon droit, car ceste montaigne embrasée estoit desia pres le riuage, d'ou sortoient brandons allumez, tonnerres, & esclairs, & à veuë d'œil s'esleuoit la mer, auec telle fureur, que plusieurs asseuroiét e-stre la fin du móde. Toutefois ainsi que ceste merueille estoit suruenue en vn instant, ainsi s'euacua elle petit à petit, demeurant les esclairs amortiz,

le tonnerre

tonnerre fans bruit , & la mer adoucie, n'oyant plus autre chofe, qu'vn
fon le plus armonieux qu'on fçauroit eftimer, & tant plus cefte môtaigne
gaignoit terre, & plus s'amoindriffoit elle, dont il auint qu'à l'arriuer ne
fut veu qu'vne grand nef enuirônée de Singes, tenant chacun vne torche
allumé, à la clarté defquelles, fe prefenterent au tillac douze Damoyfelles,les fix fonnans de harpes,& les autres de lucz & viollons.Et au milieu
d'elles,vne Dame affife en vne chaire eftincelante comme brafier,laquel-
le veftue de draps noirs,à vn voile blanc fur fon chef,fut recogneuë pour
Vrgande . Dont Amadis ayfe au poffible, fans atendre qu'elle euft prins
terre, fe mift en vn efquif, pour aller au deuant, & entrant au nauire la
vint embraffer,luy difant: En bonne foy ma Dame, ainfi que voftre fçauoir eft amirable, auffi ont toufiours efté voz arriuée, vers nous : vous
foyez la tresbien venuë. Sire, refpondit elle, ie vous fuplie humblement
me croyre que mon retour vers vous n'a efté entreprins fans ocafion . Ie
n'en fais doute, dift Amadis . Lequel faifant aualler vne planche la conduit fouz le bras, iufques à la greue, ou les Roys Floreftan, Agraies,le Solitaire,l'Alleman,& autres la receurent gracieufement:& combien qu'elle cogneut Perion , & Lifuart, mieux que nul de la compagnie, fi n'en fit
elle femblant, ains demanda au Roy Amadis qu'ilz eftoient , & il luy en
dit ce qu'il en fçauoit.Et comme il acheuoit ce propos,entrerent au palais
& fut conduite vers Oriane,& les autres Dames,defquelles embraffée,a-
pres mainte careffe, elle affife , commença fon propos en telle forte: Entendez,feigneurs,qu'apres vous auoir laiffez en Conftantinople,i'arriuay
en mon Ifle non trouuée,ou ie fis peu de feiour: car fortune trop variable
pour plufieurs, & qui communément fauorife à ceux qu'elle a entreprins
mettre au deffus de fa rouë,m'aprefta nouuelle ocafion d'aller voir le fage Alquif:& de fait executant cefte deliberation r'entray en mer ,& na-
uiguay par fi long temps que ie prins port en l'Ifle des Singes : ou ie fuz
receuë par luy auecq' autant d'ayfe & de contentement qu'il eft poffible,
& y feiournay deux moys entiers : durant lefquelz il me donna mainte
experience (par fon fçauoir) des chofes qui iufques à lors m'auoient efté
incogneuës plaifantes à voir,& quelque foys efpouuentables . Puys eftât
prefte à m'embarquer pour m'en retourner chez moy me pria de grande
affection , que ie vinfe vous vifiter auecq' ce vaiffeau , & vous baifer les
mains de fa part:m'affeurant que les Singes me guyderoient fans encombrier,mieux que tous les pilotes du monde.Ce que i'ay trouué veritable:
car il n'y aura que quinze iours iufques à demain,que ie party de luy, nauigant foir & matin,fans fçauoir ou,ny la fin ou tendoit Alquif, qui n'e-
ftoit que pour vous faire cognoiftre ce qu'il peult: dont eft auenu que fur
la nuit les Singes ont prins chacun vne torche,qu'ilz ont allumées, & auffi toft s'eft efleuée cefte montaigne d'eau, que vous auez veuë, auecq' les
tonnerres & efclairs lefquelz à parler veritablement , procedoient de la
R   flamme des

flamme des torches. Et outre, la chaire, ou i'estois lors assise, s'est côuertie en brasier, sans toutefoys qu'elle m'ayt porté nuysance : mais bien quelque effroy pour le commencement, & à celà pouuez vous iuger que ie suis innocente du trouble qui est suruenu en ceste court : ains Alquif seul, qui m'asseura au desloger, que mon arriuée par deçà donneroit plaisir à vous à luy, & à moy ensemble. Ce que i'ay creu pour mon regard : car l'amytié & reuerence que ie vous porte, est telle, que ie laisserois toutes choses arriere, pour me trouuer en si noble & grande assemblée. Certes, ma Dame, respondit le Roy Amadis, nous nous tenons heureux quand il vous plaist seiourner auecques nous, & m'en sens d'auantage obligé au sage Alquif, par le moyen duquel nous vous auons mantenant. Or estoit il desia tard, & passé mynuict premier que leurs propos prinsent fin, & pria Vrgande, le Roy, qu'on la logeast au logis de l'Infante Brisenne, pour luy tenir compagnie, ce qu'il luy acorda : parquoy luy donnant, le bon soir, y fut conduite, & se retira vn chacun pour aller dormir.

Comme les deux tenans em-

porterent l'honneur des deux, trois, quatre, cinq, & six-
iesmes iournées du tournay.

Chapitre   XLV.

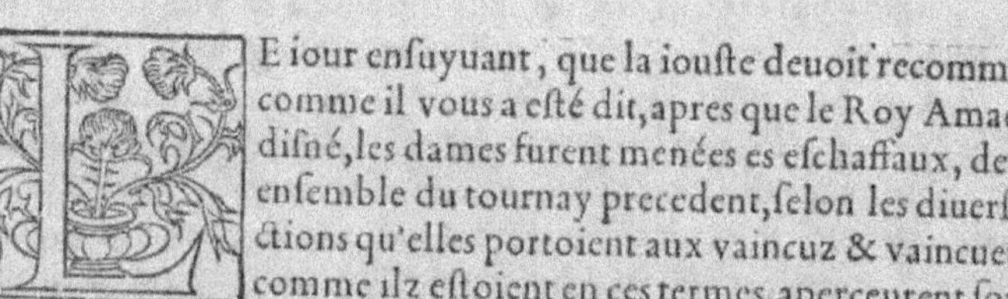

LE iour ensuyuant, que la iouste deuoit recommencer, comme il vous a esté dit, apres que le Roy Amadis eut disné, les dames furent menées es eschaffaux, deuisans ensemble du tournay precedent, selon les diuerses affections qu'elles portoient aux vaincuz & vaincueurs. Et comme ilz estoient en ces termes, aperceurent sortir de la forest, plus de vingt Chenaliers, en bon equipage de faire leur deuoir, qui aussi tost vindrent toucher les escuz les vns apres les autres : mais il auint si bien aux deux tenans, que sans rompre lance, ilz les mirent tous par terre, ainsi qu'ilz se presentoient sur les rancs, & quinze autres d'auantage, qui depuys estoient arriuez. Ceste iouste continüa iusques à la nuict, & ne se presentoit plus aucun, quand l'Infante Brisenne enuoya sa messagiere acoustumée, porter les noms des abatuz, & autant de pennaches, à l'Alleman, & le Solitaire : ausquelz fortune monstra tant de faueur, qu'ilz ne coururét à faute, les autres trois, quatre, & cinqiesmes iours, ains desarçônerent tous ceux qui voulurét iouster. Dont Dinerpie, & les trois qui auoient nouuellement receu cheualerie, surprins de quelque ialouzie

delibererent

delibererent recouurer, s'il leur estoit possible, l'honneur des assaillans: &
à ceste fin vindrent suplier treshumblement le Roy leur permettre qu'ilz
courussent le lendemain. Ce qu'il refusa de prime face, les voulant excuser de ce qu'il pensoit bien leur auenir pour le commencement qu'ilz a-
uoient oncq' porté armes, neantmoins à la fin vaincu d'importunité, leur
acorda ce qu'ilz demandoient, quád vn Cheualier armé de toutes pieces,
fors d'armet, & de ganteletz, entra en la salle, lequel s'adressant au Roy, le
salua humblement. Or fut il aussi tost recogneu: car s'estoit Sargil autrefoys Escuier d'Esplandian: parquoy Amadis luy demanda comme se por
toit l'Empereur. Sire respondit il, tresbien, Dieu mercy, & semblablemét
l'Imperatrix, laquelle m'enuoye vers la Royne pour luy faire scauoir,
comme elle est nouuellement acouchée d'vne des plus belles filles qui
naquit oncques, & si a plus: car elle a aporté du ventre de la mere, sur le
tetin gauche, vne estoille tant rouge, qu'elle semble proprement embrasée, & pour ceste cause la on nommée Luciane . De ces nouuelles fut le
Roy, & toute la court fort resiouye, parlans diuersement que pouuoit si-
gnifier l'estoille ardáte. Dont il auint que Olorius d'Espaigne (comme si
par cas fatal eust esté predestiné à la seruir) delibera de là en auát ne choy
sir autre deuise que l'estoille luysante, & fit faire soudainement vn escu
ou il y en auoit sept bien pourtraites, qu'il porta le lendemain à la iouste
contre les deux tenans. Et Dinerpie vn, au mylieu duquel estoit vn Voul-
tour, tenát entre ses ongles vn cueur despecé, & ce faisoit il pour la grand'
amour qu'il auoit à l'Infante Brisenne, laquelle il celoit à son possible,
pour la proximité du parentage qu'ilz auoient ensemble. En tel equipage ouurirent le pas les quatre nouueaux Cheualiers, portant Elinie, & A-
dariel, harnoys blancz, sans aucune deuise, & fut Adariel le premier à
qui la iouste fut ottroyée, contre l'Alleman, & tous deux coururent de si
droit fil, que les lances vollerent en esclatz: parquoy on leur aporta nouueau boys, & firent nouuelles charges, ou croisa Adariel: mais vousist ou
non, il fut desarçonné. Lors se presenterent Elinie, & le Solitaire, se rencontrans si à propos, qu'ilz rompirent par trois foys l'vn sur l'autre, & à
la quatriesme, chargeans plus grosses lances, se choquerent de corps, &
d'escuz, en sorte qu'Elinie & son cheual tomberent bas, demeurát le Cheualier Solitaire es arçons, si estourdy, toutesfoys, qu'il perdit l'vn des
estriers, dont il fut tout honteux, & combien qu'Elinie eust le pire, comme il vous a esté dit, si fut il tenu à bon Cheualier, ayant plus fait qu'autre qui eust encores iousté. Lors se mit auant Dinerpie, & luy & le Solitaire rompirent: mais au ioindre le Solitaire ploya les reins, renuersant
Dinerpie, & son destrier l'vn sur l'autre: dequoy l'Imperatrix, & le Roy
Amadis mesme, sentirent quelque mescontétement en leurs espritz com
bien qu'ilz le dissimulerét. Ce pendát fut amené cheuaulx frais aux deux
tenans, & se mist en ien Olorius, qui chargea le Solitaire de si bonne gra-
R ii   ce, qu'ilz

ce, qu'ilz rompirent huict lances, sans que nul d'eux s'esmeut aucunemét
des arçons. Ce qui pleut grandement aux Espaignolz, & fut Olorius estimé pour le meilleur de tous les assaillans : dont il auint que pour les con-
fermer en ceste opinion , choisit vn glaiue le plus rude, & fort qu'il peut
rencontrer, & donnant carriere à son cheual, ataignit le Solitaire si à ferme, que sans la maille qui estoit de fin acier , la mort en fust ensuyuie, &
rompirent seulement l'vn contre l'autre , faisans ployer les reins aux cheuaulx, de sorte que les regardás pensoient qu'ilz eussent les colz rompuz
car ilz demeurerent court sur le champ, la teste entre les iambes . Toutefois les deux Cheualiers se releuerent peu apres, trop marris de leur mal-
encontre, & leur furent ramenez autres montures, & presentées nouuelles
lances, auecq' lesquelles ilz se delibererent chacun à part soy, mourir ,ou
se venger: tellement qu'Olorius rompit iusques dans le gantelet: mais le
Solitaire luy donna si rude atainte, que cassans les sangles du cheual d'O-
lorius il franchit le saut la selle entre les iambes & demeura sur le champ:
dont plusieurs se mirét à rire, & cótinua la moquerie iusques au soir bien
tard. Pendant lequel temps autres quarante s'essayerét, de tous lesquelz
n'en resta vn seul qui n'aprestast assez dequoy parler à la compagnie, &
à leur grand desauantage, mesmes Sargil , Marcime , filz de Garuate du
val craintif, Giontes neueu du feu Roy Lisuart, Listoran de la tour Blanche , & mains autres : les noms desquelz ie passeray souz silence iusques
aux chapitres subsequens . Lors renuoya l'Infante Brisenne sa messagere,
vers les deux tenans, le prier d'eux trouuer à l'yssuë du souper du Roy.
Ce qu'ilz luy acorderent, se retirans en leur tente: car la nuist aprochoit.

Comme au sortir du souper du

Roy Amadis entra vne Damoyselle, qui luy aporta vn message
de la part de deux Cheualiers estranges.

Chapitre　　　XLVI.

Les tables

ES tables hauſſées, & ainſi que le bal vouloit commencer, entrerent en la ſalle le Solitaire, & l'Alleman, touſiours ſi bien couuertz, qu'il euſt eſté impoſſible les
pouuoir cognoiſtre. Et comme ilz ſaluoient la compagnie ſe preſenta vne Damoyſelle, belle, & richement
acouſtrée, laquelle de prime face ſe vint ieter aux piez
d'Amadis. Lors chacun fiſt ſilence pour entendre ce qu'elle vouloit, &
commença ſon propos : Roy treſpuiſſant, deux Cheualiers eſtranges, &
nouuellement arriuez en voſtre court, pour l'honorer & vous ſeruir, vous
mandent, que le bruit eſt par ce païs, que deux incogneuz ont entreprins
d'eux eſprouuer à coups de lances contre tous venans : mais pour ce qu'il
eſt deſia tard, & qu'il ſeroit impoſſible de courre pour meſhuy, ilz voudroient vous ſuplier (pour donner plaiſir à ces Dames) leur permettre de
combatre en ceſte ſalle, contre eux à coups d'eſpée, ce qu'ilz ne refuſe-
ront, comme ilz penſent, pourueu qu'il vous vienne à plaiſir : car il eſt ai-
ſé à croyre que les iouſtes ſi continuëlles doiuent auoir aporté, depuys
ſix iours, maigre paſſetempsà ceux qui les ont regardées. Damoyſelle reſpondit le Roy, dites à ceux qui vous ont enuoyées vers moy, que ie les
remercie de l'honneur qu'ilz me font, & quant au reſte, ie ne leur puys
ſatisfaire, ſinon d'autant qu'il ſera agreable à ceux dont ilz parlent, les
voicy, parlez vous meſmes à eux. Adoncq'l'Alleman, & le Solitaire prindrent la parole, diſans à la meſſagere : Damoyſelle, pour nous ne differera
le combat que demandent voz Cheualiers, viennent quand il leur plaira,
ilz nous trouueront preſtz à leur ſatisfaire. Or les atendez doncq' en ceſte
ſalle, reſpondit elle, & retournant le chemin qu'elle eſtoit venuë ne tarda
gueres qu'elle ne reuint acompagnée de douze hommes richement ve-
ſtus, ſix deſquelz ſonnoient de ſix trompettes, & autres ſix de ſix clairons
tant que le palays retentiſſoit de toutes pars. Puys les ſuyuoyent deux he
raux, couuertz de cottes d'armes, chacun deſquelz portoit en ſa main
dextre vne coronne garnie de perles, & tant de pierres precieuſes, que
merueilles, & en la ſeneſtre, vn ſceptre de fin or, & derriere eux, les deux
Cheualiers armez de tant riche harnoys, que chacun s'en eſbahiſſoit : &
comme ilz furent ioignans l'Alleman & le Solitaire, tous les autres ſe ſer
rerent. Lors ſuruint vn autre Cheualier, armé de toutes pieces, tenant au
poing vn baſton doré, & l'acompaignoient vingt autres armez, auſſi tenant chacun d'eux vn arc au poing, & la fleſche deſſus. Le Cheualier au
baſton doré, fiſt vn cercle de ceux qu'il auoit amenez, ou il pria le Solitaire, & l'Alleman d'entrer, puys ſe mirent tous les autres à faire largué,
& tournoyer à l'entour, & les quatre combatans à chamailler l'vn ſur
l'autre, de telle fureur, qu'à ouyr leurs coups il ſembloit qu'ilz forgeaſſent
ſur enclumes. Et ainſi ſe maintindrent demye heure, & plus, qu'on n'euſt
ſceu iuger qui auoit le meilleur, ou le pire, ſemant par la ſalle tant de pie-

R iii   ces d'eſcutz,

ces d'escuz, de mailles, & cloux de harnoys, qu'on pensoit certainement voir en bref tous quatre mourir, ou tomber sans resistence : parquoy les trompettes se teurent, & continuerent les combatans en cest estour auecq' telle asseurance l'vn & l'autre, que le sang leur decouroit par tous les endroitz du corps. Ce que cognoissant le Cheualier au baston doré, se mist entre deux, disant si hault que chacun l'entendit : Holà Cheualiers, holà, ce n'est à outrance que vous combatez, mais pour le plaisir des Dames. Adoncq' se retirerent à l'escart, & aussi tost s'aprocherent les Heraux, qui coronnerent les deux assaillans, & leurs presentans à chacun d'eux les sceptres es mains, les desarmerent de teste, leur faisant vne grande reuerence & partant furent cogneuz : car l'vn des coronnez estoit la royne Calasie, & l'autre Pintiquinestre, celuy du baston doré, Perion de Sobradise, & le premier qui commença la dance, Manelyle sage, toutes les autres femmes blanches & noires, dont le Roy & les Dames se prindrent tresfort à rire, & les vindrent embrasser. Quoy voyant les deux Cheualiers, Perion & Lisuart, se vindrent excuser, disans qu'ilz estoient coustumiers, non d'outrager celles à qui elles ressembloiēt, ains les seruir & honorer à leur possible. Ie vous prie, ma dame, dist Amadis à la Royne Calasie, recitez nous comme a esté fait ceste entreprise. Monsieur, respondit elle, la principale ocasion, quant à moy, a esté pour venir voir, vous, la Royne, & ma dame Brisenne vostre fille, & à ceste cause m'embarquay-ie auecq' ceste compagnie, mais depuys la fureur du vent & des vagues, nous a tellement tourmentez, que sans sçauoir ou nous estions, auons pris port à vne iournée d'icy, ou descenduz, aucuns venans de ceste court, nous ont dit l'entreprise des deux Cheualiers, qui sçauoient si bien iouster, pour ausquelz nous esprouuer & donner plaisir à ceste compagnie, inuentasmes le tournay à coups d'espées, specialement à fin que ses Dames, vissent ce qu'elles n'auoient oncq' veu en ce païs, assauoir deux femmes tenir teste à deux tant bons Cheualiers. En bonne foy mes amyes, dit le Roy, vous m'auez fait honneur & plaisir, & vous en mercie de bien bon cueur. Or se monstroit la royne Pintiquinestre lors tant belle & de si bonne grace, pour vne couleur vermeille, qui luy estoit môtée au visage, qu'outre l'esbahissement qu'elles donnoit à celles de son sexe, pour la prouësse d'elle, il n'y auoit celuy en la compagnie qui ne la iugeast plus digne de forcer les hômes au combat d'entre deux courtines, que de manier les armes de Mars : car quelque dexterité qu'elle eust de s'en ayder, celles de Venus luy estoieut encores plus propres & peculieres.

Comme les

Comme les deux tenans em-

portèrent l'honneur de la septiesme iournée, & de
ceux qu'ilz abatirent.

Chapitre   XLI.

E lendemain ensuyuant, qui estoit iour de Samedy,
tous ces Princes & Seigneurs, Dames & damoyselles
allerent ouyr messe en la chapelle de la Royne, ou ilz
trouuerent Pintiquinestre, & Calafie, vestuës à la mode
de leurs païs, d'acoustremens qui leur seoient tant bien
que merueilles : & au sortir de là, furent conduitz en
la grand' salle, ou le festin estoit preparé. Et pource que Perion de Sobra-
dile & Manely auoient entreprins (ce iour mesme) d'eux essayer, aussi
tost que les napes furent leuées s'en allerent armer : ce pendant les Dames monterent es eschaffaux, ou elles ne se tindrent longuement, que les
tenans & assaillans ne se missent en ieu, & commencerent Perion & le
Solitaire, la rencontre desquelz fut telle, que les lances brisées : Perion
volla hors des arçons, demeurant le Solitaire si estourdy, que peu s'en falut qu'il ne luy tint compagnie. l'Alleman & Manely coururent tost a-
pres : mais le semblable auint à Manely comme à Perion, ce que voyant
Gandalin, Listoran du pont d'argent, Bransil, Tantiles l'orgueilleux, Ca-
rine de Carsante, Anatalie filz d'Oliuas, Bracete filz de Brandoyuas, Ga-
ramont filz du roy de Norgales, Brandanye de Gaule, & plusieurs autres,
se mirent auant, & l'vn apres l'autre receurent toute telle faueur que les
deux premiers, voire iusques au nombre de vingt six, les noms desquelz
Brisenne enuoya incótinent par Griserte, auecq' autant de pennaches aux
deux tenans. Et comme elle retournoit vers sa maistresse, huict autres sortirent de la forest, conduisans quant & eux vne dame, & six damoyselles,
lesquelles laissées à l'entrée du camp, vindrent toucher les escuz des Perrons. Adoncq' fut chacun ententif pour les cognoistre, mesmes les Dames qu'ilz acompagnoient, mais eux & elles estoient trop bien couuertz,
aussi que pour les distraire de telle curiosité, deux de ceste troupe, voyans
le Solitaire & l'Alleman, prestz les receuoir, leur coururent sus, & au
ioindre prindrent le saut demeurans estenduz sur l'herbe parquoy : deux
autres s'auancerent, qui ne furent traitez plus doucement que les premiers, & autant en print au cinq & sixiesme : toutefoys autant qu'endurer
ceste honte, ilz rompirent chacun quatre lances, par quatre diuerses cour-
ses, & à la derniere tomberent bas : ainsi ne restoit plus que le sept & le
huict. Celuy qui s'adressa à l'Alleman, courut autant bien qu'il estoit
R iiii   possible,

possible, & auecq' telle adresse, que brisant sa lance fit estinceler les yeux
de l'Alleman, le rendant presque estourdy, tant auoit esté leur rencontre
rude, neantmoins il volla les arçons côme les autres. Si passa auant le huyt
iesme contre le Solitaire, & iusques adoncq ne se trouua Cheualier qui fit
mieux : car ilz rompirent vnze lances premier qu'on sceust à qui l'honneur demeureroit, dont chacun commença à le hault louer : toutesfoys à
la douziesme ilz se rencontrerent de corps, d'escutz & de teste, par telle
force, que le Solitaire perdit l'vn des estriers prest de tomber s'il n'eust
embrasé le col de son cheual : mais l'autre fut renuersé de son long tant
hors de soy, qu'il roulla quatre ou cinq tours, comme si son corps n'eust
non plus eu d'arrest qu'vne busche de moulle poussée à la vallée : puyss's'e
stant releué luy & ses compagnons, osterent armetz de teste, & saluans le
Roy & les Dames, cogneut on que les deux premiers à la iouste estoient
Galiot d'Escosse, & Arandalie son frere, ceux d'apres Calsegne l'orgueilleux & Galfarie de Rome, les cinq & sixiesme, Suisse d'Yrlande filz du
roy Cildadan, qui nouuellement auoit receu l'ordre de cheualerie, & An
griote d'Estrauaux : lequel guary de ses playes, retournoient de Londres
ou il estoit allé par le cômandement du Roy, ainsi qu'il vous a esté dit : le
septiesme estoit le bon Quedragant, seigneur de Sansuegue, & le huities-
me Galaor roy de Sobradise, tous Cheualiers errans, qui conduisoiét Brio
lanie : laquelle auecq' si petite troupe de femmes, venoit visiter la royne
Oriane, & s'estoient rencontrez ces huit Cheualiers casuellement : lesquelz aprochans la court, sceurent l'entreprinse des deux tenâs, & les belles ioustes qu'ilz auoient faites iusques à ce iour : parquoy delibererent
(incogneuz) essayer à leur faire perdre la reputatiô aquise, & eux esprou
uer, comme vous auez entendu. Grand fut le recueil qu'ilz receurent du
roy Amadis, des Princes, dames & damoyselles, entre lesquelles ilz s'assi-
rent, atendans si quelques autres se presenteroient, qui leur rendissent le
passetemps, qu'ilz auoient donné à l'assemblée, & quasi aussi tost virent
yssir du boys dix Cheualiers marchans au petit pas. Certes leur contenan
ce promettoit plus que l'effait n'en ensuyuit : car apres auoir touché les escuz des tenans, nul d'eux ne resta sans estre desarçonné, & de premiere
course, dont fut la risée grande entre le populaire : & print fin par eux le
tournoy du iour estant presque nuit. Adoncq' se retira le Roy auecq' les
Dames, conduysant son frere, & la royne Briolanie au palays, ou ilz trou
uerent qu'on auoit couuert pour le souper, durant lequel Galaor demanda à Manely s'il sçauoit nulles nouuelles de ses deux filz Talanque & Ga
rinter : lequel luy respôdit que Talanque estoit demeuré en Californie, &
que Garinter auoit pris à femme la royne de Listrie, & des isles Citherées
Royne puissante & grande terrienne, & ce par la victoire qu'il eut d'vn
Geât en plain camp de bataille, present le Cheualier de l'Esphere. Ce qui
pleut tant au Roy Galaor & à toute l'assemblée que merueilles, & tout
le soir

le soir n'eurent quasi autre propos, sinon vn peu deuant qu'ilz se retiras-
sent pour dormir, qu'Amadis vint à parler de la prouësse des deux tenäs:
lesquelz dist il, ont tant fait ces iours passez, que s'ilz continuent encores
demain, ie les tiendray pour les meilleurs coureurs de lances que ie vy
oncques, & sçauray (s'il est possible) qui ilz sont, & pourquoy ilz se celent
ainsi. Mais le Solitaire & l'Alleman faisoient bien estat d'eux desrober
aussi tost qu'ilz auroient fourny à leur entreprise.

Comme les deux tenans empor-

terent l'honneur de la huictiesme & derniere iournée, & de l'arriuée du Cheualier Verd par lequel ilz furent
desarçonnez, & Amadis mesmes.

Chapitre XLVIII.

Ous auez entendu la sorte que les Cheualiers se maintindrent sept iours durant: maintenant reste à parler du
huictiesme qui estoit le Dymenche. Auquel iour fut
la messe celebrée de grand matin, pour faire durer le
plaisir de la iouste plus longuement. Au moyen dequoy les dames se trouuerent de bonne heure sur les eschaffaux: mais si ne peurent elles y arriuer si tost, que le tournay ne fust
encommencé, & se porterent si bien l'Alleman & le Solitaire, qu'ilz aba-
toient tous Cheualiers venans d'heure à autre pour les nouuelles qu'on
auoit publiées que le Roy tiendroit court ouuerte le iour de Pentecoste.
Et tant en desarçonnerent, qu'il y auoit vn quart d'heure & plus qu'ilz e-
stoient en repos, quand sur le Soleil couchant on auisa sortir du boys vn
Cheualier cheuauchant vn destrir blanc comme neige: mais taint en plusieurs endroitz du sang de son maistre: lequel armé d'vnes armes Verdes,
donnoit bien à entendre à ceux qui le voyoiét, qu'il n'auoit pas tousiours
dormy: car sa maille & son haubert estoient rompuz, son heaume en-
foncé, & l'escu tant dehaché, qu'il ne luy en restoit quasi d'entier pour luy
couurir la poignée: & si tenoient dedans troys gros tronçons de lance.
Celuy dont ie vous parle venoit pas à pas, & passant pres l'eschaffault,
ou estoit le Roy & les Dames, fit vne grande reuerence: puys toucha les
escutz, & choysit l'vn des plus roydes glaiues du rastelier. Lors Amadis
ne se peut tenir de dire au Roy Galaor & à Florestan: Ce Cheualier doit
estre de grand cueur, puis qu'il cherhce meslée ayant tel besoin de repos.
En bonne foy, respondit Galaor, i'ay bonne enuie de voir qu'il fera. Lors
s'esmeurent l'Alleman & luy l'vn contre l'autre, de si grand' roydeur, que

leurs lan-

leurs lances vollerent en esclatz, sans se mouuoir de la selle, ne perdre estrier: parquoy chargerent nouueau boys, & rôpit l'Alleman pour la seconde foys: mais le verd Cheualier le ieta des arçons si lourdement, qu'il demeura estendu sur l'herbe, dont le populaire se print à crier. A' ce coup le frere du dyable tiendra compagnie à noz autres Cheualiers. Le Roy & plusieurs esbahys de ceste auenture commencerent à souspeconner que c'estoit Esplandian: toutesfoys considerant la distance de Constantinople ne furent longuement en ceste opinion. Quoy qu'il en soit, dist Amadis, le cueur me iuge que i'auray besoin de m'armer, & tandis se releua l'Alleman: puis tout honteux de la faute qu'il auoit faite, se retira en vn canton, atendant qu'il auiendroit au Solitaire: lequel monté sur vn cheual fraiz tenant vne grosse & rude lance au poing, courut côtre le Cheualier Verd & telle fut leur rencontre, que le Solitaire & son cheual tomberent par terre, perdant le Verd Cheualier vn estrier, mais au reste il parfit sa course tant galâtement que merueilles: dont fut grande la risée, cryans le peuple à haute voix: Lucifer est tombé du siege qu'il auoit en paradis. Ce qui anima tellement le Solitaire, qu'en se releuant mit la main à l'espée, & dist au Cheualier Verd: Cheualier, vous auez eu l'auantage par la lance, ie vous prie voyons vn peu si l'espée vous fauorisera autant. Vous sçauez bien, respondit l'autre, le conuenant que vous mesmes auez estably, laissez venir le tiers qui doit iouster, puys ie vous feray responce. Tandis le Roy s'armoit en toute diligence, dissuadé de plusieurs qu'il deuoit differer, toutesfoys il les asseura, qu'il aymeroit mieux perdre la vie: & montant sur vn fort destrier qu'on luy amena, luy mesmes choysit la lâce qui luy fut plus propre. Ce que voyant le Cheualier Verd, qui deuisoit auecq' l'Allemâ, & le Solitaire, se mit en estat de le receuoir, & à course de cheual vindrent l'vn contre l'autre tresimpetueusement: mais au ioindre le Verd Cheualier hauça son boys, & luy donna le Roy telle atainte, que peu s'en falut qu'il ne le tombast par terre, tant se trouua la lance grosse & royde qu'il ne la peut briser: toutesfoys ce choc fut si grand, que les arçôs sortirent du corps de la selle par dessus la croupe du cheual, & le Roy quant & quant, dont les regardans se trouuerent fort esbahys. Le Roy se releua aussi tost, & pource qu'il entendit le Solitaire prier affectueusement le Cheualier Verd de venir au combat de l'espée, il se tint quoy: car l'autre respondit qu'il en estoit content, encores qu'il n'y fust obligé: mais pour la raison qu'il luy diroit, s'il eschapoit vif de la meslée. Et comme il eut dit ceste parole mit pied à terre, embrassant son escu, s'entrecoururent sus, tellement que du premier coup que rua le Cheualier Verd sur le Solitaire, il luy fendit l'escu en deux, dont trop marry s'auança, & de toute sa force luy donna sur l'armet. Et ainsi que l'espée faisoit coup, suruint vn tel esclair de tonnerre, que ceux qui estoient là tomberent par terre, demeurant l'endroit ou se faisoit le combat si obscur, qu'on perdit

de veuë

de veuë les deux Cheualiers : toutefois la nuée se disparut en vn instant,
& furent veuz le roy Amadis & l'autre, qui estoit Alquif, môtez sur leurs
destriers. La cause pourquoy il inuenta cest enchantement vous sera recité cy apres, tant y a que la risée fut grande, & l'effroy trouué bon par tous
les presens, en sorte qu'Amadis le vint embrasser, luy disant : Mon grand
amy, ie voudroys qu'il vous pleust aussi bien nous faire cognoistre noz
deux tenans, comme vous vous estes fait à nous. Sire, respondit il, ie ne
suis venu en vostre court pour ennuyer personne : ains pour vous seruir
& honnorer, parquoy ie vous suplie humblement m'excuser quant à ce
point, car ie ne voudrois pour rien faire chose à eux : ny à autre qui leur
causast ennuy ou fascherie. Or cogneut incontinent la Damoyselle Alquife son pere, toutefoys elle ne se voulut descouurir, pour mieux celer
ceux qui ne vouloient estre cogneuz, lesquelz le vieillard vint embrasser :
puys fut conduit vers les dames, ou il receut grand honneur, principalement par l'Infante Brisenne, laquelle aucunement ennuyée de la cheure
de ses Cheualiers (cognoissant depuys la fin ou tendoit Alquif qui n'e-
stoit qu'à plaisir) ne s'en fist que rire. Or auoient ilz desarçonnez trois
cens vingt assaillans, entre lesquelz se trouuerent le Roy de Sobradise,
dom Galaor, le prince Olorius d'Espaigne, Dinerpie infant de Rome, le
prince Adariel de Naples, Perion prince de Sobradise, le prince Elinie,
Suyssie d'Yrlande, filz du roy Cildadan, Manely le sage, & son frere
Ambor de Gandel, dom Quedragant d'Yrlande, Angriote d'Estrauaux,
Garuate du val Craintif, le comte Gandalin, Licoran de la tour blanche,
Listoran du pont d'argent, Le Roy Dragonis, Palomir son frere, Bransil,
Pomplante, Bransil, Tantiles l'orgueilleux, Carinée, de Carsante, Attalie
de Oliuas, Brascele filz de Brandoiuas, Garamonte filz du Roy de Norga
les, Vsenie d'Allemaigne, Sargil, Brandanie de Gaule, Falamene son fre-
re, Teluys le Flameng, Amadarie de Bretaigne, Siluestre de Hongrie,
Manely de Suesse, Galphorie de Rome, Galiot d'Escosse, Anandalie son
frere, Calphegue le superbe, Maryme filz de Garuate du val Craintif,
Giontes nepueu du feu Roy Lisuart, Silercie filz de dom Grumedan, Pin
tinée de Carsante filz de Valays, Yrguien filz du comte Gandalin, Filor-
te de la tour vermeille filz de Brauor, & vn Cheualier Espaignol apellé
Sortans. Et pource qu'ilz estoient plus cogneuz que les autres, s'ay bien
voulu les vous nommer, suyuant les buletins que l'Infante Brisenne enuoya aux deux Cheualiers par Griserte, les prians se trouuer le soir au logis du Roy, pource qu'elle vouloit parler à eux : ce qu'ilz luy promirent,
& pour l'heure chacun se retira.

Comme par

Comme par le moyen d'Vrgande

les deux tenans furent cogneuz, & des mariages de Perion filz
de Galaor, auecq' la royne Pintiquineſtre, & du
ſage Alquif, auecq' Vrgande la deſcogneuë.

Chapitre   XLIX.

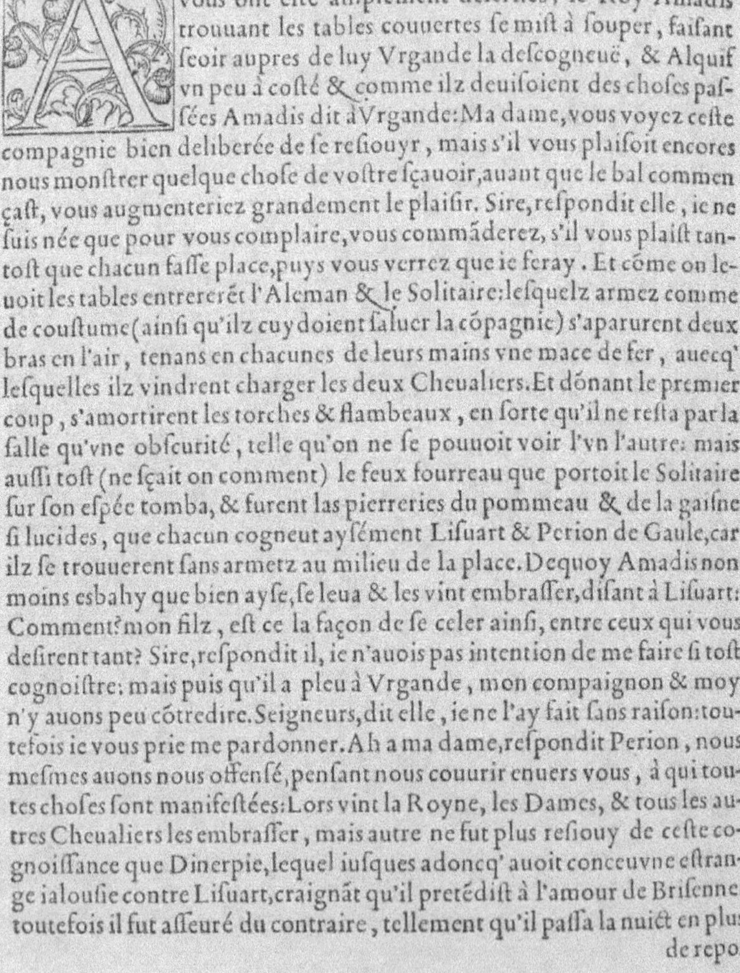

A V ſortir du camp, ou auoient eſté faites les iouſtes, qui vous ont eſté amplement deſcrites, le Roy Amadis trouuant les tables couuertes ſe miſt à ſouper, faiſant ſeoir aupres de luy Vrgande la deſcogneuë, & Alquif vn peu à coſté & comme ilz deuiſoient des choſes paſſées Amadis dit à Vrgande: Ma dame, vous voyez ceſte compagnie bien deliberée de ſe reſiouyr, mais s'il vous plaiſoit encores nous monſtrer quelque choſe de voſtre ſçauoir, auant que le bal commençaſt, vous augmenteriez grandement le plaiſir. Sire, reſpondit elle, ie ne ſuis née que pour vous complaire, vous commãderez, s'il vous plaiſt tantoſt que chacun faſſe place, puys vous verrez que ie feray. Et cõme on leuoit les tables entrererẽt l'Aleman & le Solitaire: leſquelz armez comme de couſtume (ainſi qu'ilz cuydoient ſaluer la cõpagnie) s'aparurent deux bras en l'air, tenans en chacunes de leurs mains vne mace de fer, auecq' leſquelles ilz vindrent charger les deux Cheualiers. Et dõnant le premier coup, s'amortirent les torches & flambeaux, en ſorte qu'il ne reſta par la ſalle qu'vne obſcurité, telle qu'on ne ſe pouuoit voir l'vn l'autre: mais auſſi toſt (ne ſçait on comment) le feux fourreau que portoit le Solitaire ſur ſon eſpée tomba, & furent las pierreries du pommeau & de la gaiſne ſi lucides, que chacun cogneut ayſément Liſuart & Perion de Gaule, car ilz ſe trouuerent ſans armetz au milieu de la place. Dequoy Amadis non moins esbahy que bien ayſe, ſe leua & les vint embraſſer, diſant à Liſuart: Comment? mon filz, eſt ce la façon de ſe celer ainſi, entre ceux qui vous deſirent tant? Sire, reſpondit il, ie n'auois pas intention de me faire ſi toſt cognoiſtre: mais puis qu'il a pleu à Vrgande, mon compaignon & moy n'y auons peu cõtredire. Seigneurs, dit elle, ie ne l'ay fait ſans raiſon: toutefois ie vous prie me pardonner. Ah a ma dame, reſpondit Perion, nous meſmes auons nous offenſé, penſant nous couurir enuers vous, à qui toutes choſes ſont manifeſtées: Lors vint la Royne, les Dames, & tous les autres Cheualiers les embraſſer, mais autre ne fut plus reſiouy de ceſte cognoiſſance que Dinerpie, lequel iuſques adoncq' auoit conceu vne eſtrange ialouſie contre Liſuart, craignãt qu'il pretẽdiſt à l'amour de Briſenne: toutefois il fut aſſeuré du contraire, tellement qu'il paſſa la nuiét en plus

de repos

de repos qu'il n'auoit encores fait . Puis le lendemin estant le Roy deuisant entre ceste grosse compaignie, Pintiquinestre le suplia humblemét
qu'elle luy fist entendre deuant tous , l'ocasion de sa venue: Ce qu'il luy
permit.Lors mettant les genoux à terre parla ainsi: Trespuissant Roy de
la Grand' Bretaigne, chacun sçait assez, qu'au dernier siege de Constáti
nople(ou ie me trouuay)auecq' grand' nombre de mes femmes,pour ay
der au Roy des turcz, duquel i'estois lors alliée & bien vueillante, entre
plusieurs combatz,qui se firent des Chrestiens aux Payens,vn des Principaux se presenta d'Armato, Grifilant &moy, à l'encôtre de vous, l'Empereur de Trebisonde, & la Royne de Californie , qui est icy presante.
Quelle en fut l'yssue,ie m'en tairay presentement:aussi qu'il est assez no
toire, que la meslée d'entre Calasie & moy ne peut venir (pour l'heure)
à telle perfection , qu'on sçeust iuger à qui l'honneur en deuoit demou-
rer.Ce que cognoissant par vous,moyennastes nostre paix,& fistes tant,
que vous nous rendistes en amytié . A'quoy ie donnay aysé consentement, non pour doute ou crainte de ma personne, ains seulemét esmeuë
d'vn desir merueilleux d'auoir vostre acointance & compaignie:laquel
le de vostre grace il vous pleut m'acorder.Et outre me promistes(si bien
vous estes recordz) que la guerre de la Thrace finie,me donneriez mary
digne de moy,& vostre parent.Et souz ceste esperance me declairay ennemye deceux, pour le secours desquelz i'estois sortie de ma contrée. Si
depuis i'ay seruy à la Chrestienté, vous (sire)& autres qui se trouuerent
au conflit contre Almirix de Liquie , en peuuent tesmoignier. Maintenant doncques que les choses sont apaisée, & que ie vous treuue en lieu,
ou vous pouuez aquiter vostre promesse enuers moy,ie vous suplie treshumblement me donner mary , tel qu'il puisse satifaire à vostre parole
& à mon contentement Le Roy Amadis qui l'auoit escoutée tout à loysir, sçachant tresbien qu'elle auoit raison , luy respondit gracieusement:
Ma dame, vostre requeste est si raisonnable , qu'encore que ma parole
ne m'eust obligé par le passé à faire ce , dont vous me priez , ie serois si
prest de vous complaire, & le feray en sorte, que ie vous pouruoiray selon vostre merite. Or s'estoit aperceu Amadis auparauant de l'affection
que portoit Perion filz de Galaor à la Royne : parquoy l'apella & luy
dit, Mon neueu, ie vous ayme & estime autant que mon filz, ie veux, &
vous prie , que vous preniez à femme la Royne cy presante: & vous ma
dame, dit il, receuez le à mary : vous le cognoissez & l'auez veu, là ou
l'on peult voir les gents de bien, il est mon parent, si proche que vous le
sçauez : regardez doncques si tous deux estes contentes . A'ceste parole
Pintiquinestre se prosterna bien humblement vers le Roy , le remerciát
par grande affection de l'honneur qu'il luy faisoit, & semblablement
Perion . Au moyen de quoy il les fit baiser l'vn l'autre en nom de mariage, remettant la perfection d'iceluy, au lendemain matin, que l'Arche-
S   uesque

uefque celebra la meffe. Si furent tous les affiftans trefioyeux de fi belle alliance, principalement le Roy de Sobradife lequel auifant Alquif & Vrgande, parlants l'vn à l'autre de grande affection, s'auifa (ne penfant que fe iouer) du mariage d'eux deux : parquoy les apella, difant d'vne bonne grace à Alquif: Seigneur Alquif, vous auez veu comme le Roy a fait foudain le mariage de mon filz & de la Royne Pintiquineftre, ie vous prie que i'en face vn autre, & me croyez de ce que ie vous confeilleray. Sire, refpondit il, s'il vous plaift de me commander vous ferez obey. Et vous ma dame, dit Galaor à Vrgáde, me defauourez vous? Non pas fire, refpondit elle: car ie vous cognois fi prudent, & me portant telle affection, que ne voudriez me pourchaffer que mon bien, Puis doncques, dit Galaor, que vous deux m'auez donné toute puiffance fur vous, ie vous prie que preniez l'vn l'autre en mariage. Et fur l'heure les fit toucher en paulme, & le iour enfuiuant, les noces en furent celebrées quant & celles de Perion.

Comme vn iour de faint Iean le

Roy Amadis deuifant entre plufieurs grands feigneurs, fe prefanta le gouuerneur de Cicile, menant quant & luy vn Roy & vne Royne enchantez, & de ce qu'il en auint.

Chapitre   L.

Vict iours entiers continua la solennité & celebration
des noces, durant lequel téps Perion fut couronné Roy.
Et pource que Alquif deliberoit retourner en ses païs
auecq' Vrgande, suplierent treshumblement Amadis
leur donner congé, ce qu'il leur acorda à toute peine:
mais premier il les empara de deux bonnes villes, & les
faisant pouruoir de vaisseaux, & autres choses necessaires, pour leur
embarquement, firent voile, laissants Alquise leur fille auecq' Lisuart &
Perion de Gaule: lesquelz ennuyez du long temps qu'ilz n'auoient veu
leurs dames & amyes, le quinzeiesme iour ensuyuant trouuerent moyen
d'impetrer du Roy Amadis leur congé. Or auoient Olorius & Adariel
pris telle amytié à eux, que de là en auant ilz ne se separerent, si force, ou
fortune ne les y contraignit, principalement Olorius de Lisuart, & Adariel d'auecq' Perion. Ainsi doncques faisants freter & equiper vaisseau
propre à leur nauigation, auint qu'vn iour de sainct Iehan, ainsi que le
Roy acompaigné de maintz preud'hommes deuisoit en sa grand' salle,
entra vn cheualier vestu en dueil, la barbe & les cheueux blancz, & longz
iusques sur la ceinture. Celuy dont ie vous parle portoit en sa main dextre vn grand rouleau escrit en letres dorées, & le suyuoit derriere vn cheualier armé d'vnes armes tresriches, ayant en teste vn heaume tant bien
elabouré, qu'on ne veit oncques ouurage plus parfait: & estoit cest armet d'vn Dyamant si polly, que tous ceux de la salle s'y representoient
ayfément. A' costé de ce cheualier marchoit vne damoyselle belle en tou
te perfection, & parée tant richement que merueilles:sur son chef portoit
vne coronne aornée de gros Rubiz & maintes Esmeraudes, & l'acompagnoient vingt cheualiers couuertz d'armeures noires. Celuy qui marchoit premier de tous, laissa la suyte au mylieu de la salle, & aprochant
le Roy Amadis luy fit trois grandes reuerences, puys parla en ceste sorte:
Roy trespuissant, vostre grande renommée & l'excellence de ceste court,
ont esté cause m'acheminer en ces marches, à fin de vous declarer ce que
entendrez presentement. Mon nom est Fristion, & suys gouuerneur du
Royaume de Cicile, pour l'absence de Roy, duquel le païs est maintenãt
impouruu. La raison est, que Philomenée nostre dernier prince (& qui
mourut passé à long temps) eut vn filz nommé Alpatracie, & est ce cheualier present: lequel a esté autresfois estimé l'vn des plus adroitz du
monde. Aduint qu'il s'en amoura de ceste damoyselle, fille du Roy de
France, nommée Myraminye, la beauté de laquelle fut diuulguée en
tant de lieux, qu'Alpatracie partit expressément de Cicile pour l'aller seruir à Lutece, ou arriué fut si bien receu, que finablement elle & luy furent conformes en volonté, souz condition, toutesfois, qu'il l'enleueroit
en Italie. Ce qu'il luy acorda ayfément: mais ilz ne furent plustost arriuez en Cicile, que entrants en la salle ou estoit le Roy Philomenée, tous

S ii　　　　deux fu-

deux furent transformez en Marbre, demeurant en la main d'Alpatra
cie ce roulleau, qui lors estoit de pierre, & les lettres incogneuës. Dont le
pere trop marry, tomba mort sur l'heure, ne nous laissant pour successeur
que son filz infortuné. Ce que voyant ceux du Royaume, esperants que
quelque iour il retourneroit en sa forme pristine, delibererent ensemble
ne receuoir pourtant autre Roy, ains ce pendant essiroyent pour gouuerneur vn, qui par serment solemnel garderoit le païs en toute fidelité, pour
puis apres le rendre à cestuy nostre prince aussi tost qu'il seroit desenchâ-
té, Et en ce gouuernement ont esté plusieurs deuant moy, combien qu'il y
a quatre ans & plus que i'y fus ordonné. Lors suruint telle esmotion es Fa-
tales, qu'il sembloit proprement, ciel, terre & mer, se deuoir assembler, &
fut conuerty cest escriteau de pierre en parchemin, & les deux statues de
Marbre en chair humaine, telle qu'au parauant leur sortilege, hors mis
qu'ilz ne parlent ny prennent aucune sustance pour leur nourriture, bien
me suyuent ilz en tous lieux, ou il me plaist les conduyre, pour dóner fin
à ce que ceste escriture vous pourra enseigner. Ce disant presenta le rouleau, qui contenoit: Medée engendrée de rais du Soleil, humble seruante
des sept dieux qui gouuernent la machine ronde : dame sur tous les artz
Magie & coniurations, par lesquelz & ausquelz ie me puys venter auoir
tant sceu, qu'autre deuant moy, ou qui me succede ne me pourra attain-
dre. Et pour móstrer qu'il soit vray, i'ay (à la gloire de mon nom) estably
le present enchantement, qui durera sur ces deux personnages iusques à
ce que le cheualier vienne, qui conquestera à force d'armes & d'amours
l'armet dyamentin, qu'Alpatracie porte en la teste, & sera cestuy encores
plus loyal amant que le filz au Roy de Cicile, qui a surpassé tous autres
de son temps. Et toutesfois son enchantement ne prendra du tout fin par
telle conqueste, qu'il ne se treuue dame, ou damoyselle non mariée exce
dant en beauté, bonne grace, & perfection d'amour Miraminie, laquelle a
esté douée de ces dons plus qu'autre qui l'ait deuancée, & si aucune s'en
treuue, elle obtiendra la coronne, si elle la luy demande les genoilz en ter
re, & en sera coronnée comme la plus loyalle amante du siecle. Lors ce
sortilege finira, & retourneront Alpatracie & la fille du Roy de Fráce cust
en l'estat qu'ilz estoient au parauant, autremét non: car c'est enchantemét
est fait par tant de coniuratiós, qu'il ne sera mué. Bien se tournera le Marbre en chair humaine, lors que le braue Lyon perdra l'Espée que le sage
Apolidon luy a plantée en l'estomach : mais le surplus demeurera en son
entier, iusques à ce que ceux, à la faueur desquelz il a esté fait se represen
tent. Pourtant toy qui seras gouuerneur des païs de ce prince, lors que le
son espouuentable sera entendu, & que les deux statues de pierre serót re
incarnées, sois soigneux de les códuyre par tout, iusques à ce qu'ayes trou
ué les bienheureux cheualier & damoyselle. qui par leur bonté, beauté,
ferce, & amour, satisferont à ceste predestination: mais n'y fais faulte, ou
mal t'en

mal t'en auiendra. Et continuant Friſtion ſon propos : Sire, vous auez entendu la cauſe de mon loing aller, pourtant s'il y a quelque cheualier ceás
qui vueille s'eſprouuer côtre Alpatracie, aille s'armer, & vienne en place,
& ſemblablement ma dame voſtre fille, ou autre qui penſe obtenir la coronne de l'Infante, ſuyuant ce qu'elles ont entendu. Que pleuſt à Dieu,
dit il en ſouſpirant, que mon trauail print fin en ce iour, demeurant voſtre
court honnorée plus qu'autre ou i'aye encores eſté, moy en repos, & le
cheualier auecq' la dame, glorieux de ſi bône fortune : car ie me puisvâter
auoir trauerſé tant de contres eſtranges & de royaumes fameux, que ſelon mon auis il en reſte peu, & toutesfois, ie n'ay encores peu trouuer remede à ce que i'ay tât quis ſôngneuſement. Puis ſe teut : car deſia pluſieurs
de la troupe importunoient le Roy pour auoir congé d'eux armer &
combatre Alpatracie. Ce qu'il leur acorda, & pria quant & quant à toutes les belles de la compagnie, ſe mettre en ordre pour faire leur deuoir, & depuys ne tarda gueres, que le prince Adariel retourna, & fut le
premier qui aſſaillit le cheualier enchanté, vers lequel il s'adreſſa, tenant
ſon eſpée au poing. Mais comme il cuidoit haulſer le bras pour le fraper,
il demeura court, & hors de toute puiſſance : ce que voyant Friſtion, luy
dit : Sire cheualier, retirez vous arriere : car il eſt ayſé à cognoiſtre que vous
n'aymez que bien peu, auſſi n'auez vous le pouuoir de combatre aucunement pour l'amour. Adariel tout honteux, obeyt à Friſtion, & s'auança Elinie, auquel il en print tout ainſi. Par Dieu, dit Friſtyon, c'eſt iniure à
tel cheualier & ſi diſpos que vons eſtes, de ſe monſtrer ſi peu aymant.
Lors vint Dinerpie, qui ſouz l'eſperance de mettre fin à l'auenture (pour
l'amytié qu'il portoit à ſa couſine (marcha la teſte eſleuée, & aſſaillit hardiment le cheualier enchâté. Adonc cômença entre eux deux vne cruelle
& forte bataille, & telle, qu'en peu d'eſpace l'eſcu de Dinerpie fut haché
en pieces, & luy donna Alpatracie ſi grand coup ſur l'armet, qu'il le ieta
à ſes piedz eſtourdy. Mais Friſtiô le releua, & craignant qu'il euſt pis luy
oſta le heaume, & reuint Dinerpie à ſoy, ſe retirant pour faire place à vn
autre. Si ne tarda gueres que Olorius prince d'Eſpaigne prit ſon lieu &
ne fut oncques vn tel amoureux que luy : car des l'heure qu'il entendit
la natiuité de Luciane fille d'Eſplandian, il propoſa en ſoymeſme la ſeruir, eſperant en auoir quelquefois recompenſe. Et pour ceſte raiſon portoit il les eſtoilles en ſon eſcu. Le Cicilian le voyant venir ſi gay luy monſtra teſte, & ſe miſrent à charger l'vn l'autre tant, & ſans interualle, que
Friſtion diſoit bien n'auoir oncques veu de mieux combatant, & eſperoit que l'auenture prendroit fin. Toutesfois Olorius ne peut reſiſter à la
longue, ains cheut preſque mort ſur le plancher : parquoy Alpatracie remettoit l'eſpée au fourreau, quâd Suyſſie d'Yrlande le vint aſſaillir : mais
il luy toutna le dos, faiſant auſſi peu d'eſtat de luy, comme d'Adariel, dôt
chacun ſe print à rire, & plus encores de Ambor, de Gandel, de Marſinie

S iii

du Val

du Val Craintif, de Pintinée, de Carſante, de Gyontes, de Silercie filz de don Grumedan, Fillorette filz de Brauor: tous leſquelz ne peurent obtenir du Cheualier enchanté qu'il leur tournaſt ſeulement viſage, demonſtrant par telle contenance qu'il n'y auoit en eux amour, ny ſeruitude enuers les Dames. Or eſtoit il fort tard, quand ceux dont ie vous parle eurent paracheué ſi bel acte: parquoy le Roy remit le ſurplus au lendemain, & commanda que lon menaſt loger Friſtion & ſa compagnie: puis ſe mit à deuiſer entre les Dames de la merueille de ceſt auenture, les ſuadantz tous d'en eſſayer le hazard: ie dy les nom mariez: car les autres n'y pouuoient rien, dont Oriane eſtoit treſdeplainte, ne trouuant la choſe plus difficile que l'arc des loyaux amants, ou elle auoit aquis tant d'honneur. Ainſi ſe paſſa ce ſoir, & le iour enſuyuant ſe trouuerent tous à la meſſe, au ſortir de laquelle on vint auertir le Roy, que trois neſz eſtoient entrées au port. Si enuoya incontinent ſçauoir que c'eſtoit, & luy fut raporté, que l'Infante Briſenne fille de don Bruneo venoit en court, par le commandement de ſa mere, ſe tenir quelque temps auecq' ſa couſine Briſenne. Amadis alla au deuant, & l'emmena en ſon Palays, ou apres le diſner Friſtion reuint auecq' ſon equipage: mais ne fut pluſtoſt entré, que deux Cheualiers incogneuz ſe preſenterent, ſaluants le Roy & les Dames, & marchoit premier vn, armé de toutes pieces, & plus grand que l'autre: lequel pour l'amour qu'il portoit à vne qui eſtoit là preſente, penſoit bien renger Alpatracie à ſa diſcretion. Au moyen dequoy, embraſſant ſon eſcu, luy vint courre ſus, & dura le combat d'eux deux quelque quart de heure: tellement que le Cheualier incogneu n'auoit harnois, bouclier, ny eſcu qui ne fuſt haché en pieces. Ce neantmoins il ſe maintenoit tant cheualereuſement, que chacun l'en eſtimoit: combien qu'à la fin il donna du nez en terre, ſi eſtourdy, qu'il ne ſçauoit bonnement s'il eſtoit iour, ou nuict. Adoncq' l'armet luy fut oſté, & vid-on que c'eſtoit Quedragant, filz de Quedragant. Dont chacun fut treſayſe, & luy porta Amadis grãd honneur, pour l'amour de ſon pere. Le ſecond qui l'auoit acompagné, l'ayant veu traiter de telle ſorte, delibera le venger: mais le Cicilien n'en fit cas, ains le deſdaigna. Au moyen dequoy l'autre oſta ſon heaume, & ſaluant la troupe, ſe fit cognoiſtre pour Abies' d'Yrlande, l'arriuée duquel augmenta le plaiſir à la compagnie, & s'enquiſt à eux Amadis comme ilz auoient leiſſé la montaigne deſſendue: leſquelz luy reſpondirent, que le Roy Norandel & l'Amiral Frandalo eſtoient en treſues pour ſix moys auecq' les Turcz, & durant ce temps s'eſtoient mis en queſte pour trouuer vn, qu'on nommoit le Cheualier Solitaire, contre lequel ilz deſiroient eux eſprouuer, tant eſtoit ſa renommée grande par tout le mõde. Et combien qu'ilz l'euſſent quis en pluſieurs contrées loingtaines, neantmoins ilz auoiét tenu leurs peines perdues, iuſques à ce que la fortune les euſt ietez en la grand' Bretaigne, ou (dirent ilz) nous auós ſçeu que ce So-

litaire

litaire estoit Lisuart vostre filz , dequoy nous auons vn singulier plaisir.
En bonne foy, respôdit le Roy, vostre arriuée a esté mieux à propos, que
vous n'eussiez (peult estre) pensé, tesmoing l'auanture du Cheualier enchanté. Vous dites vray, sire respôdit Quedragant, à vne lieuë d'icy nous
en auons eu nouuelles : voylà pourquoy nous sommes combatus à luy.
Et acheuant ceste parole, la royne Calasie qui s'estoit allée armer retourna, & entrant en la salle, dit deuant tous, qu'elle essayeroit ce que femme
n'auoit onc entrepris, & possible, dit elle, que ceste auenture prendra fin
par vn sexe qui ne sera trouué moindre en cheualerie, que celuy des hommes. Dequoy chacun se prit à rire:car elle courut incôtinent sus au cheualier enchanté lequel au lieu de tirer espée pour se defendre, mit vn genoil
à terre . Ce que voyant le roy Amadis, dit à la Royne : Ma dame, selon la
contenâce de ce cheualier, il ayme mieux vous faire courtoisie, que nô pas
vous combatre. Certainement, sire, respondit elle, ie le croy, & quâd bien
ie voudrois l'importuner d'auantage, il est hors de ma puissance:car ie ne
puis maintenant abaisser le bras que i'auois leué pour le fraper : par ainsi
ie cognois biê qu'il me sera force laisser la place àvn plus habile que moy.
Lors se rengea entre les dame, & se releua Alpatracie, qui aussi tost se trou
ua assailly par Perion de Gaule , qu'Amadis auoit fait armer , & Lisuart
aussi, la prouesse desquelz estoit si cogneuë de Fristion, qu'il leur dit, auât
que côbatre:Ah bons cheualiers, si i'estois tant heureux qu'aucun de vous
me tirast du trauail que i'ay continué depuis quatre ans en çà , nostre seigneur me feroit vne grâd' grace! Perion sans luy respondre, assaillit rude
ment Alpatracie, & continua la meslée l'espace de deux heures, & plus, e-
stimant vn chacun , que l'auanture prendroit fin par Perion: car il donna
au cheualier enchanté, tel coup sur l'armet, qu'il estoit sufisant pour le na-
ürer à mort : toutesfois l'estoffe se trouua si bonne, qu'il n'y eut cicatrice
quelconque, & qui pis est, le Cicilien le rechargea si durement, qu'il le iet
ta à ses piedz estourdy, luy arrachât le heaume de la teste. Lors reprint ses
espritz, & se releua honteux de sa fortune:parquoy Lisuart se mit auât, &
pressé d'vn souuenir qu'il eut d'Onolorie(luy qui aymoit en toute perfection)ne se peut tenir qu'il ne dist en soymesme: Ah ma dame, dônez effort à vostre cheualier pour vaincre cest ennemy, asseuré qu'en vostre pro
tection il ne pourra auoir durée contre moy ! Ce disant luy augmenta le
courage, & tenât son escu au bras, marcha vers le cheualier enchâté, lequel
sans monstrer semblant de resistance, ny mettre la main à l'espée , recula
tellemét arriere, que pour deuoir que fist Lisuart, ne le peut ataindre: dôt
trop marry (cognoissant qu'il perdoit sa peine) remit son espée au fourreau, & courut l'embrasser, pensant le ruer par terre à force de bras : mais
l'autre estoit agile : car tât plus Lisuart le poursuyuoit, & plus Alpatracie
tiroit cul arriere , auecq' telle dexterité . qu'il sembloit proprement qu'il
volast. Ce qui donna grand' ocasion à l'assistance de s'ebahir. veu que Fri-

S iiii   stion

ſtion teſmoigna,pour verité au Roy,n'auoir oncques veu auenir ſemblable cas , au moyen dequoy pria Liſuart ne l'importuner d'auantage:car
vous pouez cognoiſtre aiſément,dit il,qu'il n'a nulle enuie de s'atacher à
vous.Non,reſpondit Liſuart,puis qu'il me fuit, & en vain a trauaillé Friſtion de le mener ainſi,puis qu'à ſa contenance il n'a deſir d'eſtre encores
deſenchâté.Sire,dit Friſtió cómandez,s'il vous plaiſt,aux dames qu'elles
eſſayent la coronne deMiraminie,à laquelle, peult eſtre,trouuerrót elles
plus de gracieuſeté, que voz cheualiers n'ont eu à Alpatracie. Dieu le
vueille,reſpondit il.Et s'adreſſant à l'Infante Briſenne , la pria qu'elle có-
mençaſt. Parquoy ſe leua, & ſuyuant l'inſtruction du vieil cheualier, ſe
mit à deux genoux deuant la Royne enchâtée,& luy dit:Ma dame,vous
plaiſt il me donner ceſte coróne,pour me rendre la plus heureuſe damoy
ſelle du monde?Miraminie luy print les mains , & la releua, puis ſe tira à
coſté,la laiſſant au mylieu de la ſalle . Dont Briſenne contrainte ſe retirer,rougit de honte, & vint en ſon lieu,ſa couſine Eliſenne,laquelle faiſat
tout ainſi qu'elle,demanda la coronne: mais la Royne ne luy fit non plus
de grace qu'à Briſenne,n'y à pluſieurs autres.Bien eſt vray qu'ancunes eu
rent trop pis : car Miramnie donna du poing contre l'eſtomach à quatre
ou cinq ſi rudement,qu'elle les ieta par terre,apreſtant à rire à ceux meſmes qui n'en auoient pas la volunté:car par tel deſdaing on cognoiſſoit,à
veuë d'œil,les deſpourueuës d'amy, & moins aymantes . Par Dieu, dit le
vieillard , ces damoyſelles euſſent eſté marries de faire mieux que leurs
chenaliers, auſſi y aqueſteront ilz autant l'vn que l'autre:parquoy,ſire,il
vous plaira me donner congé.En bonne foy,reſpondit le Roy,il me deſ-
plaiſt qu'il n'eſt autrement auenu: toutesfoys ie vous prie nous permettre
voir de pres ces deux perſonnages , auecq' l'armet & la coronne. Sire,dit
il,voir les pouuez vous à voſtre ayſe : mais d'y toucher, non ſans grand
danger de voz perſonnes : car tout ce qui y touche, eſt auſſi toſt bruſlé.
Adoncq's'procherent tous de Miraminie, qui leur ſembla l'vne des plus
belles du monde , & ſa coronne tant riche , & bien taillée qu'il n'eſtoit
poſſible de plus.Quant au heaume d'Alpatracie, il eſtoit d'vn fin dyamát
comme il vous a eſté dit,& au tour certains charactcres engrauez: mais ſi
incogneuz , qu'on n'y pouuoit rien comprendre , parquoy s'en deporte-
rent à tát, & print congé Friſtion du Roy,& des dames,& deſcendant en
la baſſe court,remonta Alpatracie& Miram inie en leur chariot couuert
d'vne toile d'argent:& ſuiuiz de vingt cheualiers armez d'armes noires,
en teſmoignage de dueil, reprindrent leur chemin,laiſſant Liſuart trop
ennuyé pour n'auoir peu acheuer l'auenture,qui luy ſembloit eſtre deuë,
veu la grand amour & loyauté qu'il portoit àOnolorie.Tandis Quedragant faiſoit compagnie à l'Infante Eliſenne,de laquelle il s'en amoura en
ſorte,qu'il ne repoſoit nuiĉt ny iour,pour paruenir à ſa bonne grace:mais
certes il n'eſtoit point trop loing de conte : car elle fut frapée de ce meſme mal

me mal, auſſi toſt qu’elle l’eut veu combatre côtre le cheualier enchanté.
Ce qu’elle ſceut pourtant bien diſſimuler, comme ſage & auiſée, iuſques à
quelque temps depuys, qu’ilz s’entremanifeſterent leurs affections.

Comme vn cheualier vint def-
ſier Amadis de la part du Roy de la Sauuagine, & du retour de ceux
qui eſtoient venuz nouuellement en court.

Chapitre   LI.

E iour enſuyuant, ainſi que le Roy ſortoit de ſa chambre, & entroit en ſalle ou l’atendoient maintz preudhommes pour luy donner le bon iour, ſuruint vn cheualier preſque Geant, lequel deſarmé des mains & de
teſte, & acompagné de quatre eſcuyers, mettant le ge-
noïl à terre, luy preſenta vne letre en parchemin, ſéellée
de quatre ſeaux, & luy dit: Sire, commandez s’il vous plaiſt lire le contenu de ce cartel, puis ie vous diray ma creance. Le Roy mãda auſſi toſt l’vn
de ſes ſecretaires, & leut deuant tous ce qui s’enſuyt:

Vlpicie Roy de la Sauuagine (par la mort de noſtre feu oncle
Griſilant de bonne memoyre que noz dieux traitent d’ambroſie
& de nectar) & Garſante & Boſtroſſe noz treſchers & treſaymez
treres, faiſons ſçauoir à toy Amadis, Roy de la grãd’ Bretaigne, que nous
ayants les dieux doucz de forces & moyés pour véger tant la mort d’icel-
luy noſtre feu oncle, que l’vſurpatiõ que tu as faite ſurnous du chaſteau de
la roche, ou tu as laiſſé pour gouuerneur, vn nommé Sarquiles, lequel depuis ton partement a aſſemblé grand nombre de Chreſtiens, qui ſont entrez en noz païs, dont eſt enſuyui inſiny meurtre, & pourra encores auenir cy apres. Pour à quoy obuier auons penſé te preſenter le combat de
nous trois, contre trois autre: des tiens, ſouz condition, que ſi nous ſommes vainqueurs, tu reuoqueras ton Sarquiles, nous remettant entre noz
mains noſtre chaſteau, & tout ce qu’il nous a eſté vſurpé depuis, & ſi nous
demeurons vaincuz, le reſte de noz païz demeurera auſſi en ton obeyſſan
ce, & le te laiſſerons quite & franc, ſans plus iamais rien y quereller: ce
que ne mettrions ſouz le danger de fortune tant variable, n’eſtoit le bon
droit que nous auons, & le tort que tu nous fais. Et à fin que tu ne recu-
les à choſe ſi raiſonnable, nous te iurons & prometons en parole & ſoy de
Roy, n’y faillir d’vn ſeul point, & outre te donner ſeureté enuers tous, &
contre tous, fors que de nous trois, ſi tu veux venir, ou enuoyer pardeça:
ſinõ nous deliberons aller vers toy, ou autre part que tu auiſeras, pourueu
auſſi que tu vſes enuers nous de pareille loyauté que nous te preſentons,

Trop fut

Trop fut penſif le Roy de ces nouuelles, & demanda au cheualier ſi ſa creance portoit d'auantage. Non ſire, reſpondit il, ſinon receuoir la ſeureté de vous, pour mes maiſtres, au cas qu'il ne vous pleuſt venir, ou enuoyer vers eux, aſſeuré que moy de retour, ilz ſe mettront incôtinent en chemin. Et comme le Roy Amadis fuſt l'vn des plus ſages & auiſez princes du monde, il ne vouloit reſpondre à l'impourueu: ains par l'auis des ſiens quand Liſuard mit le genoil en terre, & luy dit: Monſieur ie vous ſuplie treshumblement m'octroyer vn don, qui eſt le premier que ie vous ay requis, depuis le iour que i'ay commencé à porter armes. Mon filz, reſpondit il, ie le vous octroye, demandez ce qu'il vous plaira. Liſuart plus content qu'on ne pourroit dire, le remercia treshumblement, & luy dit: Monſieur, vous ſçauez le voyage que i'ay entreprins pour aller au Leuant, il vous plaira trouuer bon que ie ſoys l'vn des trois du côbat, que demande le Roy de la Sauuagine, & me permettre auſſi nommer les deux autres, aſſignant le camp deuant l'Empereur de Trebiſonde, qui eſt païs plus commode, & plus pres pour Sulpicie & ſes freres, que non pas la grande Bretaigne, de laquelle ie ne partirois ſi toſt, n'eſtoit la promeſſe que i'ay faire à vne damoyſelle, de retourner vers elle, ou mon oncle Perion de Gaule, & Olorius de Moniaſte, m'acompagneront s'il leur plaiſt, & ſeront participans de l'honneur que i'eſpere auoir contre le Roy de la Sauuagine, & ſes freres. Et combien que l'eſlongnement de ces trois perſonnages fut grief à Amadis, neantmoins il diſſimula ce qu'il en penſoit, & reſpondit à Liſuart qu'il en eſtoit treſcôtant. Dôt eux trois le remercierét auecq' grand' humilité. Puis dit au cheualier embaſſadeur: Vous auez ouy la requeſte de mon filz, & le conſentement que i'ay donné, d'huy en ſix moys voſtre maiſtre & ſes freres, ſe trouueront en la court de l'Empereur de Trebiſonde, deuant lequel ſoit le combat d'eux trois, contre les trois qui vous ont eſté nômez. Et commanda ſur l'heure au ſecretaire, en faire la depeſche, auecq' ſaufconduit, & ſeureté neceſſaire. Parquoy le cheualier de Sulpicie s'en retourna auecq' grand contentemeut: & le ſixieſme iour d'apres, Liſuart, Perion, & Olorius, s'embarquerent, acompaignez d'Alquife, Adariel, & Elinie, & portoient ces cheualiers, armes vermeilles n'ayant pour les ſeruir, que chacun ſon eſcuyer. Lors furent leuées les ancres, & par vn vent d'oueſt voguerent, eſlongnâts en peu de iours la coſte de la grand' Bretaigne, tant qu'ilz paſſerent les colonnes d'Hercules. Si ne tarda gueres depuis que tous les autres Princes eſtrangers, venuz à la court d'Amadis, ne prinſſent congé de luy, & entre autres, les Roynes Pintiquineſtre, & Calaſie: leſquelles arriuées auecq' leur mariz en l'Iſle Californie, trouuerent Talanque, & le Roy Garinter, qui les eſtoient venuz voir, ou apres quelque ſeiour, Garinter fit preſent à Manely du Royaume de Iugurte: mais Quedragant paſſionné de l'amour d'Eliſenne, ſe tint en la grâd' Bretaigne, ou il l'eſpouſa peu de iours apres. Et quant

à l'Impeà l'imperatrix de Rome, elle s'en retourna es Italles, ou arriuée, l'Empereur despecha embassadeurs vers Amadis, auecq' charge expresse de demander pour Dinerpie l'Infante Brisenne : ce que le Roy & Oriane luy acorderent voluntiers, en sorte qu'elle arriuée à Viterbe, le mariage en fut solemnizé. Ainsi demeura Amadis auecq' peu de compaignie estrangere, au moyen dequoy il alloit chacun iour à la chasse, ou vne foys entre autres, estant seul, attendant souz vne ramée passer le Cerf que ses chiens poursuiuoient, vn autre se lança d'vn buysson ioignát, qu'il pour chassa si loing, qu'apres lauoir mis à mort il s'esgara, & trauersant païs, par l'espesseur d'vn fort hallier, entendit vne voix qui apelloit : Cheualier de la Verde espée, Si tourna la teste pour voir qui c'estoit : mais il ne vid personne, Bien ouyt il apeller de rechef, Damoyselle de la mer, & neátmoins il luy fut impossible sçauoir d'ou procedoit ceste apellation : parquoy à demy esbahy, vouloit passer outre, quand on apella encores, beau Tenebreux. Alors deuint plus pensif que deuant : car il ne voyoit & n'entendoit autour de luy que fueilles remuer du vent, & ceste voix, laquelle ainsi qu'il cuidoit s'auancer, apella plus hault qu'au parauant : Cheualier Græc. Par dieu, dit il en soy mesmes, c'est trop apellé. Et ainsi resuant, douteux s'il songeoit ou non, suyuit petit vn sentier, pensant es choses qui luy furent ocurantes, quand premierement on luy imposa ces noms, & discourát en soy mesmes les mobilitez de fortune, son cheual bruncha, donnant du nez à terre, & en se releuant aperceut sur vn arbre vn enfant, si ieune, qu'on ne luy eust pas donné troys ans, qui luy dit : Amadis, à quoy pense-tu tant? ie t'auise que celuy viendra en brief, qui te robera ce qui est plust ton propre, & toy & tous ceux de ton lignage mourrez par ses mains. A' peine eut il acheué ceste parolle, qu'il se disparut, & ne vid le Roy oncques puis, demeurant trop contristé de ceste menasse : toutesfois il delibera n'en reueler aucune chose à hôme viuant Et pource que ceste hystoire n'est faite pour luy, ains pour autre, auquel elle est propre, nous changerons de propos, apres vous auoir fait entendre que ses veneurs le rencontrerent quasi aussi tost, & tous ensemble retournerent en la ville de Fenuse.

Comme Lisuart & ses compai-

gnons, furent ietz par tourmenté en Espaigne, & du secours qu'ilz firent au Roy don Brian de Moniaste, contre le Roy Miramamolin.

Chapitre   LII.

Isuart & ses compaignons partiz de Fenuse, ainsi qu'ilz entroient en la mer Mediterranée, la tourméte s'esleua, tant rigoureuse, que maintesfois ilz furent sur le poinct de perir : mais il pleut à nostre Seigneur les sauuer. Et apres auoir couru fortune l'espace d'vn moys & demy, icta leur vaisseau au port de Carthagene, lequel recogneue des mariniers, furent grandemant ioyeux, & delibererent atendre iusques à ce que le temps deuint plus calme : parquoy enuoyerent leurs valetz querir viures en la ville, lesquelz de retour, r'aporterent aux cheualiers, qu'ilz auoient ouy publier de par le Roy dó Brian de Moniaste, que tous ceux qui estoient pour porter armes, eussent dans quinze iours, à eux trouuer en la cité de Tollette. Lors, dit l'vn des valetz : Nous nous sommes enquis ou il vouloit aller : & on nous a conté que Miramamolin Roy de Marrueces, acompaigné de dix autres Roys, tant Affricains, que Arabes, sont entrez es Espaignes & ont desia forcé plusieurs villes, disants qu'ilz feront tout passer au fil de l'espée, en vengeance de la mortdu Roy armato, & autres Prince qui ont esté deffaitz deuant Constantinople : & tiennent auiourd'huy Cordouë assiegée, auecques tel nombre de gents à pied, & à cheual que merueilles, dequoy le Roy Brian auerty, se delibere les aller trouuer, & dóner la bataille. De ces nouuelles ne fut vn seul brin resiouy Olorius, entédant les affaires de son pere : mais Lisuart, & les autres pour le reconforter, luy dirent, qu'ilz ne voudroient pour chose du monde, auoir perdu l'ocasion de seruir à si bon Prince, veu l'oportunité & moyen qu'ilz en auoiét. Et en ceste deliberation, promisrent d'eux trouuer à la batalle incogneuz, & si Dieu donnoit la victoire au Roy Brian, desloger aussi tost sans eux descouurir, à fin que leur voyage ne fust retardé, tellement que le iour mesme : ilz descendirent en la ville, ou apres y auoir seiourné quelque peu, commanderent à leurs mariniers de les atendre, auecq' Alquife. Et prenants leurs armes, suyuirent la voye de Cordouë, en laquelle ilz rencontrerent vn courrier, qui alloit diligenter tous gents de pied & de cheual, pource que le Roy auoit eu nouuelles que la ville estoit en tresgrande extremité, & sur le poinct d'estre forcée par famine, à quoy il vouloit pouruoir, plustost que de la perdre. Et de là cheminerent tant, que le huictiesme iour d'apres, ilz arriuerent au camp des Espaignolz, ou ilz se tindrent les plus couuertz qu'ilz peurent, atendants la bataille : mais auant la semaine hors, Brian se diligenta si bien, qu'estant aproché de l'ennemy à demye iournée pres, & auerty qu'ilz se deliberoit de le combatre, ordonna sa bataille, comme vous entenderez presentement. Le Comte de Medine eut l'auátgarde, auecq' six mil hommes de cheual, & vint mil soldatz, le Roy la bataille, acompaigné de dix mil sallades, & vingt mil hommes de pied, & les Ducz de Biscaye, & Cantabrie, la rieregarde, auecq' quatre mil chuaux legers, & dix mil hommes de

mes de pied, tant arbalestiers, archers, qu'autres, Biscains, & Castillans.
A' tous lesquelz il fit vne remonstrance particuliere, les prians, & enhor-
tans de grande affection, auoir l'honneur d'Espaigne deuant les yeux,
considerans qu'ilz n'estoient là pour combatre aux gages & soulde d'vn
Roy estranger : mais pour la defence de leur propre Prince, de leurs païs
de leurs femmes & enfans, & pour leur propre liberté. Ce fait, chacun
marcha en bon ordre, & vindrent loger à la veuë de l'ennemy, lequel ayant entendu par ces espies, comme ceste grosse puissance le venoit combatre, leua son siege, & marcha encôtre, ainsi qu'il vous sera declaré:Les
Roys de Thunes & de Fez, furent ordonnez pour cômencer l'escarmou-
che, auec dix mil Arabes à cheual,& vingt mil hommes de pied,lesquelz
soustenuz par les Roys de Marquize, de Maroch, & de Guyard, auecq'
double renfort, donnerent en flanc, droit ou estoit la personne de Brian,
faisans leur tintalore & huyrie acoustumée:& quant & quant les deux A-
miraux Amadagod & Marintes, auecq' quelques Tartares,les suyuroient
de pres, puis Miramamolin,& cinq Geans tresredoutables, auec vne infinité d'Affriquains, & autres diuers peuples de toutes nations, qu'il auoit
ramassez. Et comme ilz estoient en ces termes, arriua vn herault de la
part du Roy d'Espaigne, lequel demandant ou estoit Miramamolin, &
le luy monstrant vn soldat, s'adressa à luy, luy disant: Sire, le trespuissant
& redouté Prince don Brian deMôiaste,mon souuerain Roy & Seigneur
vous mande qu'ayez à vuyder ses païs, autrement il vous declare qu'il se
delibere vous donner bataille, sans prendre nul de vous à mercy. Miramamolin quelque peu irrité de ce mandement, respondit sans differer:
Herault retourne à ton maistre, dy luy que ie n'ay point trauersé tant de
mer, ny entreprins la conqueste des Espaignes, pour m'en retirer auecq'
menasses. Quand i'ay esté petit, on m'a fait peur des Loups, maintenant
que ie suis Roy,commandant aux hommes, ie ne crains point la menasse
de ceux que i'espere vaincre, & que i'auray à ma discretion, auant qu'il
soit nuyt fermée. Mais il auint tout autremét: car le herault n'eut plustost
congé de luy, que les escarmouches se dresserent d'vne part & d'autre,
& continuerent iusques au soir tout tard, contrains les deux camps loger
à la portée d'vn arc pres l'vn de l'autre, esperans recommencer le lendemain.

Comme les deux oftz fe rencon-

trerent, & de l'ayde que firent Lisuart & ses compagnons
au Roy des Espaignes.

Chapitre   LIII.

T   Toute

Oute nuict les deux camps firent tresbon guet, & droitement au poinct du iour deslogerent, marchants l'vn contre l'autre de grande furie. Or s'estoient tenuz cachez Lisuart & ses compagnons, iusques à ce qu'ilz vindrent aux lances briser. Et combien qu'ilz fussent armez de mesme pasture, si auoient ilz leurs escuz si differans, qu'on les pouuoit choysir l'vn d'auecq' l'autre, Lisuart portoit d'or à vne figure de Cheualier à genoux, & enchainé auecq' vne Damoyselle, qui luy mettoit la main dans le costé gauche, bordé de sinople à elements de O. signifians ce mot d'Onolorie. Le Prince Olorius portoit d'argent à vne estoile de gueulle, & Perion d'or à deux griffons de sable, tenans les griffes haulsées, & entrelassées les vnes dans les autres, & au mylieu de toutes vn cueur laceré, & presque mis en pieces. Elinie, & Adariel, ne portoient que de gueulles, qu'on apelloit Vermeilz. Et en tel equipage se mirent à costé des deux batailles, comme s'ilz eussent voulu regarder ce qu'il en auiendroit. Ce pendant les ostz marchoient au pas l'vn contre l'autre: mais quand vint aux lances baisser, les cinq Cheualiers incogneuz, & du Roy de Thunes, & du Comte de Medine, entrerent dans le bataillon des Affricains ou commandoit le Roy de Fez : & d'arriuée ruerent par terre les cinq plus braues qu'ilz rencontrerent. Ce que voyant le Comte de Medine, fut grandement aysé, & cryant Espaigne, Espaigne, entra auecq' sa troupe pesle mesle, ou certes ilz furent si bien receuz, que d'vne part & d'autre, il en tomba plus de mile, qui oncques puis ne se releuerent. Là faisoient merueilles Perion, Lisuart, Olorius, Elinie, & Adariel, laissans par ou ilz passoient, grand tesmoignage de leur prouësse & haute

se & haute Cheualerie . Ce pendant les gens de pied d'vne part & d'autre , commencerent à defcocher fi dru , qu'on ne vid oncques grefle tomber du ciel plus menue , que cheoient les flefches entre pauures foldatz,
dont il enfuyuit vn tel meurdre , que plus de deux mile demourerent fur
la place . Ainfi meflez , comme ie vous ay dit le Roy de Fez auifa le filz
du Comte de Medine , qui d'vn coup de maffe auoit eftourdy vn de fes
Cheualiers. Dont trop marry, luy courut fus , & le prenant par derriere,
luy mit la lance au fondement, le iettant mort fur le champ. Mais le Comte fon pere defplaifant de telle fortune , s'atacha au Roy, & d'arriuée luy
donna trois ou quatre grandz coups fur l'armet,toutesfoys il fut fecouru,
& le Comte enuironné par dix Cheualiers, fi eftroitement, que fans l'ayde d'Olorius, il eft certain qu'il euft tenu compagnie à fon filz, combien
qu'il fe trouua garanty: car le Prince d'Efpaigne frapant à dextre, & à feneftre, rencontra le Roy, qu'il chargea de telle force , qu'il luy fit perdre
la vie. Ce que voyant le Roy de Thunes, & cinquante des fiens, vindrent
de grande furie pour terraffer Olorius , & le Comte : mais les autres quatre Cheualiers vermeilz (ainfi nommez Lifuart & fes compagnons) les
fecoururent fi à propoz que merueilles, d'autant que le Roy de Thunes,
auecq' deux Amiraux & leur fuyte les auoient defia enfermez , & affail-
liz deuant & derriere : toutesfoys Lifuart les rompit , donnant tel coup
d'efpée au Roy de Thunes,qu'il le fendit iufques aux efpaules. Dont furuint tel effroy aux Payens , qu'oncques puis n'eurent le cueur fi bon , ny
entier . Et comme vn mal n'auient communément feul , à l'inftant mefmes Perion renuerfa l'vn des Amiraux , & Olorius l'autre, perdans tous
deux la vie , quelque refiftance que fiffent leurs gens pour les garder.
Dont les Efpaignolz eurent le courage tellement haulcé , que fe meflans
en la preffe contraignoient les Payens à prendre fuyte ,quand Miramamolin conduyfant la bataille, les arrefta fur cul, & faifant tefte à ceux qui
pourfuyuoient la victoire, auint vn tel meurdre, que c'eftoit pitié & horreur . Mais Brian & fon efcadron vindrent donner par les flancz , & entrerent gens de pied & de cheual (tant d'auangarde, bataille & arriere-
garde d'vne part & d'autre) en telle confufion, que le Comte de Medine
y fina fa vie , par la main du Roy de Marquize , & quant & luy maintz
preud'hommes Caftillans. Dequoy Brian trop marry,fe mit en la preffe,
& comme Sanglier ou Lyon efchauffé , faifoit tant d'armes, que les fiens
mefmes s'en esbahiffoient . Là mourut le Roy de Marquize , par la main
d'Olorius, qui luy cuyda eftre bien cher vendu : car le Roy de Guyard,
& l'Amiral Amadagod, fe benderent contre luy,preftz à le deffaire,fans
la bonne fortune qu'il eut d'eftre rencontré par Elinie , & Adariel . Ces
trois iointz enfemble, fe fceurent tant bien feconder, que les deux affail-
lans y demourerent pour gage,& mefmes le Roy de Maroch nonobftant
que les cinq Geans, dont nous vous auons parlé cy deffus , fiffent de grás
T ij　　　effortz,

effortz, & telz que ceux qui les veoient, ou sentoient combatre craignoient (& auecq' grand' raison) que leur prouësse fust ocasion de la victoire pour Miramamolin. Ce qui auint tout autrement, par ce que quasi à l'instant l'vn d'eux fut percé d'vn coup de lance que luy donna Lisuart, de laquelle le tronçon luy demoura planté dans le corps: & parfaisant sa carriere, luy arracha vne grosse masse de fer qu'il auoit au poing . Si ne demoura long temps à seiour, qu'vn autre Geant se ioignit à luy , & masse à masse, s'entreheurterent de telle roydeur, que demeurans leurs heaumes enfondrez, demeurerent aussi tant estonnez, que force leur fut d'eux retenir aux arçons, ou embrasser le col de leurs cheuaulx . Mais Perion qui estoit à costé, voyant le Geant baisser la teste, & haucer les reins, luy donna entre col & cuyrasse, si grand coup d'espée, qu'il luy separa la teste des espaules. Olorius ce pendant estoit bien empesché contre l'vn des autres: mais Elinie & Adariel le secoururent, mettans à mort ce troisiesme. Durant telles rencontres Brian , & Miramamolin s'estoient entreiointz de si trespres, qu'à force de bras se desroquerent, tombans l'vn sur l'autre au mylieu de la presse . Là fut l'effort du conflit : car les Payens pour secourir le Roy, & les Espaignolz pour fauoriser leur Prince, monstrerent bien le peu d'estime qu'ilz faisoient de leurs vies, principalement Lisuart, lequel aperceuant le Geant qu'atreiesme qui auoit abatu le prince Adariel, esmeu de colere, pensant qu'il fust mort, s'aprocha , & haulçant l'espée luy fendit l'armet & la teste en deux. Adariel esmerueillé de tel coup se releua aussi tost, & se trouuant pres de Miramamolin, qui tenoit Brian au faux du corps, luy mit l'espée dans le fondemét, & le trauersa iusques aux reins. Et depuis ne tarda gueres à estre remonté: car le Comte de Biscaye se trouua là endroit, lequel suyuy d'vn gros escadron de Castillans qu'il auoit r'alliez , se fit faire largue. Lors don Brian , qui eslongnoit le moins qu'il pouuoit Lisuart & ses compagnons , voyant le roy Miramamolin mort , & les Affricains affoybliz de cueur & de nombre , ietta vn hault cry: Saint Iaques, Espaigne, Espaigne, victoire, victoire , & autant en firent ses gens qui l'acompaignoient . Dont leurs ennemys effrayez, pensans qu'il fust arriué quelque nouueau secours contre eux , ioint aussi que les cinq Cheualiers Vermeilz fendoient la presse , frapant à dextre & à senestre, comme si du iour ilz n'eussent trauaillé , prindrent la fuyte: toutefoys ilz ne peurent si bien courre, que plus de six mile demeurerent prisonniers, les autres passerent au fil de l'espée , donnans les Espaignolz fin à leur chasse, pour la nuict obscure qui suruint : à la faueur de laquelle les cinq Cheualiers aux armes Vermeilles, se retirerent en vn chasteau prochain, ou le Seigneur de leans leur fit honneur & tresbon recueil . Là seiournerent, tant que leurs playes eurent guarison, puis rentrerent au chemin de Carthage, ou Alquife les atendoit . Mais le roy Brian qui les faisoit chercher par tout, du soir mesmes qu'il eut la victoire, voyát qu'il

n'en pou-

n'en pouuoit auoir nouuelles, estoit si deplaisant que rien plus: & ce qui
le contristoit d'auantage, il n'en cognoissoit aucun d'eulx, & partant de-
esperoit de les pouuoir iamais remercier. Dequoy Lisuart & ses compagnons se soucioient peu, ains arriuez au port ou surgissoit leur nauire,
sans y faire seiour d'auantage, tirerent la route de Trebisonde. Et combien que la mer fust en bonace quand ilz s'embarquerent, si courut fortune le huictiesme iour d'apres, durant laquelle ilz descouurirent (vn dimenche au poinct du iour) vn nauire, portant les bandieres & les armes
de Constantinople: parquoy Lisuart se fit enquerir par son pylote qui nauigeoit dedans. Ceux du nauire respondirent que c'estoit Gradafilée, &
son pere, lesquelz pour n'auoir puis long temps sceu nouuelles de Lisuart
retournoient (souz le bon plaisir de l'Empereur) en leurs païs. Certes
telle responce donna trop à penser au Cheualier Solitaire, se souuenant
des maux qu'il auoit souffertz, par le raport du paige, & à ceste cause ne
voulut autrement se manifester, ains commanda passer outre.

Comme le vaisseau ou nauige-

oient Lisuart & ses compagnons, fut ietté par tourmente
en l'isle des Singes, ou ilz virent merueilles, & du
recueil que leur firent Alquif & Vrgan-
de la descogneuë.

Chapitre   LIIII.
                                    T iii   Passant

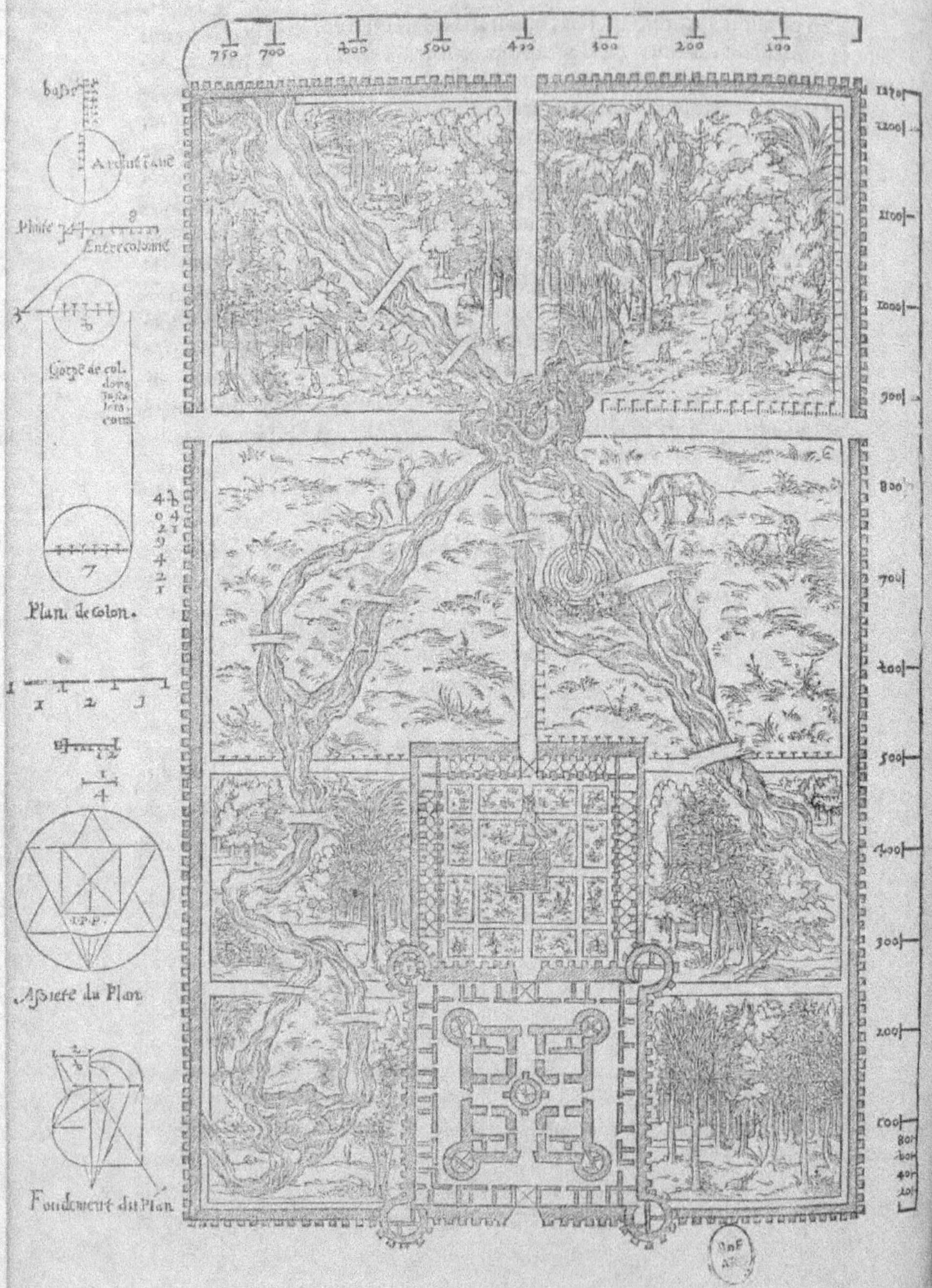
750 700 600 500 400 300 200 100
baste
Architraue
Phile
Entrecolone
Gorge de col.
donq
juxta
lens
cons.
7
Plan de colon.
1 2 3
1/12
1/4
I.P.P.
Assiete du Plan.
Fondement du Plan.
1200
1100
1000
900
800
700
600
500
400
300
200
100
80
60
40
20

Assans doncques les deux vaisseaux l'vn deuant l'autre, ainsi qu'il vous a esté raconté, enuiron la mynuict la mer s'enfla, de sorte que (par la fureur des vents contraires) ceux qui auoient nauigué toute leur vie, estoient du tout hors d'esperance de & salut. Mais enuiron l'aube du iour, ilz descouurirent terre en la plus belle & riche Isle, qu'ilz eussent oncques veuë: parquoy les bons Cheualiers commanderent de prendre port. Ce que les pauures mariniers doutoient grandement, pour crainte de faire entre ouurir leur vaisseau: mais ilz auiserent en vne barque deux sauuaiges, grandz, & velus, qui fouetoient cruellement vne belle Damoyselle, laquelle pour le mal qu'elle souffroit, se lamentoit fort piteusement: dont Lisuart & ses compaignons esmeuz de quelque compassion, firent promptement ietter vn esquif en mer, ou ilz entrerent. Mais premier qu'ilz sceussent ioindre la barque, les deux Sauuaiges se lancerent en l'eau, & à force de nager gaignerent l'Isle, fuyans à trauers les boys. Lors s'adresserent les cinq Cheualiers à la Damoyselle: & comme ilz pensoient s'enquerir pourquoy on la traitoit ainsi, elle se lança en mer, sans qu'ilz la vissent depuis: dont trop esmerueillez, prierent Alquife les atendre. Et faisans ietter leurs cheuaulx sur la greue, monterent dessus prenans leur chemin le long d'vne sente, ou ilz n'eurent gueres longuement cheminé qu'ilz entre ouyrent vne voix piteuse dans la montaigne, vers laquelle ilz coururent à bride abatue, & arriuans au hault virent vn Sauuaige monté sur vne Licorne, tenant par les cheueux vn Damoysel, lequel aperceuant les Cheualiers, leur escria: Helas vaillans Seigneurs, pour Dieu deliurez moy de cestuy, qui me tourmente auecque tant de misere. A ceste parolle sembla à Lisuart que c'estoit celuy mesme qui parla à luy sur l'arbre, lors qu'il s'absenta de Constantinople, & qu'il luy enseigna les armes noires en la maison deserte. Et à ceste cause s'auança de meilleur cueur pour le secourir: mais le Sauuaige s'enfuyt sur sa Licorne, entrainant le Damoysel quant & luy: dont les cinq Cheualiers esmeuz à pitié, le suyuirent à course de cheual iusques hors du boys, qu'ilz entrerent à vne grande plaine, au mylieu de laquelle estoit vn lac fort grand, ou s'abismerent le Sauuaige, la Licorne, & le Damoysel. Et à l'instant ilz aperceurent venir vers eux six autres grans & merueilleux Geants armez de toutes pieces, & montez sur grandz cheuaulx: lesquelz leur escrierent à haulte voix: Cheualiers trop orgueilleux & temeraires, qui vous meut de ainsi suyure nostre Sauuaige? Par Dieu vous en mourrez tous presentement. A ce cry Lisuart & tous ses compagnons baisserent la veuë de leurs armetz, & couchants leurs boys, coururent ensemble contre les Geants: toutesfoys, premier que de ioindre, sentirent voller leurs lances en esclatz, & s'esuanouyrent ceux qui les auoient ainsi menacez, dont plus estonnez que deuant se re-

T iiii   gardoient

gardoient l'vn l'autre, quand ilz entr'ouyrent à main gauche la voix d'vn qui demandoit secours, & cogneurent peu apres que c'estoit Alquife, que les deux Geans de la barque emmenoient par force dans le lac, & pour ceste ocasion y coururent tous à bride abatue. Mais à l'aprocher des sauuaiges leurs cheuaulx furent si effroyez, que pour coup d'esperon ne les sceurent faire passer outre, & à ceste cause mirent soudain pied à terre: toutesfoys ilz ne se peurent tant diligenter, que les sauuaiges ne se perdissent en l'eau, & Alquife semblablement. Qui causa tel ennuy à Perion & Lisuart, qu'ilz eussent voulu estre mortz, ayans failly de secours à celle qui les auoit tant obligez enuers elle. Et comme ilz se deconfortoient ainsi, reuirent les sauuaiges sur l'eau, l'vn desquelz tenoit Alquife nue par le bras, & l'autre la fouetoit de grandz oziers, tant que la pauurette en plorant les apelloit à secours. Ce qui leur estoit impossible: car ce lac estoit profond & large, & si ne sçauoit nul des Cheualiers nager: dequoy Lisuart deplaisant au mourir, ce colera si fort en soymesmes, que le sang luy sailloit des yeux, du nez & de la bouche, & encores auint il pis: car l'eau creut à l'instant par telle impetuosité, qu'il sembloit proprement qu'elle voulsist monter aux nues, & partant furent les Cheualiers contrains s'en fuyr par le chemin qu'ilz estoient venuz. Mais ilz aperceurent derriere eux la mer s'enfler d'auantage, & gaigner petit à petit la sublimité des montaignes, tellement qu'il ne s'en falloit pas vn trait d'arbaleste qu'elle n'eust ataint le lac. Adonc pensoient bien les Cheualiers estre à la fin de leur vie: parquoy mettans les genoux à terre ioignirent les mains, prians deuotement nostre Seigneur auoir pitié de leurs ames. Et comme l'eau commençoit à leur mouiller les piedz, ilz ouyrent en l'ær vn son & chant le plus melodieux qu'on sçauroit souhaiter, & aperceurent vne femme nue, ayant au dessouz de la ceinture forme de poisson, qui chantant iouoit d'vne harpe, & se faisoit porter sur les vndes de la mer, ou elle prenoit son plaisir. Si leur fut ceste armonie tant delectable, qu'ilz oublierent la frayeur de mort pour l'escouter, & tomberent endormiz (comme il leur sembloit) à demy couuertz d'eau: toutesfoys à leur reueil se trouuerent en vne grande salle, assis entre les plus exquises viandes qu'on sçauroit desirer, & sembloit à chacun d'eux proprement, que son compagnon fust de marbre, & neantmoins ilz auoient si grand faim, qu'ilz mangeoient auecq' apetit desordonné, entremeslé toutesfoys de tristesse pour s'entreuoir ainsi transformez. Et en ceste opinion demeurerent par l'espace d'vne heure & plus qu'ilz sommeillerent de rechef, se trouuans à leur reueil assiz à table, & retournez en leur forme naturelle. Lors virent aux deux boutz de la salle deux statues d'Albastre, l'vne d'homme ancien: & l'autre d'vne Dame d'assez moyen aage, tenants chacun de eux vn grand chandelier, & vn flambeau ardent: & estoit la table couuertes de tant de sortes de confitures que merueilles. Si en prindrent

comme

comme bon leur sembla , doutant quelque foys en eux mesmes s'il estoit
vray, ou songé, ce qui aparoissoit à leurs yeux: car ilz entendirent sonner
six harpes & six violons, & si n'y auoit hôme ny femme qui les touchast:
bien virent ilz les instrumens en l'air , mais autre chose non. Lors suruindrent deux Geans portans chacun d'eux vne grosse masse de fer sur son
col. Les Cheualiers surpris de quelque peur, pensans estre assailliz, se mirent en effort d'eux leuer, pour entrer en defence, ce qu'il leur fut impossible, ains demeurerent stables sans pouuoir remuer pied ny main, & vindrent les deux Geans charger les deux statues: mais du premier coup que
ilz donnerent suruint si grand esclat de tonnerre , qu'on eust pensé proprement la ruyne du palais, lequel remply d'vne fumée & obscurité d'air
se perdirent de veuë l'vn l'autre. Et estant la vapeur haulcée, auiserent les
statues d'Albastre estre Alquif & Vrgande la descogneuë, acompaignée
des six Damoyselles qu'elle amena à la court du roy Amadis, lors qu'elle
vint à Fenuse . Ainsi fut conuertie la crainte des cinq Cheualiers en ioye
& plaisir: car Alquife & Vrgande les vindrét embrasser, leur disans que
ilz fussent les tresbien venuz, & quasi aussi tost arriua la Damoyse Alqui
se à laquelle Lisuart demanda, si elle auoit eu quelque encombrier depuis
qu'ilz l'auoient laissée . Non pas , respondit elle, ains recogneu l'Isle aussi tost que ie vous eu perdu de veuë : parquoy ie fis ietter à terre mon pallefroy , à fin de vous en venir dire des nouuelles , pensant bien que mon
pere ne vous laisseroit retourner qu'il ne vous eust festoyez ceans . Seigneurs, dit le vieillard, ma fille a eu raison : car autres que vous ne se sont
aperceuz de tout ce qui s'est representé deuant voz yeux : mais sçachant
que vous estiez arriuez en ceste Isle , ie m'estois auisé de vous donner cest
effroy, qui puis apres se tourneroit en plaisir comme il est fait. Et ainsi deuisans, sortirent de la salle , & les menerent Alquif & Vrgande voir l'excellence de ceste maison, mesmes la librairie , en laquelle le vieillard leur
monstra la prophetie de l'ymage d'Apolidon, & de la coronne, qui leur
declara bien au long celle de l'Espée, qu'Esplandian conquit, l'inuention
de l'arc des loyaux amans, l'estrangeté de l'espée , & de la guirlande des
fleurs , comme Amadis seroit enchanté par Arcalaüs, d'ou Vrgande le
tireroit puis apres, la sorte qu'elle l'endormiroit auec plusieurs autres en
l'Isle Ferme, & par qui cest enchantement seroit puis apres deffait . Leur
monstra aussi plusieurs liures de Medée, ausquelz estoient escritz la prophetie d'Alpatracie & Myraminie enchantez, & dont il vous a esté parlé
combien qu'il ne leur en declara l'yssuë: bien leur esclarcit il maintes choses auenues, ou ilz n'auoient oncques prins garde . Et d'auantage , dit il,
pour autant que ie sçay les choses passées & grande partie des futures , ie
vous prometz que ie mettray peine d'oresenauant de rediger par escrit
les auantures qui vous ont esté occurrentes iusques auiourd'huy, & celles
qui vous auiendront cy apres: car il n'est pas raisonnable qu'elles demeurent en-

rent enseuelies aux tenebres d'oubliance toutesfoys ie suis certain, qu'a-
pres que ie les auray croniquées, mil ans se passeront qu'il n'en sera memoire aucune. Mais les mil ans passez, voire quinze cents (pour ne men-
tir point)elles seront publiées, & reluyra vostre memoire par le monde,
plus clerement que d'hóme qui ait esté par cy deuant, ne qui pourra nai-
stre. Dequoy les Cheualiers le remercierent de grande affection, & de là
Alquif & Vrgande les conduirent par toute l'Isle, ou ilz leur monstrerent
infiniz Singes verdz, tant de Licornes, Cheureulx, Cerfz, de Castors, de
Cyuettes, tant de Papegaux, de Pellicans, d'Austruches, de Corbeaux
blancz, des Signes noirs, & autres sortes de toutes bestes & volatiles. Et de
là retournans au chasteau, Lisuart leur monstra les lettres & carracteres
de son espée les prians de luy en declarer la signifiáce, à quoy Alquif respondit que le temps ne luy permetoit encores de ce faire, & qu'il la sçauroit quelque autrefoys. Assez d'autres propoz eurent les Cheualiers durant deux iours qu'ilz seiournerent auec le vieillard & Vrgande, qui seroient trop longs à rediger par escrit. Tant y a qu'au bout de ce temps ilz
r'entrerent en leur nauire, remercians leur hoste & hostesse de la bonne
chere & traitement qu'ilz auoient receu d'eux. Et faisans leuer les ancres,
singlerent en plaine mer, reprenans la route de Trebisonde, ou ilz n'eurent nauigé vingt quatre heures, qu'ilz descouurirét vne galere qui assail
loit rudement vn nauire, & aprochans plus pres, virent ceux de la galere
forcer le nauire & en tirer grand nombre de prisonniers, la pluspart desquelz estoient pilotes ou autres gens de mer. Or pensoient bien les Cheualiers que lon leur courroit sus: parquoy se mirét en equipage d'eux defendre, & tout à point: car la galere estoit desia si pres d'eux, que Lisuart
& Perion recogneurent maistre Helisabel prisonnier, & entédirent ceux
qui le tenoient crier: Rendez-vous, seigneurs, rendez-vous, ou nous vous
metrons en fons. Par Dieu trahistres, respondit Perion, ce sera vous: &
comparerez cherement l'iniure que vous faites à ce preud'homme, que
vous deuriez plustost honorer & seruir. Et quasi aussi tost se ioignirent
les deux vaisseaux, & furent les cinq Cheualiers assailliz par vingt qui e-
stoient de la galere, sept desquelz furent renuersez en l'eau de la premiere
charge, dequoy les treize desplaisans, se mirent en grád deuoir pour eux
venger. Mais comme il auient souuent, qu'en cuydant pourchasser son
honneur, on acroist sa honte, Perion, Olorius, Lisuart, Elinie & Adariel
se defendirent si vaillamment, qu'ilz en mirent neuf autres en fons, & autant en eussent ilz fait du surplus, s'ilz ne se fussent réduz à mercy: à quoy
Lisuart & ses compagnons les receurent. Puis se desarmans de teste, vindrent embrasser maistre Helisabel, & luy demanderent comme il estoit
tombé en si mauuaises mains. Seigneurs, respondit il, le roy Amadis craignant que vous eussiez necessité de moy, m'enuoyoit apres vous, & ay
esté rencótré de ces Pyrates, lesquelz m'auoient forcé, comme vous auez
peu voir

peu voir : mais graces à Dieu & à vous , ie suis tresbien deliurée de leurs
mains. Puis qu'ainsi est, dit Lisuart, ilz se rendront prisonniers en la grãd
Bretaigne, & raconteront au Roy comme il leur en est pris : & de fait, a-
pres auoir receu le serment les laisserent aller.

Comme Lisuart & ses compai-

gnons arriuerent en Trebisonde, & du recueil qui leur sut fait par l'Empereur & les Dames.

Chapitre　　　　　　LV.

A istre Helisabel recoux , ainsi que par nostre hystoire
vous auez entendu, & les pyrates enuoyez en la grand'
Bretaigne : le vaisseau auquel estoient, Lisuart & ses
compagnons, fut poussé par vn vent de sirop tant à pro
pos, qu'il arriua peu de iours apres à deux mile de Trebisonde : mais premier que prendre terre, Perion & Lisuart tirerent Alquise en priué, & luy demanderent qu'ilz auoient à faire. Seigneurs, respondit elle, il me semble que pour le mieux ie doy aller
faire entédre à mes dames Onolorie & Gricilerie vostre arriuée : puis selon qu'elles vous manderont , vous vous gouuernerez à l'auenir . Ce que
les deux Cheualiers eurent agreable , & pour mieux dissimuler le but ou
ilz tendoient , faignirent à leurs compagnons, qu'ilz l'enuoyoient auertir l'Empe-

tir l'Empereur de leur venuë, & souz ceste dissimulation elle entra en vn
esquif, qui la ieta peu apres à bort, & de là monta au palays, ou fortune
luy dit si bien, qu'elle fut auisée par Bridelne : laquelle sans parler à elle,
courut incontinent aux deux Princesses (qui estoient lors en la chapelle
auecq' l'Imperatrix) leur en porter les nouuelles. Certes oncques timide
bergere trouuant le Serpent au buysson n'eut le cueur plus douteux ny
tremblant, qu'eurét lors Onolorie & Gricilerie : car contentement & desplaisir firent mile tours en leur entendement. Dont il auint que forcées
pour ne pouuoir plus endurer ceste passion, laisserent l'Imperatrix, à fin
d'aller trouuer Alquise qu'elles auoient mandée venir. Elle doncques arriuée, & apres maint bon recueil, Gricilerie plus hardie que sa sœur luy
demanda, quelle execution auoit prise la charge qui luy auoit esté don-
née. Tresbonne ma Dame, respódit elle, vostre Cheualier & le sien sont
là bas, atendans vostre cómandement. A' ceste parole Onolorie surprin-
se d'vne ioye non acoustumée, se trouua en telle perplexité, qu'elle cuyda
tomber du hault de soy : mais Gricilerie la retint, & reprint de ceste façon
de faire : laquelle (comme elle luy remonstra) pourroit tourner en conse-
quence, si elle estoit aperceuë, la suadant par mile raisons vser de là en a-
uant de plus de modestie qu'elle n'auoit par le passé. Ah ma sœur, respon
dit elle, ie prie à Dieu me dóner la grace de me pouuoir tant vaincre, toutesfoys vous sçauez l'iniure que i'ay faite à celuy qui a tant souffert par
mon ocasion, & au plus grand tort du monde. Ma dame, dit Alquise, le
bon recueil que vous luy ferez effacera tout le passé, si bien qu'il ne luyen
souuiendra point : mais regardez qu'il vous plaist luy mander. Il est besoin, respondit Gricilerie, que l'Empereur entende leur retour : car il ne
faudra à les enuoyer prier aussi tost de le venir trouuer, ce pendant ne sail
lez de dire à Perion qu'il ameine demain au soir son neueu à la fenestre
du iardin, ou nous les atendrons : & là pourrons-nous deuiser des choses
passées, & pour l'auenir. A' peine eut Gricilerie acheué ce propos, qu'on
la vint auertir, que l'Imperatrix vouloit sortir de l'eglise : car vespres e-
stoient paracheuées. Et à ceste cause les deux Princesses se retirerent, laissant Alquise, qui vint trouuer l'Empereur, ainsi que l'Imperatrix entroit
en la sale : & apres les reuerances deuës à si haute cópagnie, il luy dit qu'el
le fust la tresbien venuë, luy demandant ou elle auoit esté si long temps.
Sire, respondit elle, ie suis seure que mon abscence vous aura aporté plaisir : car i'ay tant fait, que ie vous ameine Perion, auec le Cheualier Solitaire, & trois autres filz de Roys & de grands Princes. O' mon Dieu, dit
l'Empereur, est il possible que telz Cheualiers soient ores en mes païs, &
si pres de moy ? Par ma corone ie n'en voudrois pas tenir la meilleure cité
d'Asie, veu que la renómée du Solitaire (entre autres) est telle, que sa presence honorera ma court plus qu'autre de Prince du Leuant. Sire, respon
dit Alquise, ainsi que i'estois en queste pour ouyr nouuelles du Cheualier
de l'Esphe-

l'Efphere, celuy dont vous parlez me rencontra fi à poinct, que fans luy
ie croy que ie fuffe morte:car vn paillard m'auoit atachée par les cheueux
à vn arbre:mais il luy en coufta la vie: & fçauez vous comme? le Solitaire
eut combat à luy & le tua: & depuys, voyant qu'il ne reuenoit vers moy,
comme il m'auoit promis, me pris à le chercher toute nuict, & auecq' telle diligence, qu'ainfi que l'aube du iour commençoit à poindre, ie l'aperceu, & le Cheualier de l'Efphere, qui fe tenoient embraffez & fans heaumes, naürez toutesfoys iufques à mort, pour le combat qu''ilz auoient eu
enfemble. D'vne chofe vous puis-ie affeurer, qu'il excede tout autre en
prouëffe, courtoyfie, bonté & beauté: & en celà n'a il aucunement dege-
neré:car il eft filz de l'Empereur Efplandian. Comment? dit l'Empereur,
c'eft doncq' Lifuart? Ouy fire, refpondit elle. Lors fe mit à difcourir l'ocafion pour laquelle y auoit eu meflée entre luy & Perion, & l'yffuë de leur
combat: & auffi que depuys eftans rentrez fur mer pour venir en Trebifonde, fortune auoit couru, qui les ieta en la grand' Bretaigne, ou ilz furent cogneuz par le moyen d'Vrgande, & tout ce que cy deuant vous a e-
fté recité, mefmes le combat afsigné du Roy de la Sauuagine & fes deux
freres contre luy, Perion & Olorius, filz du Roy d'Efpaigne, la bataille
ou ilz s'eftoient trouuez deuant Cordouë, l'alarme que leur donua Alquif
fon pere, eftans defcenduz en l'Ifle des Singes, & finablement le fecours
& deliurance de maiftre Helifabel que les Pyrates emmenoient prifonnier. Et au furplus, dit elle, fire, ilz font à l'anchre, atendans voftre mandement, pour auquel fatisfaire ilz m'enuoient vers vous. Telles nouuelles pleurent fort à toute la compagnie, & plus encores à l'Infante Onolo-
rie:laquelle affeurée que fon amy eftoit le Cheualier Solitaire (dont la renommée auoit couru entre toutes nations prochaines ou eftrangeres) fe
promettoit bien eftre la plus heureufe Princeffe du monde, deliberant en
foy mefme (pour fatisfaire à la faute qu'elle auoit commife par fa legiere
creance) le traiter deformais fi bien, qu'ainfi qu'elle auoit efté moyen de
fon eflongnemét, elle feroit motif de l'arrefter de là en auant. Or eftoit il
tard, comme vous pouez penfer, auant qu'Alquife euft mis fin à fon propos: parquoy l'Empereur luy dit, qu'elle s'en retournaft vers les Cheualiers leur donner le bon foir de fa part, & que s'il leur plaifoit defcendre
ce foir & monter au palays, qu'ilz feroient les tresbien venuz, finon qu'il
remettoit au lendemain difner. Alquife depefchée ne tarda gueres d'a-
complir fon meffage, & trouuant les Cheualiers qui l'atendoiét en bonne
deuotion, leur raconta tout ce qui s'eftoit paffé entre les deux Infantes,
l'Empereur & elle, & la refponce que vous auez entendue. Eftimez donc
quel contentement ilz pouuoient auoir, ie vous dy Perion & Lifuart, lefquelz dormirent trefmal cefte nuict, tant fouhaitoient l'autre fuyuante,
pour parler à leurs Dames & amyes, ainfi qu'elles leur auoient fait fçauoir
par Alquife.

V   Comme les

Comme les cinq Cheualiers fu-

rent faire la reuerence à l'Empereur , *& des propos que
Perion & Lisuart eurent auecq' les deux Princesses, à la fenestre treillißée.*

Chapitre   LVI.

ES Cheualiers qui deuoient monter au palays, suyuant
ce qu'il vous a esté dit , se mirent au meilleur equipage
qu'ilz peurent , & ayans entendu que les Damoyselles
estoient desia leuées, sortirent du port, pour aller trouuer l'Empereur: mais quasi à l'instant ilz l'auserent venir au deuant d'eux , acompagné des Roys de la Brei-
gne, des Ducz d'Ortilense, & Alasonte, auecq' plusieurs autres Princes &
Cheualiers. Grande fut la bien venuë & bon recueil qu'il fit à Lisuart, &
à ses compagnons, lesquelz se mirent en tout deuoir pour luy baiser les
mains: mais au lieu de ce faire, il les acolla ayant la larme à l'œil, tant fut
surprins de plaisir, pour les voir de retour en son empire. Puys les conduit
au palays, ou desia l'Imperatrix auertie qu'ilz estoiét auecq' l'Empereur,
se tenoit preste à l'entrée de sa chambre auecq' ses dames & damoyselles
pour les receuoir, ou quasi aussi tost ilz entrerét: & en entrant l'Empereur
qui tenoit Lisuart & Perion, commença à dire: Ma dame, ie vous ameine
ces deux gentilzhommes, qui ont autresfois rompu noz prisons, comme
vous sça-

vous ſçauez. Ie les vous laiſſe en voſtre garde, & pour plus grande ſeureté
mes filles en ſeront chargées. Et ce diſoit il, pource que Liſuart & Perion
au partir de Trebiſonde auoient promis de retourner en bref. Monſieur,
reſpódit ellle, i'eſpere puys qu'ilz ſont maintenát en noſtre pouuoir, que
ilz n'eſchaperót pas ſi legerement qu'ilz ont fait autrefois: car nous les en-
fermerons ceans ſi bien, par la bonne chere que nous leur ferons, qu'ilz ne
auront plus d'enuie de nous habandonner. Et comme elle eſtoit en ces
termes, les embraſſant l'vn apres l'autre, les deux amans auoiét les eſpritz
tant rauiz à regardes celles qu'ilz aymoient, qu'auecq' la moindre ſouſpe
con du móde, on euſt facilement deſcouuert le ſecret de leurs ames. Mais
s'ilz ſentoient quelque alteration d'eſprit, les deux infantes n'eſtoient
moins ſurprinſes en leur endroit, muans autant de fois couleur, comme
elles aperceuoient l'œil de leurs amys ſur elles. Dont ne ſe faut esbahir: car
amour ne ſe laſſoit aucunement de leur tirer diuerſes fleſches, non pas de
celles qui ſont hayr, mais des autres qui embraſent les corps, & les parties
plus ſenſibles. S'il eſt vray, ou non, celuy qui aura experimenté ſa puiſſan
ce en peut porter ſeul teſmoignage, à ceux qui en ſont encores ignorans.
Or pour retourner au chemin ou i'eſtois entré, apres que les cinq Cheualiers eurent fait la reuerence à l'Imperatrix & aux dames & Damoyſelles, ilz ſe mirét en diuers propos: propos dy-ie, que chacun pouuoit enten
dre: car la compagnie eſtoit ſi gráde, qu'il n'eſtoit lors beſoin que de diſſimuler. Toutesfoys Gricilerie ne ſe peut tenir qu'elle ne diſt à Perion : Il
me ſouuient, Sire Cheualier, quand vous vinſtes en ceſte court premierement (que l'Empereur vous donna cheualerie) que Alquiſe me promiſt
pour vous que ſeriez mien. Ce que i'acceptay volótiers, eſperant puis que
ceſt offre venoit de voſtre part, que i'aurois quelque puiſſance ſur vous,
mais i'ay depuys cogneu le contraire : car quand vous deſlogeaſtes pour
aller en Auſtriche vous ne deuiez quaſi point ſeiourner, & toutesfoys, regardez ie vous prie quel temps il y a. Ma dame, reſpondit il, nouuelles o-
caſions, qui ſuruiennent d'heure à autre à tous Cheualiers errans, ſont cauſe bien ſouuent qu'ilz ne peuuent obeyr à leurs propres volontez : parquoy ie vous ſuplie m'excuſer, à la charge que ie vous promettray ſur ma
foy n'auoir fait de ma vie (y ayant peu dóner ordre) ny n'eſpere faire choſe qui ſoit contre voſtre vouloir. Le Seigneur Liſuart, dit Onolorie, n'o-
ſeroit pas tant aſſeurer de ſoy meſmes: car il ſçait combien il y a deſia fail
ly. Ma dame, reſpondit il, à mal fait ne giſt qu'amende : ie ſçay bien que
i'auois intention d'acompagner l'Empereur au partir de Conſtantinople:
mais Dieu ſçait qui m'en deſtourna. Tous ces propos eſtoient tenuz entre
eux ſi couuertement, que pour deſguiſer leurs penſées, ilz parloient aucu
nefois contre leurs meſmes conſciences, & à bon droit : car l'Imperatrix,
qui ce pendant entretenoit Olorius & les deux autres, eſtoit ſi pres de ſes
filles, & l'Empereur meſmes, qu'elle n'euſt ſceu dire vne parole ſans eſtre

V ii   enten-

entendue: neantmoins ilz euſſent encores plus longuement deuiſé,quád on vint couurir pour le diſner , auquel l'Empereur feſtoya grandement les Cheualiers, & ne les habandonna iuſques à la nuiƌ, que chacun ſe re-tira, ſe ſouuenás tresbien Liſuart & Perion du propos que leur auoit tenu Alquiſe, pour eux trouuer au iardin . Et à ceſte cauſe venant l'heure, que ſelon leur auis chacun eſtoit au plus fort de leur ſomme, partirent ſecret-tement de leur logis, & paſſans la muraille du verger, s'aprocherent ioi-gnant les feneſtres,ou autresfois Perion auoit deuiſé ſi à ſon aiſe.Et à pei-ne furent ilz arriuez qu'ilz entr'ouyrent les deux dames parlans tout bas l'vne à l'autre:parquoy Perion s'auentura de grater contre , pour donner cognoiſſance de leur arriuée, & auſſi toſt Gricilerie ſe preſenta,à laquelle Perion & Liſuart firent vne grande reuerence . Et elle les embraſſa tous deux à trauers la grille. diſant à Perion,auecq' vn ſouzris de bonne grace: Ie vous fais ce bon recueil,pour le bon tour que vous nous auez fait, ayát r'amené ce Cheualier quant & vous,vous aſſeurant que voſtre retour m'a beaucoup ennuyé . Ma Dame, reſpondit il, voſtre ennuy n'a peu eſtre ſi grand que ma peine: parquoy ie vous ſuplie humblement croyre , que ie n'euſſe tant ſeiourné par les chemins,ſans le commandemét que vous m'a uiez fait,de trouuer le Solitaire. Laiſſons ce propos pour ceſte heure, dit l'Infante , ie le veux prier qu'il oublie le mal que ma ſœur luy a fait, non pas du tout par ſa faute:mais pour auoir creu trop de leger,dont elle ſe re pent:& vous ſuplie,dit elle à Liſuart,luy remettre la peine qu'elle en me-rite,&luy pardóner:ce faiſant elle viendra parler à vous icy,ſinon croyez qu'elle ne s'oſera iamais trouuer en voſtre preſence.Ma Dame,reſpondit il,elle ſçait que ie ſuis ſon ſeruiteur & eſclaue, & me peut commáder tout ainſi qu'il luy plaira,non pas me demander pardon,l'ayant moy meſmes tát offenſée.Ie vous diray,dit Gricilerie,prenez le cas que vous criez mer cy à qui vous ayt contrroucé , & qu'ayez porté la penitence du mal d'au-truy:ie ſçay bien comme les choſes vont,& qu'au plus grand tort du mon de ma ſœur vous a quaſi fait mourir:toutefois obliez ievous prie le fruiƌ amer: qui eſt procedé d'vne tant douce racine. Ah ma Dame, reſpondit il,pourDieu ne parlez iamais tel langage,c'eſt moy qui ſuis cauſe de tout c'eſt moy qui ay fait le mal,c'eſt moy qui l'ay offenſée,c'eſt moy qui vous ſuplie faire mon acord enuers elle . A'ce que ie voy , dit Gricilerie,il ſera ayſé à vous acorder . Or atendez vn peu, & vous en aurez des nouuelles. Adoncq' ſe retira, & quaſi auſſi toſt amena l'Infante Onolorie, qui pour mieux complaire à ſon amy, s'eſtoit du tout eſtudiée à bien ſe parer,non pas d'acouſtremens que Dames telles comme elle eſtoit, portent aux fe-ſtins & aſſemblées, ains auoit ſeulement vn manteau ſangle d'vn taffetas cramoyſi,pour la chaleur qui eſtoit gráde,&tenoit ſon chef couuert d'vn petit voile de creſpe , volletant pour ſi peu de vent qui euſt peu ſuruenir. Celà luy donnoit ſi bonne grace,qu'il ſembloit auoir en elle plus de diuinité qu'autre-

nité qu'autrement. Et comme elle fut ioignant la feneſtre, Gricilerie apella Liſuart, & luy dit: Voyez ſi ma ſœur eſt digne de pardon, & ſi elle merite que vous luy rendiez bien pour mal. Liſuart mit incontinent le genoil en terre, & luy baiſa doucement les mains: mais elle (ſans proferer vne
ne ſeule parole) le tira ſi fort à ſoy, qu'elle ioignit ſa bouche à la ſienne:
demeurans leurs leüres ſi collées, que par vne longue eſpace, ny l'vn ny
l'autre n'auoit quaſi moyen de reſpirer, quand Liſuart commença à luy
dire: Ma Dame, la grace que vous me faites eſt telle, que ſi toutes les
vertuz qui furent oncques aux plus parfaitz Cheualiers du monde eſtoiét
en moy ſeul, encores ne me reputerois-ie digne de la moindre faueur que
vous me monſtrez: parquoy ſupliant de vous ce qui deffault en moy, il
vous plaira croyre, que ie ne fuz oncques nay, que pour vous obeyr, ſeruir & complaire, vous iurant par vouſmeſmes, que quelque choſe qu'on
vous ayt raporté par le paſſé, il ne tomba oncq' en mon eſprit la moindre
penſée du monde pour vous offenſer. Ah mon amy, reſpondit elle, ie le
croy, comme celle qui en a certaine experience, & ne ſçay lors ou i'auois
l'entendement, quand ie vous enuoyay (par l'Eſcuyer) la lettre qui m'a
cauſé depuys, & à vous auſſi, tant de peines & de paſſions! Ah quantesfois
i'en ay maudit l'heure, quantesfois ie m'en ſuis mords les doigtz, & voulu mal à moymeſmes! ſur ma foy mon inconſtance fut lors bien legere, &
ſe monſtra bien Dame de moy, quand elle me ſurprit ſi imprudemment.
Mais le trop tard repentir arriua tout ſoudain: lequel m'a bien aprins à
eſtre vne autresfois plus ſage: car i'ay tant ſouffert, que ie puis teſmoigner par eſpreuue n'eſtre point vray que l'on puiſſe mourir pour bien aymer. S'ainſi euſt eſté, làs ie fuſſe pourrie long temps a, ayant demouré l'e-
ſpace d'vn an & plus, que l'œil ne m'a pas ſeiché, ny mon cueur paſſé la
moindre mynute d'vne heure ſans ſouſpirer, & plaindre la faute que i'a-
uois commiſe, laquelle ie vous ſuplie oublier. Ce diſant, les larmes luy
tomboient des yeux, qui mit Liſuart en telle perplexité, qu'il cuyde treſ-
paſſer: neantmoins il print courage, & luy diſt: Ma Dame vous me faites tort, & ne ſçay comme vous trouuez bon de vous mettre ainſi en peine
& en ma preſence, d'vne choſe ou ſauf voſtre grace) il n'y a propos: car ie
ſçay certainement que c'eſt moy qui ay failly, ayant monſtré à Gradaſilée plus de priuauté que ie ne deuois. Ainſi doncques laiſſons ces propos,
ſi vous plaiſt, & me permettez ſeulement que ie baiſe ce que le vent (pour
me porter plus de faueur) m'a maintenant voulu faire voir. Et ce diſoit il,
pource que tandis que la Princeſſe faiſoit ſes lamentations, ſon manteau
s'eſtoit entr'ouuert, au deſſouz duquel elle auoit ſeulement ſa chemiſe ſi
deſliée, qu'à trauers, on pouuoit iuger de la rondeur & perfection de ſes
tetins, & de la grand' blancheur de ſa gorge pollie, qui eſchauffa tellemét
Liſuart, qu'il eſtendit ſans licence le bras droit, & mit la main deſſus: dont
toutesfoys il fut à demy repouſſé, non pas ſi rudement, que perdant l'vn,
V iii　　　　il n'euſt

il n'euſt moyen de recouurer à l'autre. Tandis Perion & Gricilerie aui-
ſoient enſemble du lieu & moyen, qu'ilz pourroient auoir de là en auant
à eux entreuoir à telle heure, ſans que la grille, ou autre choſe leur donnaſt empeſchement: & deſia auoient telle priuauté l'vn de l'autre, que
nonobſtant les barreaux il n'y auoit bouche, teton, ny autre partie plus
gardée, que ne ſe monſtraſt familiere, & non eſtrange. Vne ſeule choſe
les meſcontenta à l'heure, ce fut le poinct du iour, lequel ſe manifeſtant
plus clair qu'ilz n'euſſent voulu, furent ces quatre amans contraintz d'eux
retirer pour n'eſtre aperceuz, auecques promeſſes de reuenir toutes les
nuictz. Ainſi prenans congé l'vn de l'autre, fut la feneſtre fermée, &
s'en retournerent les deux Cheualiers en leur chambre ſans eſtre aperceuz.

Comme eſtant l'Empereur de

Trebiſonde tenant court ouuerte, entra Friſtion auecq' ſon
equipage, & comme Liſuart & Onolorie
mirent fin à ceſte auenture.

Chapitre　　　　LVII.

Friſtion

Ristion gouuerneur de Cicile, ayant prins congé d'A-
madis, ainsi qu'il vous a esté recité aux chapitres prece-
dens, ne cessa toute l'année d'aller es cours des Princes
& grands Seigneurs, pensant trouuer remede aux deux
personnages enchantez, tant qu'il arriua à Trebisonde
vers l'Empereur, à vn tel iour qu'il vint trouuer Ama-
dis en la ville de Fenuse : & entrant en la salle, ou estoit lors l'Imperatrix
& mes dames ses filles, apres les reuerences & honneurs, commença à reciter l'ocasió de son trauail, les prouinces qu'il auoit trauersées, & finablement presenta l'Empereur le roulleau qu'il tenoit en la main. Et pour autant sire, dist il, que l'Empereur de Constantinople m'a quasi asseuré
(veu la hautesse & grande renommée de vostre court) de trouuer remede à Alpatracie & Miraminie: ie vous suplie treshumblement commander à voz Cheualiers, à mes Dames voz filles, ou autres dignes de paracheuer ceste auanture, d'eux venir esprouuer presentement. En bonne
foy, respondit l'Empereur, ie croy bien si par cheualerie elle doit prendre fin, que vous trouuerez en ceste compagnie : ce que vous demandez.
Et sans differer pria ceux d'autour de luy entrer en ieu, mesmes Onolorie, & Gricilerie. A' quoy plusieurs obeyrent, & s'allerent armer le Comte d'Alastre, & Alarin filz du Duc d'Ortilense, qui aymoit Bridelne plus
que soymesmes. Si commença Alarin, & s'adressa de grand courage contre le Cheualier enchanté: mais il n'y demoura longuement, qu'il receut
tel coup d'espée, qu'on le pensoit asseurément mort, combien qu'il reuint
à soy aussi tost qu'on l'eut retiré. Lors vint le Comte d'Alastre, lequel se
trouua si engourdy, qu'il n'eut seulement moyen de tirer l'espée du fourreau. Aussi ne fist le Cheualier enchanté cas de luy : ains le desdaigna.
Ce que voyant Fristion, dit tout haut: Sire Comte, laissez la place à ceux
qui ayment plus que vous, Alpatracie cognoist bien le peu d'affection, &
seruitude que vous auez aux Dames. L'arc des loyaux amans fust encores
en son entier, si autre que vous ne l'eust conquis, pourtant donecques apre-
nez à aymer, puys vous vous essayerez en cest endroit, auquel vous n'a-
uez nulle part. De ces paroles l'Empereur ne se peut tenir de rire, ny les autres: & depuis plus de trente se presenterent, qui tous firent aussi peu: dót
la court se trouua troublée, mesmes que de là en auant il n'y eut celuy qui
ne seignast du nez. Or sçauoit bien l'Empereur comme il en estoit prins à
Perió & Lisuart, par le raport que luy en auoit fait Alquife, parquoy ne les
osa importuner. Ce que cognoissant Fristion, & qu'il perdoit temps pour
le regard des Cheualiers, apella les dames. Et aussi tost se presenterét aucunes, qui selon leur auis, estoient dignes de la coronne de Miraminie,
mais elle en repoussa quatre ou cinq tant rudement, qu'elles donnerent
du cul à terre. Les autres plus affectionnees à l'amour, furent aussi mieux
traitées, principalement Bridelne : laquelle suyuant la coustume, s'age-

noilla deuant Miraminie, luy demandant le ioyau qu'elle portoit sur la teste. Ce qu'elle luy desnia par signe, & la prenant par les mains, la releua doucement. Adoncq' vindrent les deux Infantes Onolorie, & Gricilerie, ausquelles Fristion voyāt tant de beauté, ne se peut tenir qu'il ne dist: Sur mon Dieu, mes dames, si vous faillez à gaigner la coronne, ie me delibere retourner en Cicile, sans plus me trauailler: car ie vous voy telles, que si la pomme dorée eust deu estre aquise par beauté, & vous eussiez esté du téps que Paris la presenta à Venus, Venus n'eust eu telle faueur, ains l'vne de vous deux. Lors s'auança Gricilerie, & faisant vne grande reuerence à la Royne enchantée, luy dit: Royne, la plus belle que vy oncq', vous plaist il me donner ceste coronne? Miraminie la print doucement par les mains, & inclina son chef si bas contre elle, qu'elle la baisa en la bouche, puys la laissa en la place. Dont elle quelque peu honteuse, se retira entre les Dames, & vint Onolorie, laquelle ietant l'œil sur Lisuart, se promettoit n'estre au monde plus loyalle amante, dont (quasi asseurée de sa beauté) faisant pareille reuerence que sa sœur, demanda la coronne, que Miraminie osta de dessus son chef, & mettant les genoux à terre, la posa sur celuy d'Onolorie. Si elle fut ayse & contente, cela est trop aysé à croyre, & estans ces deux Dames l'vne deuant l'autre, Onolorie se voulut leuer: mais il luy fut impossible, & à tous les assistans aussi, d'eux mouuoir de leur place, quelque effort qu'ilz y missent, dont chacun s'esbahit assez. Et plus encores, quand Alpatracie s'aprocha de l'Empereur, & le prenant par la main dextre, le mena vousist, ou non, hors la salle. Et autant en fit la Royne enchantée à Onolorie, perdans tous ceux qui les regardoient moyen de les secourir, ne les pouuans aprocher à cinq pas pres. Ce que voyant Lisuart, Perion, & ses compagnons, coururent hastiuement aux armes: car on emmenoit certainement l'Empereur, & l'Infante, lesquelz cryoiét & demandoient secours. Qui esmeut tant le peuple, que chacun se mist en effort de les arrester: ce qu'il leur estoit impossible, pour n'en pouuoir aucunement aprocher. Et par ainsi passerent iusques à la campaigne & pres de la marine ou estoit la nef de Fristion. Lisuart & ceux qui le seyuoient coururent à bride abatue, mais ilz tomberent à cinq pas pres d'Alpatracie: lequel tenant l'espée au poing, monstroit contenance de vouloir bien resister à tout l'effort qu'on pourroit faire pour recourre son butin, toutesfoys Lisuart fist tant qu'il passa oultre, & approchant le Cheualier enchanté, commença à se demener, frapant à dextre & senestre, comme s'il eust combatu contre vne armée. Aussi luy sembloit il que le camp fust couuert d'ennemys, qui conduysoient l'Empereur, & Onolorie, laquelle pleuroit & demandoit piteusement secours. Mais Lisuart donna deux ou trois foys du nez à terre, tant se sentoit chargé par ces gens d'armes, dont il se trouua si las que merueilles: neantmoins son effort fut tel, qu'il aprocha (maulgré tous les autres) le Cheualier enchanté, qui

chanté, qui luy tourna visage, & commença le combat plus cruel que ce
precedent. Durant lequel Lisuart cuyda plusieurs foys estre renuersé:
mais à la fin il ataignit Alpatracie au hault de l'armet, d'ou il sortit si
grand' flamme, & vn tonnerre tant impetueux, entremeslé d'vne fumée
puante & si obscure, qu'on perdit de veuë Lisuart, & ceux entre lesquelz il estoit: toutesfoys apres ceste vapeur passée, on vid le Cheualier
sans heaume, & la Royne sans coronne, que deux grandes Couleuures
emportoient en l'air dans vn chariot. Et apellant Alpatracie Fristion à
haute voix, luy disoit: Mon gouuerneur, retournez si bon vous semble
en mes païs, ou vous me trouuerez. Et acheuant ceste parole, les Couleuures esleuerent le chariot en l'air, si hault qu'on les perdit de veuë demeurant l'Empereur en sa liberté, Onolorie coronnée de la coronne de
Miraminie, & l'armet diamentin aux piedz de Lisuart. Lors fut la ioye
grande, & la paour amortie entre tous les Princes, & mesmes pour le
regard de l'Imperatrix, & des Dames & Damoyselles: lesquelles regardans l'excellence de la coronne, & de l'armet, aperceurent que les lettres & elemens d'alentour, contenoient ces motz: Lors que les deux espées glorieuses seront iointes, & les caracteres qui les enuironnent enten-
dues, sçaches Cheualier, que la lumiere de ta renommée s'offusquera.
Mais en la coronne n'y auoit que ceste ligne: La ioye perdue sera adoncq
recouuerte. Et combien qu'on leust facilement ces escriteaux, neantmoins le sens en estoit si obscur, que tant plus on y pensoit comprendre,
& moins y trouuoit-on moyen d'y asseoir iugement parquoy l'Empereur fit apeller Fristion, & luy demanda qu'il luy en sembloit. Sire, respódit il, ie vous suplie me croyre, que de ma vie ie n'auois veu Alpatracie,
ny Miraminie, faire ce qu'ilz ont fait en ceste court: & quãt aux escriteaux
des armet & coronne, ilz me sont aussi nouueaux, qu'à celuy qui est à nai-
stre. Or est il, que ceux que i'ay si long temps eu en ma garde, ont prins
la voye de Cicile, ainsi que chacun a peu voir & entendre, parquoy il
vous plaira me donner congé de les aller trouuer, à tout le moins porter
nouuelles es Itales de ce qui est auenu en vostre presence. Fristion, dist
l'Empereur, ie suis tresayse que l'auanture s'est ainsi passée, & puys que
vous vous en voulez retourner, Dieu vous vueille conduyre. Toutesfoys
premier qu'il deslogeast, on luy fit maintz beaux presens, & retourna en
Cicile auecques moindre compagnie qu'il n'estoit venu. Mais auant que
passer oultre, il est raisonnable discourir pourquoy Lisuart ne dóna aussi
tost fin à l'auenture du Cheualier enchãté, deuant le roy Amadis, cóme il
fit en Trebisonde. Ie vous ay autresfoys parlé de la vertu de l'Espée qu'il
portoit, laquelle auoit ceste proprieté entre autres, que toutes choses enchantées ou elle touchoit, estoient incontinent descouuertes, ainsi qu'on
vid par experience, lors qu'il combatit Alquif, qu'on nommoit le Cheualier Verd: car aussi tost qu'il luy eut donné sur la teste, l'enchantement
fut deffait.

fut deffait. Et autant en euſt il prins à Alpatracie, ſi Liſuart l'euſt ataint
en la ville de Fenuſe : mais il fuyoit aux coups, comme il vous a eſté recité. Il s'enſuyuroit doncques par celà, & ſelon l'opinion de pluſieurs, que
la vertu de ceſte eſpée luy euſt fait obtenir l'honneur de ceſte auenture.
Ce que non, ains ſa grand' prouëſſe & cheualerie, laquelle preuoyant
Medée, auoit tellement ordóné par ſa magie, que ny à Fenuſe, ny ailleurs
qu'en Trebiſonde, ne prendroit fin ceſt enchantement, pour rendre contens enſemble le meilleur Cheualier, & la plus belle Dame du monde :
pour à quoy paruenir Alpatracie, & Miraminie enleuerent l'Empereur
& Onolorie, à fin d'eſmouuoir Liſuart à combatre. Ce qu'il n'euſt fait
autrement, pour le refuz que luy auoit fait Alpatracie en la grand' Bretaigne.

Comme vn meſſager aporta

nouuelles à l'Empereur de Trebiſonde, que le Roy de la Sauuagine, & ſes deux freres, eſtoient arriuez en ſes païs pour
combatre Liſuart, Perion, & Olorius, ſuyuant
ce qu'ilz auoient acordé en la preſence
du Roy Amadis.

Chapitre   LVIII.

A Peine fut forty Friſtion de la ſalle, qu'il entra vn Cheualier, lequel ſaluant l'Empereur, diſt ſi hault que chacun
l'entendit: Sire, le Roy de la Sauuagine, auecq' ſes deux
freres, ſont preſentement arriuez à ce port, pour combatre trois Cheualiers de la court du roy Amadis, ſuyuant le pact qui fut acordé en la grand' Bretaigne . Et
pour autant que la meſlée doit eſtre en voſtre preſence, & qu'ilz ont ſceu
que ceux à qui ilz ont affaire ſont en ceſte court, il vous plaira leur dóner
ſeureté de venir vers vous , & paracheuer ce qu'ilz eſperent à leur gloire,
& honneur. Cheualier, reſpondit l'Empereur, i'auois deſia eſté auerty de
ce combat, vous direz au Roy voſtre maiſtre , & à ceux qui vous ont enuoyé vers moy, que la ſeureté qu'ilz demandent leur eſt acordée : & que
de tous ceux qui ſont à preſent en mon Empire , ilz ne receuront ennuy
ny deſplaiſir, ſi n'eſt des trois auſquelz ilz ont affaire. Tresbumblemét le
remerçia ce meſſager , & auſſi toſt retourna le chemin qu'il eſtoit venu,
laiſſant Onolorie & Gricilerie tant cótriſtées que meruelles pour le danger ou ſe deuoiét mettre ceux deſquelz dependoit leur vie. Et le iour d'a-
pres eſtant l'Empereur auerty que ces Princes eſtrangers eſtoient deſem-
barquez, & venoient à court, enuoya au deuant le Roy de la Breigne, a-
uecq' les Ducz d'Ortilenſe & Alafonte, qui les rencontrerent aſſez pres
de la ville: mais quand ilz les virent ſi grands & veluz , ilz doutoient de
là en auant, le combat de Perion & ſes compagnons, plus qu'ilz n'auoient
fait . Et a dire la feroce contenance du Roy de la Sauuagine eſtoit telle,
qu'il reſſembloit tout autre qu'humaine crëature : toutesfoys ainſi qu'on
le preſenta à l'Empereur auecq' ſes deux freres, & vingt Cheualiers qui
les ſuyuoient, il luy baiſa les mains, & furent tresbien receuz, meſmes par
Liſuart, lequel le Roy de la Sauuagine cogneut par coniecture, & voyant
la bonne chere qu'il luy faiſoit, ne ſe peut tenir qu'ilne luy diſt: Cheualier
encores que tu ayes tué mes deux oncles, prins mon chaſteau de la Roche, & depuys laiſſé en mon païs vn, qui par ſes incurſions & larrecins a
porté maint grand dommage à mes ſuietz, ſi ne me ſuis-ie peu garder
de parler à toy , combien que i'euſſe deliberé tout le contraire , faiſant e-
ſtat pour toute courtoyſie que ie voulois te monſtrer , mettre ta teſte au
bout de ma láce, & l'emporter en mon royaume. Roy, reſpondit Liſuart
ſi ton effait eſt auſſi braue que ta parole, ſans nulle doute ma teſte aura aſſez affaire, combien que i'eſpere, auant que le ieu departe, te faire le traitement dont tu m'as menaſſé. Graſtante, le plus aiſné des freres de Sulpicie ſentit le Roy quelque peu iniurié : parquoy print la parole & dit à Liſuart: Cheualier, ie croy certainement qu'à gouuerner les dames, & faire le doucet, le Roy auroit du pis: mais au combat , il eſt ayſé à iuger, que
vous eſtes pour vous repentir d'auoir parlé ſi audacieuſemét contre ſa ma
ieſté. Ie vous diray, reſpondit Liſuart, quand nous y ſerons, qu'il ne m'eſ-
pergne pas,

pergne pas:ce pendant ie suis bien d'auis que le dire soit de vostre part,&
l'effait du mien,quãd viendra au point.Ie ne sçay pas,dit Graffante,qu'il
en sera:mais si les deux qui s'en doiuent mesler auecq' vous sont aussi ten
dres & delicatz que vous estes, ie vous prie ramenteuez leur qu'ilz n'ou-
blient à porter vn couurechef blanc pour les essuyer,si d'auanture ilz s'es-
chauffent en leurs harnoys . Ceux qui m'acompagneront, respondit Lisuart, ont autresfois abaissé l'orgueil des plus superbes que vous n'estes,
& les voicy tous deux. Quoy? dist Brostroffe, le tiers frere du Roy,auons
nous tant trauersé de mer pour venir côbatre des femmes:par dieu quant
à moy,ie ne veux qu'vne quenoille pour chastier le mien . Si en a il rôpu
la teste à d'autres, dit Lisuart, & fera encores , si Dieu le gard . Vous nous
nommez femmes , pour auoir les visages plus doux & affables que vous
n'auez: mais vous nous trouuerez les cueurs haultz & les bras assez rudes
pour vous faire changer ceste opinion.Et pource que le Roy m'a menassé
soit à luy & à moy combat, & ce Cheualier monstrant Perion , sera pour
Graffante:& pour vous Seigneur Bostroffe, Olorius,qui n'est pas à traiter
de quenoilles, comme vous vous vantez: ains en recognoissance du conseil que nous auez donné de porter des couurechefz , ie vous auise que ne
deuez rien oublier au logis: car toutes voz forces,voz brauades, voz glorieuses & temeraires menasses,ne seront suffisantes pour vous garantir de
mort. L'Empereur cogneut bien que la cholere, & des vns, & des autres
commençoit à dominer en eux:parquoy les pria gracieusement remettre
telles paroles à l'effait du combat,& commanda mener ces Princes estrã-
ges au logis qu'on leur auoit preparé . Durant ces propos , Onolorie , &
Gricilerie,s'estoient retirées en leurs chambres, pleurãs à chaudes larmes
le peril eminent qui estoit preparé à Perion , & Lisuart: car elles auoient
veu le Roy de la Sauuagine & ses freres, lesquelz, selon leur auis, estoient
plus dyables qu'hommes, tant auoient le regard espouuentable,les mem
bres gros,grands, & lourdz,noirs,hydeux, & couuerts de poil. Et se des-
confortans ainsi l'vne & l'autre, entra Alquife, qui pour les asseurer s'a-
dressa à Onolorie , & luy dit: Comment?ma Dame, ou est ceste constance qui vous doit auoir aprins à dissimuler ? estimez vous Sulpicie plus
gentil compagnon,que le roy de l'Isle Geante,que vostre Cheualier combatit tant cheualeureusemét?auez vous oublié qu'il mit le Serpent à mort
dont la teste est encores auiourd'huy à la porte de ce palays ? ne deffit il
pas les deux Geans du chasteau de la Roche, ou le roy Amadis son ayeul
estoit prisonnier ? & tant d'autres qu'il a fait passer au fil de l'espée, en
Orient,en Occident,portant nom de Cheualier Solitaire?Qu'à il fait der
nierement es Espaignes , deuant la ville de Cordouë ? n'a il pas acquis la
reputation du meilleur Cheualier du monde?dequoy a donné certitude,
la conqueste de l'armet dyamentin , encores que par l'espée qu'il tira du
corps du Lyon , pour le commencement de ses merueilles , il fut desia tel
en l'opinion

en l'opinion des hommes. Non, non, luy & Perion ont tant passé de hazardz, & mis fin à si grand nombre d'auantures, & de meslées plus dan-
gereuses, que ie prends sur ma teste qu'ilz viendront à bout de ceste cy:
voyre, & n'y eust il que l'vn d'eux pour combatre les trois. Tant d'autres
remonstrances leur sceut faire Alquife, qu'elle les asseura du tout. Ce pen
dant l'Empereur, pour plus honnorer le Roy de la Sauuagine, & ceux qui
deuoient combatre, leur fit dresser vn camp nouueau, fermé de grosses
barrieres, & en lieu ou ilz pouuoient estre veuz d'vne infinité de peuple.
Et pource que les combatans arresterent d'eux trouuer le lendemain sur
les rangz, le Roy de la Sauuagine enuoya suplier humblement l'Empereur, qu'il luy pleust permettre, que Radiare Soudan de Liquie fust l'vn
des iuges. Ce qu'il luy acorda, du consentement de Lisuart, & des autres,
& pour l'acompagner, Dardarie Roy de la Breigne. Ce fait, les trois Che
ualiers Chrestiens se retirerent en la chapelle, ou ilz veillerent en prieres
& oraisons, se mettans en l'estat pour receuoir la mort, s'il plaisoit à nostre Seigneur la leur enuoyer.

Comme Lisuart, Perion & Olo-

rius, entrerent au camp, & du combat qu'ilz eurent contre
Sulpicie, Roy de la Sauuagine, Graffante,
& Bostrosse.

Chapitre   LIX.

A nuict passée, ainsi que l'aube du iour commençoit à
aparoistre, fut celebrée deuotement la messe en la cha-
pelle, ou auoiét veillé les trois Cheualiers, lesquelz puis
apres s'armerent, & furent conduitz par les Princes &
Seigneurs, au lieu ou deuoit estre le combat. L'Empereur portoit l'armet du prince Liusart, & le Roy de la
Breigne, sa lance forte & royde: le Duc d'Ortilense, portoit celuy de Perion de Gaule, & le Prince d'Alafonte, son glaiue : le Comte d'Alastre,
portoit le heaume d'Olorius, & Alarin, sa lance. Et ainsi equipez, entrerent par l'vne des portes du cáp : & le Roy de la Sauuagine auec ses freres
par l'autre. Lesquelz armez d'armes noires, les armetz en teste, portoient
chacun sa lance, auec le fer d'vne brassée de long. A' vn eschauffault ioignant, estoient l'Empereur, & l'Imperatrix acompagnée d'Onolorie &
Gricilerie, de Griliane, & de Tiriaxe, auec plusieurs autres Dames & Da
moyselles. Lors Radiare, & Dardarie, iuges du camp, mirent les combatans l'vn deuant l'autre, selon à qui ilz se deuoient adresser : & cómence-
rent les trompettes & clairons à sonner, criás les heraux par trois fois, que
les combatans fissent leur deuoir. Toutefoys premier fut acordé entr'eux
(suyuant l'auis du Soudan de Liquie) qu'ilz couroient l'vn apres l'autre, à
fin que plus aysément on cogneust qui mieux feroit son deuoir : & ceux,
dit il, qui demeureront à cheual, descendront puis apres à pied, à fin de
paracheuer à l'espée. Au moyen dequoy Olorius, & Bostroffe, s'esmeurent l'vn contre l'autre, & fut leur rencontre telle, qu'ilz s'entrefaucerent
escuz, haubertz, & maille, tant que les lances entrerent dans leurs chairs
bien auant: & au ioindre, se choquerent corps contre corps, tant duremét
que le cheual d'Olorius fut espaulé, passant outre Bostroffe, secouant le
gantelet. Si ne tarda gueres Olorius, qu'il ne se releuast: mais pource que
Perion de Gaule, & Graffante estoient desia chargez, se retira à costé, &
coucha Graffante si bas qu'il donna au chanfrain du cheual de Perion, le
ietant mort par terre : neantmoins Perion le choysit si bien, qu'il luy fit
vne grande playe, perdant vn estrier, & au passer, son cheual bruncha
contre celuy de Perion, prenant son maistre & luy tel sault, qu'on pensoit
qu'ilz eussent les colz rópuz. Lors se presenterent Lisuart, & Sulpicie, qui
vindrent de telle force, l'vn sur l'autre, que Sulpicie fauça l'escu de Lisuart
luy metant la lance vne brasse à trauers le gousset, sans luy faire autre mal:
mais Lisuart rencontra mieux, car il perça escu & harnois, & sans vne la-
me de fer qu'il portoit souz son haubert, il estoit mort sans faute, toutefois
il print si grand sault, qu'il roulla deux ou trois tours sur la terre. Et qui
eust adonc prins garde, on eust peu voir à la contenance d'Onolorie, com
bien ce beau coup luy estoit agreable, mesmes qu'elle entendit le Soudan
de Liquie dire au Roy de la Breigne, qu'il n'auoit onques veu si bien employer lance. Or estoient demeurez, comme vous auez entendu, Lisuart,

& Bostroffe

& Boſtroffe à cheual : mais pour ſatisfaire au conuenant acordé , mirent
ſoudain pied à terre, & commença vn combat rude & cruel entre les ſix,
s'adreſſant chacun à celuy contre lequel ilz auoient couru . Et cōbien que
pluſieurs eſtimaſſent la partie mal faite, ſi donnerent bien Liſuart & ſes
compagnons à entédre par leur adreſſe & viuacité de courage, qu'ilz n'e-
ſtoient vn ſeul brin eſtonnez: ains ſe porterent ſi valeureuſemét, que l'her
be du champ changea couleur en moins de rien , par le ſang de leurs ennemys, entremeſlé du leur propre. Ce que cognoiſſant Onolorie, & Gricilerie, trembloient comme la fueille pouſſée ſur l'arbre, par le petit vent
de Zephire, faiſans vœuz & prieres deuotes à Dieu , pour la ſaluation de
leurs amys . Et tant dura leur combat, que Boſtroffe , & Olorius , furent
contrains s'apuyer ſur leurs eſpées, & reprendre aleine, meſmes Perion,
& Graffante, non pas le Roy de la Sauuagine, ny Liſuart : car tant plus
ceux là alloient auant , & plus ſe monſtroient de grand courage . Dont le
Roy trop irrité , ſe lança ſur luy , & l'embraſſant à force de bras fit ſon effort pour le ruer par terre : mais à bien aſſailly, bien defendu , car Liſuart
eſtoit fort de reins , & royde au poſſible . Deſia s'eſtoient reprins Perion
& ſon ennemy, & ſemblablement Olorius, & Boſtroffe , lequel ſe ſentát
fort naüré du coup de lance qu'il auoit receu d'Olorius , perdoit ces forces petit à petit, encores que d'vn grád cueur il faiſoit cognoiſtre euidemment le grand deſir qu'il auoit de paruenir à la victoire , & Perion encores plus: car ſon amye le regarda d'vn tel œil, qu'il ſentit redoubler ces for
ces, & ſa laſſeté perduë. A l'heure pouuoit il eſtre midy, ou plus, & eſtoit
le Soleil ſi aſpre, que le moins veſtu bruſloit de chaud : dont il auint que
le ſang qui ſortoit du corps de Sulpicie, ce figea en telle abondance ſur
ſon harnoys noir, qu'il deuint preſque vermeil, cóme celuy de Liſuart, &
furent, & l'vn, & l'autre, contrains de laiſſer la luyte, prenant Sulpicie ſon
eſpée à deux mains, de laquelle il s'efforça rompre la teſte à ſon ennemy.
Mais il para l'eſcu au deuant, & tomba le coup ſur l'armet dyamentin de
telle puiſſance que l'eſpée ſe rompit en trois , ne reſtant au poing de Sulpicie, que la poignée ſeule : neantmoins Liſuart ſe trouua ſi chargé , que
ſans l'ayde de ſon genoil, il donnoit du nez à terre. Toutesfoys, il ſe releua de grand' legereté, & ſe lança contre le Roy qui eſtoit ſans armes , luy
diſant ſi hault que chacun l'entendit: Roy , cognois maintenant la diffe-
rance de mal parler au bien faire: rends toy, ou tu mourras ſans remede.
Làs quelle ioye eut lors Onolorie, laquelle luy dura peu: car ainſi que Liſuart penſoit fendre Sulpicie en deux, l'eſpée luy tourna au poing tát mal
heureuſement, qu'elle luy eſchapa. & s'en ſaiſit le Roy , malgré celuy qui
l'auoit menaſſé, contre lequel, vſant de reuenche, il s'eſcria : Liſuart, Liſuart, maintenant vengeray-ie la mort de mes oncles,& porteray ta teſte
à la Roche, pour m'eſtre renduë par ton Sarquiles. Onolorie plus morte
que viue, ſe cuyda, lors laiſſer tóber de l'eſchaffault en bas : mais ſa Sœur
X ii   la retint,

la retint, la priant n'estre cause de la mort de son Cheualier: car disoit elle, s'il vous voit en telle passion, sa propre vie luy desplaira, monstrez vous doncques à luy pour luy donner courage. Fortune ne luy peult elle pas donner autant de moyen, comme elle luy en a osté? Et tout ainsi qu'elle le prophetisoit, ainsi auint il, se tournant la chance comme vous entendrez. Lisuart doncques se voyant prins au per & à la couche, ne perdit pourtant vn seul poinct de son bon esprit: ains delibera en soymesmes faire tel acte en ceste extremité, que pour le moins il en seroit loué par celle qui luy causoit à toute heure (& pour trop l'aymer) plus dure vie que la mort, qui se presentoit deuant ces yeux. Et en ceste opinion, esmeu d'vne fureur desesperée, baissa la teste, & destournant l'espée de son ennemy, auec le bras gauche, faillit à le saisir au collet: toutefois il luy auint si bien, qu'ainsi que Sulpicie reculoit vn pas arriere, pensant luy donner plus grãd coup, Lisuart se trouua si pres de luy que l'espée passa outre, & porta le coude sur l'espaulette, auec tant de douleur, qu'il ouurit le poing, lachant ce qu'il tenoit, & dont Lisuart ce saisit aussi promptement cóme il l'auoit perdu par trop grande malheureté. Voylà cóme fortune se iouoit d'eux, les rendans tous deux asseurez, l'vn de la mort, & l'autre de la victoire. Ce que Lisuart voulut faire entendre à son ennemy, luy disant: Roy vain cu, ta teste releuera la miéne d'estre portée au chasteau de la Roche, pour le te faire rendre. Et acheuant ceste parole, le frapa tant rudement, qu'il le guarit de tous ces maux. Làs quel grand' aise & quel contentement eut lors Onolorie! la pauurette auoit esté sur le poinct de mort, quand son cueur bouillãt de ceste nouuelle victoire luy fit muer soudain d'opinion, remerciant nostre Seigneur au meilleur esciant qu'il luy estoit possible. Mais quand Olorius aperceut Sulpicie secouer le iarret, encores qu'il eust fort à faire de respondre à celuy qui l'assailloit, si ne se peut il tenir qu'il ne luy dist, en riant: Et bien, Bostroffe, ton frere n'a il pas trouué Damoyselle, pour le baiser doucement, cóme tu as veu? asseure toy que ie te traiteray encores plus en fauorit, qu'il n'a esté. Bostroffe esbahy au possible de la mort de son frere, eut le cueur tant lasche, qu'il cómença à dedaigner sa vie, & desirer la fin de ses ans: pour à quoy paruenir luy mesmes se post posoit aux coups que luy ruoit Olorius, & par ainsi ne tarda gueres qu'il ne tombast le nez contre l'herbe, rendãt l'esprit. Si lors Graffante se trouua estonné, Seigneurs lecteurs vous le pouuez iuger en vous mesmes: car d'autant que Perion auoit raison de s'esuertuer, non seulement pour la presence de s'amye, ains pour voir ses cópagnons victorieux, & leurs ennemys vaincuz, ny plus ny moins Graffante ennuyé de sa vie, & voyant sa mort asseurée, deuoit bien desirer n'auoir oncques esté né. Au moyen dequoy nonchallant de soy mesmes, ne fit de là en auant plus que reculler, & en recullant, tomba à la renuerse: mais en tombant Perion l'empoigna au collet, & luy mit l'espée en la gorge, au grand contentement de Gricilerie,

cilerie, & de tous les assistans. Lors commencerent trompettes & clairons
à sonner & vindrent les iuges du camp amener montures aux vaincueurs,
qu'ilz conduirent triumphamment en leurs logis, ou maistre Helizabel
les print en garde, asseurât l'Empereur (apres qu'il eut visité leurs playes)
qu'ilz auroient en brief guarison. Ce pendant les gens du feu roy Sulpicie
prindrent les corps mortz, & auecq' grande ceremonie & lamentation,
les embasmerent, puis firent voille en leurs païs, ou ilz paracheuerét leurs
honneurs funebres. Et quasi aussi tost l'Empereur depescha vn gentilhô-
me vers Amadis, pour luy faire entendre l'yssue de ce combat, à fin qu'il
s'emparast de l'Isle Sauuagine, suyuant ce qui auoit esté acordé au precedant. Au moyen dequoy Amadis y enuoya Argamont pour son Lieutenant, & reuoqua Sarquiles, à qui il fit depuis assez d'autres grans biens.

Comme apres que les trois Che-

ualiers furent guariz de leurs playes, Lisuart & Perion allerent parler à leurs Dames aymées, à la fenestre du
iardin, & de ce qui en auint.

Chapitre   LX.

V N moys entier, les trois Cheualiers garderent la chambre, auant que leurs playes fussent consolidées, durant
lequel temps Alquise leur tenoit compagnie, r'apor-
tant à Lisuart, & Perion, les priuez messages d'Onolorie, & Gricilerie : car elles ne parloient à eux, sinon e-
stât l'Imperatrix presente : Mais auenu le temps de leur
conualescence, & qu'ilz se sentirent dispos pour satisfaire à tout ce qu'ilz
voudroient entreprendre : vn soir entre autres, ainsi que lon balloit au
Palays, les deux Cheualiers acorderent, auecq' leurs Dames, que la nuict
ensuyuant ilz se trouueroient au iardin, & à la fenestre acoustumée. Ce
qu'ilz mirent à execution, tellement que venuë l'heure que chacun estoit
au plus fort de son somme, ilz sortirent seulz de leurs logis, & passans la
muraille, vindrent au lieu desiré, ou desia les atendoient les Dames, qui
les receurent auec plus de priuauté, qu'elles n'auoient encores fait : dont
s'en ensuyuit vne infinité de baisers, & autres meilleurs traitemens, telz
que la grille leur pouuoit permettre. Et en ceste colere, Lisuart eschauffé
en son harnois, ayant tousiours pretendu de paruenir à l'execution finale,
ou tirent ceux qui sont embrasez de tel feu, cômença à dire à s'amye : Ma
dame, la grand' beauté de vous, qui excede celle de toutes autres que nature voulut oncques fauoriser, vous peult auoir assez donné asseurance de

X iii   l'amytié

l'amytié & feruice que ie vous porte : car tout ainſi que voz perfections furpaſſent toute l'excellance des belles, auſſi deuez-vous croyre qu'à bien aymer ie feray touſiours le premier , & plus obeyſſant , tant que ma vie fouſtiendra ces pauures membres . Et encores vous ozé-ie plus dire : que ſi on ayme apres la mort, comme on fait viuant au monde, ie vous ayme-ray, honnoreray & feruiray perpetuellement: qui vous doit bien perſua-der que ie fuis donques plus voſtre, que choſe qu'ayez en voſtre pouuoir: & qu'il ſoit vray , ie vous iure mon ame que ie tiendrois à plus de grace, s'il vous plaiſoit me cómander quelque choſe, que ie peuſſe faire à voſtre contentement , que ie ne ferois, ſi ie commandois à tout le monde , & il me deuſt obeyr . Voylà pourquoy ie vous ſuplie, ma Dame, ne trouuer mauuais ſi ie prens à ceſte heure(que i'ay trouué oportunité)tant de har-dieſſe de vous declarer ce , que mon cueur vous a tenu ſecret iuſques à maintenant, voyre aux autres parties de mon eſprit: mais amour qui có-mande aux hommes, & aux dieux, me fait, peult eſtre, abuſer ainſi de la priuauté que voſtre hauteſſe m'a monſtrée, de laquelle ſeule(& non d'ail leurs) depend mon repos, mon ſalut, & ma felicité . Et cóme voſtre treſ-humble feruiteur, ie vous ſuplie mon cher bien , & ſeule eſperance , que voſtre benignité ſoit ſi gráde enuers moy, que ie puiſſe dire, que tout ain-ſi que par voſtre diuine beauté ie ſuis deuenu amoureux de vous, ie puiſſe auſſi auoir par elle meſme la vie , laquelle ſe conſumera en brief , & petit à petit , tant que ie mourray , ſi voſtre cueur pitoyable ne s'encline à mes prieres & affections. Diſant ces paroles les groſſes larmes luy tóboient des yeux, dont Onolorie ne ſçachant ou il tendoit, s'eſbahyſſoit aſſez, & ne pouuant plus cóporter ceſte paſſion , interrompit ſon propos, luy diſant: Et dea mon amy , que vous ay-ie fait, pour ainſi vous plaindre? Non pas autre choſe ma dame, reſpondit il , ſinon plus de grace que ie ne meritay oneq', & ferez encores d'auantage s'il vous plaiſt, me rendant le plus par-faitemét heureux que lon ſçauroit deſirer. Et quoy? dit la princeſſe, aſſeu-rez-vous que vous ne ſerez refuſé de choſe que vous me requeriez, s'il eſt en ma puiſſance: pourueu toutesfois que mon honneur ſoit preferé, cóme la raiſon le commande. Ma dame, dit il, voſtre honneur m'eſt autant en recommandation, que ma propre vie: ce dont ie vous ſuplie treshumble-ment eſt, qu'en confirmát l'amytié & alliance perpetuelle de nous deux, vous m'acceptiez oultre le nom d'amy à mary . Vous ſçauez la maiſon dót ie ſuis, & ce que ie puis: ie ſçay bien, que me faiſant ceſte faueur, vous m'obligerez de plus en plus à vous honnorer, aymer , & feruir . Oy mais: mon amy , dit elle, cóme le pourray-ie faire , ſans le vouloir de l'Empe-reur? Ma dame, reſpondit Liſuart, voſtre conſentemét & le moyen ſuffi-ront, & croy, ſi vous le trouuez bon, que ma dame Gricilerie voſtre ſœur, ne voudra moins gracieuſement traiter mon oncle Perion , veu l'amytié qu'ilz ont enſemble. En bonne foy, dit elle, ſi elle eſt de ceſt auis , ie ſuy-

uray

uray son opinion. Pour Dieu ma dame, respôdit il, sçachons le tout presentement. Et bien dit Onolorie, ie vous en prie . Or auoit adonc Lisuart
la bouche fresche, & luy causoit amour telle facilité de parler, qu'il disoit
mieux à l'impourueu, que s'il eust toute sa vie estudié sa leçon : parquoy
s'aprochant Onolorie , & luy des deux autres , qui contoient leur petit
cas, Lisuart cômença dire à Gricilerie : Ma dame, vous auez trouué bon
me r'apeller de la plus grande misere ou se trouua oncques pauure esclaue, & de laquelle ie ne fusse sorty de ma vie, sans la priere & commandement que vous donnastes à monsieur mon oncle de me trouuer, ainsi qu'il
m'a asseuré maintefoys . Puis doncques que vous auez (iusques à maintenant) conserué ma vie, ie vous suplie pour l'entretenir, estre contente que
l'amytié de nous quatre ce asseure , par le mariage de vous auec mon oncle Perion, & de ma dame Onolorie & moy : estant certain, s'il vous semble raisonnable, qu'elle ne vous dédira, ains sera preste & côtente de paruenir à ce poinct. Certes Lisuart touchoit proprement à leur mal, & y por
toit quant & quant la medecine, qui y profita si bien , qu'apres aucunes
legieres excuses la promesse fut telle, que la nuyt d'apres, elles ouuriroiêt
vn huys, par lequel on descendoit au verger, & lors executerent par effait
ce à quoy la bouche & le cueur donnoient consentement . Et pource que
les Cocqz annonçoient desia la venuë du iour, apres mil gracieux adieux
les deux Cheualiers prindrent congé de leurs Dames aymées, & s'en alle
rent reposer iusques sur les dix heures, qu'on les vint auertir que l'Empereur estoit à la messe , ou ilz l'allerent trouuer : & tout le reste du iour se
passa ballant , ou deuisant , tant que chacun se retira pour dormir . Mais
Lisuart & Perion, qui auoient la pulce en l'aureille, atendans l'heure promise à executer leur entreprinse, partirent de leur logis sur la mynuict, &
vindrent au iardin, ou desia celles qu'ilz cherchoient estoient entrées par
l'huys d'vne garderobe, dont ilz auoient recouuert la clef : & en les atendans se tenoient en vne couldroye fueillée , escoutant le Rossignol qui
triumphoit à degoyser son ramage . Le temps estoit gracieux & serain,
& la Lune vn peu trouble , comme si elles les eust voulu fauoriser & couurir pour n'estre aperceuz . Si marchoient pas à pas les deux Cheualiers
sans faire bruit, quand Gricilerie, qui auoit l'œil au guet, les aperceut . Et
comme ilz passoient pour aller à la grille, elles sortirent d'embusche , &
les surprindrent par derriere , leur disans : Demeurez Cheualiers, vous
estes noz prisonniers. Perion & Lisuart mirent les genoux à terre, & leur
baiserent les mains. Mais elles plus hardies ou forcées d'amour, leur tendirent les bras , & en les baisans & acolans , Perion se retira auecq' Gricilerie , laissans Lisuart : lequel tenant embrassée Onolorie , commença à
luy dire : Ma dame, le plaisir dont ie iouys maintenant est tel, que de trop
grand' ayse, mon cueur (qui est vostre) ne peult quasi comprendre en soy
la ioye qui luy est offerte, par le doux recueil qu'il vous plaist me faire,
auecq'

auecq' tant de priuauté, qu'elle me contraint vous requerir humblement
de pardonner à ma temerité, & excuser mon indiscretion. Mon amy,
respondit elle, mettons nous sur ceste herbe à nostre aise, & puis que ie
me suis de tant oubliée (me trouuant en lieu si suspect à mon honneur)
pour me fier en vous: ie vous prie que ceste familiarité pitoyable, ne me
face en vostre endroit de pire condition, que si i'eusse exercé toutes les
cruautez, dont les loyaux amans sont en peine, quelquefois par vn refus
raisonnable de la chose qu'ilz desirent. Mais tandis qu'elle preparoit ceste honneste excuse, Lisuart gaignoit place petit à petit, se faisant paisi-
ble possesseur de la bouche & du tetin. Et voulant passer outre: Ah mon
amy, dit elle, contentez vous de prendre sur moy autant que moymesmes ay commandement, qui est voir & toucher ma personne, sans vous
mettre en peine de m'oster ce que vous ny autre ne me sçauriez puis apres
rendre. Ma dame, respondit il, vous sçauez le temps que ie nauige en ceste mer d'amour, & maintenant que ie suis prest d'entrer au doux port de
mercy, pour Dieu ne m'y soyez nuysante. Mon amy, dit Onolorie, ne
vous doit il pas sufire que ie suis vostre, & iouyr de l'exterieur, qui est pro
pre fruit aux amoureux, sans vouloir tendre à vn plaisir si tost passé, &
qui n'aporte (comme l'on dit) que tristesse? Le bon berger tond son ouail
le, toutesfoys il la sauue de danger au moins mal qu'il peult: faites doncques ainsi que luy, & me traitez doucement, s'il vous plaist. Mais tant
plus elle proferoit ces excuses mignardes, & moins Lisuart se persuadoit
d'y vouloir aiouster foy, ains lachant la bride à ses passions, cueillit la
premiere fleur du rosier: lequel pour le commencement se trouua espi-
neux. Toutefois auant qu'ilz partissent d'ensemble, la terre fut si bien cul-
tiuée, qu'elle ce rendit fertille & aysée, au contentement de l'vn & de l'au
tre. Ce pendant Perion & Gricilerie faisoient leurs besongnes tout à loysir. Ie ne sçay pas s'il y eut entre eux telles conuenances: bien est vray que
la fin du ieu se tourna en promesses & sermens, de retourner les autres
nuictz au mesme lieu, témoing de si heureuse iouyssance. A' quoy ilz
s'exercerent vne semaine entiere, sans estre aperceuz ny descouuertz, non
pas d'Alquise seulement: combien qu'elle entendist assez de leurs priuées affaires: mais ceste, non.

Comme l'Empereur & Perion

chassans en la forest, trouuerent vne Damoyselle pleu-
rant: & de ce qu'il en auint.

Chapitre   LX.

L'Empereur

L'Empereur Prince affable, ne sçachant quel plaisir dõ-
ner aux trois Cheualiers, qui estoient puys n'agueres
gueriz de leurs playes, s'auisa vn iour d'aller chasser à
vne forest assez proche de la ville: & de fait y ayant enuoyé ses veneurs, se trouua le lendemain aux toilles. Et
comme ses lymiers & chiens courans eussent chargé
vn grand Cerf, estant l'Empereur & Perion en vn relaiz, se lança vn Ours
qu'ilz poursuyuirent tant, qu'ilz le mirent à mort, & quasi aussi tost entendirent vers la marine vne voix tresdouloureuse. Si prindrent leur a-
dresse ceste part, &n'eurent longuement cheminé, qu'ilz aperceurent vne
Damoyselle pleurer à chaudes larmes, regrettant vn Cheualier mort à ses
piedz: lequel armé de toutes armes, auoit eu le coup mortel dans la gorge
L'Empereur & Perion compassionnez de ceste femme belle & de bonne
grace, s'enquirent à elle, pourquoy elle se lamentoit ainsi, la priant de s'a-
paiser. Mais pour priere qu'ilz luy fissent, elle ne voulut mettre paix en
la guerre commencée entre ses ongles& son visage: tellement que sans respondre vne seule parole, se laceroit & mettoit toute en sang. Perion esbahy de ceste merueille, descendit de cheual la requerant auecq' grande importunité, qu'elle parlast à luy, à fin qu'il peust donner remede à son mal
s'il en auoit le moyen. A' ceste parole la Damoyselle le regarda piteusement, & ietant vn hault souspir, luy respondit: Helas Cheualier, pour
Dieu ne me pressez d'auantage, vous me faites creuer le cueur. Lors ren-
força tellement ses lamentations, acompagnées de sangloutz si extremes,
que Perion fut trop plus curieux qu'au precedent de sçauoir son infortune. Helas sire Cheualier, respondit elle, laissez moy en paix, ou me pro-
mettez vn don, ie vous raconteray ce que vous desirez si fort entendre.
Perion prompt à promettre, le luy acorda aisément. Puys qu'ainsi est, dit
elle, armez vous des armes de ce mort, qui est mon pere, & me suyuez à
quatre mil d'icy en vne Isle, ou s'est retiré le paillard qui a fait le meurdre
& qui a iuré de m'atendre, si ie luy veux mener Cheualier pour le combatre: & du surplus, ie le vous reciteray tout à loysir, aussi tost que nous
nous serons embarquez. Perion en bonne volonté de faire se voyage, demanda à l'Empereur s'il luy plaisoit pas qu'il le conduit premier, iusques
à ce qu'il eust trouué aucun de ses veneurs. Non, respondit il, ie vous a-
compagneray: & puys que l'Isle est si prochaine, i'auray le passetemps du
combat, Au nom de Dieu soit, dit Perion: lequel s'arma aussi tost des armes du mort, & entrerent eux trois en vne barquette, qui estoit anchrée
sur le riuage. Lors se mit la Damoyselle à voguer si dextrement, qu'en
peu de temps ilz perdirent terre de venë. Or les laissons aller, iusques à
vne autrefoys, & retournons aux autres, qui chassoient en la forest: lesquelz chargez de venaison, & voyants la nuict aprocher, firent grande
diligence de trouuer l'Empereur & Perion, toutesfois ilz n'en peurent a-
Y uoir nouuel-

uoir nouuelles : bien leur dit vn valet de pied qu'il les auoit veuz courir
apres l'Ours. Et de fait leur monstra le chemin, le long duquel ilz trouuerent la beste morte : mais de l'Empereur, ny de Perion, ilz n'en ouyrent
depuys vent ny voye : sinon qu'ilz entendirét vn peu à costé hannir leurs
cheuaulx qui estoient desbridez. Lors coururent celle part, & virent du
hault du tertre en vn esquifon deux Damoyselles, que deux matelotz a-
portoient à bord, ou arriuées Lisuart les salua gracieusement & leur dist:
Mes Damoyselles, ie vous prie dites nous nouuelles, si vous le sçauez, de
deux Cheualiers, l'vn fort vieil, & l'autre assez ieune, qui nous ont perduz chassans en ceste forest. Parlez-vous, respondirent elles, de l'Empereur de Trebisonde, & de celuy qui l'acompagne? Ouy certes, dit Lisuart:
dites-nous s'il vous plaist, qu'ilz sont deuenuz. Si vous auez enuie de les
trouuer, respondirent elles, entrez auecq' nous, & nous vous conduirons
volontiers vers eulx, pourueu que vous nous ottroyez vn don: autrement
tenez-vous certain qu'ilz sont perduz, & ne les reuoirez de long temps.
Lisuart que desiroit seruir l'Empereur, pour l'amour de sa Dame, leur o-
troya volótiers ce qu'elles requeroient leur demandant s'il pourroit mener plus grande compagnie. Non, respondirent elles, sinon vn autre a-
uecq' vous, sans plus. Là estoit present Olorius, qui pria affectueusémét
Lisuart qu'il acompagnast, ce qu'il luy octroya : tellement qu'eux deux
entrez en la barque laissans le Roy de la Breigne, & les autres sur terre,
voguerent en haulte mer.

Comme l'Empereur & Perion

de Gaule, furent arrestez, par la trahison de la Damoyselle qui les conduysoit.

Chapitre   LXII.

Retour-

Etournant doncq' à l'Empereur, & Perion, que la Damoyselle conduysoit, comme il vous a esté recité, apres
auoir nauigué iusques à Soleil couchant, prindrēt port
en vne petite Isle, ou estoient deux grandes tentes dressées: & à l'entrée de l'vne, vne dame acompagnée d'vn
Cheualier armé de toutes pieces, que la Damoyselle
monstra à Perion, luy disant: Sire Cheualier, voylà celuy que vous deuez
combatre, & qui a par trop grande felonnie tué mon pere. Damoyselle,
respondit il, ie vous prometz que ie le vengeray, si ie puis. Lors sortirent
de la barque eux trois, & aussi tost le Cheualier vint au deuant, qui leur
demanda ou ilz alloient, & qu'ilz cherchoient. Cheualier, respondit Perion, vous auez promis à ceste Damoyselle d'atendre icy, tāt qu'elle vous
eust amené gentilhomme pour vous combatre, & venger la mort du pere d'elle, que vous auez fait mourir au plus grand tort du monde. Et bien
dit l'autre, qu'en est il? Non autre chose, respondit Perion, sinon que i'auray vostre teste en recompense de sa vie. En bonne foy, dit le Cheualier,
vostre entreprinse est folle, aussi chastieray-ie vostre ieunesse deuant que
m'eschapiez. Disant ceste parole mit la main à l'espée, & Perion semblablement: lequel parant au coup, que luy ietoit le Cheualier, fut son escu
fendu en deux, & pensant vser de reuenche, frapa sur l'autre: mais son espée volla en trois pieces. Paillard, dit le Cheualier, maintenāt sera vostre
teste mise au lieu, ou vous auiez entreprins loger la mienne. Perion cognoissant à vcuë d'œil son extreme dāger, se lança contre luy, & de grand
courage le saisit au collet si rudement, qu'il eust abatu sans tarder, quand
Y ii   six grands

six grans pendarts sortirent de la tente:deux desquelz se icterét sur l'Empereur,& les quatre autres saisirent Perion par derriere,qu'ilz enleuerent
à force,iusques en la tente,ou ilz furent rudement enchainez.Lors la vieil
le recognoissant l'Empereur,luy dit de grand' colere : Meschant Empereur, puys que vous estes en ma puissance, ie vous feray desormais seruir
d'exemple à tous autres, qui se veulent mesler de nuyre aux amys d'Armato,& végeray quant & quant la mort de luy & de maintz autres Roys
& grands Seigneurs,dont vous estes cause. Dame,respondit l'Empereur;
ie ne sçay dequoy vous parlez:mais il ne fut oncques fait plus grande trahison,que celle que vous nous auez pourchassée.Il y paroistra,dit la vieil
le.Et ce pendant elle commanda à quelques vns des siens leur faire espou-
ser la grue,pour euiter qu'ilz n'eschapassent.

Comme Lisuart & Olorius fu-

rent pris prisonniers par ceux mesmes qui arresterent l'Empereur
& Perion, & depuys escartez, sans sçauoir
ou on les conduysoit.

Chapitre   **LXIII.**

A peine

Peine eurent laiſſé Liſuart & Olorius le riuage de la mer, que la nuit les ſurprit : toutesfoys ilz ne laiſſerent de nauiger, tant qu'ilz arriuerét en l'Iſle ou eſtoit l'Empereur, & là prindrent terre : leur conſeillant l'vne des Damoyſelles de repoſer ſur l'herbe attendans le iour. Ce qu'ilz acorderent facilement: neantmoins vn peu apres elles demanderent à Liſuart, s'il luy ſouuenoit pas du don qu'il leur auoit promis. Ouy certes, reſpondit il. Suyuez moy doneq', dit la plus icune, & ie vous diray à part que c'eſt: car ie ne veux qu'autre que vous & moy l'entende. Or eſtoit lors le temps ſi obſcur, qu'on n'euſt ſceu voir la longueur de ſon nez : ce nonobſtant Liſuart & elle cheminerent enſemble enuiron deux traitz d'arc, & faignant la Damoyſelle eſtre laſſe, le pria de s'aſſeoir ſur l'herbe verde, & la deuiſer quelque peu. Ce qu'il acorda aiſément, ne ſe doutant de ce qu'il luy auint depuys: car la faulſe paillarde le print par derriere ainſi qu'il s'abaiſſoit, & le renuerſant, luy tira l'eſpée du coſté, & s'enfuyt à tout, criant à haute voix: Secourez moy Cheualiers, ſecourez moy. Liſuart bien eſtonné de ſe trouuer ainſi deceu, courut apres le plus haſtiuement qu'il peult : mais il fut ſoudain arreſté par ſept Cheualiers, qui eſtoient à l'embuſche, leſquelz le ſuprindrent de ſi pres, qu'ilz l'emporterent ou l'Empereur & Perion eſtoient enchainez. Lors cogneut il bien qu'il y auoit de la trahyſon : car on luy mit ſoudain de gros fers aux iambes, dont il euyda mourir de grand deſpit: & comme il ſe debatoit, hauça le poing, & frapa ſi rudemét vn vilain, qu'il luy rompit quatre dents en la bouche. Ce pendant les crys de la damoyſelle vindrent aux aureilles d'Olorius, qui deuiſoit auecq' l'autre, & à la clarté du pauillon qu'on auoit allumée, courut voir que c'eſtoit. Mais en entrant aperceut Liſuart, l'Empereur & Perion, en l'eſtat piteux que ie vous ay dir. Dont eſmeu de triſteſſe merueilleuſe mit ſoudain la main à l'eſpée & ſans regarder le danger ou il eſtoit, fendit le premier qu'il rencontra iuſques aux aureilles, & autant en fit au ſecond: puys s'adreſſa au tiers, contre lequel Perion auoit combatu, & du premier coup qu'il luy rua, ſon eſpée ſe rompit dans la poignée. Lors vid bien qu'il ne pourroit plus reſiſter d'auantage, & ainſi luy auint il : car on l'enuironna tant de toutes pars, qu'il fut arreſté, pris, lyé, & garroté ainſi que les autres, leſquelz on emmena auecq' luy au riuage de la mer : & là furent ſeparez & mis en diuers vaiſſeaux, qui ſans tarder voguerent, ſans ſçauoir ou, ny en quelle part on les conduyſoit, ny pourquoy ilz eſtoient traitez ſi rudement.

Y iii   Comme

Comme l'Imperatrix fut auer-

tie que l'Empereur Perion, Olorius, & Lisuart estoient perduz:
& de l'ennuy qu'en prindrent Onolorie & Grici-
lerie, mesmes pour se sentir grosses
d'enfants.

Chapitre   LXIIII.

Rop furent desplaisans le Roy de la Breigne, Adariel, Elinie, & les autres, ayans tant inesperément perdu l'Empereur: & voyans que Lisuart ne retournoit point ainsi qu'il auoit promis, delibererent eux trois entre autres, ne retourner en la ville, sans en sçauoir plus amples nouuelles. Et à ceste cause, trouuants nef à propos, s'embarquerent prians au Duc d'Ortilense, & Alafonte, retourner vers l'Imperatrix, luy declarer ceste grande infortune, laquelle entenduë, plusieurs Cheualiers entrerent en queste, & trauerserent tant de païs estranges, que la Grece, la Thrace, l'Allemaigne, l'Italie, la grand' Bretaigne, & la Gaule, en furent auerties, dont maints preud'hommes se trouuerent dolents: mais c'estoit peu, au respect des deux Infantes Onolorie, & Gricilerie, lesquelles entrerent en vne si grande melancolie, qu'elles deffinoient de iour à autre. A' quoy aydoit bien l'empeschement d'vne grossesse, dont elles se trouuerent prinses, payant l'vsure du plaisir qu'elles auoient receu quelquesfoys à la coudroye du iardin, auecques Perion & Lisuart. Or auoit esté leur amour demenée si prudemment, qu'autres qu'elles ne s'en estoient aperceuës, & pensoit l'Imperatrix mesmes, que leur debilité procedast du tout pour la perte de leur pere, dont elle les reconfortoit auecq' certaine esperance, que par l'ayde de nostre Seigneur, il retourneroit en bref. Certes ce n'estoit pas droitement le poinct qui les solicitoit le plus, ains le petit enfançon qu'elles sentoient desia mouuoir au ventre. Au moyen dequoy, elles delibererent faire trouuer bon à l'Imperatrix, les enuoyer viure pour quelque temps à vn monastere de sainte Sophie, assez prochain de là, & duquel estoit Abesse la sœur du Duc d'Alafonte. L'imperatrix ne fut forte à gaigner, & leur vouloit bailler grand nombre de ses femmes, pour leur tenir compagnie. Mais elles ne demanderent autres que Sirtense, & Garinde, filles de leurs nourrices, ausquelles elles se fioient du tout. Et de fait, estans conduites en ceste religion, l'Abesse leur fit tresgrand honneur. Et pour les plus loger cómodément, leur presentavn tresbeau corps d'hostel separé des autres, ou elles se tindrent le plus couuertement qu'elles peu-

separé des

rent, iufques au temps que leur fruit deuoit venir fur terre. Lors fe defcou
urirent du tout à Sirtenfe, & Garinde, qui auiferent pour le mieux, qu’elles porteroient les enfans à vn port de mer prochain de là nommé Filine,
ou ilz feroient nourriz par les parens de Garinde, comme s’ilz eftoient
fiens. Or auint qu’Onolorie fut la premiere deliurée d’vn beau filz, que
Sirtenfe & fa compagnie enueloperent en riches langes, puys le bailleret
à baifer à la mere, laquelle pleurât, luy donna fa benediction. Et le recom
mendant en la garde de noftre Seigneur, pria Garinde, qu’en le faifant
baptifer, elle luy donnaft nom d’Amadis de Grece, en la faueur du Roy
Amadis fon bifayeul, & de l’Empereur Efplandian. Ce fait, fortit la Damoyfelle, auecq’ l’enfançon, & par vne porte de derriere, s’en alla à trauers
le boys, droit à Filine: mais la petite créature fe trouua fi foyble, que Garinde penfoit qu’il deuft mourir. Et à cefte caufe, arriuant pres d’vne
fontaine, voulut euiter au peril de l’ame, & le defmailloter, & en l’vn-
doyant dit ces motz: Petit enfant, au nom du Pere, du filz, & du benoift
faint Efprit, reçoy ce baptefme, fouz le nom d’Amadis de Grece. A’ peine eut elle acheué de proferer cefte parole, & ieté l’eau fur la tefte, faifant
le figne de la croix, qu’elle entendit vn bruit de gens venir droit à elle:
dont furprinfe de frayeur, laiffant ce qu’elle tenoit, s’enfuyt cacher a l’efpeffeur des buyffons. Et entendez que c’eftoient courfaires, & Mores
noirs, qui pour prendre eau douce, venoient à la fontaine: ou auifans le
petit Amadis entre fes riches langes, fe trouuerent merueilleufement ay-
fes, & plus encores esbahis quant ilz aperceurent qu’il auoit aporté du
ventre de la mere, vne efpée auffi vermeille que braife, commençant le
pommeau au genoil gauche, & finiffant la pointe au droit du cueur. Et
eftoient deffus certains caracteres, ou lettres, blanches comme neige, que
ilz ne peurent toutesfoys lire, ny entendre: parquoy fans s’y amufer d’a-
uantage, le renueloperent, & le firent porter en leurs gallées: ou de bonne fortune ilz auoient leurs femmes, entre lefquelles vne nommée Efqui-
fie, releuée nouuellement de fa gefine, eut charge de nourrir le petit
Amadis, duquel de là en auant, ilz impoferent nom du Damoyfel à l’ar-
dante Efpée. Ce pendant, Garinde vn peu affeurée, retourna ou elle l’a-
uoit laiffé: mais ne le trouuant plus, eftima que les beftes l’euffent deuoré
dont elle mena vn pleur, & fi dure trifteffe, qu’elle en cuyda mourir, pro-
pofant neantmoins n’en rien dire à Onolorie, ains luy donner à entendre
qu’elle l’auoit laiffé en la ville de Filine. Et ainfi le fit à fon arriuée, qu’elle
trouua Gricilerie deliurée d’vn autre beau filz, qui eut nom Lucencie. Ces
deux triumpherent en leur temps, comme il vous fera amplement defcrit
fi Dieu & le temps le permettent, au fept, & huictiefme liures, ou leurs
faitz & cheualeries font recitées amplement, auecq’ autant de grace, que
liure ne cronique qui ayt encores efté mife en lumiere. Et à tant mettrons
fin à noftre œuure prefent.

Fin du Sixiefme liure d'Amadis de Gaule, nouuellement imprimé à Paris, par Eftienne Groulleau Libraire, demourát
en la rue Neuue noftre Dame, à l'enfeigne Saint
Ian Baptifte, contre fainte Geneuieue des
Ardens. Et fut acheué d'imprimer le
dernier iour de Mars, mil cinq
cents cinquante fept.

Acuerdo Oluido.